中国旅游协会推荐教材 | 旅游管理专业新视野教材

谢彦君 · 主编

旅游企业人力资源管理

第四版

张满林　周广鹏　赵恒德 · 编著

中国旅游出版社

《旅游管理专业新视野教材》
编审委员会

再版序言

《旅游管理专业新视野教材》初版于2005年，至今已过十个年头。其间，出版社曾有过修订再版的动议，但终因一些因素的影响而未果。这次再版，给了这批教材进一步完善的机会，也算是一件好事。我们寄希望于它能够在原有的基础上有一个更大的进步，更加适合21世纪中国旅游高等教育的需要。

我一直主张，教材是大学教育的基本建设之一，也是影响大学教育质量的根本元素之一，甚至在某种情况下可能是最重要的影响因素。对于旅游高等教育而言，很多教育问题其实都可以归根或溯源于教材方面，因为它既是这个领域科学研究所积累的知识的集成式存在形态，也是教育工程实施的蓝本。前者体现了旅游科学界工作成果的总结，后者体现了旅游教育界工作过程的起点和依据。身在旅游教育流程中的施教者和受教者，其工作的效率、效果离不开教科书的质量。所以，教材建设可谓大学教育的重中之重。

然而，毋庸讳言，旅游管理专业的大学教育在其繁荣的背后还是存在一些问题的，有些问题可能还很严重，其中就有教材建设问题。这种情况的细节可以存而不论，造成这种状况的社会根源可以存而不论，就连我们在每一次教材编写过程中能在多大程度上提升教材的品质也可以存而不论，但完全失察于这些问题的性质和程度，完全在功利心的驱动下采取鸵鸟策略来对待旅游管理专业教材建设方面所存在的问题，则无论如何是不可取的。因此，借此机会，笔者还是想利用这一角之地，谈谈这方面的问题，其主旨是希望旅游教育界的同人在使用本专业的任何一套教材时，都能够更多地立足于一种超越的境界，本着一种探索的精神，敢于采取一种批评的态度，能够在教学过程中建设性地、开放性地利用现有的这些教材。旅游管理学科正处于其幼年阶段，教材的幼稚病显而易见，在这种情况下，倘若过于倚重教材甚至完全视某一本教材上白纸黑字的条条为金科玉律的话，对于这样一个稚嫩的学科来说，恐将大大影响教育质量，从而也会影响本专业领域人才的职业发展历程。

旅游管理专业的教材建设究竟存在什么问题？对此学界同人所见虽有不同，但往往都各有其高明之处。如果避开一些根源性、体制性和机制性的问题不谈，仅就技术层面来看，那么，教材建设所存在的问题与高等教育的定位策略是密切相关的。

关于本科层次旅游管理高等教育的定位问题，一直是一个争论不休而且始终不能达成基本一致性认识的问题。这种状况不仅是旅游管理专业自身的长期困惑，其实也是中国高等教育一直以来教育指导思想混乱的局部折射。其中最为重要的一个方面，即关于大学教育中的理论与实践的关系问题，长期以来未曾获得理论上的解决，导致高等教育的行政主管部门一直摇摆于“学术型”和“应用型”之间，从而不断地制造人工的“一刀切”行政局面，使得中国半个多世纪以来的高等教育如同玩跷跷板游戏一般，不断地在“理论”与“实践”、“理论”与“应用”、“学术型”与“应用型”这两端颠来倒去。其实，这种局面的根本在于，并没有真正把握高等教育的本质：教育过程到底是理论教育还是实践教育？这是所有问题的核心，明确了这个根本点，相应的施政纲领也就会顺应规律并取得应有的成效。

从本质上来说，一切教育，尤其是高等教育，作为知识的传授过程，都是理论教育过程，而非实践教育。如果以某种极端的形式来表述的话，那么，可以说，实践就是实践，实践仅仅是实践，实践教育不存在于教育过程中，而仅仅存在于实践过程中。同理，大学教育没有实践教育，只有教育实践。大学所实施的专业教育，都是在提供专业领域的理论教育。延伸到可能被某些人视为错误而在我看来仅仅是一种极端表述而已的观点，那就是，甚至连研究生层次的专业学位教育（如 MBA、MTA 教育），都应该明确是从事理论教育的过程。在这里，恐怕不需要再唠叨“什么是理论”这样的基本问题了，我们只需要重提任何人也否认不了的一个事实就可以了：理论来源于实践，理论用于指导实践，但理论不同于实践。换言之，理论是一种知识形式，实践是一种生命状态，两者的差异是根本性的。将正确的理论恰当地应用于实践，会极大地提升人类生命状态的能力和质量，这就是理论的应用价值，这一事实本身也再次明确了理论与实践的区别和联系。在旅游高等教育乃至中国整个高等教育中，当前存在的错误认识是：不管学科的成熟度（即理论的体系化程度）如何，都同时并存着两种教育类型，即理论教育和实践（应用）教育。这种错误思想导致了教育实践的扭曲，其根本点在于，混淆了作为教育之目标的“理论”与作为教育之工具、方法、手段、路径的“实践性教学”（诸如案例教学、情境化教学，总之是“理论联系实践”的教学方式）之间的关系，以至于在不分学科知识深度

（如经济学与旅游管理两个学科在理论深度上的巨大差异）的前提下，就把转向“应用型大学”、实施“应用型教育”以及编写“应用型教材”等一系列误导教育实践的观念和主张贯彻到全国各类高校当中。此类错误教育思想所导致的教育实践方面的荒唐理念和实践，可谓不一而足。本人曾亲历一事：有某出版社曾邀我主编一套针对二本和三本院校旅游管理本科专业的应用型教材，被我拒绝，但此事足可见人们对“应用型”教育理解偏颇到何种程度。因此，从根本上来看，教材建设领域在对待理论与应用的关系这个问题上所流行的舍本逐末、绝源逐流的做法，其实是教育定位问题的一种反映。试想，那种没有理论的应用，究竟能应用个什么呢？

基于这种认识，我提出旅游管理专业本科教材建设的几点建议：

第一，突破理念局限，向着“理论化”方向努力，吸收旅游管理研究领域的最新科研成果，打造一批有理论分量的本科教材。理论总是体现在范畴和命题层面，只有借助于一些新范畴、新命题的提出及其体系化，理论作为一个知识体系才能得以确立。在我的课堂经验中曾有一例，可以用来说明理论知识与单一事实知识之间的区别：我曾不止一次问过所教过的学生，蚊子有几条腿？答案中除了没有1条腿、3条腿的之外，几乎说几条腿的都有。接着，我告诉大家：“所有的昆虫，都是6条腿。”这时，大家似乎恍然大悟，大有松了一口气的样子。我告诉学生，这后一个结论，就是昆虫学家的一个科学命题，是一种理论结论，它的特点是抽象表述，表达了从特殊到一般的知识转化过程和结果。昆虫学专业教育的目标，就是告诉学生这个一般性的理论结论，而不是逐个去考证个别事实；但好的教学方式，可能会借助于野外观察的方式（实践教学）来让学生获得这个理论知识。这就体现了“理论教学是目的、实践教学是方法”的教育理念。就目前的旅游管理类本科教材的内容构成来看，缺少的是抽象的理论，充斥的是个别的事实甚至带有极大局限性的对策或行动策略。这样的教科书，在科学性上已经大打折扣了。

第二，旅游管理专业本科教材的建设，也要与人才培养的专业定位和人才规格层次定位相呼应，立足于专业方向，限定在普通高等教育层次，力图在这个经纬交叉点上建立起本科旅游管理专业教材的定位基点。在旅游管理专业的高等教育领域，与旅游学研究的情况相对应的一种糟糕情况是，也同样存在着“泛化”的取向：比如，旅游管理专业的课程设置框架泛化，以至于可以开设旅游医学、旅游保险学、旅游交通学等莫名其妙的课程，并把“旅游××学”作为设置旅游管理专业课的基本思路，殊不知这种以交叉性学科为主的专业课设置思路（名为“交叉”，实为“戴帽”），已经在埋没旅游管理专业的“专业特性”；再比如，每一门课程的内容框架泛化，以至于每一门课都搞前后、左右、上下的关联，让人感觉每一门课的内容中都包容着别一门课的内容，重复度极高。如果再联系到旅游管理专业的授课教师同时承担多门课程（我所知道的是一人最多承担20门，其中有14门专业课程，而通常都在5门左右）这一事实，那么，不难想象，旅游管理专业教科书在内容框架上的彼此缺乏区分度，其实是教师与教材之间长期形成的一个互为因果的循环关系的反映。这种因果链条如果不主动去打破，那么，旅游管理专业本科教育过程中存在的低效率和差效果的局面，必将会持续下去。此外，还存在着普通本科教育因近年来教育主管部门着力推行的就业导向的教育思想而催生出来的“向两边看齐、唯独失却自我”的教育倾向：普通本科专业教育盲目向高职高专教育学习，并将其美称为“应用型”教育模式，或者片面强调研究型教育。以上种种，都是近年来旅游管理普通本科教育因教育思想混乱所引发的教育实践问题。因此，旅游管理专业的教材建设，必须建立在深刻理解作为专业教育和普通本科教育这两个定位维度的根本特性的基础上。

第三，旅游管理专业的教材建设，还应该瞄准人才培养的能力目标来加以组织、建设。其实，大学人才培养的目标往往是复合型的，但每个专业必然有其主导或突出的主体目标，旅游管理专业也不例外，否则，就不成其为专业教育和大学教育。就旅游管理专业而言，依个人浅见，其人才培养的能力目标宜理解为一个“五层金字塔”结构的能力组合，是一个分类、分层的组合结构。具体结构如下：

塔尖层级：对应于专业核心能力，即学习本专业必须具备的最根本能力。由极有限、但必需的课程来加以培养。这一层级是能够在本体论意义上回答“什么是‘旅游管理专业’”这一“专业”核心问题，带有学科知识的纵向区分功能。一般地，用以构造一个专业与其他专业根本区分度的课程，是这个专业独特的、专属的少数几门核心基础课。就当前中国旅游管理本科教育层次而言，最为迷失的就是这一层级。这种迷失的表现是：在旅游教育界，人们很难就几门核心基础课程达成基本的共识。

塔檐层级：对应于专业发展能力，即学习本专业必须具备的专业核心能力。由有限的，但必需的、能形成专业核心能力的重要课程来加以培养。就当前中国旅游管理专业普通本科教育层次而言，应属于那些能够构成旅游管理专业基本特色和独特知识保护带的“自足性分支学科”，即可以表述为“××旅游学”形态的知识内容。

毋庸讳言，目前此类课程的建设是比较弱的，甚至是有结构性缺欠的，也是旅游教育界未来应积极、自觉地加以巩固和拓展的知识领域。只有这一层级与塔尖层级的完美结合，才能构筑旅游管理专业独特的知识样貌，其学科独立性才能得以彰显。

塔腰层级：对应于专业拓展能力，即学习本专业应该具备的专业巩固能力。由有限的，但相关的、能助成专业延展能力的相关课程来加以培养。在旅游管理普通本科教育当中，传统上是由“旅游××学”+各类旅游企业管理的分支学科构成这一层级的主体课程，其发育程度相对较好，但因其长期位于塔尖、塔檐两个层级之间而导致了本专业特色的迷失，这是值得警觉和应予调整、复位的。

塔座层级：对应于专业转换能力，即学习本专业应该具备的专业转换能力。由一些体现本校特色和优势、与本专业有所关联的“院校平台课”来加以培养。通常，一些财经和管理类大学会通过设立诸如统计学、经济学、管理学、会计学、财政学等平台课程来培养学生的专业转换能力，或者通过大类招生等办学模式来达到这一目标。其他一些以外语或文史类为特色的大学，也可能在其平台课的设置中寻求旅游管理专业中的外语或人文特色。

塔基层级：对应于人生成就能力，即作为本科教育层次毕业生的基本能力。由一些能体现大学教育层次、养成本专业人才所需要的综合品质的大学共同课来培养。本层级的课程几乎不带有专业色彩，但却充分展现了层次水平，是构成大学生和非大学生在普通人文及自然科学知识领域上层级区分的基本课程。

以上所论，无非个人的区区之见，未必得体。正如本人在第一版序言中曾指出的那样：教材建设实际上是科学研究成就的反映，是与学术论文、学术专著相关联的知识链条。教材内容的深刻性、系统化程度以及整体协调性，是一个学科长期积累的结果。就旅游管理专业而言，在短短的三四十年的历史中，是不可能一下子达到完善的程度的。好在我们身在其中的每个人，都在为这个目标而努力，而最终呈现给世人的究竟是一个怎样的结果，那也只好留待教材的使用者批评、指正了。

是为序。

谢彦君

2016年3月7日

于灵水湖畔

目　　录

第1章 旅游企业人力资源管理导论

【学习目标】

通过本章的学习，可以了解人力资源和人力资源管理的含义及特征，以及人力资源管理的主要内容。了解人力资源管理理论的发展历程，理解旅游企业人力资源管理的特点、管理职能，明确旅游企业人力资源管理面临的挑战。

【内容结构】

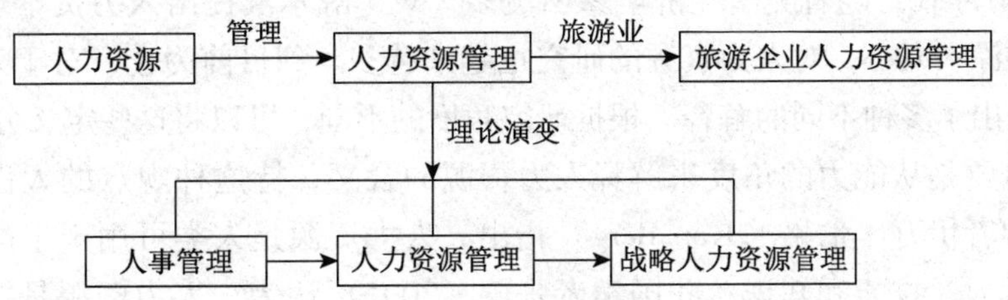

【重要概念】

人力资源　人力资源管理　人事管理　旅游业

第1节 人力资源与人力资源管理

一、人力资源

（一）什么是人力资源

在经济领域，资源泛指投入生产活动中去创造财富的各种生产条件。这些生产条件一般可以分为四大类：人力资源、自然资源、资本资源和信息资源。其中，人力资源是最活跃的能动资源。

“人力资源”（human resource）这一概念曾经先后于1919年和1921年在约翰·R.康芒斯的两本著作《产业信誉》和《产业政府》中使用过，康芒斯也被认为是第一个使用“人力资源”一词的人。但当时他所指的人力资源和现在我们所理解的人力资源在含义上相去甚远，只不过使用了相同的词语而已。

我们目前所理解的人力资源概念，由美国管理学教授彼得·德鲁克于1954年在其著作《管理实践》中首先正式提出并加以明确界定的。他认为，与其他资源相比，人力资源是一种特殊的资源，它必须通过有效的激励机制才能开发利用，并为企业带来可观的经济价值。

20世纪60年代，随着美国经济学家西奥多·W·舒尔茨提出人力资本理论，人力资源的概念更加深入人心，对人力资源的研究也越来越多。到目前为止，对于人力资源的含义，学者们给出了多种不同的解释。根据研究角度的不同，可以将这些定义分为两大类。

第一类主要是从能力的角度来解释人力资源的含义，持这种观点的人占了较大的比重。如美国学者伊万·伯格（Ivan Berg）指出，人力资源是人类可用于生产产品或提供各种服务的活力、技能和知识；我国学者张德（2001）认为，人力资源是指能够推动整个经济和社会发展的劳动者的能力，即处在劳动年龄的已直接投入建设和尚未投入建设的人口的能力；朱舟（2001）也认为人力资源是指包含在人体内的一种生产能力，它是表现在劳动者的身上、以劳动者的数量和质量表示的资源，对经济起着生产性的作用，并且是企业经营中最活跃、最积极的生产要素；萧鸣政（2001）指出，人力资源是指劳动过程中可以直接投入的体力、智力、心力总和及其形成的基础素质，包括知识、技能、经验、品性与态度等身心素质。

第二类主要是从人的角度来解释人力资源的含义，如内贝尔·埃利斯（Nabil Elias）认为，人力资源是企业内部人员及外部人员，即总经理、雇员及顾客等可提供潜在服务及有利于企业预期经营的人员总和；陈国泰（2000）也认为人力资源是指一定社会区域内所有具有劳动能力的适龄劳动人口和超过劳动年龄的人口的总和。

董克用（2004）指出，从能力的角度来理解人力资源的含义更接近它的本质。资源是指财富形成的来源，而人对财富形成能起贡献作用的不是别的方面，是人所具有的知识、经验、技能、体能等能力，在这个意义上，人力资源的本质就是能力，人只不过是一个载体而已。

本书认同这样的概念：所谓人力资源，就是指人所具有的对价值创造起贡献作用并且能够被组织所利用的体力和脑力的总和。

没有人力资源，一切经济活动都无法进行。但是，存在着“人力”这种资源的情况下，它是否被配置、被运用了？是否配置在合适的岗位上？其自身是否有充足的动力？其工作能力是否能够得到较充分的发挥？显然，不同的人力资源状态、不同的人力资源配置和使用状态，会产生不同的后果，导致不同的产出、取得不同的效益。应当指出，人力资源是具有思想性、能动性特征的资源，要取得人力资源的最大产出与最大效益，必须在宏观、微观、经济、社会多方面作出努力。

（二）人力资源的特征

人力资源的实体是人，或者说是负载于“人”这种有思想、有价值判断的社会动物身上。作为社会经济资源中的一个特殊种类，有诸多不同于物质资源的特点。研究人力资源的特点，对于正确和深入把握这一范畴，是非常重要的。人力资源主要具有以下特征：

1. 生物性

人力资源存在于人体之中，是一种“活”的资源，它与人的自然生理特征相联系，具有生物性。这是人力资源最基本的特点。人力资源的生产，基于人口再生产这种生命过程，其接受教育也需要一定的“智力”自然前提；人力资源的使用，更受到人的自然生命特征的限制，如工作疲劳、职业安全卫生、工作时间，等等。

从经济运行的角度看，人力资源的生物性还体现为人力资源的再生性，其再生性是通过人口总体内各个个体的不断替换更新和“劳动力耗费→劳动力生产→劳动力再次耗费→劳动力再次生产”的过程得以实现的。

2. 能动性

能动性是人力资源区别于自然资源的一个最重要特征。人力资源和自然资源从哲学角度来看，是主体和客体的关系。前者是能动的主体，后者是被动的客体，主体作用于客体。人力资源开发利用的活动，赋予自然资源实际的社会价值，而人力资源自身的价值在相当程度上又取决于劳动者主体的主观能动性。也就是说一切自然资源都是被开发的客体和对象，而人力资源不仅是被开发的客体和对象，而且又是自我开发的主体和动力。作为被开发的对象，人力资源开发的广度和深度，取决于社会的、经济的、宏观的、微观的外部条件，劳动者的劳动力是被开发的对象，而开发的主体是社会、企业或单位；作为自我开发的主体，劳动者个人的主观能动性，对于人力资源开发的效果，具有很重要的影响。

人力资源的能动性，表现在以下三个方面。第一，自我强化。人口的生产、教育的发展，使得人力资源得以形成和得到强化，这是通过人们自身有目的的活动实现的。此外，人们努力学习、锻炼身体，通过自身积极行为，使自己获得更高的劳动能力，这也是自我强化的内容。第二，选择职业。这是人力资源主动地与物质资源结合的过程。第三，积极劳动或劳动积极性的发挥。这是人力资源能动性的最重要的方面。劳动积极性的发挥，对于这一资源的潜力发挥，具有决定性的影响。

3. 智能性

人力资源包含着智力的内容，即具有智能性，这使得它具有强大的功能。因为，人类创造了工具、创造了机器，把物质资料改造成为自己的手段，即通过自己的智力使自身人体器官得到延长和放大，从而增强了自身能力，制造了丰富的生产资料和生活资料；尤其是新科技革命的兴起，高科技的迅猛发展，人的思维不断扩大，知识和智力的急速发展使人们认识到，世界上的许多事情都是可能做到的，都是可以设计制造的。人类的智力具有继承性，这使人力资源所具有的劳动能力随着时间的推移得以积累、延续和进一步增强。人力资源的这种智能性表明，人力资源具有巨大潜力，急需花大力气予以挖掘，使之变成财富。

4. 个体差异性

个体差异性，即不同的人力资源个体在个人的知识技能条件、劳动参与率倾向、劳动供给方向、工作动力、工作行为特征等方面均有一定的差异。人的个体差异性，也导致社会人力资源需求岗位对其的选择产生一定的差异。

市场配置人力资源，可以在微观层次上通过个人与用人单位的相互选择，承认和完成有差异的配置。从而有效地达到人力资源的优化配置，达到人力资源与物质资源、资本的合理配置，取得较好的经济效益和社会效益。

5. 自我选择性

自我选择性，是人力资源能动性的延伸。“人”具有社会意识，这种意识是其对自身相对外界具有清晰的看法、对自身行动做出抉择、调节自身与外部关系的意识，由于人具有社会意识，使得作为劳动者的人在社会生产中居于主体地位，使得人力资源具有了能动的选择性。人作为主体性资源，在构成劳动供给与否、劳动供给的投入方向与投入数量方面，是有着自主决定权与选择偏好的。上述决定权与选择偏好表现为：个人“想不想或要求不要求就业”、“到什么岗位上去就业”和“就业时间多长、工作强度多大”。国际劳工组织在认定劳动者的权利时就指出，就业这种工作选择应当达到自主性。在经济发展水平不同的国家和地区，人的知识技能水平与价值观、自我意识不同，自我选择性也有一定差别。一般来说，经济社会发展水平低的国家和地区，人的自我选择性较弱；经济社会发展水平高的国家和地区，人的自我选择性较强。人的自我选择性，也是用人单位选择人力资源、政府从宏观上配置人力资源所必须考虑的因素。

6. 非经济性

非经济性，即人作为生产要素的供给，除了追求经济利益之外，还有非经济方面的考虑。在作为经济行为主体的个人层次上，人的职业选择、劳动付出往往与职业的社会地位、工作的稳定性、晋升机会、管理特点、工作条件、个人兴趣爱好、技能水平等非经济、非收入因素相关联。从人类社会发展的角度看，存在着这样一种状态：在经济水平比较低的社会，人们重谋生，对非经济的考虑较少、要求较低；在经济水平比较高的社会，"衣食足而知荣辱"，人们对于非经济利益的考虑就会较多，强度也较大。

在市场经济体制下，用人单位追求利益的最大化，必然受到其雇用对象的"人"的非经济因素影响和制约。在宏观层次上，政府也必然要顾及社会就业、公民收入与消费、社会保障等问题。因而也必然在一定程度上考虑人的非经济需求。

7. 时效性

人力资源具有时效性，它的形成、生产、开发、使用都具有时间方面的限制。从个体的角度看，人作为生物有机体有其生命周期，人作为人力资源，能从事劳动的自然时间就被限定在人生命周期的其中一段，人力使用的有效期大约在 16~60 岁之间。此外，人们能够从事劳动的青年、壮年、老年不同时期，其劳动能力也有所不同。在人力资源形成之后，如果在一定时间内不及时地开发和利用，它的效用就会降低甚至消失。可见，必须适时地开发和利用人力资源，而不能闲置或储备。

从社会的角度看，在各个年龄组人口的数量以及他们之间的联系方面，特别是"劳动人口与被抚养人口"的比例方面，也存在着时效性的问题。由此，就需要考虑动态条件下社会人力资源总体在形成、开发、分配、使用等各项运动环节的相对平稳性以及合理的超前性。

（三）人力资源的数量与质量

人力资源作为一个经济范畴，包含数量和质量两个方面的内容，具有质的规定性和量的规定性。人力资源总量表现为人力资源数量与质量的乘积，即：

$$\text{人力资源总量} = \text{人力资源数量} \times \text{人力资源平均质量}$$

1. 人力资源的数量

（1）人力资源的绝对量与相对量。人力资源数量是构成人力资源总量的基础性指标，它反映了人力资源的量的特征。人力资源又分为绝对量和相对量两个指标。

一个国家或地区的人力资源绝对量，可以用该国家或地区中具有劳动能力、从事社会劳动的人口总数来反映，即现实人力资源总数。通常认为，人力资源绝对量是反映一个国家或地区经济实力的重要指标。人力资源越丰富，社会生产中投入的活劳动越多，创造的价值越多。不过，人力资源必须和生产资料及其他生产要素在量上保持平衡，一旦人力资源量超过社会实际可能提供的生产资料和其他生产要素的数量，就会出现人力资源的过剩和浪费，成为经济和社会发展的负担。

人力资源相对量则是指现实人力资源总数占人口总数的比重，即人力资源率，用公式表示为：

$$\text{人力资源率} = \frac{\text{人力资源总数}}{\text{人口总数}}$$

人力资源相对量被认为是反映经济实力的更重要的指标。一个国家或地区的人力资源率高，表明该国家或地区的经济有某种优势。因为在劳动生产率和就业状况既定的条件下，人力资源率越高，表明可投入生产过程中的活劳动数量越多，从而创造的国民收入也就越多。

（2）影响人力资源数量的因素。

①人口总量及其变动。从直接意义上讲，人力的状况决定着总人力资源的数量。人力资源数量及其变动，首先取决于国家人口总量及其人口变动。在人口年龄构成一定的情况下，人力资源数量与人口总量成正比。人口总量越大，人力资源数量越多；反之，则越少。

从动态看，人口数量由于出生和死亡而时刻处于变化之中，由人口总量所制约的人力资源数量也会相应地发生变化。在人口年龄构成不变的情况下，人口总量的变化，必然导致人力资源数量的变化。如果考察的是一个封闭国家，那么人口的自然增长率实际上也决定了人力资源数量的增长率。不过，两者在时间上正好相隔一个劳动力的成长周期。

②人口的年龄构成。人口的年龄构成，是影响人力资源数量的一个重要因素。也就是说，人口的年龄结构类型，是属于年轻型、成年型还是老年型，对人力资源数量有重要影响。在人口总量一定的条件下，人口的年龄构成直接决定了人力资源的数量，即：

$$\text{人力资源数量} = \text{人口总量} \times \text{劳动年龄人口比例}$$

由于人力资源主要集中在总人口中劳动年龄区域内，故老年型或成年型人口结构，会减少潜在的人力资源数量。

③劳动力参与率。劳动力参与率是决定人力资源数量的又一重要因素。在一定条件下，现实的人力资源数量直接取决于劳动力参与率。劳动力参与率是指一个国家或地区在一定时期内，实际参加社会劳动的人口和正在谋取职业的失业人口之和占总的人力资源的比率，也就是现实的人力资源在潜在的人力资源中所占的比重。用公式表示为：

$$\text{劳动参与率} = \frac{\text{就业人口} + \text{正在谋业人口}}{\text{具有劳动能力的劳动人口}} = \frac{\text{现实的人力资源}}{\text{潜在的人力资源}}$$

劳动力参与率越高，人力资源利用的可能性越高；反之，则越低。

劳动力参与率的高低，受多种因素的影响。不同的国家、不同的时期，影响因素也有所不同。主要因素是：劳动年龄的界限，教育普及程度，社会保险状况，宗教及社会风俗，劳动制度及工资制度，经济结构类型及其发展水平，卫生保健事业状况，经济生活状况，等等。

此外，人口的性别构成、人口迁移、人口质量和政治、经济、教育等社会条件对人力资源的数量也有一定程度的影响。

2. 人力资源的质量

人力资源的质量是构成人力资源总量的另一个重要指标，它反映了人力资源质的特征。人力资源的质量，指一个国家或地区劳动者的总体素质和相应的劳动能力水平。劳动者的素质由身体素质、心理素质、文化技术素质和思想道德素质共同构成。劳动能力以这四种素质的耦合为基础，在社会生产实践中形成工作技能。人力资源的质量随着生产力发展、劳动方式变革和人类自身进化而不断得到提高。

（1）身体素质。人体解剖生理特征，如人体肌肉骨骼构成、心脏跳动、血液循环、物质合成和分解、新陈代谢、能量转换等通常被称为身体素质。劳动者的身体素质是指劳动者的健康状况、体力、生命力和寿命，它是人力资源质量的生理基础。所谓健康状况，就是人的身体生理机能运转能力，疾病和发病率是衡量人体健康状况的两个重要指标。体力，是指存在于人的肌肉和有关组织中的人体活动能力，力量、速度、耐力、柔韧度和灵敏度是构成体力的五大要素。体力的获得，一是依赖于人体所吸收的各种营养，二是依赖于长期的劳动和体育锻炼。生命力，简单地说就是生命的能力，或者叫作生存的能力。寿命，是生命力的生存年限。

（2）心理素质。劳动者的心理素质是指劳动者心理特征的总体状况，包括劳动者的心理功能素质和人格素质，它是人力资源质量的心理基础。其中，心理功能素质由注意、言语、智能三要素构成；人格素质指人的个体活动的倾向性和通常活动方式的心理特征，由气质、需要、动机、兴趣、情绪与情感、态度、习惯、意志等要素构成。心理功能素质与人格素质相互影响，相互制约。心理功能素质影响人格素质的完善，人格素质制约心理功能素质的发挥，二者的相互作用使劳动者具有不同的行为方式和行为能力。劳动者的心理素质是由先天遗传和后天的社会经历所决定的。

（3）文化技术素质。劳动者的文化技术素质是指劳动者群体的文化知识、科学技术水平、生产经验和劳动技能等。它是人类在认识、改造自然和社会过程中长期积累的知识结晶，是人力资源质量的核心部分。文化技术素质包括一般文化素质和科学技术素质。一般文化素质是智力正常者都具备的常识性、基础性、初级性的知识，是对社会生产和生活的一般性了解，各种生活经验和生活技能属于一般文化素质范围。科学技术素质是劳动者所掌握的自然科学、社会科学、生产技术等方面系统性、专业性的理论和应用技能。劳动者文化技术素质的形成，一是通过接受各种形式的教育，包括在家庭教育、学校教育、职业教育和业余教育中获得系统的文化科学知识；二是在各种具体的体力和智力的劳动过程中积累的各种实际经验和劳动技巧。

（4）思想道德素质。劳动者的思想道德素质是指劳动者的思想意识状况，主要由观念体系和观念更新机制构成，它是衡量人力资源质量的重要标准之一。观念体系是劳动者世界观、人生观、伦理观、宗教观、法制观、道德品质和传统习惯的总和，是劳动者对人生、对自我的根本看法及其个体行为的规范准则。它决定了劳动者对社会的态度和行为，决定着其生产的主动性、积极性和创造性。观念体系是一个有序、动态、相对稳定的系统，它必须不断地和外界进行接触、交换，才能保持系统的有序运行和平衡。这种与外界发生联系的功能，就是观念更新机制。观念更新机制由环境信息接受机制、自我更新机制和观念再组机制组成，它是时代与社会产生飞跃的精神动力。

二、人力资源管理

（一）人力资源管理的含义

人力资源管理是指为了实现既定的目标（如取得经济效益、资产增值），通过运用科学、系统的技术和方法对人力资源的取得、开发、保持和利用等方面所进行的计划、组织、领导、控制等一系列活动的总称。它是研究人与人关系的调整、人与事的配合，以充分开发人力资源、挖掘人的潜力、调动人的积极性、提高工作效率，实现组织目标的理论、方法和技术。

人力资源管理早期多称为人事管理（person management）或人力管理（manpower management），为企业六大职能之一，其主要责任在于依据组织成长与发展的需要，适时提供有质量保证的人力，以支持组织中的各项作业，进而达成组织的使命与目标。企业人事管理的发展源自18世纪后期的工业革命期间，由于生产方式的改变，大量员工涌入工厂中，产生了管理上的问题，例如人员的招募、甄选、出勤管理、薪资核算和人事数据的维护等，早期的人事管理内容大多以这些例行性行政事务为主。但由于工厂人数渐多，企业主不再能亲身掌握处理所有的人事工作，才有专业人事部门的成立。20世纪50~60年代间经济的高度成长使百业兴盛，也造成了就业市场劳动力供给的相对不足，人力规划（manpower planning）的观念开始进入企业界，希望通过对组织人力需求作先期的预测与规划，进而以各种手段确保所需人力的适当获得与维持。随着女权运动的兴起，manpower 这个被视为带有性别歧视的字眼也被中性的 human resource 取代，“人力资源”一词也彰显了人为组织中最有价值的资源。

随着经济发展浪潮的兴起，企业规模不断扩充，组织迅速膨胀的结果造成了管理人才的严重缺乏，企业开始重视人力资源的获得、培育与发展，并试图以更具竞争力的薪资、福利以及工作环境吸引企业所期望的人才进入企业，并以员工在组织中发展的展望与承诺，留住有发展潜力的员工，而人力资源规划与员工生涯发展管理即形成了人力资源管理的两大特色。经过20世纪70年代两次能源危机造成世界性的经济衰退，20世纪80年代企业的经营环境发生了空前的变化。其中，影响人力资源管理最深的有两个趋势，一是高科技产业的高度发展，一是后工业社会服务业的兴起，在高科技产业和服务业中，企业的核心竞争力在于人才的素质，高水平人力的获得和维持成为企业获取竞争优势的重要武器，人力资源管理开始扮演策略性的角色。即使在一般企业中，人的重要性也再度受到重视，进入了所谓“战略性人力资源管理”的时代。人力资源管理观念的演进如表1-1所示。

表 1-1　人力资源管理观念的演进

观　　念	演进时期	工　作　重　点
人事作业管理	19 世纪 60 年代	招募、薪资、出勤管理
科学管理	20 世纪初	工作分析、设计
人力资源管理	20 世纪 60 年代	人力资源规划、员工职业发展
战略人力资源管理	20 世纪 80 年代	将人力资源管理活动与组织的整体战略相联系

20 世纪 60 年代以来，发展中国家和地区为促进经济发展与成长，推动人力资源政策制定与执行。由于人力资本理论的兴起，使人们了解“人力资本形成”比“物质资本形成”对于经济成长更为重要，而人力资源的质量又比人力资源的数量对于生产力提升更具影响。由于人力资源的质量取决于社会的教育及培训体系的运作，因此，许多发展中国家和地区相当重视由政府所主导的人力资源政策的规划与制定。

（二）人力资源管理的特点

1. 人力资源管理目标的战略性

当今国际竞争中，追求技术和产品领先、成本领先、市场领先已经成为企业主要的战略目标，在技术、产品、市场竞争异常严酷和企业风险加大的环境下，经营管理人才、技术开发人才成为企业经营战略成功与否的决定性因素，人力资源真正成为企业的战略性资源，人力资源管理在组织中的战略地位上移，管理责任下移，能够在一定程度上参与公司决策。很多企业在董事会下设立了人力资源委员会或者薪酬考核委员会。

2. 人力资源管理内容的广泛性

目前，人力资源开发与管理的范围日趋扩大，其内容在泛化。企业人力资源范畴包括相当广泛的内容，除去以往的招聘、薪酬、考核、劳资关系等人事管理内容外，还把与“人”有关的内容大量纳入其范围。诸如机构设计、职位设置、人才吸引、领导者的选拔任用、员工激励、培训与发展、团队建设、组织发展，等等。

3. 人力资源管理对象的时效性

人力资源是一种有生命的资源，它的形成、开发和利用都要受到时间的限制。不像矿产资源一般都可以长期储存，不采不用，品位不会降低，人力资源储而不用，才能就会荒废、退化。无论哪类人员，都有其才能发挥的最佳期、最佳年龄段。当然，依类别不同，人的才能发挥的最佳时期也不一样。一般而言，25~45 岁是科技人才的黄金年龄。人才开发与使用必须及时。开发使用时间不一样，所得效益也不相同。

4. 人力资源管理主体的多层次性

在现代的人力资源开发与管理活动中，管理主体由多方面的人所组成。人力资源管理不仅仅是人力资源职能部门的责任，更是全体员工及全体管理者的责任，尤其是企业高层管理者必须承担的责任。人力资源管理由行政权力型转向服务支持型。人力资源职能部门的权力淡化，直线经理的人力资源管理责任增加，员工自主管理的责任增加。人力资源管理的一项根本任务就是推动、帮助企业的各层管理者及全体员工去承担人力资源开发和管理的创新。

5. 人力资源管理手段的人性化

人力资源的开发与管理是以人为中心的，其方法和手段有着更多的人权和人道色彩。诸如雇员权益保护、安全与健康保障体系、员工参与管理制度、员工合理化建议制度、目标管理方法、工作再设计、工作生活质量运动、自我考评法、职业生涯规划、新员工导师制、灵活工作制度、员工福利的选择制，等等。

6. 人力资源管理结果的效益性

在现代组织中，人们普遍有着经济衡量理念和管理活动的效益关注，注重投入和产出的关系。有着大量现代理论知识和实践经验的经营管理者，把人视为高于其他资源的最有价值的资产，认识到“人是资本，投入越大，回报越高”。由此，经营管理者就把人力资源开发与管理放在重要的和经常性的工作位置上，愿意对人力资源开发与管理活动进行投入，以期取得较高的业绩回报。

7. 建立新型的企业—员工关系

现代人力资源管理通过在企业—员工之间建立以劳动契约和心理契约为双重纽带的战略合作伙伴关系，来调节员工与企业之间的关系，一方面要依据市场法则确定员工与企业双方的权利义务关系、利益关系；另一方面又要求企业与员工一同建立共同愿景，在共同愿景和沟通的基础上就核心价值观达成共识，培养员工的职业道德，尊重员工的个性，实现员工的自我发展与自主管理，实现员工心理期望与组织期望的“默契”，建立两者之间的信任与承诺关系。同时对创新型团队和学习型组织的建立提供全方位的支持和服务。

（三）人力资源管理的职能

每一个组织的形式与结构虽然不尽相同，但是其人力资源开发与管理的职能基本是一样的，主要包括以下方面：

1. 谋取

它主要包括人力资源规划、招聘与录用。为了实现组织的战略目标，人力资源管理部根据组织中的工作要求，谋划并制订与组织目标相适应的人力资源需求与供给计划，并根据其供需计划对所需人员进行招募、考核、选拔、录用与配置等工作。显然，只有首先谋取了所需的人力资源，才能对其进行开发与管理。

2. 整合

整合又称为融合，即使员工之间和睦相处、协调共事，不仅在形式上加入到组织中，而且在思想上、感情上和心理上与组织认同并融为一体。取得群体认同的过程，是员工与组织之间个人认知与组织理念、个人行为与组织规范的同化过程。现代人力资源管理强调个人在组织中的发展，个人的发展势必会引发个人与个人、个人与组织之间的冲突，产生一系列问题。整合职能则应努力去化解矛盾与冲突，协调各利益主体的关系。

3. 保持和激励

它是指保持员工工作的积极性，保持安全健康的工作环境。这包括如何管理员工的工资和薪金，做到按照员工的贡献等因素进行收入分配，做到奖惩分明，同时通过奖赏、福利等措施激励员工。这项基本职能的根本目的在于增强员工的满意感，提高其劳动积极性和劳动生产率，提高组织的绩效。

4. 调控

这是对员工实施合理、公平的动态管理的过程，是人力资源开发与管理中的控制与调整职能。它包括合理而完整的绩效考评制度的设置与执行，并在此基础上采取适当的措施，如晋升、调动、奖惩、离退、解雇等，对员工进行动态管理。

5. 开发

这是人力资源开发与管理的重要职能。它是指为提高雇员的知识、技能和能力而进行的一系列管理活动。使他们的潜能得以充分发挥，最大限度地实现个人价值。其中主要包括组织与个人开发计划的制订、组织与个人对培训和继续教育的投入、培训与继续教育的实施、员工职业生涯开发设计及员工的有效使用等。对员工的有效使用是一种投资最少、见效最快的人力资源开发方法，因为它只需将员工的工作积极性和潜能充分发挥出来，即可提高劳动生产率。当员工得到有效使用时，对员工而言，其满意感增强、劳动积极性提高，对组织而言，则员工得到合理配置、组织高效运作、劳动生产率提高。

三、人力资源管理的主要内容

（一）人力资源战略与规划

人力资源管理是一个涉及面相当广的领域，从根本上看，它是由组织的战略决定的。由此，人力资源管理就具有了高层次的战略特征与一般业务性的经营特征，组织的人力资源战略也就成为人力资源管理体系的根本内容。根据组织的长期战略，人力资源战略要解决的主要问题有：组织的未来结构和所需要的组织成员数量与结构预测；组织的员工培训途径和选拔规划，关键技术人员、管理人员的选拔模式；应当建成的组织文化；对员工的管理理念，等等。

组织的人力资源规划，则要立足于组织的中长期发展，具体根据组织的近期发展所提出的对于人力资源的需求，寻找供给的缺口，例如，组织需要多少员工、需要哪些类型的员工，通过什么渠道、采取什么方式招聘员工，未来人力资源需求预测与供给提供等。

（二）工作分析和工作设计

工作分析和工作设计是人力资源开发与管理工作的基础。通过对工作任务的分解，根据不同的工作内容，设计为不同的岗位，规定每个岗位应承担的职责和工作条件、工作要求等，这样可使企业吸引和保持合格的员工，做到事得其人、人尽其才，从而提高工作效率。

（三）招聘和选拔

挑选和录用合格乃至优秀的员工是企业占据竞争主动地位的重要环节。招聘是指通过各种途径发布招聘信息，将应聘者吸引过来；选拔则是企业挑选最合适的求职者，并安排在一定职位上。

（四）培训与开发

通过培训提高员工个人、群体和整个组织的知识、能力、工作态度和工作绩效，进一步开发员工的智力潜能。培训与开发要强调针对性，即根据不同员工的技术水平和素质差异采用不同的训练方式和训练内容，为他们完成工作任务提供必要的知识、技术、能力和工作态度的培训，同时，还可进行交叉的岗位培训，帮助他们胜任不同的职务。

（五）绩效管理

绩效管理是在特定的环境中，与特定的组织战略、目标相联系的组织对员工的绩效进行的管理，目的是实现组织目标、促进员工发展。绩效管理的内容涉及绩效管理系统的构建、绩效考核指标设计、绩效管理方法的分析、绩效考核结果的运用等。

（六）薪酬福利设计

薪酬与福利体系关系到组织中员工队伍的工作积极性和稳定性，并且对组织的士气有很大影响，人力资源管理者要科学地确定薪酬结构和水平、制定福利和其他待遇的标准。

（七）劳动关系

劳动关系是企业管理者与员工之间的相互关系，解决员工在工作中所发生的各种矛盾与冲突，保持组织运行的协调一致和高效率。企业管理者与企业内有组织的员工群体之间应依照劳动法的规定就工资、福利及工作条件等问题进行谈判，协调劳动关系。

（八）职业计划与发展

职业计划是根据员工个人性格、气质、能力、兴趣、价值观等特点，同时结合组织的需要，为员工制订一个事业发展的计划，并为之不断开发员工的潜能。

第2节　人力资源管理理论的演进

人力资源管理是随着工业革命和企业管理理论的发展而逐步形成的，并随着科技和生产管理技术的不断进步而不断发展和完善。20世纪以来，企业管理涉及“人”的具体管理职能和管理实践活动，经历了从20世纪初的人事管理到20世纪60年代以后的人力资源管理的过程，每一次进步都伴随着与之相关的管理哲学思想和管理理论的创新。正如著名管理学家彼得·德鲁克说过的：每过几十年，我们就要改变经营管理实践，进入一个新的思想时代；我们的企业和整个社会都会随着时间的推移而变迁，接受新的思想流派。

一、人事管理阶段

人力资源管理理论是在传统人事管理的基础上形成的，人力资源管理与人事管理是两个不同的术语，它代表了在人的管理方面不同的历史阶段的不同特点。人事部门的正式出现，大致在 20 世纪 20 年代。其背景是产业革命促成了工厂系统的生成，不仅给人们提供了众多就业的机会，也给工厂主提供了选择劳动力的机会。这样，如何用较少的人做较多的事，如何提高劳动生产力，就成为人事部门必须考虑的问题。人事管理作为一种理论体系，形成于 20 世纪初传统大工业生产进入成熟期以后。人事管理是为企业对人员的管理提供支持的一种作用体系，它关注的焦点在于建立、维护和发展特定的体系，从而提供一种雇用体制框架。这种体系作用于员工受雇于企业的整个过程，从受雇（招募与选聘等）、雇佣关系管理（奖励、评估、发展、劳资关系、申诉与违纪等）到雇佣关系的结束（退休、辞职、减员和解雇等）。

（一）科学管理阶段的人事管理——以效率为本的模式

20 世纪 20 年代，正值泰罗（Taylor）的古典科学管理理论兴起和流行，管理学真正成为一门科学，这一时期被称为科学管理时期。泰罗作为当时管理思想的主要代表人物，对企业人事管理理论和方法产生了较大的影响。在以泰罗和法约尔（Fayol）等为代表的科学管理理论和古典组织理论指导下，形成了现代人事管理理论的基本框架。其本质特征是科学和效率，即以科学的方法、原则和制度为手段，以实现组织的效率为目标。

泰罗科学管理理论对于现代人力资源管理理论和实践仍然具有影响，如“经济人”假设，倡导管理人员和工人均分工作和责任，责权利分明，最佳工作方法（工作定额原理），依据工作分析科学地挑选人员，按照标准操作方法进行培训，有差别和刺激性的计件工资制度，倡导劳资双方合作等。这些观点被广泛地运用于现代人力资源管理实践中，例如，重视工作分析和职位评价、绩效评价、强调薪酬激励等。

法约尔更多的是从整个组织的角度来看人力资源管理问题，法约尔讨论了管理原则的理性化和科学化，提出了管理的五大职能说，认为管理具有计划、组织、指挥、协调和控制五大职能，并提出 14 项管理原则：劳动分工、权利、责任、纪律、统一指挥、个人利益服从整体利益、人员报酬、集中制、等级链、秩序、公平、人员稳定、创新和团队精神等。其中有些原则成为人力资源管理中的金科玉律。

韦伯（Weber）的组织理论更多地侧重于组织的制度建设和组织制度的科学化、理性化。要求根据制度来选择适当的人担任适当的职务；组织中的人依据其职位的高低和正式的工作职责行使职权；人与人的关系是人对工作的关系；按职位需求，公开甄选适岗人才；对人员进行合理分工，并进行专业培训，以提高生产效率；按职位和贡献付酬，并建立升迁奖惩制度。

这一时期，人事管理的基本含义就是指为了完成组织的任务，对组织中涉及人与事的关系进行专业化管理，使人与事达到最佳匹配，同时运用激励措施提高员工的积极性和主动性。在实践中，企业人事管理只限于人员招聘、选拔、分派、工资发放、档案保管等比较琐细的具体工作，后来逐渐涉及职务分析、绩效评估、奖酬制度的设计与管理、其他人事制度的制定、员工培训活动的规划与组织等。这时期的人事管理基本上属于行政事务性的工作，活动范围有限，主要由人事部门职员执行，很少涉及组织高层的战略决策。

（二）行为科学阶段的人事管理——以人为本的模式

“以人为本”的模式是与“效率为本”模式相对立，并对现代人力资源管理理论产生重大影响的理论。早期的人本主义管理理论以“人际关系理论”的形式始于 20 世纪 30 年代以后，运用并发展于 20 世纪 40~50 年代。哈佛大学教授梅奥（Mayo）在实验研究基础上提出了与泰勒科学管理相对立的人际关系理论。人际关系理论认为人是“社会人”，除了物质金钱的需要外，还有社会和心理等方面的需要；生产率在很大程度上取决于职工的态度，即“士气”；非组织因素也会影响职工的情感和积极性；提倡集体奖励制度，不主张个人奖励制度。梅奥还认为，个人对管理和组织的认同感、忠诚度主要取决于组织和管理是不是满足了他的社会需要。提高工人满意度是提高劳动生产率的首要条件，高满意度来源于物质和精神两种需求的合理满足。因此，管理的根本任务就是创造良好的人际关系气氛，满足组织成员的社会需要。

行为科学学派研究的问题范围很广，它包括领导人的培训、群体动力、动机与满意、参与管理、个人与群体关系、行为矫正、敏感性训练、工作扩大化与丰富化、社会技术系统、组织变革、目标管理以及提高工作生活质量，等等。

行为科学极大地丰富了现代人事管理学的内容，表现为人事管理领域的扩大。它除了对员工的选用、迁调、待遇、考评、退休等进行研究之外，还注意对人的动机、行为目的加以研究，以求了解员工的心理，激发他们的工作意愿，充分发挥他们的潜力。

行为科学的引进使人事管理由静态管理逐渐发展为动态管理，由以往重视制度以求人事稳定、规章细密难以变动的情况，逐步发展到一方面注意法规，另一方面强调法规具有弹性，以适应管理对象的复杂状况，在所规定的范围内注意个别差异，注意尊重员工自身的意志和愿望，努力使他们的工作成就与其自身的追求与利益相结合，通过合理组织与利用人力资源，最大限度地激发员工的劳动积极性，提高工作质量和经济效益。

二、人力资源管理阶段

（一）人力资源管理的形成阶段

20 世纪五六十年代以后，融合了“效率为本”和“以人为本”思想的二元整合模式的管理理论逐渐形成并完善，人事管理的二元分割就此结束，现代人力资源管理理论应运而生。1965 年，芝加哥大学教授西奥多 · W · 舒尔茨（Thodove W. Schults）在《用教育形成的资本》和《人力资源投资》等论著中，提出了人力资本理论，认为人力资本才是国家和地区的富裕之源泉。这种理论突破了只有厂房、设备等物质性资源才是资本的概念，把国家、地区和组织在教育、保健、人口、迁徙等方面投资所形成的人的能力提高和生命周期的延长也看为资本的一种形态。人力资本是通过对人力资源投资而体现在劳动者身上的体力、智力和技能，它是另外一种形态的资本，与物质资本共同构成了国民财富，而这种资本的有形形态就是人力资源。

20 世纪 60 年代以来，知识经济通过新科技革命已在替代工业经济而兴起，经济增长的主导因素已由传统经济的物力转换成人力资源。其突出的表现就是知识型产业在国民经济中的比重越来越大以及物质产品的价值构成中知识的附加值所占的比重越来越高。知识和智力资源的重要性使人力资源在企业经营中的地位被重新认识，并提到一个前所未有的高度。人力资源被视为企业最重要的资源，是企业可持续发展的主导因素。企业的投资重点也从物力资源转向人力资源，注重人力资源的开发和增值。企业的发展体现为以人为中心的全面发展，企业的竞争更多地表现为人才竞争。在此背景下，人力资源管理应运而生。“人力资源管理”视员工为组织的资产，其目标是在协助企业战略目标实现的基础上，实现人力资本的增值。

进入 20 世纪 60~70 年代，西方各国涉及人事和工作场所的相关立法迅速增加，并且立法的关注点也从工会与管理层间的问题转向了员工关系。随着各项法律的出台，企业也很快意识到，卷入与员工或雇用有关的司法诉讼的花费巨大。于是，大量的律师走进了企业人事部，主要任务是规范一线经理管理行为的合法性，尽可能地为企业避免司法诉讼。这样，直接处理有关的司法诉讼等工作成了人事管理的新职能。20 世纪 80 年代是一个充满了持续而快速的组织变革的时代，敌意接管、杠杆收购、兼并、剥离等事件层出不穷，人事管理也进入了企业更高的层次，从关注员工道德、工作满意度转变为关注组织的有效性。高级的人事主管开始参与讨论有关企业未来发展方向、战略目标等问题，工作生活质量、工作团队组织、组织文化等成为人事管理的重要内容。总之，人事管理的职能丰富了，人事管理的地位提升了，人事经理也开始跻身于企业高级管理人员之列，但人事管理依然没能形成完整而严密的理论体系。

人力资源管理模式是由美国哈佛大学商学院教授迈克尔·比尔（Beer）等人在 1984 年出版的《管理人力资本》一书中首先提出的。比尔等人认为，传统的人事管理定义狭窄，人事管理活动是针对各自特定的问题和需要，而不是针对一个统一、明确的目标做出的反应，造成了人事管理职能之间以及人事管理职能与其他管理职能之间相互割裂。竞争压力的变化要求企业在人力资源问题上有一个定义更广泛、更全面和更具有战略性的观点，要求从组织角度对人加以更多的关注，在对人员的管理上采取更长远一些的观点，把人当作一项潜在的资本，而并不仅仅看作一种可变的成本。因此，人力资源管理应包括影响企业与员工之间关系的所有管理决策与行为。

在人力资源管理模式中，首先，比尔等人把员工看作企业中与股东、管理层地位平等的一个主要利益相关者，这一观点显示了人力资源管理在协调管理层和员工间利益冲突方面的重要性，大大扩展了人力资源管理所涉及的范围，并暗示直线经理（特别是总经理）应承担更多的人力资源管理职责。其次，比尔等人认为，人力资源管理政策和实践的设计与实施，必须与大量的、重要的具体情况因素相一致。这些具体情况因素包括劳动力特征、企业经营战略和条件、管理层的理念等。通过这些具体情况因素，比尔等人将人的问题与经营问题有机地结合起来，并使人力资源管理具有了战略价值。再次，比尔等人把众多而分散的人事管理行为归纳为四个人力资源政策领域：员工影响、人力资源流动、报酬体系和工作体系，并强调四个政策领域之间需要有合理程度的一致性。最后，比尔等人指出，人力资源管理政策与实践的评估应是多层次的，人力资源管理政策与实践的直接效果可以用员工的能力、员工的承诺、人力资源管理政策的一致性和人力资源政策的成本收益来评估，而人力资源管理政策与实践的长期效果则应在组织有效性、员工福利和社会福利三个方面上来考察。

美国学者巴克（Balkke）、迈勒斯（Miles）等人也对人力资源管理的众多问题进行了广泛的研究，他们认为：首先，员工是实现组织目标的“第一资源”，要从资源的角度来认识组织中的“人事管理”。其次，扩展了人力资源管理的范围，认为人力资源管理不仅仅是人力资源部门的职责，也是直线部门（生产、营销）的重要职责，并且参与组织战略决策的制定和实施。最后，把人力资源管理的目标与组织的竞争力、利润、生存能力、竞争优势和劳动力的灵活性等联系起来，不仅注重开发人力资源产品和服务，而且更注重人力资源对组织和经理人员的影响，将人力资源管理职能与其他管理职能放在同等重要的地位。

比尔等人的人力资源管理模式提供了一个很有价值的分析框架，学术界对该模式所包含的变量评价较高，认为该模式既反映了雇佣关系中所涉及的商业利益，也反映了雇佣关系应该实现的社会责任。然而比尔等人并没有明确地指出人力资源管理究竟与人事管理有什么不同，这一问题直到 1992 年才由斯托里（Storey）给出了答案。斯托里通过对人力资源管理内在特征的分析，找出了人力资源管理与人事管理的不同点，并将这些不同点分为四大类：信念与假设、战略方面、直线管理和关键手段。人事管理致力于建立一种对员工进行规范与监督的机制，以保证企业经营活动低成本地有效运行。而人力资源管理则将员工视为能创造价值的最重要的企业资源，致力于建立一种能把人的问题与企业经营问题综合考虑的机制。因此，如果说人事管理是企业管理的一种职能，那么，人力资源管理则无疑是一种新的企业管理模式。

（二）战略人力资源管理阶段

战略管理自从 20 世纪 50 年代正式提出来以后，就一直受到各方面的关注，长期以来企业的经营非常重视内在效率的提高，从企业结构到企业功能的安排都是围绕内在经营效率的。然而，战略管理使企业经营的组织和功能有了另一种不同的安排，它提供了一种视角、思想和方法，使经营者和企业中的各层级经理重新安排自己的工作。这些思想和方法对人力资源管理来说起着重要的导向作用，人力资源管理不仅仅是为企业配备适合于企业生产、技术开发、市场开发、行政管理等合格的人才，更对企业未来的发展负有不可推卸的责任。

近年来，战略管理的一个显著的变化就是从关注企业绩效的环境决定因素转为强调企业的内部资源、战略与企业绩效的关系。如企业能力理论认为，与外部条件相比，企业的内部因素对于企业获取市场竞争优势具有决定性的作用。从企业资源基础的理论出发，许多学者相信，传统的竞争优势来源（如技术、财务资源的获得）已不再能以稀缺的、不可模仿的和不可替代的方式为企业创造价值。由于人力资源的价值创造过程具有因果关系模糊等特征，其细微之处竞争对手难以模仿。因此，企业的人力资源将是持久竞争优势的重要来源，有效地管理人力资源，而不是物质资源，将是企业绩效的最终决定因素。这一研究成果显著提高了人力资源在形成竞争优势方面的地位，促进了从提高企业竞争力角度对人力资源管理的研究，并直接导致战略人力资源管理的兴起。

1981 年，戴瓦纳（Devanna）在《人力资源管理：一个战略观》一文中提出了战略人力资源管理的概念。战略人力资源管理把人力资源管理视为一项战略职能，以“整合”与“适应”为特征，探索人力资源管理与企业组织层次行为结果的关系。其着重关注：①人力资源管理应完全整合进企业的战略；②人力资源管理政策在不同的政策领域与管理层次间应具有一致性；③人力资源管理实践应作为日常工作的一部分被直线经理与员工所接受和运用。

然而，尽管大量的战略人力资源管理研究都冠以“战略”的标牌，但学者们对“战略”却有着多种不同的认识。如亨德里和佩蒂格鲁的战略人力资源管理主要关注环境因素与人力资源管理政策间的关系，把人力资源管理政策视为因变量，由如何更好地适应外部环境来决定。舒勒（Schuler）和杰克逊（Jackson）的战略人力资源管理则是针对波特的三种一般竞争战略，提出与之相联系的人力资源管理战略，强调每一种不同的竞争战略需要不同的人力资源管理政策组合。德利瑞（Delery）和多蒂（Doty）的战略人力资源管理则直接认为一些人力资源管理工作具有战略性，其中包括：内部职业机会、正规培训系统、结果导向的评估、利润共享、雇用保证、员工参与和工作描述。更多的战略人力资源管理研究者则关心各种人力资源管理实践与企业绩效之间的关系，并认为由于这一关系对企业的生存与发展是至关重要的，因而这一关系是战略性的。战略概念的不同，导致战略人力资源管理领域存在着多种不同的观点，同时也预示着研究者需要对新兴的战略人力资源管理给予更多的关注。

第 3 节　旅游企业人力资源管理

一、旅游业

（一）旅游业的含义

关于旅游业的定义问题，人们有着不同的认识。

旅游业不像农业和工业那样是一个界限分明的独立产业，因为它的产品是由住宿业、旅行业、餐饮业、交通运输业、商业等多项产业共同提供和构成的。几乎旅游目的地的各种产业都与旅游业有关。旅游业不像其他产业那样界限分明正是说明了旅游业的特点，旅游业的产品构成涉及多种有关行业的情况同样也是其特点的反映。尽管这些产业或行业的主要业务和产品有所不同，但在涉及旅游的方面，它们都有一个共同之处，就是便利旅游活动，通过提供各自的产品和服务满足旅游者的需要。

一般认为旅游业就是以旅游资源为凭借，以旅游设施为基础，通过提供旅游服务满足旅游消费者各种需要的综合性行业。由定义不难看出，旅游资源、旅游设施和旅游服务是旅游业经营管理的三大要素。旅游饭店、旅游交通和旅行社构成了旅游业的三大支柱。按照我国目前的情况，旅游业的构成应该包括下列各类企业：旅游景区（点），旅行社，以饭店为代表的住宿业，餐饮业，交通运输业，游览娱乐行业，旅游用品和纪念品销售行业。各级旅游管理机构、旅游行业组织虽非直接赢利的企业，但它们在促进和扩大商业性经营部门的赢利方面起着重要的支持作用，因而也应纳入旅游业的构成之中。旅游业同时还应包括支持发展旅游的各种旅游组织。

（二）旅游业的性质

1. 旅游业的经济性

旅游业是一项高度分散的行业，它由各种大小不同、地点不同、性质不同、组织类型不同、服务范围不同的企业组成。这些企业是以营利为目的，并进行独立核算的经济组织，由它们构成的旅游业则不可避免地成为一项经济产业。因此，旅游业是具有经济性质的服务行业，经济性是旅游业的根本性质。

2. 旅游业的文化性

从旅游消费者的角度来看，旅游业又是具有文化性质的服务行业，旅游者在旅游过程中可以陶冶情操、丰富文化知识、增长见识。因而旅游者在旅游时付出的费用，本质是文化消费。

综合上述两点，从经济社会发展的总体来看，我们可以说旅游业是一种文化——经济事业。因为一方面在旅游消费中，无论人文景观还是自然景观，主要是满足旅游者文化生活的需要，具有明显的文化性质；但另一方面，旅游景观的开发和旅游设施的建设都需要投资，在商品经济条件下这种投资无论来自政府还是来自企业或部门，都需要进行投入与产出的比较，所以它又具有明显的经济性质。

3. 旅游业是资金密集型产业和劳动密集型产业

判断某一行业是资金密集型或劳动密集型的标准有以下三点：一是企业投入的技术装备的固定资产和劳动力配合比例的高低，即每个劳动力占有固定资金的多少；二是企业生产经营成本中活的劳动消耗所占比重的大小；三是企业资金或资本有机构成的高低。

根据这三条标准，我国涉外饭店每个劳动力所占用的固定资产一般达 2.5 万~5 万美元，涉外餐馆、大型游乐场占 1.5 万~3 万美元，公寓写字楼占 5 万~8 万美元。它们的有机构成一般都高于重工业，这些企业的活的劳动消耗比重一般占总成本费用的 7%~8%，但与总收入比较只占 2%~5%，这些企业的兴建时间和投资偿还期较长。所以说，构成旅游业的饭店、涉外餐厅、大型游乐场等，大多数属于资金密集型企业。

劳动密集型企业是指技术设备程度较低，投资少，用人多，产品或服务成本中活劳动消耗比重大的旅游企业。旅行社企业、旅游商店企业和旅游配套企业中的部分旅游产品生产企业，包括部分旅游商品以及旅游副食品和食品原料生产企业，一般都属于劳动密集型企业。

另外，按照产业结构分类，旅游业属于第三产业，或称服务行业，其特点是以劳务的提供取得收入。

（三）旅游业的特点

从旅游业的职能和它的实际作用来看，旅游业也是国民经济中的一个服务行业，但是它与社会上一般服务行业相比有着许多自身的特点。

1. 综合性

由于旅游业经营者必须为旅游者提供食、住、行、游、购、娱等一体化服务，为了满足旅游者的这种多重需要，就要由多种不同类型的企业为旅游者提供商品和服务，因而它必须联系到国民经济中其他的行业和部门。它实际上是许多有关行业的综合体，满足旅游者需要的这一业务关系纽带把它们联系到了一起。

2. 依赖性

旅游业的依赖性表现在三个方面。一是要有旅游资源作为依托。二是有赖于国民经济的发展。客源国的经济发展水平决定着旅游者的数量、消费水平和消费频率；接待国的经济发展程度决定着旅游综合接待能力的强弱，并在一定程度上影响服务质量。三是有赖于有关部门和行业的全力合作，协调发展。任何一个相关行业脱节，都会使旅游业经营活动难以正常运转。

3. 敏感性

旅游业的发展必然要受到多种因素的影响和制约，比如各种自然的、政治的、经济的、社会的因素和旅游业内部各组成部分之间以及与旅游业相关的多种行业、部门之间的协调因素等，都会对旅游业的发展产生影响。另外，旅游业是一种高层次消费，需求弹性大，影响旅游需求的各种因素有微小的变化就会在较大程度上对旅游需求发生作用，使其产生大幅度波动，从而增加了旅游业的不稳定性。

（四）旅游企业的特点

旅游企业除具有一般企业的特性外，由于行业的特点，还有其自身的特点：

1. 旅游企业的服务性

旅游企业的产品是服务，经营重点是提供优质的劳务性服务。企业在为旅游者提供服务时，主要是企业的活劳动，而物质产品则起到辅助服务销售的作用。企业的经营过程主要不是如何利用所拥有的物质资源来生产一些物质产品，而是利用物质条件来组织好员工的活动，在销售过程中，旅游服务的设施设备等并不发生所有权的转移，而是使用权的暂时转移。企业的经营规模取决于其接待能力。

2. 旅游企业的多样化

由于旅游者的需要是综合性的，因此企业所提供的产品和服务也相应是综合性的，要能满足旅游者活动过程中食、住、行、游、购、娱的需要。需要的多样性，也就决定了提供服务的企业的多样化，旅游企业的外延界限非常宽泛，涉及分属于国民经济许多部门。例如，旅游中的交通服务大多由交通部门的企业提供，购物服务则多由商业部门的零售企业提供。即使是直接接受旅游行政部门行业管理的旅行社、旅游饭店，由于服务产品的差异性，即组织形态也各有特点。旅游饭店投资大，需要较多的服务人员，是资金密集型的企业；旅行社设备投资较少，人员少，对人员的素质要求较高，是人才密集型企业。

3. 旅游企业经营的季节性

旅游企业经营业务受自然条件及旅游者闲暇时间等因素的影响，季节性十分明显，有旺季和淡季之分，经营活动的周期性变动明显，这就对旅游企业人力资源管理提出了严峻的挑战。旅游企业在招聘、培训、工作分配、绩效考核、人员流动和留用方面表现出与一般企业明显的差别。

二、旅游企业人力资源管理的特点

（一）综合性

综合性是指旅游人力资源开发与管理的内容多、范围广，旅游企业在对人力资源进行开发与管理的过程中，既要考虑旅游业自身的行业特点，如综合性、依赖性与敏感性等，又要考虑其他相关因素，如经济因素、政治因素、文化因素、心理因素、生理因素、民族因素等。它涉及旅游学、经济学、社会学、心理学、组织行为学、统计学等知识。如果说组织中其他管理（如财务、物资等）要求专才的话，旅游人力资源开发与管理则要求通才。

（二）系统性

旅游人力资源开发与管理的目的，是使旅游从业人员所承担的工作为旅游组织共同的目标服务。旅游行业虽然涉及面广，但关联性极强，其产品与服务都是为游客服务的，围绕客人的食、住、行、游、购、娱等过程进行，所以旅游人力资源开发与管理表现出很强的系统性。在这个系统中任一方面、任一层次工作的不足，都会对整个系统产生不利影响。所以必须要求以系统的观念来指导这项工作的开展。

（三）复杂性

人力资源开发与管理的对象是人，而且旅游业是一个劳动密集型行业，其产品主要是由人所提供的服务产品构成的。静态的物质资源有一定规格和性能可循，因而管理者易于根据事先的判断和准备来进行操纵和控制。而人具有思想、感情和意识，其心理状态和情绪的变化往往是复杂的，而且人的行为往往受其感情支配，在不同的情况下，其心理上的感觉也不同。在情绪高涨时，工作质量和工作效率能很高，在情绪低落时，则往往相反。这种情感、思想上的复杂性往往给旅游人力资源开发与管理带来较大的困难。同样的管理方法对于不同的人或在不同的时间对于同一个人，所产生的效果可能大不一样。这就要求在人力资源开发与管理的过程中，一定要对问题进行具体分析，并根据具体情况灵活处理，否则就不能很好地解决问题。

三、我国旅游企业人力资源管理面临的挑战

面对旅游业的快速发展和新经济时代的挑战，旅游人力资源开发与管理也面临一些亟待解决的问题：

（一）员工流动频繁，管理难度加大

员工流动是企业普遍存在的问题。它是一把双刃剑，既有好的一面，可以促进员工的新陈代谢和留优汰劣，不断补充新鲜的血液，输入新的思想和理念；也有不利的一面，企业要为员工流失付出代价，例如，企业人力资源的损失、知识和技术的损失、客户的损失、对其他员工的心理冲击等。关键是企业应该将员工流失率控制在可控制和可接受的合理范围内。员工的频繁流动，会给旅游企业造成十分巨大的损失。一方面增加了“人力资源管理”的成本；另一方面降低了“人力资源效益”，影响了工作质量的稳定，给整个企业管理加大了难度。由于目前我国旅游企业的职业进入门槛较低，职业晋升和发展途径较狭窄，平均薪酬水平相对较低，管理者整体素质不高等原因，造成旅游企业员工流动率居高不下。

（二）经济效益为导向，淡化了“以人为本”的管理意识

这个问题的存在，和目前我国一些旅游企业经营文化有直接的关系。而且严重挫伤了员工的工作积极性，结果使企业人才大量流失。

旅游企业员工的服务质量与员工的工作生活质量密不可分。要想使员工保持最佳工作状态，就必须要求企业形成一种真正“以人为本”的积极的文化、情感和心理环境。这种环境的形成与否，可以用员工的工作生活质量来衡量，也就是员工重要的个人需求能够在工作中得到满足的程度。它至少包括：工作的意义和价值；安全的工作条件和环境；有激励作用的薪资；有吸引力的福利；有保障的就业状态；充分的工作指导；客观全面的工作绩效评价和反馈；发展的机会；增长才干的机会；积极的社会环境；平等和谐的交往。

我国部分旅游企业在“以人为本”方面做得还不够，对员工的关心程度不高。例如，国内饭店往往对客人的活动环境十分重视，做得无微不至，但对员工的服务却比较马虎；员工尤其是一线管理人员的工作压力较大；预期的环境和薪金待遇与现实有差别；晋升制度通常对“资历”和“经验”作不合理的硬性要求；人事关系复杂，员工的求

职岗位和发展机会受到许多不确定因素的影响，极大地挫伤了他们的自尊心；饭店的制度化管理和规范操作要求十分严格，有的员工积极干了几年的工作不一定会被提升，只要犯了一次错误就可能受到严厉处罚；饭店是一个复杂社会，活动空间狭小、工作方式单调、等级制度森严、利害关系明显，矛盾和冲突时有发生。这些因素往往会造成员工的抱怨、心灰意冷、情绪低落、逃避责任、敷衍工作，产生职业倦怠，使员工的工作和生活质量降低，进而影响对客户的服务质量。导游职业存在的职业不稳定、责任重大、收入变动大、工作强度大、不安全因素较多、晋升途径狭窄等问题也影响到导游的工作和生活质量。

（三）旅游业的大发展，面临人才资源紧缺的挑战

旅游业的大发展急需大批专业人才，但人才资源紧缺、人才结构不合理局面没有根本地改观，一是表现为高中级人才比例失衡，高层管理人才缺口较大。从纵向看，旅游企业不仅需要操作型的服务人员，更急需大量智能型的决策管理人才。而我国目前中专、职校生与本专科以及更高学历的硕士、博士等旅游高级人才比例严重失调。旅游企业的整体文化素质水平还很低。二是专业结构不合理，大多数高层管理者所在岗位与所学专业不一致，管理人员外语水平普遍较低、学历普遍不高，国内旅行社部门经理大多为中专、高中及以下学历。此外，旅游企业急需的国际型、复合型和创新型的职业经理和高素质的服务人员极为短缺。

以饭店业为例，目前饭店数量增长速度远远大于人才培养数量的增速，饭店职业经理人群体普遍存在着“职位与能力不相称”、“管理人员断层”的现象。高层管理者学历偏低，以“经验型”、“转行者”或“半路出家者”为多，真正高素质的复合型、创新型、协作型的高级职业经理人非常缺乏，既有丰富的市场运作经验，又有较强专业素质的“全能型”高级职业经理人群体基本未能形成。四、五星级饭店的高级管理人才已经成了企业稀缺资源。全行业有效的培训机制尚未建立，培训的专业化程度较低，培训手段落后，导致行业从业人员整体综合素质偏低。一些酒店不愿在员工培训方面投入经费，为减少成本一味地“挖人”，导致全行业整体素质不高，人才流失严重。

（四）旅游业吸引人力资源的优势减弱，面临有效解决人力资源供给的挑战

饭店业是旅游业的三大支柱之一，几年前在用人方面优势十分明显，可以从院校、社会上招收众多的优秀员工，大学毕业生们也为在饭店工作而自豪。而现在，情况发生了明显的变化，其他行业众多企业的薪水、福利、工作环境、学习环境等比饭店还好，饭店逐渐失去了往日吸引人才的优势。因此，如何解决人力资源的供给渠道，招聘到饭店合适的人才，就成为饭店人事管理部门一个非常严峻和紧迫的问题。

（五）旅游人力资源管理自身的变化，面临从传统的人事管理向现代人力资源管理的挑战

总体上讲，我国大多数旅游企业的人事管理仍处于传统的人事管理阶段，即是一种被动的缺乏灵活性的管理模式。其主要特征表现在以重视人力为成本，管理多为“被动反应型”，管理的焦点是以人为中心，注重人才的培养和引进，人事管理部门处于决策层之外。传统的人事管理向现代人力资源管理的转变，两者的根本区别是前者注重管理，后者注重开发。从前者向后者的转变，不仅涉及转变管理方式、职能和人事管理的技术问题，更为重要的是观念的转变，是从管理到开发，从管理到服务的转变。

案例分析

上海波特曼丽嘉酒店：员工都是绅士和淑女

我相信，丽嘉的哲学和文化是自尊与互相尊重。我们想让员工首先明白，自己本身就是绅士和淑女，而不是佣人，这样他们就会互相尊重，互相支持，以对待客人的方式互相对待。

——上海波特曼丽嘉酒店总经理　狄高志

在由翰威特管理咨询公司、《亚洲华尔街日报》和《远东经济评论》联合组织，涉及 10 个国家和地区和 9.2 万名员工的 2001~2002 年度“亚洲最佳雇主”调查中，上海波特曼丽嘉酒店以无可争议的优势荣获第一名（在“亚洲最佳雇主前二十名”的排行榜中，同属丽嘉公司的获奖者还有另外两名——新加坡和香港的丽嘉酒店，它们分列第二及第八位）。

这项调查共分三部分：第一部分，公司首席执行官问卷，发掘亚洲地区所面临的主要商务和人力问题；第二部分，雇员观点调查，雇员对工作的参与程度和应尽义务的观点和看法；第三部分，翰威特管理咨询公司设计的人力资源库审查，用来挑选参与活动的雇主在人力资源方面实践的问卷，例如员工招聘，新员工培训，培训计划，工作环境和条件，福利待遇等。最终由独立评论团评选得出结果。

可以说，这项调查覆盖了企业人力资源管理的方方面面，“名不见经传”的上海波特曼丽嘉酒店凭什么击败众多著名跨国公司，从 26 个行业的 355 家公司中脱颖而出？

其实，原因很简单：上海波特曼丽嘉酒店笃信：员工本身就是绅士和淑女，企业需要像对待绅士和淑女客户一样去对待员工，员工才是公司最宝贵的客户。这个理念，贯穿于上海波特曼丽嘉酒店人力资源管理工作的所有环节，也把企业推向了成功。

在上海丽嘉，员工不是仆人。“我相信，丽嘉的哲学和文化是自尊与互相尊重，”总经理狄高志说，“我们想让员工首先明白，自己本身就是绅士和淑女，而不是佣人，这样他们就会互相尊重，互相支持，以对待客人的方式互相对待。”

有时，这种“尊重”是“不计成本”的。比如，酒店的司机曾经向人力资源部抱怨，他们自己清洗汽车，弄得满身臭汗，出车时客人们都侧目掩鼻。司机们要求酒店把清洗车辆的工作外包，以维护他们的形象。人力资源部和总经理研究后觉得，尽管将清洗任务外包会给酒店增加额外的开支，但要求显然是合理的，并且维护了酒店的服务品质，司机们的请求很快得到了满足。

员工不再是“员工”，成了“客户”，经理也就不再是“经理”，变成了“服务员”。专门为客户服务的客户满意度系统也被用在了服务员工上。

客户满意度系统是丽嘉酒店集团的“招牌”服务。它的功能是：在客人的入住过程中收集他们的喜好，并输入全球联网的酒店系统，下一次，当客人再次入住任何一家丽嘉酒店之前，当地的酒店会根据他的喜好布置客房。

员工既然也是酒店的“客人”，他们的喜好理应也在收集之列。平时，部门经理会注意收集自己员工的爱好，比如有人喜欢吃辣的，有人喜欢吃巧克力，在奖励或者他过生日的时候，经理们就会投其所好，奖励他喜欢的东西。比如有些员工做得好，当他回房间时就会突然看见一瓶香槟，还有一张卡片，上面写着“谢谢你！你的工作做得很好！”成为这样的员工，感觉自然不一样。

对于员工的满意度，上海波特曼丽嘉酒店有一个完整的调查评价体系。一方面，酒店经理每个月要就员工的满意度进行讨论，另一方面，公司每年还要请第三方公司做一到两次调查，要求每个部门的员工进行不记名投票，就自己工作的各方面是不是愉快进行评定，并由此产生一个分数。通过这个调查，员工满意和不满意的地方便一目了然，而总分低的部门则成为“众矢之的”，这极大地督促了管理层为员工解决实际问题。

上海波特曼丽嘉酒店的员工是幸福的，在经理们的服务下，波特曼丽嘉员工的满意度达到了96%，这个成绩即使在集团下属的全部36家酒店中也是最高的。

上海波特曼丽嘉酒店的员工也是忠诚的：在酒店业雇员平均流动率为150%，其中豪华酒店业为50%的情况下，丽嘉保持在了21.8%。不要小看这一点，因为吸引和保留优秀雇员是人力资源管理者面临的头等挑战。据有关调查，全球200家成长最快的公司中，56%的经理人员和64%的普通员工每年会12次考虑离职，38%的经理人员和47%的普通员工不满意他们的工作。对任何一个管理者来说，一支稳定的员工队伍，意味着员工对公司各方面的高度认同感，没有这种认同感，所谓的敬业、奉献根本无从谈起，一切精心设计的管理措施也就没有了发挥作用的地方。

员工队伍的稳定性对企业利润的影响也是巨大的。据美国管理学会的报告，替换一名雇员的成本（即招聘广告费用、招聘工作费用和新员工培训费用）至少相当于其全年薪酬的30%，对于技能紧缺的岗位，此成本相当于雇员全年薪酬的1.5倍甚至更高。而员工流动所导致的企业成本增加，不仅包括替换成本，离职成本（有关客户、供应商因雇员离职而中断，或维持和恢复成本，以及离职的经济补偿成本等）等有形成本，同时还包括由于该员工的离开而带来的隐性成本——员工离职对在职员工的工作效率总是有影响的。一支稳定的员工队伍可以使企业在这方面的支出大大减少。

“市场领导型”的招聘和薪酬管理

对于员工招聘和薪酬管理，不管人们是否有清晰的概念，实际上任何一个企业都有自己的战略取向和定位。上海波特曼丽嘉酒店实行的是“市场领导型”策略，他们的信条是：“一流的公司要用一流的员工，支付一流的薪水”。

“市场领导型”策略首先体现在员工招聘方面。上海波特曼丽嘉酒店认为，要成为酒店的一流员工，他必须要有服务的“天赋”，如热情，乐意与人交往等。因此，对于人力资源部门来说，这一战略的最大挑战在于要在市场中找到一流的员工。为了找到这些有天赋的员工，酒店在招聘时共有5道工序，其中包括由专门的心理学家设计的心理测试，从总经理到普通员工无一例外。

上海波特曼丽嘉酒店“市场领导型”策略同样体现在企业的薪酬管理上。一般说来，一个合理的薪酬系统必须要对内有公平性、对外有竞争力。

就对外的竞争力而言，上海波特曼丽嘉酒店员工的薪酬是可以引以为傲的：90%以上的岗位薪酬都是市场首位，经理层更是远高于同行。企业认为高薪是理所当然的：市场上真正有服务天赋，又有培养潜力的员工实在很少，所以他们有资格拿市场的最高价。并且，为了保持薪酬的对外竞争力，公司还有一条不成文的规定：一旦某位员工能力和绩效达到了新的高度，公司就给予升职、加薪，而不是等到年终的大规模绩效评估。公司人力资源管理总监韩淑媛说：“如果等到员工忍无可忍再向你提出，就已经太晚了。”

至于对内公平性，主要有两点：确定员工合理的级别和按绩效付酬。前者与企业管理的很多方面有关，比如，企业作职位评估时，一般要考虑10个方面因素，包括知识、经验、活动范围、决策责任、工作失误后果、内部联系、对外联系、督导责任、所领导的人数、研究分析能力等。传统企业的级别较多，有的多达几十级。级别太多，容易导致组织僵化、效率降低。此外，也会导致员工过分的内部竞争——每个人都指望自己每年能升一级。所以，现在企业有一种“减级增距”的趋势，即企业内的职位等级正逐渐减少，而工资差距却变得更大。

确定了企业的员工级别和相应的工资之后，绩效评估就成为重中之重。根据世界经理人网站（www. cec. globalsources. com）的网上调查显示，80%以上的经理人认为企业薪酬管理的关键在于建立并运行奖惩分明的薪酬体系，由此可见绩效评估以及按绩效付酬的原则在企业中的重要性。

对于这两个方面，上海波特曼丽嘉酒店都制定了一系列针对性的规定。而且，酒店提出了明确的绩效导向——奖励“为顾客（包括内部和外部的）服务优异的员工”。此外，公司还把对内公平性延伸到了招聘工作中：每当出现空缺职位，酒店管理层总是首先考虑内部。“我们总是先看看内部是否有合适人选可以兼顾这个职责，”总经理狄高志说，“如果一个人能担任多种职责，酒店就可以提高效率，降低成本，而员工也会很高兴，因为他的新职责可以让他学更多的东西，而薪水也会提高。”

注重员工个人价值实现的人力资源开发

现代人力资源管理理论的一个基本假设是，企业不应该只把员工当成某项任务的高级机器，而是有义务最大限度地利用雇员的能力，并且为每一个雇员都提供一个不断成长以及挖掘个人潜力和建立成功的职业机会，常用的方法包括新员工上岗引导、员工培训、帮助员工制订职业计划等。

当然，良好的人力资源开发不仅仅可以提高员工能力，同时还是吸引最有能力、最有上进心的员工的重要因素，因为只有那些有能力、有上进心的人才不会安于一个一成不变、缺少挑战性的工作。

要使员工为公司一心一意地工作，仅有高薪是不够的。根据世界经理人网站的网上调查显示，71%以上的经理人希望雇主除了薪酬外，还能提供培训和个人提升的机会。

上海波特曼丽嘉酒店是这方面的佼佼者。公司管理层认为，每个人都有梦想，而雇主是否能帮助他们完成梦想是很重要的。总经理狄高志从上到下参与每一位员工面试，而“你将来想做什么”是他必问的问题。人力资源管理部门则为酒店每位经理都制定了个人职业规划。总监韩淑媛说：“我不能承诺你一定能得到提升，但我可以承诺给你提供升职所需的各种技能培训。”

丽嘉酒店深信，只有员工的知识和能力增加了，酒店才会更好地赢利。所以公司人力资源开发的目标是培养多技能的员工。

首先，是通过培训来提高员工工作素质，对于每一个丽嘉新员工来说，许多经理是作为培训员开始熟悉起来的。在新员工刚进入公司时，每个经理都要就自己部门的职责进行演讲，如客户认知部经理讲怎样去收集客户喜好，副总经理讲总体质量管理，总经理讲优质服务三步骤，还有人讲房间怎样保持干净，怎样节约用电，怎样保护地面等。每个人都有一个题目，这样经过三个月，当员工基本熟悉了酒店的管理层，也掌握了基本技能之后，才可以上岗。平时，对员工的培训除了对黄金守则的深入理解，还有总公司设计的课程，主要是关于如果客人出现问题，应该如何去解决，不同部门、不同职位的培训内容不一样，每位雇员一年要接受120小时的顾客服务培训。

其次，是坚持在工作中学习，因为专门的培训总是要受各方面条件限制的，而工作可以让学习变成“全天候”的过程。学习的方式，则是让员工及时、有效地与管理层进行信息分享，使他们更有效率地参与到酒店的运作当中去。在丽嘉，各种不同形式的会议成了信息分享的主要渠道。这每一次的信息共享会议，都是经理层和普通员工相互学习、共同提高的课堂，上海波特曼丽嘉酒店的员工就这样在不知不觉间掌握了各种技能。

最后，丽嘉酒店还通过向员工授权和实行自我管理工作小组鼓励员工工作的主动性和积极性，以充分发挥他们的潜力。

所谓授权，是指给予下级进行决策的实质权力的分权形式。在授权这种情况下，管理人员对员工高水准地工作的能力表现出信心，员工也被鼓励对自己的工作承担个人责任。而在实行自我管理工作小组的组织中，员工群体不向某个特定管理人员报告，但他们对某个特定领域或某项特定任务负责。

向员工授权和自我管理工作小组是对当今人力资源管理具有重要影响的两种具体管理方法。柯达、通用汽车、联邦快递等多个行业的著名企业都成功地运用了这两种管理方法，并取得了良好的效果。

在上海波特曼丽嘉酒店，自我管理小组的成立通常是因为某个程序出现了问题，比如酒店在装修大堂的时候，由于整个大堂没有了，客人办理入住手续也就成了问题。怎样才能方便客人？质量小组就结合前台的员工成立了专门小组，听取他们的意见。大家在讨论中想到，在机场设一个代表，从客人进入海关起，就由专人迎接，乘坐抵达酒店专车，在酒店门口有专人接待，并直接把他们领到房间。结果这个方案深受客人欢迎，即便在大堂改造完成后仍在进行，并通过总部推广到每个丽嘉酒店。“直接面对客人的员工通常最了解客人的需要。”人力资源部总监韩淑媛说。

由于成员来自各个不同的部门，自我管理工作小组的“联合办公”还促进了酒店内部各个部门之间的沟通与合作，大大减少了部门之间由利益冲突而引起的推卸责任或相互指责的现象。

有关研究表明，与单纯地执行既定方案相比，人们总是对自己参与制定的目标和方案有更多的热情，上海波特曼丽嘉酒店的自我管理工作小组制度也证明了这一点。总监韩淑媛认为，如果解决方案由员工提出，他们就会去积极解决，成功率就会比较高。如果由老板提出，他们就会认为这是老板做的决定，自己并未参与，所以做不做得到无法保障。“其实我们想出来的办法和员工想出来的都差不多，”她说，“但是，从员工的角度讲出来就会比较有积极性。况且，由于他们从事酒店服务已经有很多年了，很多细节都是他们知道得比经理层多，他们提出来的想法往往超出我们经理人员的想象力。”

事实上，上海波特曼丽嘉酒店的许多服务方案都是这样产生的。通常是经理层提出问题在哪里，然后选出相关员工，让他们集体讨论解决办法，接着经理层授权他们去按照自己的想法去尝试解决。如果成功，酒店的工作程序就从此改变，把员工想出来的方式作为标准实施，并在员工会议上提出表扬。这种来自管理层的恰当而又及时的反馈极大地鼓励了员工在工作中的创造性和主动性，“问题”不再是问题，而是又一次展现自己才华的机会。

有了才华横溢的员工，也就有了美名远扬的上海波特曼丽嘉酒店。虽然在上海数十家风格各异的豪华酒店中，上海波特曼丽嘉酒店的硬件设施远远称不上出类拔萃，但是由于员工出色的服务，它依然是众多世界名人、政要下榻的首选。就拿各家酒店的“门脸”——总统套房来说，与北京的“皇帝套”和上海的“主席套”相比，上海波特曼丽嘉酒店的“总统套”面积既小，也看不到诸如紫禁城或黄浦江外滩这样的风景，但它却是上海唯一一家住过两任美国总统的房间——1998年的克林顿和2001年的小布什。因为在员工们的精心服务下，这个洋溢着“上海滩的传统风情”的总统之家，虽然不大，却温馨可人，带给了客人们一种“传统的舒服”。

美誉带来了优秀的业绩，2001年，上海波特曼丽嘉酒店平均每间客房收入比北美同行高25%以上，年增长率高于20%。这在全球酒店业普遍不景气的背景下，也算是一个奇迹了。如果说，由“最佳雇主”，到“最佳员工”，再到“最佳服务”，最后得到“最佳业绩”，上海波特曼丽嘉酒店走出一个完美的轨迹。那么，酒店的员工们是最应该感到自豪的。总经理狄高志总结了大家的感受：“我喜欢我的工作，因为我觉得自己在这里有所贡献，我想我的员工也有同感。他们在这里不只是占据一个位置，而是在创造一些特别的东西，对自己的工作和他人造成积极的影响。”

其实，他们才是这个完美轨迹的真正创造者和实践者。

（改编自：郭克莎，孔欣欣，赵春英．人力资源MBA课程新读本［M］．北京：商务印书馆，2003. 第一章案例“上海波特曼丽嘉酒店，员工都是绅士和淑女”．）

案例讨论题

1. 如果你是上海波特曼丽嘉酒店的员工，你觉得酒店的哪方面最有吸引力？
2. 如果你是上海波特曼丽嘉酒店的总经理，你想在公司人力资源管理方面做哪些改进？
3. 如何成为一个成功的企业人力资源管理者？

思考与练习

1. 你对人力资源是如何认识的，人力资源管理的主要内容有哪些？
2. 人力资源管理理论的演化过程有何特点，其发展趋势是什么？
3. 旅游人力资源管理的特殊性在哪些方面，中国旅游企业面临的主要人力资源问题是什么？

第2章 旅游企业人力资源管理战略与规划

【学习目标】

通过本章的学习，可以认识到人力资源管理战略对旅游企业的重要作用，了解人力资源管理战略的内容及实施的基本步骤，熟悉旅游企业人力资源规划的含义和内容，掌握旅游企业人力资源规划的供求预测方法，理解人力资源规划制订的过程。

【内容结构】

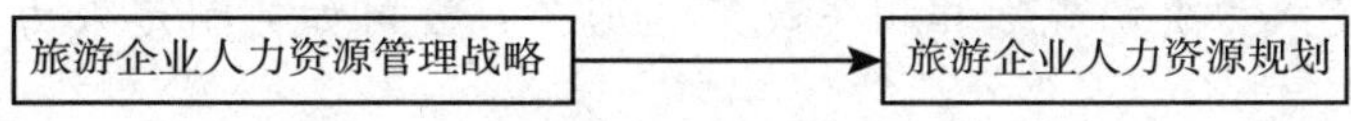

【重要概念】

人力资源管理战略　人力资源规划

案例

景区需要人力资源管理战略与规划吗?

武汉市M旅游有限公司（文中简称M景区）隶属武汉市F集团，政府以资源入股30%。F集团2002年开始涉足旅游业，投资5000万元建设M景区。M景区地处武汉市的黄陂区，包括风景游览区和休闲度假区。其中，风景游览区主要由山水浪漫园区、高峡风情园区（古寨村落、木兰外婆故居、木兰草原、高峡瀑布等）组成；休闲度假区主要由别墅群楼、小木楼、综合休闲楼、M宾馆、商务会议室及中西餐厅等构成。景区于2002年开园，年均接待量达50万人次，带动地方相关产业收入超亿元。M景区规模逐渐扩大，目前已开发面积近3.3平方公里，是国家4A级旅游景区。景区现有在职员工210人，其中拥有中高级职称者3人，具有专业资格及职称的员工5人。景区后勤服务人员（如环卫工、水电工、操作工、服务员、安保人员等）基本是安置本地农民就业，年轻人占到50%以上。

公司为景区的软、硬环境全面提档升级，加强人力资源管理，聘请了管理顾问小A。小A对公司进行了为期一周的详细调查与访谈，其调查显示，目前公司人力资源工作主要是把人员招聘到位，做好员工的合同管理、考勤、薪酬制度等事务，没有考虑到员工职业生涯规划、学习培训和有效激励等。在向公司提供咨询意见时，小A指出：从长远发展角度看，景区的开发和整合有赖于人力资源作为保障，M景区的人力资源管理还处于传统行政性人事管理阶段，内部机制极不完善，没有根据公司的发展战略及行业内外环境的变化，制定人力资源规划和相关政策。那么，公司如何制定人力资源管理战略与规划呢?

第1节　旅游企业人力资源管理战略

战略是方向性的规划，用以指导寻找机遇过程中的管理行动。人力资源战略就是说明与人有关的企业问题的方向性规划，其与企业的产品战略、成本战略等战略一样，也是一种重要的职能战略。

一、人力资源管理战略

（一）人力资源管理战略的含义

人力资源管理战略是指人力资源管理者从组织的全局上、整体上和企业长远的、根本的利益出发，所涉及的具有方向性的、指导性的、可操作性的实施人力资源管理与开发的谋划、方针、原则、行动计划与策略。

人力资源管理战略的一个基本思想是把企业战略与人力资源管理的战略问题相结合，通过组织结构再设计、公司文化构建、员工资源化与发展，进而实行战略性人力资源管理。人力资源管理战略的基础是企业总战略中对长期目标与使命的清晰表述，以及各主要子战略（如创新战略、成本战略、市场营销战略等）的明确定义，一般的人力资源战略和战略性管理活动涉及降低总人工成本、改进个体绩效来影响组织绩效、员工培训与开发以增加员工素质、留住优秀人才等。

（二）人力资源管理战略的内容

人力资源管理战略的主体内容是战略性人力资源管理，它以企业的总体发展战略、人才战略、创新战略、营销战略为指导。为实现企业目标，主要关注人力资源管理活动的综合性、适应性，对人力资源的各种部署和活动进行规划，保持战略匹配，保证人力资源管理战略与公司战略及其需要紧密结合起来，使人力资源政策在各个领域、层次保持一致，使人力资源管理实践为所有管理者与员工所接受、利用、实行，并依靠人力资源创建企业的竞争优势和战略能力。

1. 确定人力资源战略整体框架

（1）目标类战略，以未来几年的人力资源供需预测为基础，含企业未来 3~10 年需要的和可以提供的人力资源数量、质量、结构等。

（2）制度类战略，是以企业总体发展战略为指导而制定的系列性人力资源管理制度，包含人才培养、人才使用、人才激励等整套人力资源管理制度。

（3）过程类战略，是按照人力资源管理过程所设计的一系列战略，如人力资源的输入、转换、输出（含退出机制）等方面的战略，其中，重要的战略有：招聘战略、选拔战略、任用战略、培训战略、薪酬战略、职业战略等。过程类战略是建立在人力资源管理基本体系与机制的主导思想基础上的。

（4）开发类战略，是以视员工为企业的最重要的战略资源为基本思想，应用先进的科学技术手段、方法，最大限度地开发员工的潜力，以实现企业最佳绩效目标。

2. 设计人力资源战略过程

人力资源战略过程包括：战略准备阶段、战略制定与选择阶段、战略实施阶段、战略评价与控制阶段。其中，决策者们通过理性决策过程所制定的战略，称为预定战略；实施过程中，通过基层修正、实践检验而实际上执行的战略，称为应变战略。

3. 确定战略性人才管理的关键策略

战略性人才管理的对象主要是各类高级人才、稀缺性人才、核心性人才、国际性人才，其次是战略性争夺对象人才，包括行业急需的高层次人才，高级科学研究人才和技术人才，特别是精通国际语言和事务的高新科技人才，跨区域、跨行业、跨学科的复合型通才、管理人才和领导人才等。

战略性人才管理的关键主要是研究人才资源分布与需要程度，以明确人才资源争夺的内在原因；研究各国人才争夺的格局及其战略与策略，作为我们制定人才政策的依据。战略管理的核心是吸引和留住出色人才，并确保能把企业看作开展职业生涯的最佳选择。

（三）人力资源战略与竞争战略的关系

人力资源战略属于组织的职能战略，用以支持企业战略和竞争战略。因此，任何人力资源战略的制定都要考虑与组织战略的配合。企业市场竞争战略是企业对未来发展的总体谋划，企业战略目标的实现有赖于一系列职能型战略，而这一系列职能型战略中，人力资源战略最为重要。人力资源战略与市场战略的协调可以帮助组织利用市场机会，提升组织的内部优势，帮助组织实现战略目标。迈克尔·波特在其所著的《竞争战略》一书中指出：使组织获得竞争优势的战略有成本领先、差异化、集中化三个一般性的战略。

1. 成本领先战略

当企业采用成本领先战略时，主要通过低成本来获得竞争优势，因此需严格控制成本和加强预算。为配合低成本的市场竞争战略，人力资源战略强调的是有效性、低成本、高结构化，以减少不确定性，并且不鼓励创新。

2. 差异化战略

当企业采用差异化市场战略时，主要通过创造产品和服务的独特性来获得竞争优势。这种战略的一般特点是具有较强的营销能力，强调产品的设计和研究开发，企业是以产品的品质著称。此时的人力资源管理战略则是强调创新性和弹性、以团队为基础的培训和考评、差别化的薪酬策略等。

3. 集中化战略

当企业采用集中化市场战略时，企业战略的特点是综合了低成本和差异化战略，相应地人力资源管理战略将综合上述人力资源战略。

企业竞争战略与人力资源战略如表 2-1 所示。

表 2-1　企业竞争战略与人力资源战略

企业竞争战略	一般组织特点	人力资源战略
成本领先战略	1. 持续的资本投资 2. 严密监督员工 3. 严格的成本控制，要求经常、详细的控制报告 4. 低成本的配置系统 5. 结构化的组织和责任 6. 产品设计以制造商的便利为原则	1. 有效率的生产 2. 明确的工作说明书 3. 详细的工作规划 4. 强调具有技术上的资格证明与技能 5. 强调与工作有关的特定培训 6. 强调以工作为基础的薪酬 7. 使用绩效评估当作控制机制

续表

企业竞争战略	一般组织特点	人力资源战略
差异化战略	1. 营销能力强 2. 产品的策划与设计 3. 基础研究能力强 4. 公司以质量或科技领先著称 5. 公司的环境可吸引高技能的员工、高素质的科研人员或具有创造力的人	1. 强调创新和弹性 2. 工作类别广 3. 松散的工作规划 4. 外部招募 5. 团队基础的培训 6. 强调以个人为基础的薪酬 7. 使用绩效评估作为发展的工具
集中化战略	结合了成本领先战略和差异化战略组织的特点	结合了上述人力资源战略

（四）人力资源战略的类型

1. 吸引战略

采用这种战略的企业，其竞争战略是以价廉取胜，组织结构常采取中央集权制，生产技术一般较为稳定，工作通常是高度分工和严格控制的。采用这种战略的组织对员工的要求是在指定工作范围内有稳定的、一致的表现，而不在乎创新或谋求指定工作范围以外的突破。采用这种战略的企业主要是通过吸引和培养人才，从而形成一支稳定的高素质的员工队伍。常用的薪酬制度包括利润分享计划、绩效奖酬、附加福利等。由于薪酬较高，人力成本势必增加。为了有效控制人工成本，组织在实行高薪酬的诱引策略时，往往严格控制员工数量，由于工作的高度分化，所吸引的员工也通常是技能高度专业化的，招聘和培训费用相对较低。管理模式则采取单纯利益交换为基础的严密的科学管理。

2. 投资战略

采用这种战略的企业，往往处于不断成长和创新的环境中，生产技术一般也较为复杂，雇用员工较多。企业为提高组织的灵活性，会储备多种专业技能人才，形成一个备用的人才库。在人力资源管理上以培训和关系管理为重点，注意培养良好的劳动关系。组织十分重视员工，视员工为投资对象，使员工感到有较高的工作保障。

3. 参与战略

采用这种战略的企业，谋求员工有较大的决策参与机会和权利，高度分权，使员工在工作中有自主权，员工的参与性、主动性、创造性得到充分发挥。管理人员则主要为员工提供必要的咨询和帮助。企业很注重团队建设、自我管理和授权管理，组织在对员工的培训上也较为重视员工的沟通技巧、解决问题的方法、团队工作等，这些管理方法都有助于组织的集中化经营战略的实施。

二、旅游企业人力资源管理战略的作用

（一）统筹考虑企业与个人的目标

企业的经营是需要员工与企业共同努力推动的，只有在员工与企业利益基本一致的

前提下，才能更好地实现企业的目标。而旅游企业人力资源开发与管理的一个重要任务是将企业与个人的利益结合起来，这也正是旅游企业人力资源战略要解决的一个重要问题。旅游企业人力资源战略将员工期望与组织战略目标结合起来，从双方的长远利益出发，确定需要解决的主要问题，以达到共同发展、共同获益的目的。

（二）把握人力资源的发展态势

旅游企业人力资源管理战略的制订，必须在充分分析旅游人力资源的内外环境的基础上进行，而旅游人力资源环境分析则需考虑社会、政治、经济、技术、文化等各方面的变化与趋势可能对旅游人力资源的影响。因此，制定旅游企业人力资源管理战略可以把握最新的旅游人力资源动态，更好地指导旅游企业的人力资源开发与管理。

（三）确定有效的人力资源开发与管理方法

旅游企业人力资源管理战略，可以帮助企业改进人力资源开发与管理的方法，使其更加合理，更富有激励作用。任何一种方法都有其适用的条件与时间限制，而当今世界处于不停的变化之中，有些方法必然要落后，要被淘汰。旅游企业人力资源管理战略可以帮助旅游企业适应市场环境的变化与人力资源管理自身的发展，建立旅游企业的人力资源开发与管理的方法；根据市场变化趋势，确定旅游企业人力资源长远工作计划；根据员工期望，建立与时代相适应的激励机制；用更为合理、先进的方法来降低旅游企业人力资源开发与管理的成本；根据科学技术的发展趋势，有针对性地对员工进行开发与培训，提高员工的素质与能力，使其适应技术发展的要求。

三、旅游企业人力资源管理战略制定的原则

（一）与企业战略保持一致

企业战略与人力资源战略是整体与局部的关系，后者服务于前者。因此，人力资源管理战略必须与旅游企业战略保持一致，不同的企业战略必须有相应的人力资源战略支撑。

（二）体现企业的经营理念、宗旨

企业经营理念是企业领导者和全体员工对企业的生产经营活动和企业中人的价值的总的看法和观念，指导企业前进的方向，并提供评价工作好坏的标准。

（三）体现员工的价值

关注员工的价值，设计个性化的员工职业生涯规划，是企业吸引人才、合理使用、保持以及培养等工作的前提与保证。因此，旅游企业在制定人力资源战略时必须充分考虑员工个人价值的实现，营造一个适于人才工作与发展的环境是战略制定必须考虑的因素。

（四）稳定性原则

企业人力资源战略已经确定或批准，则具有长期指导性、持久性、一贯性和严肃性。除非遇到不可抗力事件或未预测到的对战略实施有重大影响的事件的出现，一般不宜对其频繁修改或调整。尤其反对“一茬领导一个调”，后任领导随意否定前任领导制定的战略的现象。

（五）前瞻性原则

企业人力资源战略要预测到未来规划期内企业内外部环境的变化对企业人力资源现状的影响，考虑相应对策，从而使战略有相当的适应性。

四、旅游企业人力资源管理战略的基本步骤

战略管理体现为一个从思想到管理操作的管理过程，一般而言，战略管理有战略准备（战略分析）、战略制定与选择、战略实施、战略评价与控制等几个阶段。

（一）战略准备阶段

（1）定义组织宗旨，阐述组织使命。重点是阐明旅游企业的价值观和旅游企业存在的原因，这是企业战略和人力资源战略的核心。具体是：确定旅游企业的特定（目标）客户群和创造稳定高价值顾客群的基本政策；明确需要采取的行动，如招聘优秀人才，促进员工发展与成功，满足社会需求，获得最好的收益水平等。

（2）战略环境分析。对影响旅游企业实现使命的各种环境因素（政治、社会、经济、技术、自然）进行系统分析。

（3）旅游企业自身分析。主要分析：旅游企业具有哪些明显的人力资源优势与劣势？明确自身存在的问题；组织都受到哪些关键因素制约？旅游企业自身的核心能力与竞争优势是什么？其中，要重点进行人力资源优势评估。

（4）确定人力资源问题。包括：通过 SWOT（优势、劣势、机遇、威胁）分析和未来变化分析，识别内外部环境中的变化及其特点；界定各类问题，弄清它们的特点、原因、发展趋势及其与人力资源管理的关系；挑选出对旅游企业获得、保持竞争优势最为重要的问题、排出重要性次序；挑选出与人力资源管理关系最密切的问题，确定其战略意义。

（5）确定组织目标，进而明确人力资源战略目标，制定人力资源战略的重点。通过 SWOT 分析和对成本结构、产品结构与特性对旅游企业竞争优势影响的评估，明确实现旅游企业使命的目标。

（6）制定人力资源战略应明确的重点。

（二）战略制定与选择阶段

战略制定包括企业基本使命和基本战略目标制定以及企业总体战略和各层次战略的制定。战略使命是企业对自己、对环境、对未来的基本看法，它要表明企业是什么、将是什么、应该是什么等基本态度。战略目标是企业使命的具体化，表明在一定时间内企业应达到的目标。制定战略目标是战略管理的关键，因为这是由战略思想走向管理操作的关键。在战略目标制定的基础上进行展开，可以形成各个层次的战略目标，从而可以开始进行具体的战略制定工作。战略制定的另一项任务是根据战略配置资源，保证战略实施的进行。

1. 确定战略方向

旅游企业高层管理者和人力资源专家通过界定、评价，重塑企业的使命、愿景及企

业价值观，为企业取得持续的发展和持久的成功而设定战略方向，培育、发展、整合企业文化，并把企业文化与人才战略（培养、吸引、保持、发展人才资源）整合起来，指导企业人力资源管理的具体活动。

2. 制定、选择战略方案

（1）预设战略。各种常用战略方案主要是旅游企业人力资源的获取、开发和利用方面的战略。一般包括：人才识别、寻找、吸引、招聘战略；人才培育、培养、训练、造就战略；人才录用、任用、信用、重用战略；人才留住、激励、开发、优化战略。

（2）特殊性战略。企业分析和挑选出最需要、最缺少、最难得的少数重要人才，制定特殊的人力政策，如给予具有高度竞争力水平的报酬等。小型旅游企业如果缺乏高级人力资源管理专家，或感到自己管理人力资源的成本过高而收益太低，可以把人力资源管理中的重复性工作外包出去，实行人力资源管理外包战略。

（3）重点管理战略。包括：人才体系、梯队、结构方面的管理战略；员工职业生涯与个人发展方面的职业管理战略；人力资源社会化、国际化和共享方面的管理战略；促进人力资源开发的组织创新性变革战略等。

（4）应变战略。随时关注环境变化，根据实际情况调整战略，制订灵活的短期计划。要关注未来，强调未来变化分析，研究不连续的和新的情况；要预见未来变化的迅速性，强调需要预见性管理。

3. 合理配置资源

对以人力资源为核心的各种资源进行合理配置。按配置依据分为：项目配置、产品配置、市场配置、层次配置、部门配置、地域配置等。其中，在资金投入与人力资源管理上，要编制人力资源管理预算，说明人力资源管理成本，重点加强人力资源的战略性投资。

4. 战略选择

一个组织可能会制定出实现战略目标的多种人力资源战略方案，这就需要对每种方案进行鉴别和评价，以选择出最适合组织的方案。

（1）明确战略选择的标准与原则。选择的标准一般有：强调战略对于环境的适应性和相对于旅游企业的实用性；强调战略的竞争性和适应未来变化的前瞻性、发展性；突出战略对于构建旅游企业人才资源竞争优势的目的性；注意人力资源单项战略的特殊优势和整体战略的综合优势，等等。其中，特别要注意战略匹配与战略弹性问题，战略匹配是通过战略整合保持人力资源管理战略与旅游企业总体战略的一致。

（2）根据人力资源的 SWOT 分析，特别是分析、比较企业在核心竞争力中的人才优势，选择具有竞争优势的人力资源战略。从竞争的角度看，旨在建立人力资源竞争优势的战略，必须强调保持自己最优秀的人才，防止流入竞争对手公司；在社会上要重点吸引竞争对手没有的或比竞争对手的关键人才更优秀的人才；直接从竞争对手那里吸引最核心的人才。

（三）战略实施阶段

战略实施阶段，需要把员工期望、组织设计、人员配备、能力开发、绩效与薪酬管理等与战略密切结合起来，通过各种方法进行推进。战略实施既是一项高度民主科学化的工作，也是一项非常艺术化的工作，需要管理者灵活运用各种技巧，有效地推进。

（四）战略评价与控制阶段

1. 评价行为过程，确认结果的可信性

2. 测量实际工作绩效成果

即对于实施人力资源战略所取得的组织绩效、个人绩效进行测量、考核，既是绩效管理的内容之一，也是人力资源战略评价阶段的关键内容之一。

3. 衡量战略性人力资源战略管理的成果

包括人才效能发挥的程度、企业人力资源的流动率、人力资源战略实施后的企业绩效、社会赞誉度等方面。

4. 实施战略控制

主要包括：检查人力资源战略实践活动与人力资源战略计划安排的偏差；衡量人力资源管理战略实施的实际结果与战略规划和计划目标的差距；分析人力资源战略、规划、计划和实际的实施过程可能存在的问题；总结经验教训，修正战略、规划、计划和实际可能存在的不符合实际的问题，修正实际实施过程中不科学、不规范的问题，为制定新的人力资源战略、规划、计划提供历史依据。

进行战略评价和控制，一般要遵循如下标准或原则：旅游企业高层领导人与人力资源战略的一致性，即领导人是否认真研究、执行战略；企业组织结构与战略的一致性，即组织结构与人力资源战略要求相匹配；执行计划与战略、规划一致性；资源配置与战略需要相适应，能够有力地支持人力资源战略目标的实现；企业文化与人力资源战略相适应；战略具有可行性；企业具有战略控制的预警系统和完整的战略管理的激励体系；人力资源战略管理的业绩与效果。战略控制是一项保证实施行动与目标相吻合的工作，控制的基本过程与一般的管理控制一样，也是确立标准、衡量绩效、纠偏。但是战略控制由于面临的环境复杂多变，战略制定者本身对于各种情况不可能都了解，也不可能制订出最佳的方案。因此，控制是一个非常困难的过程。

五、旅游企业人力资源战略环境分析

战略环境分析是指对人力资源管理的战略环境进行分析、评价，预测这些环境未来发展的趋势，以及这些趋势可能对组织造成的影响以及影响方向。一般来说，战略环境分析包括组织外部环境分析和组织内部环境分析两部分。

（一）环境分析技术方法

1. 宏观环境分析技术——PEST 要素分析模型

PEST 要素分析模型是用来分析外部宏观环境对组织管理的影响的一种方法。这种模型认为影响未来的市场及行业变化趋势主要有以下几个因素：政治（political）、经济

(economic)、社会和文化（social and cultura1)、技术（technology），PEST是上述四个单词的英文字头。其分析的意义在于评价这些因素对组织战略目标制定的影响。

2. SWOT矩阵分析技术

SWOT矩阵分析技术是企业战略管理中环境分析的常用方法之一。所谓SWOT分析，就是将企业的各种主要内部优势因素（strengths)、劣势因素（weaknesses)、外部环境的机会因素（opportunities）和威胁因素（threats)，通过动态的结合分析，制定相应的生存和发展战略。SWOT分析实际上是对企业内部和外部各方面条件进行综合概括，进而分析组织的优劣势、面临的机会和威胁的一种方法。它将企业战略与内部资源、外部环境有机结合起来。其中，优劣势分析主要是着眼于企业自身的实力及其与竞争对手的比较，而机会和威胁分析将注意力放在外部环境的变化及其对企业的可能影响上。其目的是有效的战略选择能够最大限度地利用优势和机会因素，同时使得威胁因素和劣势因素的作用降至最低。

3. 竞争环境五要素分析技术

美国战略管理学者波特认为，制定竞争战略的本质，在于把组织与其所处的环境联系起来，这种环境的关键方面是参与竞争的某个或某些产业。因此，组织最关心的是其所在产业的竞争状态。他认为一个行业内部的竞争状态取决于五种基本竞争作用力，即潜在竞争对手、现有组织之间的竞争、替代品的威胁、供应商的讨价还价能力和买方的讨价还价能力。波特认为这五种作用力共同决定产业竞争的强度以及产业利润率，最强的一种或几种作用力占据着统治地位，并且从战略形成的观点来看起着关键作用。产业结构分析或“结构分析”的焦点在于辨识植根于经济与技术中的基本的、深层次的产业特征。竞争战略就是在这种由产业经济和技术形成的竞争环境中确定的。

（二）人力资源外部环境分析

1. 政治法律环境

政治法律环境主要是指一个国家或地区的政治制度、体制、国家方针政策以及法律法规等方面的因素。这些因素常常制约、影响着旅游企业的经营行为，尤其影响企业较长期的投资行为。

政治环境主要涉及国家的方针、政策，它对组织的人力资源管理产生长期深刻的影响。如在西方国家，人力资源管理就比较注重通过满足个人利益和物质刺激的方式来达到激发员工工作积极性，提高工作效率的目的。在我国，相当多的企业在人力资源管理时注重多做政治思想工作，强调以集体主义、国家利益为重。

法律环境是指国家和地方制定的相关法律法规，如宪法、劳动法、民法、工会法、合同法等。对旅游企业而言，其与经济法律法规关系极为密切。这些法律对各个国家在员工聘用、权利与义务、员工福利与保障、员工薪酬体系等方面都有重要影响。法律环境好、法制健全的社会，人力资源管理工作就有较好的基础。旅游企业在进行人力资源管理时，必须要遵守这些法律规范。

2. 经济环境

经济环境是指企业经营过程中所面临的各种外部经济条件，主要包括一个国家或地区的经济特征、收入与支出、物价水平、生活水平等。一个国家或地区的经济状况，是旅游业产生与发展的必备条件，也是影响旅游人力资源开发与管理的主要外部环境因素。经济繁荣，旅游兴旺，这是经济与旅游业发展的根本规律。国际旅游消费统计资料反映：当一个国家或地区人均国民生产总值达到800~1000美元时，居民普遍产生国内旅游动机；达到4000~10000美元时，将产生跨国旅游动机。经济繁荣与否，不仅关系到旅游产业的发展规模、速度，而且也改变社会的就业和职业模式，促使劳动者就业由第一、第二产业转向第三产业，作为第三产业的先导，旅游业将向劳动者提供更多的就业岗位。

3. 劳动力市场

劳动力市场供求状况、结构状况直接对旅游企业内部劳动力的配置与管理产生影响。如我国劳动力市场从总量上虽供过于求，但结构失衡，从旅游业来看，较为紧缺的人才主要有：一是从事旅游娱乐开发、旅游规划、景区管理的高层次人才；二是高层管理者，特别是适应旅游业务全球化需要的创造型、复合型、协作型人才；三是旅游业务发展需要的新型专业人才，如从事电子商务、网络管理、会展旅游、旅游资本运营人才。

4. 社会文化环境

社会文化传统和社会文化发展水平是影响旅游企业人力资源管理的重要因素。社会文化是经过千百年逐渐形成的，它影响和制约着人们的观念和思维，影响着人们的行为。比如在我国的传统文化中，潜心、温和、恭敬、谦让的特点较为明显。体现到旅游企业人力资源管理上，就是在管理中比较注重人情味儿，管理时不是一成不变地遵循既定的规章制度，往往还要依据具体的情况来采取有针对性的措施。

对于跨地区、跨国经营的旅游企业来说，更应重视社会文化环境的影响。目前许多跨国旅游集团都十分强调人才本土化战略，重视集团总部的发展战略与各国各地区社会文化环境相适应，国内人才国际化、国际人才本土化成为组织发展的重要趋势。

5. 科学技术环境

科学技术对人力资源开发与管理的影响是多方面的。由于科学技术的迅猛发展，知识更新速度加快，据有关学者统计，现在的知识系统平均每5~10年就需要彻底更新，现在人们在学校所学的知识只有20%能在工作中使用，更多的技术和经验需要在工作中学习和积累。因此，终身学习的理念为越来越多的企业和员工所接受。旅游企业在人力资源开发与管理中应更多地关注已经发生和将要发生的技术变革对组织经营所产生的影响，为员工设计合理的职业生涯发展规划，全方位、多层次地培训、开发员工潜力，以适应科学技术发展对工作提出的挑战。

6. 自然环境

自然环境影响主要体现在旅游企业的发展应建立在可持续发展的基础上。可持续发展要求人类正确认识人与自然的关系，以高度的智力水平与责任感去规范自己的行为，去创造和谐的世界，旅游企业应放弃传统的高消耗、高增长、高污染的粗放经营方式和管理模式，追求经济、社会、自然和谐的发展目标。更多地关注自然环境变化给旅游企业带来的威胁与机会。

（三）人力资源内部环境分析

1. 旅游企业现有的人力资源状况

企业现有的人力资源是制定人力资源战略的基础，是将来发展的起点，企业战略目标的实现首先要立足于开发现有的人力资源。因此，必须对企业现有的人力资源状况有全面的了解和充分的认识。利用一定的方法，对组织的人力资源数量、质量、结构、利用状况进行认真的统计分析是企业人力资源内部环境分析的一项基本工作。

2. 旅游企业总体战略

企业总体战略是企业对未来的总体谋划，是组织发展的总体纲领与目标，也是指导人力资源战略的总纲。人力资源管理作为企业一项重要的职能和软环境的营造手段，一方面承担着将企业战略具体化的任务；另一方面也对企业采取什么样的人力资源管理政策起着决定性的作用。

3. 组织结构与管理模式

组织结构是指为了实现组织的共同目标所确定的组织内部要素及其相互关系，是一个组织工作任务的分工、人员的分组和协调的表现形式。任何企业行为的实现，都要依附于特定的组织结构，人力资源管理也不例外。旅游企业组织结构的变化会影响到人力资源管理的变化，同时又需要人力资源管理的支持。

管理模式的变化，也给企业人力资源管理带来新的挑战。传统的管理模式已经不能适应社会对组织发展的要求，权变的管理模式为越来越多的组织所运用，权变管理模式的实质是反对机械地照搬别人的管理模式，主张根据组织的实际选择适宜的管理方法，人力资源管理也应遵循这一原则。

4. 旅游企业文化

企业文化是企业在长期的实践活动中，逐步形成和发展起来的并且为组织成员所普遍认可和遵循的具有本企业特色的价值观念、团队意识、企业精神、行为规范、思维模式等的总和。企业文化中的价值取向，直接决定企业人力资源管理的方向。现在人们越来越重视企业文化对人力资源管理的重要性，越来越重视树立企业文化。企业通过塑造积极向上的企业文化，鼓舞员工士气，将企业文化融入员工的行为中去，加强员工的参与性，营造良好的工作氛围，使员工能在一个良好的环境里舒心地工作，产生强烈的团队意识。进行文化建设已经成为众多企业人力资源管理的新思路。

5. 旅游企业内部政策和规章制度

企业人力资源管理的模式和方法，最终是以企业规章制度的方式体现出来的。企业规章制度制约着人力资源管理的方法。企业应该制定较为完善和严谨的，同时又能充分适应企业实际需要的各项规章制度，以保证各项人力资源管理目标的实现。旅游企业的培训、绩效考评、薪酬及其他人力资源政策，本身是人力资源管理的重要工作内容，但它们同时也是影响人力资源管理内部环境的组成部分。旅游企业通过这一系列的政策，使员工能明确企业到底需要什么样的人才，能够自觉地调动个人的积极性，最终促进企业整体素质的提高。

第 2 节　旅游企业人力资源规划

人力资源规划是人力资源管理的重要组成部分。人力资源规划是企业为实施其发展战略、实现其目标而对人力资源需求进行预测，并为满足这些需求而进行系统安排的过程。旅游企业人力资源规划，是旅游企业发展战略及年度计划的重要组成部分，是人力资源管理各项工作的依据。

一、人力资源规划

（一）人力资源规划的含义

人力资源规划，又称人力资源计划（human resource plan），是指为实施企业的发展战略，完成企业的生产经营目标，根据企业内外部环境和条件的变化，运用科学的方法对企业人力资源需求和供给进行预测，制定相应的政策和措施，从而使企业人力资源供给和需求达到平衡的过程。

人力资源规划，是一套确保企业在适当的时间里和在适当的岗位上获得适当的人员（包括数量、质量、种类和层次等），并促使企业和个人获得长期效益的措施。任何企业要维持生存和发展就必须提高组织效益，拥有一支合格的、富有竞争力的人员队伍。企业之间的竞争日益激烈，竞争的环境也变得越来越变化莫测，企业的人力资源部门需对组织未来的人力资源供给和需求做出科学的预测，以保证企业在需要时能及时获得所需的各类人才。制定人力资源规划是非常重要的，其合理与否将直接影响到企业整体人力资源管理的效率。

人力资源规划是对企业未来人员状况的预测，是一种战略性和长期性的活动，与企业的目标有着密切的关系。从整体看，企业可制定总体的人力资源规划，而从局部看，为了某一特殊类型的员工，可制定专项或专题人力资源规划。

（二）人力资源规划的种类

1. 按照规划的期限划分

人力资源规划按照规划期限划分，可分为短期、中期和长期。短期规划为月度、季度、半年和年度计划；中期规划一般是指1~5年的计划；长期规划一般为5年以上的计划。

2. 按照规划的性质划分

按照规划的性质，人力资源规划可以划分为战略性的和战术性的。战略性的规划是从企业全局出发的、粗线条性的计划，具有全局性和长远性的特点；战术性的规划则着眼于具体的、短期的、具有专门针对性的业务计划，主要包括人员补充计划、员工培训计划、人员接替和晋升计划等。

3. 按照规划的范围划分

按照规划的范围，可将人力资源规划划分为企业总体人力资源规划、部门人力资源规划、某项任务或工作的人力资源规划。

二、旅游企业人力资源规划的内容

人力资源规划的内容较多，就其主要的来看，它由以下几个方面构成：

（一）旅游企业人力资源总体规划

人力资源总体规划是在计划期内旅游企业人力资源管理的总目标、总政策、实施步骤和总预算的安排。它是连接人力资源战略和人力资源管理具体行动的桥梁。

（二）旅游企业人力资源业务计划

人力资源规划的内容涉及旅游企业人员的晋升、补充、培训、分配使用、工资等具体内容，具体的业务计划包括：

1. 晋升规划

晋升规划实质上就是根据旅游企业的人员分布状况和层级结构，拟定人员的提升政策。对旅游企业来说，把有能力的人提升到适合其能力发挥的岗位，可满足员工的多种需要。晋升，不仅意味着个人利益的实现，而且也意味着工作的挑战性、尊重与自尊增加，当更大的责任和更高的自我实现相结合起来的时候，会产生巨大的工作动力，从而使组织获得更大利益。

晋升规划一般是由晋升比率、平均年资、晋升时间等指标来表达的，例如，某一级别的晋升规划可以如下表示：

某级别的年资	1	2	3	4	5	6	7	8	9	10	11	≥12
晋升百分比	0	0	0	0	0	0	0	35	56	65	0	0

这说明，向上一级晋升的最低年资为8年，且8年的晋升率为35%，9年的晋升率为56%，10年的晋升率为65%，而其他年资不可能有获得晋升的机会。应当说明，晋升规划是分类制定的，并影响到每个成员，而且不是所有人员的晋升规划都可用清楚的指标表达出来。由此可以看出，晋升指标的改变会使晋升规划发生改变，对人员心理也会产生不同强度的影响，如向上一级晋升的年资延长，则意味着人员将在目前所在岗位上

待更长的时间；降低晋升比率则表明不能获得晋升机会的人员会增加。

2. 补充规划

拟定补充规划，目的在于使旅游企业能够合理地、有目标地在当期及长期内把所需数量、质量、结构的人员填补在可能产生的职位空缺上。在劳动力市场供小于求或旅游企业吸收能力与辞退员工受到限制的情况下，人员补充规划是十分重要的。补充规划可以改变企业内人力资源结构的不合理状况，但这种改变必须与其他规划相配合才是最经济的。

补充规划与晋升规划密切相关，因为晋升也是一种补充人力资源的技术，只不过补充不只发生在企业内部。晋升表现为企业内低职位向高职位的补充运动，运动的结果使职位空缺逐级向下推移，直至最低职位空缺产生。这时，内部补充就得转化为外部补充。此外，补充规划与培养开发规划和配备规划也有类似的联系。

3. 培训开发规划

培训开发规划的目的是为旅游企业中长期发展所需要的职位准备合格的人力资源来源，以及为短期人力资源空缺进行应急性填补。

可以说，从人力资源开发与管理功能的角度看，人力资源培训开发规划是人力资源晋升规划和补充规划的补充，也是使人力资源质量和工作效能得以提高的必要手段，是生产出合格人力资源要素以进行合理配置的环节。如果缺乏有计划的培训规划，即使组织进行了一定的培训开发活动，员工不断提升自己，但其效果未必理想。因为盲目的、随意的培训不一定符合旅游企业的实际要求，也难以与企业发展目标和战略相一致，难以形成组织的合力，反而可能导致对组织"有害物质"的产生。因此，对于人力资源的培训开发，必须站在企业发展战略的高度进行规划。从人力资源培训开发工作的具体角度看，对其进行规划也有着重要的功能。当人力资源培训规划与企业的人力资源晋升规划、补充规划、调配规划等联系在一起的时候，培训的目的明确，培训的效果也能够明显提高。

4. 配备规划

配备规划表示在中、长期内处于不同职务或工作类型的人员分布状况。当企业要保持一定程度的人员水平流量的时候，配备规划显得非常重要。配备规划可解决下述问题。

（1）当从事某种职务的人员需同时具备其他类型职务的经验知识时，就要进行有计划的水平流动。这意味着未来职务对人员质量要求高，若水平流动量小，则满足不了对人员质量的要求。此时，配备规划可以表达为表 2-2 的形式。

表 2-2　配备规划

第二级			
第一级	A(2)	B(1)	C(4)

A、B、C 表示晋升到第二级前所应具备的其他职务类型，括号中的数字则表示在该职务上停留的最低年限。由此可以看出，向上一职位晋升至少要 7 年的时间。

（2）当上层职位较少而待提升人员较多时。则通过配备规划增强流动。这样，不仅可以减少员工对工作的不满，又可等待上层职位空缺的出现。日本企业管理人员的低水平流动，原因之一就在于此。

（3）在超员情况下，通过配备规划可改变工作的分配方式，从而减少负担过重的职位的数量，解决工作负荷不均的问题。

5. 职业规划

职业规划是职业发展的一个子系统，它是规划一个人工作生涯的人事程序。通过职业规划，把个人的职业发展与旅游企业的发展结合起来，使二者的利益在发展过程中得到实现。一个人的成长和发展只有在组织中才能实现，因而它不仅是个人的事，也是企业所必须关心的事。特别是对那些有发展前途的人，企业要设法留住他们，培养他们，将他们视为最宝贵的财富。为了防止这部分人的流失，就要设法使他们在工作中得到成长和发展，并在此过程中满足其需求。这就是为什么要关心个人的职业生涯及其发展的理由。通过职业规划，可以把满足个人成长发展的需求与旅游企业的发展对人的需求紧密结合起来，保证共同利益的同步实现。

6. 继任规划

继任规划指企业制订的用来填补最重要的管理决策职位的计划。在实践中由一系列相当复杂的步骤构成。例如，最高管理层继任者从几个关键的分支机构或部门的最高负责人中找出，并且让继任者接受一系列的培训和发展程序。从广义上说，继任计划是确保继任者能够胜任当前和将来的关键工作。因此，同时也规划了个人的职业生涯，并且试图将组织的需求和个人的期望相结合。

三、旅游企业人力资源规划的作用

人力资源规划的作用，是通过规划人力资源管理的各项活动，努力使员工需要与组织需要相吻合，形成高效率—高士气—高效率的良性循环，确保企业总体目标和战略的实现。人力资源管理规划的作用主要表现在以下几个方面：

（一）确保实现旅游企业的目标

人力资源规划的特点是全面考虑旅游企业的经营战略，在实现旅游企业总体目标的前提下，关注人力资源的引进、保留、提高和流出四个环节，确保旅游企业在生存、发展过程中对人力的需要，因此能较好地促进目标的整合，推动旅游企业目标的达成。

旅游企业发展处在不断变动的环境里，市场竞争日益激烈，人员流动率高。一方面，制订合理的人力资源规划，可以使旅游企业在瞬息万变的市场形势中处于主动地位，可以确保旅游企业能吸引和留住符合企业发展的人力资源。另一方面，随着旅游企业规模的壮大、业务的拓展、技术的革新，使得旅游企业必须对人力资源的数量、质量等不断进行调整。在企业发展的各个阶段上，必须预先准备适合其各个发展阶段的人力资源。人力资源规划可以为旅游企业发展提供适时、适质、适量的人才保证。

（二）加强人力资源成本的控制

人力资源成本中最大的支出是工资，而工资总额在很大程度上取决于旅游企业中人员的结构状况，即人员在不同职务、不同级别上的数量状况。合理的人力资源管理规划，能够合理地控制目前的人力成本，在预测未来企业发展的条件下，有计划地逐步调整人员的分布，避免造成人员数量严重超过实际需要，或者是人力资源高消费现象，将人力成本控制在合理的范围内。

（三）为人事决策提供依据

人力资源管理规划的信息往往是人事决策的基础，为了避免人事决策的失误，准确的信息是至关重要的。显然，在没有确切信息的情况下，决策是难以客观的。

1. 明确人力资源工作的内容

人力资源规划在广泛收集内外部信息的基础上，具体规定了人力资源管理需要做哪些工作和事项，可以消除人力资源管理的盲目性、无系统性与混乱性。通过人力资源规划，可以建立有效的内部劳动力市场，并务求使企业的成员能够人尽其才。人力资源规划作为各项人力资源管理活动的基础，是旅游企业人力资源管理的一个蓝图，为这些活动提供了明确的发展方向和评价的依据。

2. 加强人力资源管理的事前控制

通过规划可以及早发现问题，对旅游企业需要的人力资源作适当的储备，对紧缺的人力资源做出引进与培训的规划，使人力资源管理动静结合、有条不紊，并同时有计划地调整旅游企业人力资源的分布结构。

3. 使管理者与员工对要达到的人力资源管理目标更加清晰

通过制定人力资源规划，可以加强与员工的沟通与交流，使旅游企业管理层与员工在参与中达成共识，形成良好的氛围，以更好地促进目标的完成。

（四）促进人才合理有效地流动

人力资源规划可以使人才进行合理流动，优化旅游企业的人员结构。人力资源的内部流动，可以最大限度地实现人尽其才、才尽其用；此外，还可以将富余职工有计划地分离出来，为旅游企业在竞争中充分发挥人才优势提供基础和保证。

（五）调动员工积极性

现代人力资源管理要求组织在实现其发展目标的同时，尽可能地满足员工个人的多层次需求，包括物质需求和精神需求。只有在人力资源规划条件下，员工对自己可满足的东西和满足的水平才是已知的。这样，当企业所提供的与员工自身所需求的大致相符时，员工就会努力追求，从而在工作中表现出主动性和创造性。否则，员工就会丧失工作积极性，消极怠工，甚至可能跳槽。

四、人力资源规划的程序

（一）情况调研阶段

本阶段主要是调查研究，以取得人力资源管理规划所需的资料，为后续工作提供基础。调查不仅要了解现状，更要认清战略目标方向和内外部环境的变化趋势，不仅要了解外在表现情况，更要认清潜力与问题。对于旅游企业外部信息的调查分析主要包括：宏观经济发展趋势、旅游业的发展前景、主要竞争对手的动向、劳动力市场相关人才的供需状况、政府的政策法规等；对内部信息的分析主要包括：企业战略、人力资源战略、员工流动状况、员工素质、人力资源的成本及其变动趋势、岗位的需求变化等。

（二）预测阶段

本阶段是人力资源管理规划中较具有技术性的关键部分。在搜集的人力信息的基础上，采用定性与定量相结合、以定量为基础的各种统计分析方法及预测模型，对旅游企业未来的人力资源状况进行预测。预测方法有定性的和定量的两种。定性的预测方法有：德尔菲法、经验预测法、分合性预测法以及描述法等。定量的预测方法有：趋势预测法、回归分析法和马科夫法等。

旅游企业可以根据自己的实际情况选择适合的预测方法进行人力需求预测，并根据企业现有的人力资源及未来变动情况，预测出计划期内各时间点上的旅游企业内部人员供给量，根据社会经济形势和当地劳动力市场有关信息资料，预测出在计划期内，各时间点上可以从旅游企业外部获得的各类人员的数量。在一般情况下，旅游企业内部人力供给预测具有较高的准确度，而外部人力供给具有较大的不确定性。人力需求和供给预测完成以后，便可以比较预测的各计划时间点上的供给与需求，确定人员在数量、质量、结构及分布上的情况。旅游企业人力资源的预测是一项技术性较强的工作，其准确程度直接决定了规划的有效性。因此，除了正确选择方法以外，对预测人员的素质、业务能力、经验的要求也高。

（三）制订人力资源规划阶段

本阶段首先制订人力资源总规划，再根据总规划制订各项具体的业务计划以及相应的人力资源管理政策，以便各部门贯彻执行。在制订各业务计划时，要注意业务计划之间的相互关联性，在总规划下成为管理体系，确保通过计划的实施使未来旅游企业对人力资源的需求得到满足。

（四）人力资源规划的实施、评估和反馈阶段

本阶段是人力资源规划的最后一个阶段。旅游企业将人力资源规划付诸实施，并根据实施的结果进行人力资源规划的评估，并及时将评估的结果反馈，修正人力资源规划。

对人力资源规划进行适时、动态的评估是保证人力资源规划成功的关键。如果不对人力资源规划进行评估，就不可能了解规划的正确与否，不可能知道其缺陷所在，也就

不可能有效地指导旅游企业的人力资源管理。

五、旅游企业人力资源的需求预测

要制定一份既具有前瞻性，又具有实用性的人力资源规划，事前进行人力资源需求预测必不可少。人力资源需求预测，是根据旅游企业的战略、目标、发展计划和工作任务，综合考虑各种因素的影响，对旅游企业未来人力资源需求的数量、质量和时间进行估计的活动。它立足现在，着眼未来，是人力资源规划的一项重要的、难度较大的基础性工作。人力资源需求预测是人力资源规划的重要组成部分。

预测的内容包括要达到旅游企业目标所需的员工数量和类别，方法可以从经验推断到运用科学方法定量分析。至于具体采取何种方法，要视人力资源规划者的专才、旅游企业组织结构的复杂性、市场因素和外在环境的稳定性等情况而定。在预测时，要考虑一些重要因素，例如，旅游企业的战略和目标、运营效率的变化、工作设计或结构的改变等。

（一）人力资源需求的影响因素

影响旅游企业人力资源需求的因素大体可分为三类：旅游企业外部环境、旅游企业内部环境和旅游企业自身员工状况。

1. 旅游企业外部环境

旅游企业生存和发展，要受到政治、经济、社会、法律、技术等环境要素的影响。这些宏观环境因素，搭建了旅游企业经营发展的基本框架，可以影响旅游企业人力资源的变动。外部环境的影响多是间接的，通过内部因素而起作用。例如，经济环境的变化会影响旅游企业的规模和经营方向，技术环境的变化会影响旅游企业的技术水平等，从而间接地影响了旅游企业的人力资源需求。

2. 旅游企业内部环境

（1）旅游企业规模的变化。旅游企业规模的变化主要包括两种情况：①当业务范围不变时，规模的扩大或缩小使旅游企业对人力资源数量的需求随之增加或减少；②当业务范围改变时，规模的变化不仅会对人力资源需求的数量产生影响，而且会导致对人力资源的结构需求发生变化。

（2）经营方向的变化。经营方向发生变化时，旅游企业的规模不一定改变。因此，对人力资源在数量上的需求不一定变化，但人力资源的结构却要随之改变。这是因为不同的经营领域需要具有不同技能的人员。如随着旅行社经营的国际化，就需要更多的既懂外语又熟悉海外旅游市场的业务人员。

（3）技术与管理的变化。旅游企业引进新的管理技巧，一方面会因为劳动效率的提高而使旅游企业所需要的人员数量减少；另一方面会对旅游管理人员和技术人员在数量和质量上的需求增加。

（4）人员流动比率。人员流动比率是指一定时期内企业员工流动的数量与员工总数的比率。人员流动比率的大小会直接影响旅游企业对人力资源的需求。预测人力资源需求时，必须考虑员工流动引起的职位空缺规模。

3. 旅游企业自身员工状况

旅游企业员工的状况对人力资源需求量也有重要影响，如合同期满后终止合同的人员数量，退休、辞职、外调人员的数量以及死亡、休假人数等都直接影响旅游企业下一阶段人力资源的需求量。

事实上，人力资源需求预测工作并非像表面看上去那样简单。很多时候，因为所要考虑的因素复杂多变，进行预测时不得不用代替法，因而所得出的结果往往是一种估计，而绝不是绝对正确的结果。正因为如此，人力资源需求预测不仅是一门科学，更是一门艺术。旅游企业必须考虑人力资源管理者的技能、预测时间的范围、资料数量和类型、方法的假定、费用、精确度和容易使用等因素，须就其本身的情况选取较适合的方法。

（二）旅游企业人力资源需求预测程序

旅游企业人力资源需求预测的程序有两种：一种是自上而下的预测程序；一种是自下而上的预测程序。从实践应用的情况上看，自上而下的预测程序较为普遍，其具体操作步骤如下：

1. 预测旅游企业未来经营状态

一般来说，旅游企业未来生产经营状态，可直接从旅游企业发展战略规划中分离出来而无须预测。旅游企业未来经营状态，可用各种具体职能活动的水平计划和分类计划表示。如各职能的增减及职能领域的扩大或缩小、产品结构的改变、目标市场的变化和市场占有率的增减、新技术的引进或采用、营业额的水平变化、运营效率水平的变化，等等。为了能准确地预测人力资源需求，上述各种活动和指标要定量描述，否则无法转换为具体的各类人员的需求量。

2. 估算各职能工作活动的总量

旅游企业未来经营目标的实现，是由各职能活动来支撑的。因而，必须估算各职能活动的总量及其在不同层次的活动总量分布。例如，销售职能活动总量的估算，可根据以往销售活动资料的统计分析和未来目标销售额来估算。但是，光有各职能未来活动总量的估算还是不够的，因为这些活动是不同质量或等级的。因此，在总量确定以后，还要将其分配到该职能的不同层次上。以旅行社为例，我们可以把营业额指标分配到新市场开拓、业务拓展、销售管理等不同层次上，从而为预测各类业务人员需求量提供依据。

3. 确定各职能及各职能内不同层次类别人员的工作负荷

由于服务技术的改善，工作的效率是不断提高的，因而必须在充分考虑各因素变化对工作效率的影响下，确定各职能及各职能内不同层次类别人员的工作负荷。工作效率与工作负荷在不同条件下，相关性是不同的。在内部管理环节，新技术的采用或人员积极性的高度发挥，会使工作效率提高，而工作负荷可以不变或减少。但在销售环节，随着市场竞争的激烈，尽管提高了工作效率，而提供单位价值旅游商品或服务的活动量却会增加，导致工作负荷增加。因此，在确定各类人员工作负荷时，要充分考虑各种变量的影响，不能仅从主观愿望出发进行推测。

4. 确定各职能活动及各职能活动内不同层次类别人员的需求量

如果前两步预测活动的结果相当可靠，这步活动就比较简单了，只需要简单的转换即可。必须注意的是，要留有充分的余地，以防不测。

（三）人力资源需求预测技术

目前，国内外旅游企业对人力资源进行预测的方法和技术，通常有如下几种。

1. 回归分析预测法

回归分析预测法是一种定量分析预测方法，它是根据数学回归中的回归原理对人力资源需求进行预测，是根据与人力资源相关的各种因素及其内在联系建立一个数学模型，预测人力资源变化的一种定量方法。由于人力资源的需求总是受到某些因素的影响，回归预测的基本思路就是找出那些与人力资源需求密切相关的因素，并依据过去的相关资料确定它们之间的数量关系，建立回归方程；然后根据历史数据，计算出方程系数，确定回归方程；这时，只要得到了相关因素的数值，就可以对人力资源的需求量做出预测。预测的回归方程式中只有一个自变量和一个因变量的，被称为一元回归分析预测法；有多个自变量和一个因变量的，被称为多元回归分析预测法。实践中通常采用线性回归来进行预测。

使用回归预测法的关键就是找出那些与人力资源需求高度相关的变量，这样建立起来的回归方程的预测效果才会比较科学。因此，首先要找出组织中哪一种因素与人力资源量（包括数量、质量和结构）的关系最大。然后，再分析这一因素随人员多少的变化趋势，由此推测出未来的需求量。运用这种方法一般分为三个步骤：

第一步：确定与使用人数有关的合适的组织因素。一般来讲，组织因素必须满足两个基本条件：一是确定的组织因素应与其基本特性直接相关，以便利于根据这一因素制订组织计划；二是所选因素的变化必须与所需人员数量的变化成比例。因而，这一步所选择的组织因素必须准确、符合实际，否则难以进行预测。

第二步：找出历史上组织因素与劳动力数量变化之间的关系，计算出每人每年的劳动生产率（即劳动的年人均量）。比如，根据一个企业前几年劳动生产率与劳动力数量之间的关系和变化，就可以分析认识两者之间相关的一些规律性，把握劳动力数量与劳动生产率的相关性和规律性。实际上，这一步的主要工作是要把这一期间劳动产量（经营收入）与劳动力数量的有关数据掌握清楚，有了这些数据就可以计算出年人均量和年平均劳动生产率的变化趋势。以便预测下一年或以后几年的变化趋势和人力资源需求的变化趋势。

第三步：分析与修正过去的变化趋势，预测以后的人力资源需求量。这一步要求在分析认识过去的数据及过去的劳动生产率变化的原因时应特别仔细，要做到准确、实际、恰当，充分把握这些因素对以后发展的影响程度，并依据这种影响程度的大小对过去的变化趋势做出修正。对旅游企业而言，可以根据业务量、营业收入等与劳动力数量的相互关系，预测出未来的人力资源需求情况。

一般情况下，旅游企业的人力资源预测中，多元回归分析预测法的结果要优于一元回归分析预测法。回归分析预测法不但适用于短期的人力资源预测，而且也适合中、长期的人力资源预测。

2. 人力资源成本分析预测法

人力资源成本分析预测法是从成本的角度进行预测，其公式如下：

$$NHR = \frac{TB}{(S + BN + W + O) \times (1 + a\% \times T)}$$

式中，NHR：指未来一段时间内需要的人力资源；

TB：指未来一段时间内人力资源预算总额；

S：指目前每人的平均工资；

BN：指目前每人的平均奖金；

W：指目前每人的平均福利；

O：指目前每人的平均其他支出；

$a\%$：指企业计划每年人力资源增加的平均百分数；

T：指未来一段时间的年限。

例如，某饭店两年后人力资源预算总额是每月 300 万元，目前每人每月的平均工资是 1000 元，平均奖金是 2000 元，平均福利是 250 元，平均其他支出是 80 元。饭店计划人力资源平均每年增加 5%。现求该饭店两年后的人力资源需求。

根据上面的公式，已知：$TB = 3000000$，$S = 1000$，$BN = 2000$，$W = 250$，$O = 80$，$a\% = 5\%$，$T = 2$，则有

$$\begin{aligned} NHR &= \frac{TB}{(S + BN + W + O) \times (1 + a\% \times T)} \\ &= \frac{3000000}{(1000 + 2000 + 250 + 80) \times (1 + 5\% \times 2)} \\ &= 819(\text{人}) \end{aligned}$$

因此，根据测算，该饭店两年后需要人力资源数量为 819 人。

3. 人力资源学习曲线分析预测法

每个人的效率由于个人的经验不同会有所变化，因此，可以根据学习时间与相应的效率得出一条学习曲线，更加精确地预测人力资源的需求。

图 2-1 的横轴表示学习所经历的时间，纵轴表示对应某学习时间所达到的工作时间。横轴的单位可以设定为天，纵轴的单位可以设定为小时。例如，某饭店客房部的员工在清理客房时，若完成同样的工作，只有 3 天经验的员工需要 2 小时，而有 3 个月经

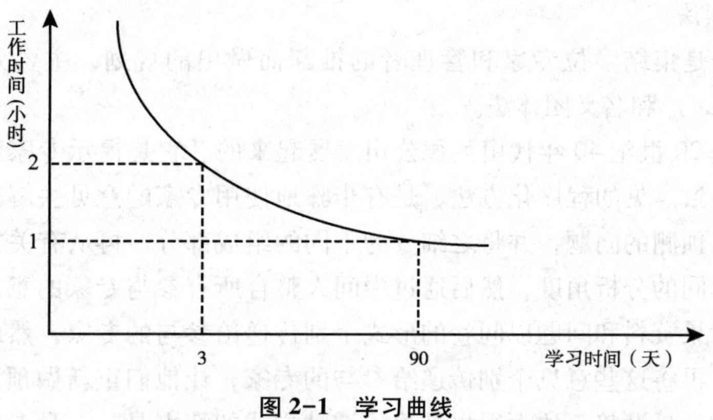

图 2-1　学习曲线

验的员工只需要 1 小时，那么后者的效率与前者的效率相比就是提高的百分比。这样可以更精确地预测人力资源的需求，但同时应考虑员工的流动情况与新旧结构。

效率提高百分比 =（学习经历较短者的工作时间 − 学习经历较长者的工作时间）÷ 学习经历较短者的工作时间

4. 比例法

旅游企业中各部门的人员数量都有大致的比例关系。例如，某饭店的前台人员、餐厅人员、客房人员、管理人员等人员数量与饭店的规模、档位、经营特色等直接相关，因此可按同等饭店的经验数量与比例确定。如一般情况下，饭店客房部门的员工占饭店员工总人数的 20%~30%，餐饮部门的员工占 40%~50%；饭店员工总人数与饭店客房数的比例一般在 1∶1.5~1∶2。这种方法是一种简便易行的预测方法。

另外，也可以根据旅游企业各部门、各工作班组的劳动任务分析其工作量，在制定劳动定额的基础上，按照一定比例来确定定员人数。在饭店中，它主要运用于客房、餐厅、厨房、洗衣房等部门的定员编制。如客房可以根据劳动定额规定每个服务员每天负责多少房间，然后根据这一比例确定整个客房部门的定员编制；餐厅可以根据劳动定额规定每个服务员每天看管几张台面，然后按这一比例编制每个餐厅的定员人数，各餐厅人数相加，就是餐饮部门餐厅服务员的定员人数。

5. 分合性预测法

这是一种先分后合的预测方法。先分是指旅游企业要求各个部门根据各自的人员状况、工作岗位与任务等先对本部门将来的人员需求进行预测，在此基础上，旅游企业人力资源部对各部门预测数据进行综合平衡，从中得出整个企业在计划期内对各种人员的总需求数。

这种方法较能发挥下属各级管理人员在人力资源规划中的作用，但是人力资源部门要给予一定的指导，较适于中、短期的预测规划。

6. 团体预测法

团体预测法是集结多位专家和管理者的推断而做出的规划，主要方式有德尔菲法（Delphi Technique）和名义团体法。

德尔菲法是20世纪40年代由兰德公司发展起来的。它是揭示专家对影响组织发展的某一问题的一致意见的程序化方法，是有步骤地使用专家的意见去解决问题。旅游企业首先须设定要预测的问题，并将之细分为不同的组成部分，再从有关方面搜集相关的资料，并设定不同的分析角度，然后通过中间人整合所有参与专家的意见，在整合过程中，中间人将背景资料和问题以问卷的形式个别传递给参与的专家，然后将专家所做出的预测整理后，再将这些意见个别传递给参与的专家，让他们重新做预测，如此反复数次，直至专家的意见渐趋一致而得出结论。这种方式的特点是：一是专家参与，即吸收同学科和不同学科的专家参与预测，集思广益，博采众长；二是匿名进行，即参与预测的专家互不见面也互不知情，单独做出自己的判断；三是多次反馈，即预测过程必须经过几轮反馈，使专家的意见相互补充、启发，并趋于一致；四是采取统计方法，即将每一轮反馈来的预测结果用统计方法加以处理，做出定量的判断。

名义团体法则是将专家集中放在一起讨论，让他们先进行脑力激荡以便将所有意见列出，再逐一分析这些意见，并排列出意见的优先次序。

团体预测法的好处是能集思广益，且因为管理者参与分析和决策的程度较高，对决策的投入感和承担程度也会较强。只是两种方式的团体预测法都颇费时而且昂贵，旅游企业应考虑其实际需要和能力来决定是否采取这种方法。

总之，以上的各种方法并非相互独立，旅游企业可根据自身战略综合运用，有所侧重。

六、旅游企业人力资源的供给预测

作为国民经济的微观经济组织，旅游企业人力资源要素供给的数量取决于社会人力资源总量及旅游企业的吸引力。旅游企业人力资源供给的质量也主要取决于社会人力资源质量和旅游行业人力资源的总体质量，当然，也有一部分质量供给来源于企业对自身人力资源的开发。因此可以说，社会人力资源的数量与质量，是企业人力资源的供给源。

对于运营中的旅游企业，预测了人力资源需求后，就要决定这些需求是否有供给，以及要在何时何地获得供给。在进行人力资源供给分析时，管理者必须考虑内在劳动力市场和外在劳动力市场两项因素。一般来讲，管理者会先分析已有的劳动力供给，倘若内在市场未能有足够的供给，就需分析外在劳动力市场；也有些时候，管理者会因为希望改变企业文化或需要引进某些专业人才而决定向外招募。因此，人力资源供给预测首先从内部开始，弄清计划期内现有人力资源能够满足企业经营战略目标的需要到什么程度，这就需要考虑计划期内人员的流动及适应未来工作的能力状况。

人力资源供给预测，是旅游企业根据内外部条件，对未来一段时间内，企业空缺岗位能获得补充的人员总数，以及何时何地能获得供给的一种估算。旅游企业人力资源供给来自两方面：一是企业内部人力资源供给，如人员晋升、调动等；二是企业外部人员的补充，如招聘等。

（一）人力资源内部供给预测

企业内部人力资源供给是企业人力资源供给的重要部分。旅游企业未来人力资源需求，应优先考虑内部人力资源供给。影响旅游企业内部人力资源供给的因素包括：旅游企业员工的自然流失、伤残、退休、死亡等，以及内部流动、晋升、降职、平调以及跳槽（停薪留职，合同到期解聘等）等。常用的预测方法有：人力资源信息库法、管理人员接替模型法、马科夫模型法等。

1. 内部员工流动可能性矩阵表

旅游企业是员工流动率较高的行业，内部员工每年都在流动。了解流动的趋势就可以知道人力资源内部的供给量，具体方法如表 2-3 所示。

表 2-3　员工流动可能性矩阵

流动率（%）		工作级别（终止时间）									流出率（%）	总量
		A	B	C	D	E	F	G	H	I		
工作级别（起始时间）	A	1.00										1.00
	B	0.15	0.80								0.05	1.00
	C		0.16	0.76	0.04						0.04	1.00
	D		0.01	0.23	0.73						0.03	1.00
	E					0.85	0.05				0.10	1.00
	F					0.25	0.65	0.05			0.05	1.00
	G						0.40	0.50	0.03		0.07	1.00
	H						0.02	0.15	0.75		0.08	1.00
	I								0.20	0.50	0.30	1.00

表 2-3 中，工作级别从 A 到 I。其中 A 最高，I 最低。如果起始时间是前年，终止时间是去年，那么这张矩阵表就是员工流动调查表；如果起始时间是今年，终止时间是明年，其中的数据一般根据调查表的转移率推算得出。

小框中的数字是百分比。例如，AA 为 1 是指在这个时间段内，最高工作级别的人员未流动；BB 为 0.8 是指在这个时间段内，这个级别的人员留住 80%，15%晋升到 A 岗位，5%流出企业；以此类推。

从矩阵表中，我们可以看出员工流动的趋势。例如，I 岗位上流走的人最多，占 30%；其次是 E 岗位，占 10%；B、D、H 和 I 岗位只有晋升，没有降级。G 和 F 两岗位晋升比例较大，但有降级。

2. 马科夫分析矩阵表

马科夫分析矩阵表与流动可能性矩阵表有相似之处，但前者更清楚一点。从表 2-4 中可以看出，马科夫分析矩阵表的上半部分与流动可能性矩阵表完全相同，只是多了下半部分的现任者应用矩阵。

表 2-4 马科夫分析矩阵

流动可能性矩阵						
流动率(%)		工作级别(终止时间)				
		A	B	C	D	流出率(%)
工作级别(起始时间)	A	0.70	0.10	0.05	0	0.15
	B	0.15	0.60	0.05	0.10	0.10
	C	0	0	0.80	0.05	0.15
	D	0	0	0.05	0.85	0.10
现任者应用矩阵						
	原有员工人数(人)	A	B	C	D	流出人数(人)
A	60	42	6	3	0	9
B	75	11	45	4	8	7
C	50	0	0	40	2	8
D	45	0	0	2	38	5
终止期员工人数(人)	—	53	51	49	48	29

从现任者应用矩阵来看，A 岗位原有员工 60 人，到了 AA 便只有 42 人（60×70% = 42 人），到了 AB 便只有 6 人（60×10% = 6 人），到了 AC 便只有 3 人(60×5% = 3 人)，流出人数为 9 人（60×15% = 9 人），依此类推。

根据马科夫分析矩阵表，我们可以很清楚地看出在终止时间时，各工作岗位的人数以及流出的人数。应用马科夫模型进行人力资源供给预测的好处在于它考虑了个人晋升的前景，由于人员转移是推进式的，所以预测过程中也包括了晋升政策的产生。此法尽管广为人们运用，但对其准确性及可行性，人们并未进行过广泛研究。旅游企业应结合实际，进一步研究马科夫模型的应用方法。

3. 技术调查法

技术调查法是为了追踪员工的工作经验、受教育程度、特殊技能等与工作有关的信息而设计的一套系统。旅游企业可以在员工正式聘用之时将资料输入计算机，并于日后不断更新，以便在需要人力资源时随时查用。

运用技术调查法可以知道旅游企业内人力资源供应的状态，主要作用有：①评价目前不同种类员工的供应状况；②确定晋升和换岗的候选人；③确定员工是否需要进行特殊的培训和发展项目；④帮助员工确定职业计划与职业发展途径。

4. 继任卡法

继任卡法就是运用继任卡来分析企业管理人才供应状态的一种最简单有效的方法。

（1）继任卡。典型的继任卡如表 2-5 所示。在表中，A 中填入现任者晋升可能性，可用不同颜色填入不同等级：甲（红色）表示应该立即晋升，乙（黑色）表示随时可以晋升，丙（绿色）表示在1~3年内可以晋升，丁（黄色）表示在 3~5 年内可以晋升。

表 2-5　继任卡

A				
B				
C	D			E
C_1	1	D_1	B_1	A_1
C_2	2	D_2	B_2	A_2
C_3	3	D_3	B_3	A_3
C_E	紧急继任者	D_E		B_E

其中 B 填入现任者的职务；C 填入现任者的年龄，这只是为了考虑工作年限；E 填入现任者任现职的年限。另外，1、2、3 分别代表三位继任者。其中 C_1、C_2、C_3 分别填入三位继任者的年龄；D_1、D_2、D_3 分别填入三位继任者的姓名；B_1、B_2、B_3 分别填入三位继任者的职务；A_1、A_2、A_3 分别填入三位继任者晋升的可能性。紧急继任者是指在特殊紧急情况下（如现任者突然死亡、现任者突然辞职等）谁是继任者。

（2）继任卡的运用。为了更好地满足管理人员，尤其是高级管理人员的供应，旅游企业可以运用继任卡规划人力资源的供应，这种方式称之为替补图。表 2-6 表示某饭店前厅部替补表的一部分。

表 2-6　饭店前厅部替补表

乙(黑)				
前厅部经理				
43 岁	李永			5 年
37 岁	1	周洁	大堂经理	乙(黑)
32 岁	2	黎明	大堂经理	丙(绿)
28 岁	3	陈东	前台主管	丙(绿)
37 岁	紧急继任者	周洁		大堂经理

继任卡的运用应建立在员工资料的基础上，是一种动态的、事前性的内部人力资源供应预测。

（3）继任卡的作用。由于继任卡的制定，旅游企业不会由于某个人离去而使工作受到太大的影响。另外，以组织结构与员工资料为基础的替补表有利于调动员工的积极性。当然，继任卡也显示了某些员工需要经过一段时间的培训和实践才能晋升，这样有助于员工的提高，并有利于保持晋升员工的高水准。

（二）人力资源外部供应预测

人力资源外部供应预测在某些时候对旅游企业制定人力资源规划更加重要。而且，人力资源外部供应预测受到的影响因素较为广泛且不易控制，因此应引起足够的重视。

1. 劳动力市场

劳动力市场是人力资源外部供应预测的一个重要因素。劳动力市场，是指劳动力供应和劳动力需求相互作用的场所。通俗地讲，劳动力市场就是指员工寻找工作、雇主寻找雇员的场所。

劳动力市场对旅游企业的人力资源供应的预测有十分重要的影响。主要涉及以下方面：（1）劳动力供应的数量；（2）劳动力供应的质量；（3）劳动力对职业的选择；（4）当地经济发展的现状与前景；（5）旅游企业提供的工作岗位数量与层次；（6）旅游企业提供的工作岗位地点、工资、福利等。

2. 科学技术的发展

当前，科学技术的迅猛发展，对旅游企业人力资源供应的影响越来越大，对旅游企业人力资源供应预测主要有以下一些影响：

（1）科学技术的发展使人们从事工作的时间越来越少，闲暇时间越来越多，因此服务行业的劳动力需求量越来越大。

（2）对员工的技能要求提高，尤其是对计算机的操作运用能力。同时，对内部员工的培训也要求企业持续进行，不断更新培训内容。

（3）由于办公室自动化和网络的普及，中层管理人员会适当削减，而有创造力的人员则更显珍贵。

3. 政策法规

旅游企业人力资源供应预测一定不能忽视政府的政策法规。各地政府为了各自经济的发展，为了保护本地劳动力的就业机会，都会颁布一些相关的政策法规，企业应及时进行环境扫描，及早做出反应。

七、旅游企业人力资源的综合平衡

企业在完成人力资源的供给和需求预测后，要进行平衡分析，比较人力资源供给和需求的结果，以确定人力资源短缺或过剩状况，以及存在的层次、结构问题，从而制定出相应的政策措施，使之趋于平衡。

（一）人力资源供求总量平衡，结构不平衡

企业人力资源供求平衡这种状态是企业要求的最佳状态，但很难达到，即便是达到数量上的平衡，也会在层次、结构上发生不平衡。结构上的人力资源不平衡是指某些职位的人员过剩，而另一些职位人员短缺。对于这种供求失衡，主要通过以下政策和措施进行调节：

（1）通过企业内部人员的晋升和调任，以满足空缺职位对人力资源的需求。

（2）对于供过于求的普通人力资源，可以有针对性地对其进行培训，提高他们的知识技能，让他们发展成为企业需要的人才，补充到空缺的岗位上。

（3）通过人力资源外部流动，来补充企业某些岗位的人力资源需求，并释放另一些岗位过剩的人力资源。

（二）人力资源供求总量不平衡

1. 企业人力资源短缺

当预测出企业未来人力资源供不应求，发生短缺时，应制订相应的弥补短缺规划，采取解决对策，如：

（1）改变企业目标，使之更切合实际，尽可能制定现有员工能实现的企业目标；

（2）调节各岗位的员工配置。将那些符合空缺岗位任职条件，又处于相对富余状态的人调往空缺职位；

（3）提高技术水平，从而提高员工利用率；

（4）使用不同类别的员工去达到企业的目标，如聘用少数熟练的员工或聘用技巧不足的员工，并立即予以训练，或者返聘已经退休的员工；

（5）培训员工，并对受训员工进行晋升性补缺；

（6）适当延长员工工作时间。

2. 企业人力资源富余

企业人力资源供大于求，出现人员富余时常采用的措施有：

（1）永久性辞退那些劳动态度差、技术水平低、劳动纪律观念淡薄的员工；

（2）精简机构；

（3）加强培训，提高员工整体素质，如制订全员轮训计划，让员工始终有人在受训，为企业扩大再生产准备人力资源；

（4）修改企业目标，如企业是否可以开发新市场或进行多元化经营；

（5）减少员工工作时间，随之降低工资水平；

（6）由多个员工分担同一工作和任务，随之降低工资水平；

（7）鼓励员工下岗，同时对下岗员工进行培训，使其掌握多种技能，提高社会竞争能力。

总之，企业要根据本企业、本部门的特点，具体情况具体分析，制定出相应的对策

措施，以达到人力资源在数量、质量、层次、结构上的协调平衡。

(三）人力资源规划中各项专业计划之间的平衡

人力资源规划所涉及的人员补充、培训、安置、使用、晋升、薪资等方面是具有内在联系的，因此在制订各项专业计划时应注意相互之间的平衡与协调。例如人员培训、人员使用以及与激励有关的劳动报酬计划必须相互协调，若人员通过培训提高了素质，在任用及报酬方面却无相应政策，就容易挫伤员工接受培训的积极性。另外，还要搞好每一项专业计划的配套平衡。人力资源开发的总目标是通过执行各项具体计划实现的，因此应当将总目标分解为各项专业计划的分目标，为保证专业计划目标的实现就必须制定相应的政策并规定具体的措施及步骤，使计划具有可操作性。

八、人力资源规划方案的制订

在确立目标、收集信息、预测人力资源需求和预测人力资源供给的基础上，就可以开始制订人力资源规划方案了。旅游企业人力资源规划包括两个层次，即总体规划与各项业务计划。人力资源的总体规划是有关计划期内人力资源开发利用的总目标、总政策、实施步骤及总的预算安排。人力资源所属业务计划包括人员招聘计划、使用计划、提升计划、培训计划、薪酬计划、劳动关系计划等。这些业务计划是总体规划的展开和具体化。每个企业的业务计划各不相同，但典型的业务计划至少应包括以下几个方面：计划的时间段、目标、情景分析、具体内容、制订者和制订时间。

1. 计划的时间段

具体写出从何时开始至何时结束，若是一份战略性的人力资源计划，一般在三年以上；若是一份年度人力资源计划，则以一年为限。

2. 计划达成的目标

在这里要遵循两个原则：一要与旅游企业的目标紧密联系，因为人力资源计划是一种局部性计划，它一定要为企业的目标服务；二要具体，不要泛泛而谈，最好有具体数据，简明扼要。

3. 目前情景分析

在收集信息的基础上，分析旅游企业目前人力资源的供需状况，指出制订该计划的依据。

4. 未来情景分析

主要在收集信息的基础上，在计划的时间段内，预测旅游企业未来的人力资源供需状况，进一步指出制订该计划的依据。

5. 具体内容

这是人力资源计划的核心，涉及的方面很多。例如，工作分析的启动、新的员工绩效考评系统、改进后的薪酬系统、计划中的培训工作、招聘方案等。每一方案都包括以下几项内容：具体内容、执行时间、负责人、检查人、检查日期和预算。

6. 计划制订者

计划制定者可以是一个人（例如：人力资源部经理），也可以是一个群体（例如：董事会），也可以包含个体与群体。

7. 计划制订时间

主要指该计划正式确定的日期。

九、人力资源规划的实施与控制

实施与控制人力资源规划是最后的十分重要的一环。如果前面的定得十分理想，但是在执行过程中出了问题，就将前功尽弃。实施与控制人力资源规划主要包括四个步骤：执行、检查、反馈、修正。

（一）执行

执行是最重要的步骤，在执行过程中要注意以下几点：

（1）按计划执行；

（2）在执行前要做好准备工作，主要包括资源准备、组织准备、思想准备及制度准备等；

（3）执行时应全力以赴。

（二）检查

检查是不可缺少的步骤，否则可能会出现使执行流于形式而缺少必要的压力，不能掌握第一手信息等问题。

检查者最好是实施者的上级，至少是平级，切忌是实施者本人或实施者下级。检查前，检查者要列出检查提纲，明确检查目的与检查内容。检查时要根据提纲逐条检查，千万不要随心所欲或敷衍了事。检查后，检查者要及时、真实地向实施者沟通检查结果，以利于激励实施者，使之以后更好地实施项目。

（三）反馈

反馈是执行人力资源规划各环节中的一个重要步骤。通过反馈，我们可以知道原来计划中的哪些内容是正确的，哪些是错误的，哪些不够全面，哪些比较符合实际情况，哪些需要加强，哪些需要引起注意等重要的信息。反馈中最重要的一点是保持信息的真实性。由于环境和个体的不同，有许多信息不一定真实，因此去伪存真显得格外重要。反馈可以由实施者进行，也可以由检查者进行，或者由两者共同进行。

（四）修正

修正是最后一个步骤，谁也不能保证人力资源规划一经制订就完全正确。因此，根据环境的变化，根据实际情况的需要，根据实施中的反馈信息，及时修正原计划中的一些项目显得十分必要。

一般来说，修正一些小的项目，或修正一些项目中的局部内容，涉及面不会很大。但如果要修正一些大的项目，或要对原规划中的许多项目进行修正，或要对预算作较大的修正，往往需经过最高管理层的首肯。

案例分析

鼎文酒店集团的扩张

一、背景

鼎文酒店集团最初只是一家普通的国有宾馆，由于地处国家著名的旅游景区附近，故迅速发展壮大——原有宾馆已经推倒重建成为一家五星级酒店。集团在尝到甜头后，先后在四个旅游景区附近收购了四家三星级酒店。对于新收购的酒店，集团只是派去了总经理和财务部全班人马，其他人员都采取本地招聘的政策。因为集团认为服务员容易招到，而且简单培训就可以上岗，所以只是进行简单的面试，只要应聘者长相顺眼就可以，同时，为了降低人工成本，服务员的工资比较低。

二、问题

赵一是集团新委派的下属一家酒店的总经理，刚上任就遇到酒店西餐厅经理带着几名熟手跳槽的事情，他急忙叫来人事部经理商谈此事，人事部经理满口答应，立即解决此事。第二天，赵一去西餐厅视察，发现有的西餐厅服务员摆台时把刀叉经常摆错，有的不知道如何开启酒瓶，领班除了长得顺眼和会一味傻笑外，根本不知道如何处理顾客的投诉。紧接着仓库管理员跑来告诉赵一说发现丢失了银质的餐具，怀疑是服务员小张偷的，但现在已经找不到小张了。赵一看了一看仓库的账本，发现很多东西都写着丢失。赵一很生气，要求人事部经理解释此事，人事部经理辩解说因为员工流动率太高，多数员工都是才来不到十天的新手，餐厅经理、领班、保安也是如此，所以做事不熟练，丢东西比较多。赵一忍不住问："难道顾客不投诉吗？"人事部经理回答说："投诉，当然投诉，但没关系，因为现在是旅游旺季，不会影响生意的。"赵一对于人事部经理的回答非常不满意，又询问了一些员工后，发现人事部经理经常随意指使员工做各种事情，例如，接送人事部经理的儿子上下学、给他的妻子送饭等。如果员工不服从，立即开除。赵一考虑再三，决定给酒店换血——重新招聘一批骨干人员，于是给集团总部写了一份有关人力资源规划的报告，申请高薪从外地招聘一批骨干人员，并增加培训投入。同时人事部经理也给集团总部写了一份报告，说赵一预算超支，还危言耸听造成人心惶惶，使管理更加困难，而且违背了员工本地化政策。

（资料来源：全球品牌网，http://www.globrand.com/special/hr/default_1.shtml）

案例讨论题

1. 赵一的想法是否正确？酒店是否必须从外地雇用一批新的骨干人员？
2. 赵一应当采取哪些措施以解决酒店目前面临的问题？
3. 酒店的人力资源规划重点是什么？服务员是否需要进行规划，或者等到需要时再招聘？
4. 赵一应当与什么人一起完成酒店的人力资源规划？在进行人力资源规划的过程中，会遇到哪些问题？

思考与练习

1. 你认为应如何处理好人力资源管理战略与企业总体战略的关系？
2. 旅游企业人力资源战略的类型有哪些，应如何选择？
3. 旅游企业预测人力资源需求与供给的方法有几种？试分析各种方法的优缺点。
4. 你认为在旅游企业人力资源规划中要注意哪些问题？

第3章 工作分析与工作设计

【学习目标】

通过本章的学习，可以了解工作分析的含义，理解工作分析的重要作用，了解工作分析的要素与基本步骤，熟悉工作分析的各种方法，掌握工作说明与岗位规范的编写要点，了解工作设计的含义与作用，理解工作设计的方法。

【内容结构】

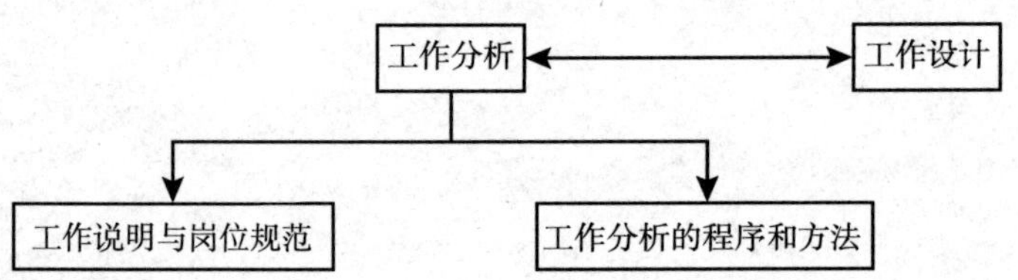

【重要概念】

工作分析　工作设计　工作说明　岗位规范

案　例

A 公司的难题

A 公司是我国西部的一家旅游景区开发公司。近年来，随着旅游经济的迅速增长，公司有了飞速发展，景区开发规模持续扩大。随着公司的发展和壮大，员工人数大量增加，众多的组织和人力资源管理问题逐渐凸显。

公司现有的组织机构是基于创业时的规划，随着业务扩张的需要逐渐扩充而形成的，在运行的过程中，组织与业务上的矛盾凸显。部门之间、职位之间的职责与权限缺乏明确的界定，扯皮推诿现象不断发生；有的部门抱怨事情太多，人手不够，任务不能按时、按质、按量完成；有的部门又觉得人员冗杂，人浮于事，效率低下。面对这样的形势，人力资源部开始着手进行人力资源管理的变革，并首先从职位分析、确定职位价值开始。职位分析、职位评价究竟如何开展，如何抓住职位分析、职位评价过程中的要害，为公司本次组织变革提供有效的信息支持和基础保证，是摆在 A 公司面前的重要课题。

第 1 节　工作分析概述

旅游企业的管理者在实际工作中经常会遇到这样一些现象和难题，例如，有些工作没有人做，大家都说这不是他们的工作；还有些工作大家都在做，出了问题却没有人负责；精心招聘的人员却无法胜任工作。再例如，饭店前厅部经理的职责和权限是什么，大堂副理的职责和权限是什么，这两个职位之间如何界定和衔接；具备什么样素质的人才能胜任某一特定岗位的工作，如何评定员工的工作绩效，等等。要解决这些问题不是某位管理者凭经验“拍脑门”就能解决的，要从本质上解决这类问题，就只能依靠科学的方法——工作分析。

我们知道人力资源管理工作的最终目的是要把合适的人放到合适的岗位上，达到人适其职、职得其人、人尽其才、才尽其用的目标。这就要求我们至少要掌握两个方面的信息，一方面是了解每个人的特点；另一方面要了解每个岗位的特点。了解人是招聘工作中的重要内容，可以通过面试、人才测评等手段；要了解岗位要求同样要借助工作分析这一科学手段。

工作分析是在科学管理的基础上形成的，“科学管理之父”泰勒为了提高工作效率，在 1895 年开始进行“时间与动作的研究”，首次开始考虑挑选合适的工人适合工作的需要。泰勒的朋友吉尔布雷斯夫妇也进行了操作动作研究。到了第一次世界大战期间，美国设立了军队人事分类委员会，实施工作分析，从此“工作分析”一词便开始应用。

一、工作分析的含义

工作分析，亦称职务分析，是指通过观察和研究，掌握职务的固有性质、责任、组织内职务之间的相互关系，以确定该职务的工作任务和性质以及工作人员在履行职务上应具有的知识、技术、能力。简单地说工作分析就是确定某个岗位工作的任务是什么以及确定什么样的人可以胜任该岗位的工作。

大多数的旅游企业是劳动密集型企业，员工人数众多；旅游业又是综合性极强的行业，旅游企业内部分工较细，工种多、层次多；为了给旅游者提供高质量的旅游服务，对岗位要求较高；服务质量的相互依赖性和关联性，使旅游企业各岗位之间协作性增强。这些特点都要求旅游企业要进行科学细致的工作分析，只有这样，才能制订更符合实际需要的岗位职责，实现旅游企业的经营目标。

二、工作分析的意义与作用

工作分析是人力资源管理中一项重要的常规性工作，工作分析是人力资源工作的核心，是各项人力资源工作的出发点。其重要作用主要体现在以下几个方面：

（一）为制定人力资源规划提供科学依据

人力资源规划的核心内容就是人员的供给需求预测和人员配置计划，要准确地预测旅游企业未来的人员需求、确定科学的人员定额，就必须掌握旅游企业各个岗位的性质和任务，以及所需人员在数量和质量方面的要求，工作分析恰恰可以为旅游企业提供一个科学的依据。同时人力资源规划的其他子规划也都需要以工作分析为依据。

（二）为招聘工作与人员晋升提供客观标准

很多旅游企业在进行招聘工作时，往往并没有一个科学客观的标准，以至于最后招聘的人员尽管是在应聘过程中表现最优秀的人员，却很难胜任其工作岗位。同时一些旅游企业盲目地照搬其他企业的招聘标准，或者简单地使用学历、等级证书等社会标准代替企业标准作为招聘标准，这些都是导致招聘效果差的重要原因。旅游企业不知道招聘的岗位需要做什么，就很难回答应聘者的问题，也无法准确地向应聘者传递招聘岗位的信息，另一方面旅游企业自已又不知道胜任岗位的人要符合什么样的标准，当然无法挑选到旅游企业和岗位最恰当的人选。实际上工作说明甚至可以直接作为招聘时的岗位描述，岗位规范是最准确的招聘标准。所以成功的招聘工作离不开工作分析。

工作分析还有其特别的功能就是，帮助新员工尽快进入角色，适应新岗位。旅游企业的一个重要问题就是员工流失率过高，一旦出现大量岗位空缺，往往要靠在劳动力市场招聘而来的新手补充，结果新员工和旅游企业都无法准确知道现有工作的内容是什么，使工作陷入困境。

工作分析对于确定晋升人选同样有着特殊的意义，我们以前的用人观念就是在原工作岗位表现最优秀的员工将被晋升到更高一级的岗位，结果往往难以令人满意，究其原因就是晋升的标准错误，选择谁晋升最重要的标准不是看员工在原岗位上的表现，而应该是看员工的素质、能力是否符合新岗位的需要。通过工作分析可以清晰地了解各个岗位之间的关系，有利于挑选晋升人选。

（三）为培训工作提供依据

做好培训工作的一个关键问题就是，向员工提供什么样的培训，哪些人需要培训？旅游企业内部分工细致，工种繁多，如果给不同工种、不同层次的员工提供同样的培训，既增加了培训成本又达不到理想的培训效果。要想回答这些问题就必须了解两个方面的信息，一方面要了解岗位上的员工现有的知识、技能、能力水平等信息，另一方面是要了解岗位规范规定的对从事本岗位人员的素质要求，对比二者的差异，恰恰就是培训的需要。所以说工作分析可以为培训工作提供客观依据，亦确保培训的针对性和有效性。

另外，工作分析可以为新员工培训提供依据，确保新员工尽快成长为符合旅游企业需要的人才，同样可以为新晋升人员的培训提供可靠的依据。

（四）为制定科学有效的考评标准提供依据

绩效考评与绩效管理是人力资源管理工作的重要内容，然而要科学、公正地考评员工的一个重要前提就是，了解具体岗位的工作任务和性质、内容等方面的信息，也就是说如果旅游企业不知道哪些是员工应该做的工作，哪些是其本职工作，哪些工作是这个岗位上的员工的核心工作内容，哪些是关键业绩指标，就无法制定科学、客观的考评标准。没有科学标准的考评自然不会取得好的效果，工作分析为旅游企业管理者提供了客观的资料来参考、制定科学有效的考核标准、科学合理的工作定额。

工作绩效考核就是将员工的实际工作绩效同要求其达到的工作绩效标准进行比较的过程。而在许多情况下，工程师和其他一些专家都是借助工作分析手段来确定员工应达到什么样的绩效标准，以及需要完成哪些特定活动。

（五）为制定科学合理的薪酬制度提供依据

为了评估每一种工作的价值以及对他们支付多少报酬合适，旅游企业管理者同样需要对每一种工作所包括的任务有一个清楚的了解。这是因为，报酬通常都是同工作本身要求工作承担者所具备的技能、教育水平，以及工作中可能出现的危害人身安全因素等联系在一起的，而所有这些因素都必须通过工作分析才能获得，我们可以看到很多旅游企业都对旅游企业内工作进行分类，而工作分析恰恰可以提供关于每一种工作相对价值的信息，从而有利于工作分类任务的完成。

薪酬制度的核心就是保证其公平性，公平又包括外部公平和内部公平，外部公平是指与旅游企业外部社会中同样的岗位薪酬水平比较是否公平，内部公平是指旅游企业内部各个岗位之间的比较是否公平。如何确定旅游企业的各个岗位之间的差距，如何判断不同岗位人员的能力差异等，这些问题都要借助于工作分析的结果作为科学依据。

旅游企业确定薪酬水平的两个重要依据就是岗位工资和能力工资，岗位工资要求我们了解掌握各个岗位之间的差别，能力工资要求我们要能够判别员工哪些能力是与工作相关的能力，哪些不是影响报酬的因素，这些要求都需要工作分析的支持。

（六）有助于提高工作效率并更好地激励员工

以工作分析的结果为基础，员工更加清晰地了解岗位的工作内容和性质，同时正是由于工作分析对于以上方面的作用，确保将合适的人放在合适的岗位上，又有针对性极强的培训工作作为保障，有科学公平的考核制度与工资制度，这一切都确保了工作效率的提高和对员工更好的激励强度。另外，通过工作分析可以发现一些容易引起员工不满的因素和工作安全条件的隐患，并进行改进，这些因素也有利于提高员工的满意度和工作效率。

（七）保证就业公平，规避法律风险

工作分析还有其特殊的作用，就是规避法律风险，旅游企业发布的招聘广告和选拔或者晋升人员的标准，都有可能被控告存在各种歧视行为，作为旅游企业一方最有效的辩护依据就是其通过科学方法——工作分析，制定的客观标准，既规避了一定的法律风险也确保了标准的科学和公平，确保了就业公平。尽管我们国家的法律环境还不够完善，很多管理者觉得以上的情况很难在现阶段出现，但随着社会的进步，法律的完善，执法的规范，特别是应聘者维权意识的提高，旅游企业会时时刻刻面临这样那样的法律问题，作为一个现代旅游企业的管理者，理应也必须具有这样的法律意识。

（八）有利于职业咨询和指导

员工的职业生涯规划越来越成为旅游企业和员工共同关心的重要话题，旅游企业人员管理方面面临的许多困境都是由于缺乏科学的职业生涯规划导致的，因而制订科学的职业生涯规划，为员工甚至应聘者提供科学的职业咨询和指导就成为旅游企业人力资源工作的重要方面，工作分析可以为科学有效的职业咨询提供科学的依据。

工作分析的作用，涉及企业人力资源管理的方方面面，由工作分析得到的工作说明和岗位规范是人力资源管理工作的基础性文件，是开展各项工作的依据和指导。图 3-1 可以清晰地显示工作分析的内容和作用。

三、工作分析要素

工作分析的实质就是研究某项工作所包括的内容以及工作人员必需的技术、知识、能力与责任，并区别一个岗位与另一个岗位的差异。所以工作分析也就是对某一工作的内容及有关因素做全面的、系统的、有组织的描写或记载。为了达到这一目标，国外的人事心理学家从人力资源管理的角度，提出了工作分析公式（The Job Analysis Formula），将工作分析的主要内容归纳为七项要素：

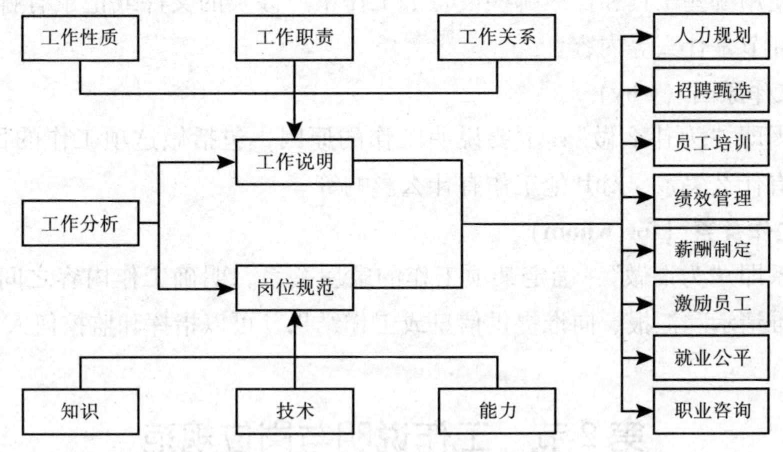

图 3-1　工作分析的内容和作用

（一）工作主体（who）

工作主体即“谁来做”：是指对从事某项工作的人需要具备的身体素质、心理素质和个性特点，需要掌握的知识和技能、接受的教育和培训，以及其拥有什么样的工作经验等方面的要求。工作分析中制定的岗位规范描述的主要就是这些内容，以此作为人员甄选、任用、调配的依据。

（二）工作内容（what）

工作内容即“做什么”：指所从事的工作活动内容，工作分析应具体描述每个岗位需要完成的工作内容。包括所要完成的工作任务、工作职责、工作流程是什么，工作活动产生的结果或产品是什么，工作结果和产品要达到什么样的标准。每项工作都要用一个动词加以描述。描述体力工作常用的动词有搬运、清洗、整理、运送等，如酒店的服务人员；描述智力工作常用的动词有计划、分析、研究等，常用于企业管理人员。同时，有些工作需要智力与体力的结合才能顺利完成，如销售、采购、维修等。

（三）工作时间（when）

工作时间即“何时做”：指在完成工作过程中与时间有关的描述，例如，哪些工作活动是有固定时间的，什么时间做，完成什么任务，哪些活动是每天、每周、每月必须做的，上下班时间，是否加班以及每项工作占用工作时间的比例等。

（四）工作环境（where）

工作环境即“在哪里做”：指工作的自然环境和社会环境，工作的自然环境包括工作地点、温度、光线、噪声、通风、安全条件等。工作的社会环境包括所处的文化环境、工作群体中的人数、完成工作所要求的人际交往数量和程度、环境稳定性等。

（五）工作方式（how）

工作方式即“如何做”：指完成工作的具体方式，包括从事工作活动的一般程序、完成工作要使用哪些工具和操纵哪些设备、工作中所涉及的文件或记录有哪些、工作中重点控制的环节是什么等内容。

（六）工作原因（why）

工作原因即“为什么做”：主要说明工作的原因，包括做这项工作的目的是什么、与其他工作有什么关系、对其他工作有什么影响等。

（七）工作关系（for whom）

工作关系即“为谁做”：确定某项工作的隶属关系，明确工作内容之间的联系，包括工作要向谁请示和汇报、向谁提供信息或工作结果、可以指挥和监控何人等。

第2节　工作说明与岗位规范

工作分析的内容取决于工作分析的目的和用途。不同的企业和组织都有各自的特点和急需解决的问题。有的是为了制定切合实际的薪酬制度，有的是为了提高招聘的准确性，有的是为了改善工作环境、提高工作效率，等等。因此，这些企业和组织所要进行的工作分析的侧重点就不一样。但一般来说工作分析主要包括两个方面的内容，即工作说明和岗位规范。

一、工作说明

工作说明也被称作工作描述，就是确定每个岗位的具体特征，对工作内容与性质、工作目的与结果、工作责任与权利、工作条件和环境、工作流程与规范加以具体说明。

（一）工作说明书的内容

工作说明书是工作分析的结果，是人力资源工作的重要文件。工作说明书一般包括以下几个方面的内容：

1. 工作名称

在进行工作说明时应有其特定的名称，便于记载活动及收集资料。工作名称应简单明了，既能对工作进行简单识别、分类，又能做到表明工作的责任，明确在组织中所处的地位和所属的部门，如饭店餐厅服务员、旅行社华东部经理，而服务员和部门经理的表述就不够明确。

2. 工作内容

即描述工作事务活动和程序，包括所要完成的工作任务、工作职责、完成工作所需要的资料、机器设备与材料、工作流程、工作中与其他人员的正式联系以及隶属关系等，是工作说明的主体内容。

3. 工作条件和物理环境

包括正常的温度、适当的光照、通风情况、安全措施、建筑条件，甚至工作的地理位置。

4. 工作社会环境

对工作中的人际关系以及社会文化和习俗的描述，包括工作团队的情况、社会心理气氛、同事的特征及相互关系、各部门之间的关系等。此外，应该说明企业和组织内及附近的文化与生活设施。

5. 职业条件

由于人们常常根据职业条件来判断和解释职务说明中的其他内容，因而这部分内容特别重要。职业条件说明了工作的各个方面特点：工资报酬、奖金制度、工作时间、工作季节性、晋升机会、进修和提高机会、该工作在本组织中的地位以及与其他工作的关系，等等。

（二）编写工作说明书的要求

工作分析的作用最终要通过书面形式的工作说明书来实现。明确清晰的工作说明书对于提高招聘准确性、帮助新老员工适应工作等方面至关重要，也是关系工作分析、工作成败的重要环节，编写规范的工作说明书要符合以下要求：

1. 工作说明书针对的是工作本身而非工作者

工作分析关注的是岗位本身，而不是现有员工的行为，这一点一定要引起重视，当然工作分析的过程要涉及工作者本身，因为他们是最了解情况的人。

2. 描述要具体

在说明工作的种类、复杂程度、任职者须具备的技能、任职者对工作各个方面应负责任的程度时，措辞上应尽量选用一些具体的动词，尽量使用能够准确表达意思的语言，避免使用笼统含糊的语言。例如，在对饭店餐厅收银员提出计算要求时，不应该说："需要较高的教育程度，数学好，有很好的准确度。"而最好叙述为："必须懂得加、减、乘、除，能够准确快捷地找付。"一般来说，由于基层员工的工作更为具体，其职务说明书中的描述也要更具体。

3. 是分析而不是罗列

将工作分解为若干个重要部分，研究分析之后进行归纳和组合，绝不是对工作任务的简单罗列，要避免将工作描述得过于详细。像"时间动作研究"那样记录工作内容对于编写工作说明书是完全没有必要的。

4. 句子要简明扼要

整个职务说明书必须简明扼要，以免由于过于复杂、庞大，不便于记忆。在描述一个岗位的职责时，应该选取主要的职责以符合逻辑的顺序进行描述，一般不超过 10 项，不要试图穷尽所有职责，尽管各项工作说明的内容有所差异，但其长度应有所限制。

5. 清晰易懂

在职务说明书的编写中，对工作的描述必须清晰透彻，让任职人员阅读之后，可以准确地了解其工作内容、工作程序与工作要求，无须再询问他人或查看其他说明资料，同时涉及专业技术术语的使用时，要附加解释，以免产生理解上的偏差。

工作说明书的编写要求是十分严格的，它不仅要求编写者有较强的信息收集能力和分析能力，还要求其具有较强的沟通能力和文字表达能力，同时还要求有较强的责任心。为了便于理解工作说明书的含义，下面是某酒店销售部经理的工作说明书，供参考。

例 3-1

某饭店销售部经理工作说明书

职位名称：**销售部经理** **职位代号**：A031

部门：销售部

隶属：饭店总经理

（一）工作活动和工作程序

1. 通过对下级的管理与监督，实施饭店销售工作的计划、组织、指导和控制，全面指导销售部的各项活动；

2. 整理和保存常住客与 VIP 的销售档案资料，并与 VIP 保持联系；

3. 与总经理和其他部门一起，实施有助于销售的计划，如员工培训指导计划等，提高业绩水平；

4. 负责与旅行社、企事业团体签订未来使用饭店产品及服务的合同；

5. 参加每周部门经理会议，报告一周来的销售活动及下周的销售计划，并主持本部门会议；

6. 就全面的销售事务向总经理做出报告；

7. 制订每周已确定的预定业务项目报表；

8. 制作每周销售费用报表，并附加必要说明；

9. 负责与餐饮部、前厅客房等部门合作，保持业务信息的准确完整；

10. 负责答复有关销售方面的问讯与其他相关工作。

（二）工作条件和物理环境

75%以上的时间在室内工作，一般不受气候影响，但可能受气温影响；温度适中；无严重噪声；无个人生命或严重受伤危险；有外出要求，一年中有 10%~20%的工作日出差在外；工作地点：本市。

（三）社会环境

一名副手，工作人员 6 人；需要经常交往的部门是前厅部、餐饮部、财务部；可以参加企业家俱乐部、员工乐园等各项活动。

（四）职业条件

每周工作 40 小时，固定节假日放假；基本工资 2200 元；职位津贴每月 800 元。

二、岗位规范

（一）岗位规范的含义

岗位规范又称工作规范或任职说明，是对在岗人员所规定的工作要求和任职条件，是对不同岗位人员应具有素质的综合要求，是衡量职工是否具备上岗任职资格的依据。要回答的是需要哪些个人特征和经验才能胜任这项工作。岗位规范要求说明某一岗位对承担本岗位工作的人员在教育背景、知识技能、工作经验、个性特点等方面的要求。注意应该描述的是最低要求，而不是最理想工作者的形象。

（二）岗位规范的内容

其主要内容一般包括以下几个方面：

1. 一般要求

这是指从事旅游组织工作的一般性要求，如年龄、性别、学历、工作经验等。

2. 生理要求

主要指某个岗位对从业人员的身体状况和身体素质方面的要求，如外表形象、健康状况、感官灵敏度、体力要求等。

3. 心理要求

指旅游组织工作人员所应具备的知识、技能、能力等个人特征，包括观察力、判断力、语言表达能力、决策能力等。

例 3-2

某旅行社导游员的岗位规范

工作名称：导游员

年龄：18~50 岁

性别：男女不限

学历：高中以上

资格要求：具有国家导游员资格证书

生理要求：身体健康，有充沛的体力带团进行旅游活动；无严重疾病和传染病

知识和技能：良好的语言沟通能力，普通话等级三甲以上，能用一到两门外语进行简单交流，最好掌握至少一门地方方言；有良好的灵活应变能力，能处理紧急问题；有能力代表公司形象；具有销售技能；能适应高强度的工作；有良好的综合分析能力。

其他特征：兴趣广泛，能歌善舞；愿意长期从事加班工作；平时注意自身形象。

工作说明书与岗位规范是工作分析的重要结果和文件，是开展人力资源管理工作的基础和依据，一般情况下工作说明书用于绩效考评、薪酬制定、岗位评价、职业咨询等方面；岗位规范则侧重于招聘标准的制定、人员培训等方面。有时候二者分别编写，有时候岗位规范成为工作说明书的一部分，二者合称岗位职责，下面就是某饭店大堂副理的岗位职责。

例 3-3

某饭店大堂副理的岗位职责

一、岗位名称：大堂副理

二、编号：A021

三、岗位级别：2 级

四、直接上司：前厅部经理

五、管理对象：客务关系主任

六、工作范围：饭店各部位

七、职责大纲：代表总经理处理对客事务，为饭店建立良好宾客关系，检查员工的仪表、仪容、劳动纪律及对客服务质量，确保饭店服务达到五星级水准。

八、具体职能：

1. 代表总经理迎送饭店的重要客人。

2. 检查重要宾客接待准备工作的落实情况。

3. 代表总经理接受并处理宾客对饭店各个方面的投诉。

4. 与有关部门协调落实客人要求提供的特殊服务项目，解决宾客的疑难问题。

5. 翻译整理宾客书面意见，及时将宾客的投诉以及服务质量方面的问题向总经理汇报并提出改进意见。

6. 会同安全部门处理各种突发事件，如火警、失窃、索赔、逃账、受伤或死亡等。

7. 配合财务部做好住店客人的催款工作。

8. 检查饭店前后台的清洁卫生，各项设备、设施的完好情况，以保持饭店的水准。

9. 检查各部门员工的着装、仪表、仪容及纪律等工作状况。

10. 回答客人的询问并向客人提供必要的帮助和服务。

九、任职条件：

1. 热爱本职工作，性格外向，乐于助人，有高度的责任心和较强的服务意识。

2. 熟悉饭店的运转体系，了解各部门的运转程序，工作标准及岗位职责，掌握一定的公共关系学、旅游心理学、沟通技巧等知识，熟悉饭店的安全、消防规程和应急措施，熟悉相关的法律法规，了解旅游地理、主要客源国概况、礼仪礼节等方面的知识。

3. 具备较强的分析判断、沟通协调能力，能妥善处理突发事件，精通英语，并能流利地与外宾交谈。

4. 具有大学专科以上学历，并受过系统的饭店业务培训。

5. 身体健康、精力充沛、仪表端庄。

第 3 节　工作分析的程序与方法

一、工作分析的原因

旅游企业在确定工作分析的程序和方法之前，首先要考虑的问题是为什么要进行工作分析，一般而言需要进行工作分析的内部原因有以下三种：

（一）新的旅游企业成立

这是最常见的原因之一，一家新的旅游企业成立时有必要进行全面系统的工作分析，但有些旅游企业考虑成本的问题，往往忽略工作分析；或者机械照搬其他企业已有的工作分析资料；同样的情况更常见于连锁经营的旅游企业，如饭店集团，有的新开饭店完全照搬其他集团饭店和国外的兄弟饭店企业的工作分析资料。这种做法是不正确的，因为每个企业面临的内部与外部环境都各不相同，简单地照搬很难适应个别企业的需要，最低限度也要根据自身情况进行调整。

（二）新岗位产生

当今社会日新月异，新需求和新技术不断涌现，旅游企业也面临着最为千变万化的市场，为了应对新的市场情况和旅游企业自身的发展，旅游企业需要不断推出新产品和服务，这些因素都会导致新岗位的产生。新岗位产生有两种情况：一种是指全新岗位的出现，如目前兴起的“点菜师”岗位，另一种在其他企业已存在，但对于本企业属于新岗位的情况，如“金钥匙”岗位。一旦企业内部出现了新的岗位就需要对新出现的岗位进行工作分析。

（三）工作内容发生变化

工作分析有一定的时效性，随着时间的推移，内外部环境的变化，某些工作岗位的内容会发生变化，这时候就需要全部或局部进行新的工作分析。常见的情况有两种：一种是工作内容发生变化，如新菜单的使用，厨师的工作内容会发生相应的变化；另一种是新技术的应用或工作程序的改变，如饭店引入新的前台管理系统后，前台工作人员的工作会发生变化。

二、工作分析的程序

工作分析是一个细致而全面的评价过程，它包括一系列的活动，主要分为五个阶段。这五个阶段相互联系，相互衔接并相互影响。

（一）计划与准备阶段

这一阶段是工作分析的前期阶段，本阶段的技术准备与计划内容的成败决定了整个工作分析的成败。

1. 明确工作分析的目的和使用方法

首先需要明确的是企业想通过工作分析达到什么样的目的。不同的目的直接决定了工作分析过程中需要收集的信息类型和范围，如果工作分析需要收集的一般信息包括：实际工作活动、工具、设备及其他工作、辅助设施、工作背景、个人特点、行为要求、表现水平。如果工作分析是用于重写或改写工作说明书，则信息收集应侧重前三项；如果是为了编写岗位规范，则个人特点等内容也要重点考察。

确定了工作分析的目的，才可以有针对性地选择不同的工作分析方法。有些方法对于编写工作说明书和提高招聘效率很有帮助。而另一些方法却不能达到前面的目的，它所提供的信息有助于对各种不同的岗位进行量化排序，可以为薪酬制度提供依据。所以，确定工作分析的目的是开始工作分析的第一步。

2. 制订工作计划

制订详细的工作计划，主要包括时间计划和经费计划，并报上级审批。

3. 收集与工作有关的背景信息

事先了解一些与所分析工作岗位的背景资料和信息，这对于提高工作分析的效率很有帮助。如企业的组织结构图和工作流程图可以为我们提供很多相关的信息，通过它们可以了解某种岗位与其他岗位是什么关系，以及处于什么样的地位。

4. 组建工作分析团队

旅游企业进行工作分析，必须组建一个精简而又高效的团队，要求组成人员具有丰富的工作经验、相应的知识技能、较高的分析判断能力；同时还要具有高度的责任感。一般来说，工作分析团队由三种人员组成：

（1）工作分析专家。往往是指在行业中具有很高的理论水平和专业造诣的人力资源管理专业人士。专业人士可以来自企业内部，也可以来自外部。一般来讲外部专家比较好，因为他们的专业水平高且可以保证客观公正，还有一个优点是外部专家的独立性和客观性在应付法律纠纷时的辩护力更强；但其缺点是成本高，并且往往对具体行业和岗位的情况比较陌生。

（2）主管人员。一般是指被分析人员的现任主管。他们对实际情况最为熟悉，收集信息的速度快，且其分析可以包括很多外行可能忽视的细节，还有很重要的一点是成本较低；

但其专业素养可能差一些，分析可能带有偏见和某些特殊目的，其分析的客观和公正很难保证。所以有时候可以尝试用前任主管，可以避免偏见的问题。

(3) 任职者。即被分析岗位的实际工作者，他们对岗位最为熟悉，信息获取最迅速、直观；但分析的完整性和客观性差，同时如果参加工作分析的人员不是该岗位的所有工作人员，也容易引起其他被分析人员的抵触和反感。

5. 确定分析对象

一次工作分析中调查和分析的员工往往只是全体员工的一部分，这就要求要注意样本的选择，不要选择工作绩效和表现最优秀和最差的员工，注意保证样本的代表性和典型性。

6. 向相关人员做好宣传工作

主要是对被分析的岗位相关人员解释本次工作分析的目的和意义，以及今后会应用，力争消除员工顾虑并取得其充分的配合，确保他们能够如实反映信息。还要尽量与他们建立良好的人际关系，并注意争取其上级的支持与配合。

7. 编制相关资料

主要指根据事先确定的工作分析方法和计划，编制相应的访谈提纲、工作分析问卷、调查表格等，保证调查与分析工作的针对性并提高效率。

8. 培训人员

对小组成员进行相应技术培训，包括工作分析理论与技术、岗位背景资料、相关技术术语的解释等内容，可以大大提高工作分析工作的效率和准确性。

(二) 信息收集阶段

1. 广泛收集有关资料和信息

这是对整个工作过程和工作环境等主要方面做正式的研究和调查。在这一阶段，应灵活地运用各种工作分析的方法，广泛深入地收集有关工作职务特征。收集资料时一般都会比需要的多收集一些，用不同方法收集到的不一定是不同的资料，很可能同样的信息出自不同的方法。

2. 对重点内容做重点、细致的调查

信息处理是个简单但费时间的工作，目的是从众多资料中挑选出对工作分析有用的资料。确定主题并对信息进行排列，是信息处理过程中最有效的方法。要做详细的内容分析必须先阅读所有收集到的资料，列出重要问题，并把资料根据问题进行分类，这样可以最大限度地减少分析过程的重复劳动。

3. 要求被调查人员对各种工作特征和工作人员特征的重要性和发生频率等做出等级评定

其中尤其应注重人员特征和工作特征方面的情况。例如，工作任务的生理与心理要求、工作负荷与紧张状态、感知运动、记忆、注意和思维能力的要求、基本工作元素及特征、影响作业成效的环境因素（包括消极与积极两方面）。在进行工作特征分析时，要求管理人员、员工对各种工作重要性和发生频率评出等级。

（三）分析阶段

分析阶段是对有关工作性质、人员特征的调查结果进行深入分析。工作分析并不是简单机械地收集和积累某些标准信息。是对收集到的信息进行统计、分析、研究、归类的过程。首先要仔细审核收集到的信息，并创造性地分析、发现有关工作和工作人员的关键成分，最后归纳总结出工作分析的必需信息和要素。

（四）完成阶段

在这一阶段将完成工作说明书和岗位规范的编写工作。工作说明书和岗位规范可以为旅游企业提供规范运作的有效依据。编写工作并非一次完成，首先根据规范和信息草拟“工作说明”与“岗位规范”；然后将草拟的“工作说明”与“岗位规范”与实际工作对比，找出差异并进行修改得出试行稿；试行无误后，确定为正式文件。

（五）运用与控制阶段

工作说明书、岗位规范编写完成并不代表工作分析的结束，最重要的是一定要把它们运用到实际工作中去，使之成为旅游企业人力资源管理工作的指导性文件。应对工作说明书、岗位规范在实际工作中的运用情况进行监督和检查，发现部门或员工执行有偏差，应及时地纠正，使之回到正确的轨道上来。也应该在实际工作中检验工作说明书与岗位规范的内容是否合理，是否符合企业和员工的实际情况，发现有不符或不利于发挥员工积极性或制约企业发展的情况，应及时调整修正。

严格来说，旅游企业工作分析是企业一项人力资源管理的日常工作，各个分析步骤也形成一个周而复始的循环过程。运用与控制环节是工作分析的结束，也是下一次工作分析的开始。

三、工作分析的方法

（一）问卷调查法

问卷调查法是一种应用非常普遍的工作分析方法，它是让有关人员以书面形式回答有关职务问题的调查方法。其基本过程是首先设计并分发问卷给选定的员工，要求他们在一定的时期内填写，以获取有关信息。

1. 问卷调查法的种类

问卷调查表主要有两种：一种是内容具有普遍性，适合各种岗位的一般工作分析问卷；另一种是专门为特定的岗位设计的指定性工作分析问卷。另外，还可以分为职务定向问卷和人员定向问卷两种，前者注重工作本身，后者侧重员工特征。

2. 问卷调查法的使用要点

问卷法适用于旅游企业中的脑力劳动者、管理岗位人员或者工作不确定因素多的岗位。为了提高问卷调查法的效果，在使用过程中要注意以下几点：

（1）将问卷设计作为重点和关键问题来抓，要力争设计出完整、科学、合理又符合实际情况的问卷。

（2）争取填写人员的充分配合，对填写问卷的员工进行耐心的解释和说明，调动被调查者的兴趣。

（3）仔细审核，对反馈的问卷在使用之前认真审核，剔除一些无效问卷。

3. 问卷调查法的优缺点

（1）问卷调查法的优点。①规范化、数量化，便于计算机对结果进行统计分析。通过问卷特别是标准化问卷获得的信息也是规范和标准的，且大家回答的问题都一样，其结果可以非常方便地录入计算机，运用现代数据分析软件进行多方式、多用途的统计分析。②成本低。由于其规范化、便于统计分析的特点，保证了企业可以同时对多人进行调查研究，进而节省成本；同时，问卷法对于分析人员的要求不高，可以减少培训费用；更重要的是，员工填写问卷可以不占用工作时间，最大限度地减少对工作的冲击。

（2）问卷调查法的缺点。①问卷设计存在难度。问卷调查法成败主要依赖于问卷设计的水平，问卷中的问题是否全面，是否包括要了解的所有情况，问题设计是否恰当，是否符合实际工作情况，是否便于员工理解，备选答案是否带有倾向性等都会对问卷的最终效果产生影响。②缺乏反馈。问卷调查属于书面沟通方式，固有缺点即缺乏双向沟通，无法及时得到反馈。可以通过问卷获得很多数据信息，但却很难了解背后的深层原因，例如，员工对同样的问题给出同样的答案，但其背后的原因却可能是不同的，这一点调查者很难了解到。③信息失真。面对同样的问卷，不同员工认真程度可能有所差，而且员工因各具特点，还容易导致对问卷理解程度的不同，因此产生信息失真的现象。

（二）访谈法

访谈法又称访问法、面谈法，就是指通过对岗位相关人员进行访谈来获得工作分析信息资料的一种方法。一般来说，访谈对象主要是员工本人和岗位主管人员，方式既可以是单独访谈，也可以是群体访谈。下面列举一些常用的访谈问题：

- 请您尽可能详细地讲讲昨天一天的工作内容。
- 请问您在哪个部门工作，您的部门经理是谁？您的直接上级是谁？
- 您的主要责任是什么？讲讲您在工作中需要接触哪些人？
- 您对哪些事情有决策权？对哪些事情没有决策权？
- 您在每项活动中投入多少比例的时间？
- 您的工作对脑力和体力有哪些要求？您需要哪些设备和工具来开展工作？
- 胜任您的工作需要什么知识、技能、经历？
- 您工作的主要成果（产出、产品）是什么？
- 您目前的工作环境如何？是否还需要更好的环境？您希望在哪些方面需要改善？
- 您认为怎样才能更好地完成工作？

1. 访谈法的使用要点

访谈法一般适合脑力劳动者，如旅游产品开发人员、旅游企业的高层管理者，当然这不意味着基层员工就不能使用访谈法。为了提高访谈法的效率和准确性，在使用过程中要注意以下几点：

（1）争取被访问者的充分合作。首先访谈者要简要地向被访谈者说明访谈的目的，使他们确信访谈并不是为了了解他们的工作能力，从而消除他们的抗拒心理和防御行为；此外要尽量营造和谐的气氛，与其建立良好的个人关系。

（2）培训访谈者。要挑选那些沟通能力强、经验丰富的人员进行访谈工作，并对他们进行必要的沟通能力培训。

（3）注意修正偏差。访谈人员要注意克服个人的主观偏见，客观地去记录和分析结果；同时多访问几位同样职位的员工，可以提高信息的可靠性。

（4）制订访谈大纲。在访谈中要事先拟订好问题提纲，这样才能有的放矢，不会漫无边际，这样既方便结果统计又便于在访谈过程中把握话题。

（5）注意法律风险。工作分析人员只能就与工作相关的内容范围进行提问，注意不要涉及员工个人隐私等不符合法律规定的内容。

2. 访谈法的优缺点

（1）访谈法的优点。①收集的信息较为细致、准确。没有人比岗位上的工作者更加了解工作相关的信息，而且通过访谈可以了解到一些平时容易被忽略的信息。②快速反馈。面对面的访谈术与双向沟通的形式，访谈人员可以同被访问者进行即时反馈以了解更多的信息以及背后的原因。

（2）访谈法的缺点。①信息失真。一方面被访谈者的观点可能带有个人偏见，或者出于某种目的故意夸大自己的工作内容和难度，或者相反；另一方面在访谈过程中，被访问者往往会对访谈的目的有所疑虑而顾虑重重，进而影响其提供信息的可靠性。有时被访谈人对调查不感兴趣，其回答可能带有随意性，信息的可靠性也无法保证。②对访谈者要求较高。由于存在上面刚刚提到的被访谈者的各种不配合的情况，要求访谈者需要具备高超的沟通技巧，能够迅速地与被访谈者建立和谐关系，并在访谈过程中把握话题，才能获得全面、准确的信息，有时候很难保证访谈人员都具备这样的能力。③结果统计偏差。一方面访谈人员的主观偏见容易影响对信息的判断；另一方面被访谈者提供的信息可能比较凌乱或存在差异，给统计分析工作带来麻烦。

（三）观察法

观察法是指通过对员工正常工作的状态进行观察，获取信息，并对信息进行比较、分析、汇总的方式，得出工作分析成果的方法。

1. 观察法的种类

根据观察对象的工作周期和工作突发性的不同，观察法可以分为三种：

（1）直接观察法。对员工工作全过程进行观察，适合工作周期短、工作内容稳定的工作岗位，如饭店餐厅的服务员。

（2）阶段观察法。有些岗位的工作周期较长，很多工作内容是阶段性出现的，要掌握工作内容的全貌就必须分阶段进行观察，如饭店工程部人员的工作。

（3）工作表演法。这种方法是让相关人员表演工作过程，进行观察。适合于工作周期很长或突发事件多的工作，如保安、大堂副理的工作。

2. 观察法的使用要点

观察法适用于旅游企业中以体力劳动为主和事务性的工作岗位，如客房服务员、文员等。为了提高观察法的效率和准确性，在使用过程中要注意以下几点：

（1）做好前期访谈。观察前先进行访谈将有利于观察工作的进行，一方面，它有利于把握观察的大体框架；另一方面，它使双方互相有所了解，建立合作关系，使被观察者放松心情，这样随后的观察就能更加自然、顺利地进行。

（2）制订观察提纲。观察前要有详细的观察提纲和行动标准，并按照提纲进行观察和随时记录，也便于结果的统计分析。可以使用摄像机等设备，但要注意告知员工，不要窥探员工隐私。

（3）观察多个员工。对多个员工进行观察是很重要的，它可以纠正对单个员工观察可能造成的偏差。同时要注意在不同时间对他们进行观察，因为必须把诸如疲劳等因素考虑进去，譬如，有些人上午的工作效率高，下午则会降低。

（4）减少对工作的干扰。分析者要尽量不引人注目，并事先对分析岗位的情况进行了解，提高观察效率。

3. 观察法的优缺点

（1）观察法的优点。①获得的信息直观、准确。通过对工作的直接观察和工作者的介绍，能使人员更多、更深刻地了解工作要求，从而使获得的信息较为可靠。②成本低。观察法简单、花费少；还可以同时观察多人的工作，对于降低工作分析的成本有利。

（2）观察法的缺点。①难以观察到真实情况。由于被观察员工可能出现“霍桑效应”[①]，表现出来的不是“平常”的表现，因为人们被观察时，他们的行为可能与平时不同，有些人喜好炫耀或者认为被观察时的行为关系到奖金的评定，所以他们会比平常更努力地工作；但另一些人则会十分紧张，发挥失常。另外所观察样本对象是否具有代表性也存在问题。②结果统计偏差。观察到的信息可能过于凌乱，给最后的归纳、分析带来困难；另外由于观察者本身工作经验的局限或者对某些员工或工作可能存在偏见，都会导致统计分析的偏差。③干扰正常工作。观察者本身无法“隐形”，所以很难做到

① 起源于 1924—1933 年间著名的“霍桑实验”，指劳动者由于受到额外的关注而引起绩效或努力上升的情况。

不对员工正常工作造成干扰，可能对企业正常运营造成影响。④使用范围狭窄。首先观察法不适合智力活动为主的工作岗位，如饭店总经理，因为人们大脑的活动是没办法从外部观察到的；其次观察法也不适合工作内容或空间变化大的岗位，如海外领队。

（四）工作参与法

工作参与法又称工作实践法，这种方法是由工作分析人员亲自参加工作活动，体验工作的整个过程，从中获得工作分析的资料。

1. 工作参与法的使用要点

工作参与法一般只适合于那些专业性不强、危险性小的简单工作。如餐厅和客房服务员的工作。应选择具备一定相关工作经验和技能的人员参加，参与人员要真正参与到工作中去，去体会工作，而不仅仅是简单模仿。

2. 工作参与法的优缺点

（1）工作参与法的优点。要想对某一工作有一个深刻的了解，最好的方法就是亲自去实践。通过实地考察，可以细致、深入地体验、了解和分析某种工作的心理因素及工作所需的各种心理品质和行为特征。所以，从获得工作分析资料的质量方面而言，这种方法比其他几种方法的效果好。

（2）工作参与法的缺点。由于工作参与法要求工作分析人员具备从事某项工作的技能和知识，因而有一定的局限性。现代社会和生产中的工作职务日益专门化，即使有些工作分析人员能够参与一部分工作，也很难像熟练的员工那样完成工作职责。另外一些具有一定危险性的工作也不适合使用参与法。

（五）工作日记法

工作日记法又称工作日志法，这种方法是让员工在一段时间内用日记的方式系统地记录每天的工作活动，作为工作分析的资料。

1. 工作日记法的使用要点

工作日记法适合那些工作周期不长，工作内容比较稳定的工作岗位。为了提高观察法的效率和准确性，在使用过程中要注意以下几点：

（1）争取员工配合。要向员工解释和宣传分析的目的和意义，获得员工的理解和支持。由于给员工增加了额外的工作，可以考虑给员工一定的奖励。

（2）制定规范。最好给员工提供一个工作日记的基本格式和规范；要求员工要随时填写，比如 10 分钟、半小时为一个周期，不要等到下班时一次性填写，便于员工记录和日后的整理与阅读。

2. 工作日记法的优缺点

（1）工作日记法的优点。①信息全面。这种记录很详细系统，能够获得一些其他方法无法获得或观察不到的细节信息。②成本低。这种方法无须过多的成本因而非常经济。③可以提高绩效水平。员工通过记录工作日记，可以督促自己认真考虑工作，发现一些以前忽略的细节，把工作做得更好。

（2）工作日记法的缺点。①影响正常工作。这种方法会占用员工的工作时间，影响其工作节奏。②信息失真。员工出于自身的目的可能会多写或少写内容；有些员工可能不够认真，所记内容不全。③整理困难。员工记录的信息可能凌乱，要花费大量的时间去整理和阅读。

（六）其他方法

以上五种方法是旅游企业最为常用的一些工作分析方法，还有一些不太常用，但在有些情况下也很有效的方法，主要有以下几种：

1. 关键事件记录法

关键事件记录法是请管理人员和工作人员回忆、报告对他们的工作来说比较关键的工作特性和事件，从而获得工作分析资料。对关键事件收集的信息具有典型性和重要性。关键事件记录包括：导致事件发生的原因和背景；员工的特别有效或多余的行为；关键行为的后果；员工自己能否支配或控制上述后果。

关键事件记录法的优点是随着时间的推移，关键事件的积累可以完整地描述出一个岗位的真实要求，且最后的资料可以作为很好的员工服务培训的教材。

其缺点是收集工作需要的时间太长；而且这种方法关注的是对工作绩效有显著影响的事件，甚至是事故，反而容易忽视平均绩效水平，而平均绩效水平往往是我们最需要了解的。

2. 绩效评估法

绩效评估是收集工作分析资料的绝好时机。例如，一名客房部经理在进行业绩评估时可能会发现：如果让客房服务员每天打扫同样的房间，他们的工作效率会更高。大部分业绩评估方法包括经理和被评估人员开放式地讨论，这种讨论是双向的，员工可以得到经理对自己工作满意度的反馈，经理也能听到员工对工作改进的建议，包括个人行为和工作时间。

3. 材料分析法

旅游企业为了降低工作分析成本，往往尽量利用现有的资料，以便对每个岗位的工作任务、责任、权利、任职资格等有大致的了解，为进一步调查奠定基础。岗位责任制是我国企业普遍实行的制度，但是岗位责任制只规定了工作的责任和任务，没有规定该工作的其他要求，如工作的社会条件、物理环境、聘用条件等内容。需要添加一些必要的内容形成完整的工作说明和岗位规范。

该方法的优点是节约用于工作分析的成本，缺点是多获得的资料受准确性和时效性的限制，往往与实际情况差距较大。

4. 专家讨论法

专家讨论法是指请旅游行业和人力资源管理专家、经验丰富的管理者和员工进行讨论，来进行职务分析的一种方法。这种方法适合于发展变化较快和全新岗位的工作分析。

通过对这些工作分析方法的分析，可以看到每种方法都有自身的优点和局限性。我们可以单独使用某种方法，但更多的情况下需要结合使用多种方法。旅游企业应根据本组织的具体情况进行选择，最终目的是提高所收集信息的效度和信度。

第4节 工作设计

一、工作设计概述

（一）工作设计

工作设计又称职务设计，是指为了有效地达到组织目标与满足个人需要而进行的工作内容、工作职能和工作关系的设计。也就是说，工作设计是一个根据组织及员工个人需要，规定某个岗位的任务、责任、权力以及在组织中工作的关系的过程。工作设计可以是对工作的某个部分的安排和调整，也可以是对整个工作的总体安排和调整。

（二）工作再设计

工作再设计是指企业已经存在了一段时间之后对岗位设置、职务职责等内容进行的重新思考和设计，是企业为了提高工作效率采取的修改工作说明和岗位规范要求的行为。职务再设计的目的是优化人力资源配置，为员工创造更加能够发挥自身能力、提高工作效率的管理环境保障，其实质是对现有工作规范的认定、修改或对新设置岗位的完整描述。

（三）工作设计的内容

工作设计主要包括工作内容、工作职责和工作关系的设计三个方面。

1. 工作内容

工作内容设计是工作设计的重点，一般包括工作的广度、深度、完整性、自主性以及反馈性五个方面。

（1）工作的广度，即工作的多样性。工作设计得过于单一，员工容易感到枯燥和厌烦，因此设计工作时尽量使工作多样化，使员工在完成任务的过程中能进行不同的活动，保持工作兴趣。

（2）工作的深度。工作设计应具有从易到难的一定层次，对员工工作技能提出不同程度的要求，从而增加工作的挑战性，激发员工的创造力和克服困难的能力。

（3）工作的完整性。保证工作的完整性能使员工有成就感，即使是流水作业中的一个简单程序，也要保证全过程，让员工见到自己的工作成果，感受到工作的意义。

（4）工作的自主性。适当的自主权力能增强员工的工作责任感，使员工感到自己受到了信任和重视，认识到工作的重要，进而增强责任心，提高工作热情。

（5）工作的反馈性。工作的反馈性包括两方面的信息：一是同事及上级对自己工作意见的反馈，如对自己工作能力、工作态度的评价等；二是工作本身的反馈，如工作的质量、数量、效率等。工作反馈信息能使员工对自己的工作效果有一个全面的认识，能正确引导和激励员工，有利于工作的精益求精。

2. 工作职责

工作职责设计主要包括工作的责任、权力、方法以及工作中的相互沟通和协作等方面。

（1）工作责任。工作责任设计是指对员工在工作中应承担的职责及压力范围的界定，也就是工作负荷的设定。责任的界定要适度，工作负荷过低、无压力，会导致员工行为轻率和低效；工作负荷过高、压力过大，又会影响员工的身心健康，导致员工的抱怨和抵触。

（2）工作权力。权力与责任是相对应的，责任越大，权力范围越广，二者脱节会影响员工的工作积极性。

（3）工作方法。包括领导对下级的工作方法、组织和个人的工作方法设计等。工作方法的设计具有灵活性和多样性，不同性质的工作根据其特点不同采取的具体方法也不同，不能千篇一律。

（4）相互沟通。沟通是信息交流的过程，是整个工作流程得以顺利进行的信息基础，包括垂直沟通、平行沟通、斜向沟通等形式。

（5）协作。整个组织是有机联系的整体，是由若干个相互联系、相互制约的环节构成的，每个环节的变化都会影响其他环节以及整个组织的运行，因此各环节之间必须相互合作、相互制约。

3. 工作关系

组织中的工作关系，表现为协作关系、监督关系等各个方面。

通过对以上三个方面的岗位设计，为企业的人力资源管理提供了依据，保证事（岗位）得其人、人尽其才、人事相宜；优化了人力资源配置，为员工创造了更加能够发挥自身能力、提高工作效率、提供有效管理的环境保障。

二、工作设计的时机选择与作用

（一）什么时候进行工作设计

工作设计并不是人力资源管理工作的日常性工作，一般来说，当旅游企业出现以下几种情况时，企业就应该考虑职务设计或再设计的问题了。

1. 工作效率下降

工作效率下降是企业需要进行工作设计的重要信号。引起工作效率下降的原因众多，如对薪酬水平不满、对上司的管理风格不满、缺乏培训等，但员工对工作本身的不适应往往是最重要的原因之一，一般来讲有以下几种情况：

(1) 员工无法达到工作要求。有可能是由于工作说明和岗位规范要求的工作定额和相关标准过高；或者由于现有人力资源在一定时期内难以达到工作说明和岗位规范的要求。出现这种情况会导致工作效率的低下。

(2) 对工作感到厌烦。常见的原因是员工的精神需要与按组织效率原则拟定的工作要求之间发生冲突，员工长期从事单调、简单、重复性的工作，导致员工已经对现有岗位没有兴趣或新鲜感，进而导致工作效率的下降。

2. 岗位设置不合理

当岗位设置不合理时，往往出现劳逸不均的情况：有些岗位工作量大，经常无法按时完成工作任务；有些岗位工作量却较少，员工有很多空余时间。这既提高了企业人力资源成本，也破坏了员工之间的公平与和谐，有些员工可能会产生抵触情绪，降低工作效率甚至离开企业。

3. 旅游企业进行管理改革

由于企业的发展或市场的变化，导致原有的工作说明已经不能适应企业的目标、任务和体制的要求时，或旅游企业计划对现有的经营模式和管理模式进行改革时，人力资源部门应配合企业进行相应的职务设计，使岗位能够适应新形势的需要。

根据国际上的相关调查研究表明，工作是大部分人生活中最大的压力来源。通过工作设计与再设计来缓解劳动者的工作压力，已经势在必行。减轻工作压力，并不等于减少工作要素，而是意味着重新审视哪些因素是必要的，哪些是不必要的，如何使必要因素做起来更有意思。

（二）工作设计的作用

1. 提高工作效率

通过有效的工作设计和再设计，可以使岗位要求更加适合员工特点和实际情况，同时还可以重新赋予工作以乐趣，不再令员工感到厌烦和枯燥。通过工作设计进行工作任务的合并，可以降低工作的疲劳感，工作任务扩展了，员工也能丰富自己的工作技能，从而将单调的工作变成有意义的工作，而且还强化了员工的工作责任。这些改变都会使员工更加乐于工作，进而提高工作效率。对于员工来说，参与工作设计与再设计过程非常重要。假设有这样的机会，大多数员工会从改善自身工作的角度来思考。当他们积极参与到任务完成过程中时，员工会设想不同的完成方式，不同的顺序或与其他任务相结合，有了员工的参与会使工作设计的工作更符合员工的需要。

2. 降低员工流失率

长期以来，优秀员工的流失成了旅游企业最为棘手的问题之一。工作设计强调公开信息反馈渠道，这意味着应尽可能给员工更多的工作成果的信息，如成本、销量、质量、消费者反馈等。公开的信息沟通与反馈既可以让员工树立起对工作的责任感以及明确工作的要求与目标，也培养了员工对组织的信任和忠诚，从而减少员工的流动，同时信息还可以成为员工进行工作绩效改进的标杆。

3. 工作设计可以改变员工和职务之间的基本关系

长期以来，对于员工和职务之间的基本关系问题，人们是这样处理的：职务被看作是不可改变的固定物，把管理重点放在工作的人上；把职务的物质要求与人的生理特征相结合，然后剔除那些不符合要求的人。通过工作设计可以打破这个传统，工作设计是建立在这样的假设基础之上的："工作本身对员工的激励、满意和生产效率有强烈的影响，通过工作设计可以提高员工的工作积极性"，其目的不仅是要能提高工作效率，增加工作的灵活性，更重要的是改进员工对工作的态度反映，使工作能够满足员工的各种需要，特别是员工受尊重、成长、成就感等高级需要，从而提高员工的工作积极性，增强企业凝聚力。所以，工作设计的好坏，对旅游企业的经营管理效果有直接的影响。

三、工作设计的方法

（一）工作设计需要考虑的因素

旅游企业工作设计是人力资源开发与管理部门一项重要的工作内容。在传统人力资源管理中，一旦企业出现问题时，责任经常被归咎于工作人员，因为管理人员认为工作是固定的，不会出错。现代企业工作设计则是着眼于工作本身，努力消除重复单调工作给人们带来的枯燥感和乏味感。因此，旅游企业有必要对其工作经常进行革新和重新设计。具体进行工作设计时必须考虑下列因素：

1. 环境因素

旅游企业工作设计必须从现实出发，与人力资源的实际水平保持一致。如我国目前旅游电子商务方面人才匮乏，那么在这方面，工作设计的线条应相对粗些，否则过度细分会造成人才空当，影响企业整个工作的顺利进行。

2. 组织因素

旅游企业工作设计最根本的目的是为了提高组织的工作效率，工作设计离不开组织对工作的要求。具体设计时应注意：

（1）工作设计的内容包括旅游企业所有的生产经营活动，也就是说旅游组织运行中的每一个程序，其任务都应该在工作设计中明确规定，以保证整个企业工作的顺利完成。

（2）在设计岗位具体任务时，应遵循均衡性原则，以保证工作中不出现"闲置"环节。如饭店的前厅接待中，前厅预订员、接待员、收银员各自的工作就应该设计好，以免客人在入住登记和离店结账时等待时间过长，从而影响工作效率。

3. 行为因素

旅游企业中员工需求的不断变化是促使其工作设计不断更新的一个重要因素，工作设计一个最大的目的就是让员工在工作中得到最大的满足。随着经济发展水平和文化教育水平的提高，员工的需求层次提高了，他们除了追求合适的经济收入外，对工作环境提出了更高的要求，希望在工作中能得到自我发展和自我完善的机会。旅游企业在工作设计中如能顺应员工的要求，给他们的成长和发展创造有利条件和环境，就能激发员工的工作热情，增加旅游组织的吸引力，留住人才。

（二）工作设计的方法

旅游企业通过工作设计和再设计可以使员工和企业的目标结合起来。通常旅游企业工作设计的方法有四种：工作简化、工作丰富化、工作扩大化、工作轮换。

1. 工作简化

工作简化是指企业工作设计人员通过时间与动作研究，将旅游企业工作分解为若干很小的单一化、标准化及专业化的操作内容与操作程序，然后把分解了的工作作为一个整体分配给员工的岗位设计方法，因而又被称为“时间—动作分析法”。这种方法使工作变得非常专业化，并通过对员工进行培训和适当的激励，以达到提高生产效率的目的。

工作简化设计方法的核心是充分体现效率的要求。它的特点是：（1）由于将工作分解为许多简单的高度专业化的操作单元，可以最大限度地提高员工的操作效率；（2）由于对员工的技术要求低，既可以利用廉价的劳动力，也可以节省培训费用和有利于员工在不同岗位之间的轮换；（3）由于具有标准化的工作程序和操作规程，便于管理部门对员工生产数量和质量方面的控制，保证生产均衡和工作任务的完成。

当然，如果过分简化工作会使员工产生单调和乏味的感觉，致使工作简化所带来的高效率有可能被员工的不满和厌烦情绪所造成的旷工和辞职所抵消。尽管工作简化的方法是建立在“以工作为中心”的思想基础上，目前受到很多质疑，但其对于提高工作效率是十分有效的方法，只要恰当地使用，依然是一种重要的工作设计方法。下面的例子也说明了这一点。

2. 工作扩大化

工作扩大化是指通过横向扩大员工的工作范围，为员工提供更多的工作种类和工作变化，来减少员工对工作的厌倦情绪，增加员工对工作兴趣的一种方法。一般是把要求相同技能的任务合并起来，也称横向工作扩张。

通常这种扩大后的新工作同员工以前所做的工作非常相似，增加的部分和原来的工作一起变成一个完整的、有意义的操作过程。工作扩大化和工作简单化是相反的人力资源管理活动。这种工作设计也可以提高工作效率，因为不需要把旅游企业中的一个简单的任务从一个员工手中交到另一个员工手中，从而节约了时间。此外，由于完成的是整个任务，而不是单独的某个环节，因此要求员工掌握更多的知识和技能，从而提高员工的工作兴趣。一些研究者报告说，工作扩大化的主要好处是通过实行工作扩大化提高了产品（服务）质量，降低了劳务成本，工人满意度提高，生产管理更有灵活性。

但在扩大工作范围、增加工作任务、使工作多样化的同时，要有相应的配套措施作为保证，否则，不仅影响工作效果，还会受到员工抵制，会被认为是用一些令人厌倦的事情来增加工作负担，加大个人工作压力。所以，要发挥工作扩大化的作用，就必须让员工对那些扩大了的工作感兴趣，同时注意员工的工作技能培训，加强员工之间的相互协作，防止因部分员工难以适应工作任务变化的要求，而造成工作失误。因为工作范围扩大以后，对员工知识、技能水平的要求也相应提高，任务难度也必然增大。除此之外，要顺利完成任务，还需要员工对工作扩大化有积极的、正确的认识。只有这样，才能得到好的效果。甚至可以考虑增加其收入。

3. 工作丰富化

工作丰富化与扩大化不同的是通过纵向增加工作任务，因而又称纵向工作扩张，增加的工作职责与现有工作不同，让员工对工作计划、组织、控制、监督等方面承担更多的责任，来提高工作本身的挑战性和吸引力，满足员工的成长、成就等高级需要，以此来调动员工积极性，提高工作满足感的有效方法。

工作丰富化始于 20 世纪 40 年代美国通用电气公司，50 年代一些企业开始对工作内容丰富化感兴趣，但真正使人们了解工作丰富化是 60 年代美国几家大公司所进行的成功而又经过广泛宣传之后的事情了。

工作丰富化的理论基础是赫茨伯格的“双因素理论”。赫茨伯格认为在丰富工作内容时应遵循下列原则。①增加工作要求。应该以增加责任和提高难度的方式改变工作。②赋予工人更多的责任。在经理保留最终决策权的条件下，应该让员工拥有对工作更多的支配权。③赋予员工工作自主权。在一定的限制范围内，应该允许员工自主安排他们的工作进度。④反馈。将有关工作业绩的报告定期地、及时地反馈给员工，而不是反馈给他们的上司。⑤培训。应该创造有利环境来为员工提供学习机会，以满足他们个人发展的需要。

工作丰富化的工作设计方法与常规性、单一性的工作设计方法相比，虽然要增加一定的培训费用、更高的工资以及完善或扩充工作设施的费用，但却提高了对员工的激励和工作满意程度，进而对员工生产效率与产品质量的提高以及流失率和缺勤率的降低带来积极的影响。

通过工作丰富化来改善员工工作状况，提高员工满意度的作用能否得到实现，与员工的素质有关。一般来讲，员工素质越高，成就需要越强，对实施工作丰富化的反应就越积极，产生的激励作用就越强；反之，员工的素质越低，缺乏工作责任感，即使进行了工作丰富化，效果也不一定好。

4. 工作轮换

工作轮换有两种：一是指工作岗位轮换，即员工在一个岗位上工作一段时间后，又安排到另外一个岗位上去工作；二是指工作任务轮换，即在一段时间内，员工的岗位不变，但工作任务不同，也就是在不同工作任务之间进行轮换。

工作轮换需要在保证旅游企业正常运转的前提下进行。如在饭店中，让员工在康乐部工作一段时间后，再换到客房部工作，一段时间后再换到餐饮部工作。这样有三个好处：一是使员工比日复一日地重复同样的工作更能对工作保持兴趣；二是使员工从以前只能做一项工作的专业人员转变为能承担很多工作的多面手；三是员工增加了对自己工作最终成果的认识。这种方法并不改变工作设计本身，而只是使员工定期从一个工作转到另一个工作。这样，工作具有更大的挑战性，使得员工具有更强的适应能力。此外，员工到一个新的工作环境，往往有新鲜感，能激励员工做出更大的努力。

工作轮换与工作扩大化密切相关，它们的重点都在于使工作多样化，降低员工的厌倦情绪。其优点在于：能丰富员工工作活动的内容、减少员工的枯燥感，使员工工作积极性得到增强，与此同时，也为企业本身带来间接的好处，它使员工的素质、技能得到提高，工作范围扩大，有利于工作安排和调配。但工作轮换的缺点是：如果所有的任务都相似而且是简单、重复的，进行工作轮换的效果就不明显。由于工作轮换，对员工提出较高的技能要求，会增加培训费用，在员工适应新工作期间，其工作效率会下降。

案例分析

工作分析是否能这样进行

周晨阳，2006年7月毕业于大连某高校旅游管理专业，刚刚进入翔宇酒店人力资源部工作，上班的第二天中午在大家午休的时候，周晨阳和人力资源部经理被叫到了酒店会议室——总经理与主管人事的黄总临时召见。

黄总：小周，很高兴你的加盟，为了让你有机会展示自己的才能，我和总经理决定由你来系统地做一下酒店每个岗位的工作分析。有什么困难可以提出，我们会尽量提供帮助。

总经理：我们酒店以前做过工作分析，有全面的工作分析资料，你可以先参考一下，会有所启发。

小周：（先沉默了一下，因为感觉事情并不简单）好吧，我先试着去做，有问题随时请求你们的帮助。

这一任务对小周来说，真的有点难度，“我根本就不怎么了解酒店情况啊，而且工作分析说起来简单，要做好恐怕不容易呀。”

酒店背景介绍：

翔宇酒店成立于1993年，是当地一家小有名气的民营三星级酒店。酒店员工虽然不到300人，但是组织结构安排得井井有条，从生产到销售，酒店都配备了一套良好的人员班子。在当地旅游行业并不十分景气的情况下，翔宇酒店凭着独特的经营特色和强有力的人力资源后盾，依然取得了良好的经济效益，在同类型、同规模酒店中遥遥领先。为了迎接更好的机遇和更大的挑战，酒店领导班子决定进行深度改革，同时也引进了一批更专业的人才（小周就是基于此引进的），用总经理的话说：专业的人才，做专业的事。但是，由于组织架构的变动，有些岗位名称变了，有些部门名称变了，也有一些员工的部门隶属关系变了，部门主要职能变了，因此有些员工开始迷茫："我现在该做什么呀？"总经理就提出让小周做系统的工作分析，明确每个岗位的职责。

酒店原有工作分析介绍：

翻开酒店的人事文件，在《管理责任程序》后的附件二《部门职责说明》之后就是小周最想参考的《工作说明书》了，可是当小周细看过之后，发现这和现在酒店的岗位安排有较大的距离，而且，这里的《工作说明书》好像并不规范。现从中选一例供大家参考。

例：人力资源部经理工作说明书

人力资源部经理：

1. 负责酒店的劳资管理，并按绩效考评情况实施奖罚；
2. 负责统计、评估酒店人力资源需求情况，制订人员招聘计划并按计划招聘酒店员工；
3. 按实际情况完善酒店《员工工作绩效考核制度》；
4. 负责向总经理提交人员鉴定、评价的结果；
5. 负责管理人事档案；
6. 负责本部门员工工作绩效考核；
7. 负责执行经审批的培训计划，并进行培训考核，撰写培训总结；
8. 负责按月收集各部门绩效考核表，并按酒店《员工工作绩效考核制度》进行人员绩效考核，按时上报总经理；
9. 负责收集各部门的培训需求，制订培训计划；
10. 负责完成总经理交办的其他任务。

小周看完后仔细思考了一下，虽然不知道这份工作分析是怎么做出来的（据说这是经过深思熟虑，反复推敲后成文的），但是小周觉得这里面存在很多问题。

新的工作分析这样形成：

为了完成来翔宇酒店的第一项工作任务，小周不再依赖原有文件，小周开始竭尽所能地收集资料。首先弄清楚新的组织架构图中出现的每一个名词的含义，搞清楚酒店的人员安排，即所谓的定岗定编。然后利用互联网，查询与每个职位有关的信息，对照自己酒店的情况进行取舍。当然《工作说明书》被无数次的搜索过。为此，购书中心留下了小周的脚印，*The Dictionary of Occupational Titles*（美国《职衔大辞典》）也第一次走进了小周的脑海。虽然大学期间，《酒店人力资源管理》被列入重点专业课之一，用了一个学期来学，可是当初好像根本就没学到什么，现在能记起来的更是寥寥无几，况且理论与实践的差距太大了。

经过各种途径的资料搜集，当然也多次向大学时的老师和黄总请教，小周的工作说明书有了雏形，但由于各种原因，在准备做工作分析的过程中，小周并没有去请教各部门经理，也没有做过任何调查问卷，可以说小周的工作说明书是完全凭小周自己的理解做的，并准备向总经理交差。

（改编自：中国人力资源网大家社区案例——“工作分析能否这样做”，http：//club. hr. com. cn/bbs/viewthread. php？tid=49411）

案例讨论题

1. 你认为酒店这样安排工作分析工作是否合适？为什么？
2. 案例中的工作说明书存在哪些问题？
3. 根据你所学的知识和案例中的情况，对人力资源经理的工作说明书进行修改。
4. 你觉得小周是否能够交差？
5. 如果你是小周，会如何完成这个任务？

思考与练习

1. 如何认识工作分析对于旅游企业的特殊意义？
2. 做好工作分析工作的关键是什么？
3. 旅游企业如何选择工作分析的方法？
4. 工作分析到底由谁来做，是人力资源部一手操办的吗？
5. 在工作分析过程中，部门经理、岗位任职者该做些什么，还是什么都不做，等着工作说明书来规范自己？
6. 工作说明书做好后，该怎样推广执行呢？仅仅靠人力资源部来发布通知，告诉员工按照工作说明书的内容工作吗？
7. 在工作说明书执行的过程中，如果员工有异议，或者说根本就不同意你对他所在岗位下的规定，那么人力资源部该怎么做？
8. “以工作为中心的工作设计思想”是否已经过时了？
9. 工作分析与工作设计的异同有哪些方面？

第4章 员工招聘

【学习目标】

通过本章的学习，可以了解招聘的含义，理解旅游企业招聘的特殊问题，熟悉招聘的过程和遵循的原则。理解内外部招聘的特点，了解招聘渠道的种类和选择要点，掌握面试程序和技巧，理解不同甄选方法的特点和适用条件。

【内容结构】

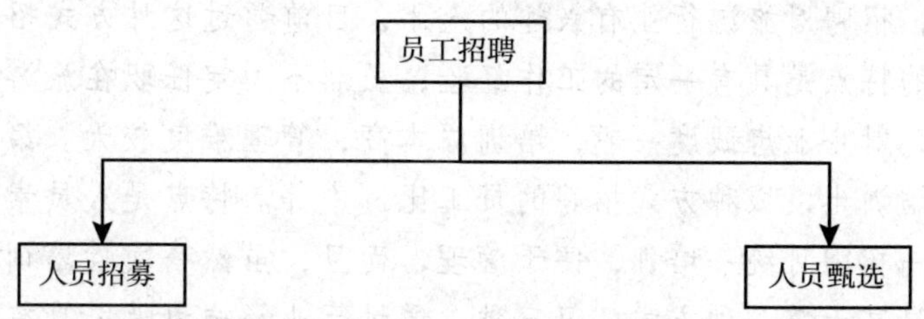

【重要概念】

招聘　面试　心理测验　效度　信度

案　例

G 旅行社的招聘难题

G 旅行社成立于 1954 年，是目前国内规模最大、实力最强的央企上市旅行社企业集团的控股子公司，目前拥有 500 多名各类专业人才，200 余部豪华旅游巴士，19 层将近 2 万平方米自主产权办公大厦，是一个业务类型包含入境旅游、出境旅游、国内旅游、票务、签证、旅游客运、物业管理、免税品服务等全方面的大型国有控股企业。G 旅行社注册资金 8000 万元，2013 年营业收入 12 亿元，资产状况良好。G 旅行社在广州拥有 34 家门店，在广东省 10 个地级市设有子公司，2012 年全国百强社中排名 35 位，在广东省居第四位。

G 旅行社的招聘流程是由各用人部门根据实际工作需要，向人力资源部提出用人需求；由人力资源部发布信息，组织初次面试，主要包括心理测试；经筛选后由用人部门进行第二次面试，主要进行业务能力测试。经测试合格后，拟录用者须经总经理批示方可入职。G 旅行社在招聘员工时，过多地考虑了应聘者的实际经验，一般员工相对来说比较容易招聘，但真正高学历、高外语水平的旅行社人才却很少，高中、中专毕业的人员占到总数的 40.6%，大专毕业生占到 37%，而本科及以上学历的仅占到 22.4%。

G 旅行社主要的招聘渠道有三种：第一种，通过前程无忧、智联招聘等专业招聘网站发布相关信息，招聘对旅游行业有兴趣的人才，目前通过这种方式招聘的员工比例最高。这部分人群的特点是具有一定的工作经验，虽然不一定任职在旅游行业，但都对旅游行业充满兴趣，对企业忠诚度一般，培训成本高，管理难度较大。第二种，通过高校招聘会招聘管理培训生，该种方式招聘的员工比例中等。特点是人员素质较高，企业忠诚度高，由于统一招聘可统一培训，便于管理，而且，虽然一次性培训投入大，但可塑性强，效果会明显高于第一种方式。第三种，通过行业影响力吸引具有丰富经验的管理者。该种方式一般吸引到的都是具有丰富行业经验和较高管理水平的管理者，他们可以立即为公司带来明显的效益，但对企业核心文化较难认可。那么，如何针对企业的特点和需要，统筹规划，做好员工的招募与甄选工作呢？

第 1 节　员工招聘概述

一、招聘的含义

招聘是指企业按照本企业经营目标与业务要求，以工作分析为依据，在人力资源规划的指导下，吸引人才，运用科学的手段选拔出适合的人才，并将他们放在合适的岗位上的过程。招聘工作是关系企业成败的关键因素之一。招聘实际上包括两个相对独立的过程，即招募与甄选。

招募的重点是吸引应聘者，包括招募计划的制订、招聘广告的发布、招募途径的选择等方面，是招聘的基础性工作。招募工作组织的水平决定了企业招聘工作的成败，一方面，招募的渠道、程序等内容的设计是否合理直接决定了招聘成本的高低；另一方面，能够通过招募吸引到适量的应聘者，决定了甄选工作的成败。需要说明的是吸引的应聘者数量绝非越多越好，吸引的应聘者人数太少，没有选择余地，难以保证招聘员工的数量和质量；但如果吸引的应聘者人数太多，尽管挑选余地大了，但给企业在众多的应聘者中选择合适人选的甄选工作带来困难，并会增加招聘成本。

甄选则是企业运用科学的方法在众多的应聘者中选择合适人选并聘用的过程。甄选是招聘的关键环节，如果做得不好，招聘工作就会前功尽弃，好的人力资源管理者，不但要会招，还要会挑，一旦将不合适的人选招进企业，会给企业带来很大的损失。

二、旅游企业招聘的特殊性

（一）员工流动率高

旅游企业员工流动率较高，据 2011 年国家旅游局培训中心对全国 33 家二至五星级酒店所做的员工流动率调查显示，星级酒店员工平均流动率为 23.95%。员工流动率过高已经成为困扰旅游企业管理者的主要问题，因为员工流动率高的直接后果是企业成本的升高，与员工流动相关的成本绝不仅仅是重新招聘和员工离职成本，至少还包括：岗位空缺成本、生产率下降成本、新员工培训成本。此外，由于旅游业是服务性行业，员工流动还会导致服务质量下降与不稳定的问题，会引起顾客不满，进而影响企业声誉；某些顾客对个别员工的依赖以及旅游企业内部管理的缺陷，员工流动还会导致顾客和客户的流失，给企业带来无法估量的损失。总之，员工流失率过高对旅游企业的危害比我们直观看到的还要大得多。

流动率过高的特点给旅游企业招聘工作带来的影响主要有两方面：一方面，由于员工流动率高，使很多旅游企业不得不频繁地进行招聘，招聘工作已经成为很多旅游企业人力资源部门的最主要工作，对合理发挥人力资源管理部门的职能产生不良影响；另一方面，这样的现状要求旅游企业要采取切实措施提高招聘工作的水平，科学地设计、组织招聘程序，并运用科学手段甄选出合适的人选，达到降低招聘成本和提高招聘效率的目的。当然降低员工流动率涉及方方面面的工作，但做好招聘工作是重要的方面之一。

（二）员工需求量波动性大

一般而言，旅游业具有季节性的特点，作为依托于旅游资源而存在的大多数旅游企业也具有同样的特点。这一特点直接影响到旅游企业对人员的需求量存在较大的波动性，经营旺季人员需求量大，淡季时人员需求量急剧减少。这一特点要求企业不但要具备一支高水平的骨干队伍，还要求企业在旺季时可以保证招聘到大量的临时人员。这一特点也给企业的招聘工作带来了难度，如何制订符合企业要求的招聘计划变得异常重要。

（三）对员工素质依赖性强

旅游企业存在生产与消费即时性的特点，服务产品质量无法事先控制，对员工的服务水平和服务态度依赖性较高。由于服务业的快速发展，消费者对旅游企业提供的服务产品的内容越来越了解，对其质量的要求越来越高；同时企业经营方式的发展、新技术的应用等方面，也导致对员工服务水平、工作技能的要求越来越高。如何确保员工队伍具备较高的服务水平和个人素质，提高通过招聘进入企业的新员工的质量变得异常重要。然而由于旅游企业在工资待遇、职业声望等方面存在的问题，都致使招聘高素质人才的难度越来越大，进而给旅游企业的招聘工作带来新的挑战。

（四）人员需求量大

大多数旅游企业是劳动密集型企业，对劳动力的需求量较大，而且目前我国旅游企业发展迅速，旅游企业人员需求的增长远远高于劳动力供给的增长。由于工资待遇、劳动强度等原因，旅游企业对劳动力的吸引力在下降，应聘人员到旅游企业工作的意愿也在下降，加之人口增长率的下降，都致使部分旅游企业在招聘人员时遇到困难。很多发达国家旅游企业都已经面临着劳动力短缺的情况，中国企业也需要未雨绸缪。

三、旅游企业招聘的原则

（一）公开竞争原则

公开是指企业的招聘信息要公开，把招聘的职位、要求、应聘资格、选拔标准、选拔程序和方法等信息向外部和内部公开。竞争是指让应聘者在相同的规则条件下，参加各种甄选方法的测试和考核，通过竞争来甄选出最适合企业的人才。采取公开竞争招聘的方式，能够确保给所有应聘者或内部员工以公平竞争的机会，达到广招人才的目的；同时将招聘工作置于公开监督之下，确保招聘的公平性。

（二）成本效率原则

招聘效率低下、招聘成本过高是困扰众多企业的难题，旅游企业招聘要重点考虑招聘效率和招聘成本问题，要根据企业自身条件、招聘岗位要求等因素，科学灵活地选用招聘形式、招聘渠道、招聘方法和招聘程序，尽可能地提高招聘效率，降低招聘成本。

（三）平等择优原则

平等指对所有应聘者一视同仁，以岗位要求为客观依据，不得人为地制造各种不平等的限制条件和不平等的优先政策，努力营造平等竞争的环境。择优是指在平等的前提下对应聘者的品德、知识、能力、智力、性格等多方面进行考量，以工作分析的相关资料为依据挑选出最适合企业和岗位要求的优秀人才。

（四）量才适用原则

很多招聘人员，愿意将应聘者中最优秀的人才挑选到岗位上，这种认识是不全面的，前面的择优原则已经指出要根据岗位的具体需要来挑选合适的人才，也就是说最适合的应聘者才是企业最需要的人才。一方面有些应聘者某些方面特别突出，致使整体上表现最为优秀，但实际上有些方面的能力并不符合岗位要求；另一方面将能力水平远远超过岗位要求的人员安排在现有岗位上，并不能发挥其能力，会影响其工作积极性，造成人才的浪费。

（五）守法原则

遵守相关的法律和法规是每个招聘人员必须具备的基本意识，在招聘的各个环节都要遵守相关的国家和地方的法律、法规及政策，杜绝各种政策法规禁止的歧视行为，确保就业公平。

四、招聘的程序

科学合理的招聘程序一方面可以确保招聘工作有序进行；另一方面对于降低招聘成本具有重要的意义。因而，根据企业自身情况和岗位要求设计招聘程序，是一次成功招聘的重要开始。一般来讲，招聘工作应遵照以下程序开展：

（一）确定招聘的目的和岗位

首先要确定招聘的岗位。招聘岗位的种类和多少与招聘的目的密切相关，旅游企业招聘的目的主要有以下几种：

1. 新企业成立

新旅游企业成立的首要工作就是招聘员工，这种情况下招聘的岗位是种类全面和数量众多的，招聘工作的规模也最大。

2. 出现空缺岗位

出现空缺岗位是企业经营过程中最常见的现象，也是招聘的最常见原因，但出现空缺岗位的原因不尽相同，主要有以下三种：

（1）原有人员离职。有可能是岗位原有人员获得了晋升或调离；也可能是原有人员退休或流失。

（2）新岗位产生。由于企业自身经营和市场需求的变化都可能导致新岗位种类的出现，需要招聘人员担任新的岗位。

（3）企业业务量扩大。由于业务量扩大带来的人手短缺导致了岗位数量的增加，也需要通过招聘满足企业需要。

3. 调整员工结构

如果企业员工结构存在不合理的情况，如：学历结构、年龄结构、性别结构等方面，要调整现有员工结构就需要“吐故”和“纳新”，也会导致招聘员工的需要。

不同的招聘目的对于招聘的规模以及招聘的具体方法和程序具有重要的影响，因而是招聘工作的首要环节，确定了招聘的目的、招聘的岗位种类和数量才能够正式启动招聘的程序。一般而言，物色合适的人选是招聘的首要目的，但不是唯一目的，旅游企业可以通过招聘工作扩大企业影响；还可以了解更多的信息，如招聘人员还可以利用招聘面试的机会，一方面了解其他旅游企业的情况；另一方面了解本企业在其他企业和社会中的形象。

（二）招聘的前期准备阶段

1. 了解工作分析资料

主要是指阅读和研究招聘岗位的工作说明和岗位规范，以确定如何向应聘者描述岗位的工作内容以及任职资格要求等信息，对于方便应聘者选择以及确定选拔标准有重要作用。

2. 了解法律法规要求

了解相应的法律法规要求，特别是所在地区的劳动政策，以确保招聘的合法性。

3. 确定你要向应聘者传达的信息

要事先确定如何向应聘者宣传企业和岗位的相关情况，如本企业的性质、规模、发展机会，等等。尽量在真实的基础上增强企业和岗位对应聘者的吸引力。

4. 确定招聘途径

根据招聘目的和岗位情况确定本次招聘的途径，即内部招聘还是外部招聘。

5. 确定招聘和发布信息的渠道

选择招聘的渠道，如人才市场、职业中介机构、大专院校、公开招募等，以及发布招聘信息的渠道，如店内公告、校园海报、媒体广告等。如果要发布广告，还应确定选择的媒体种类。

6. 组建招聘团队

选择恰当的人员组成招聘团队是决定招聘成败的重要环节，但这一环节往往被企业忽视。一方面招聘人员的水平直接决定了最终招聘的效果；另一方面招聘人员在招聘活动中代表了企业的形象，对于吸引应聘者和树立企业形象至关重要。一般而言，招聘小组由人力资源部成员、招聘岗位的部门主管组成。现在很多企业在尝试让招聘岗位部门的普通员工参与招聘工作，也取得了很好的效果，这样做有利于新员工更快地适应新工作和新环境，还能起到激励老员工的效果。对于招聘人员的形象仪表、言谈举止都应有严格要求，以树立良好的企业形象。

7. 确定评价应聘人的标准

事先根据岗位规范的要求确定评价标准对于提高招聘工作的针对性和准确性十分有效。

8. 制订招聘计划

确定以上内容之后，再依据年度人力资源规划中的年度招聘计划，制订本次招聘计划，主要内容包括：招聘岗位、招聘方式、招聘策略、人事政策、风险预测、所需经费等，并将招聘计划报企业高层批准。

（三）实施阶段①

1. 应聘者填写求职申请书

由应聘者填写求职申请书，当然有些情况下，这个环节也可以用收集应聘者个人简历代替，如大型的毕业生招聘会。求职申请书与个人简历的区别在于：前者由企业设计，包含了企业要了解的所有信息，内容格式规范统一；后者是由求职者本人设计，其内容是应聘者想要传递给企业的信息，内容格式各不相同。因而求职申请书更便于企业对应聘者进行筛选。

2. 核查应聘者个人信息

核查应聘者的个人资料，如，毕业证书、英语等级证书、导游证、厨师证等表明应聘者知识与技能水平的相关材料。通过这一环节可以将明显不符合旅游企业要求的应聘者筛选掉，提高招聘效率、节省招聘成本。

核查应聘者以往工作经历与工作表现，相关证书的真伪也属于本环节的工作，但需要说明的是，要选择操作简单易行的核查手段放在考前的环节，那些核查难度大、成本高的核查工作应该考虑放在后面进行。这样做的主要目的是降低招聘成本。

3. 初次面谈

这一环节的面试一般由人力资源部门负责招聘的人员或用人部门的中层管理人员来完成，识别那些明显不符合企业要求的应聘者。

4. 测试

对初步通过甄选的应聘者进行测试，一般包括笔试、面试、心理测试等测试种类的全部或部分。各种测试方法的先后顺序排列，也应以降低成本为原则，即成本低的测试方法在前，成本高的方法在后。

5. 体格检查

体检的环节可以放在录用员工之前，也可以和核查应聘者信息同步进行，要看具体的岗位要求以及体检费用由哪一方承担。需要注意的是，体检标准的确定要以科学可靠的岗位规范为依据，避免产生对应聘者的歧视，进而引起法律纠纷。

6. 任用面谈

任用面谈是正式录用员工的最后一道环节，一般由旅游企业或用人部门的高层人员进行，主要与应聘者讨论福利待遇、岗位安排等细节问题。在这一环节还会有少量的应聘者被淘汰或者主动放弃工作。

---

① 本阶段的招聘程序设置适用于淘汰式和混合式的甄选模式，综合式甄选模式则可以同步进行，关于甄选模式的内容见本章第三节。

（四）录用阶段

1. 由旅游企业高层批准

将最终确定录用人员名单和相关情况报高层审查批准。国有大型企业这一过程可能更为复杂；连锁经营或者集团性的旅游企业也可能要报总部批准。当然是否一定要经历这一环节与企业规模、性质、招聘岗位的重要程度密切相关。

2. 向录用人员发放录用通知单并签订劳动合同

有些企业对被录用人员采取当面或电话通知的形式，这样简便快捷，但为了规范录用程序和录用制度，最好向被录用人员发送正式的录用通知单。

旅游企业与雇用员工签订劳动合同既是法律法规的要求，也是保证企业和劳动者利益的重要手段。劳动合同是明确双方权利义务、确定双方劳动关系的具有法律约束力的劳动协议。是旅游企业招聘工作的一个结果性标志。劳动合同主要包括：工作内容、合同期限、劳动报酬、劳动纪律、终止条件等方面。

3. 对未被录用者表示感谢

不少招聘企业认为不适合企业的人员，对于企业就不再重要了，所以这一环节往往被大多数企业忽略，事实上对未被录用者表示感谢是十分重要的工作，从“以人为本”的高度企业应该这样做，旅游企业强调“顾客是上帝”，“员工是上帝”，应聘者即使不是企业的“上帝”，至少应该是企业的“客人”。从企业自身利益来看也是如此，因为他们今后很可能会成为企业的员工；至少会成为企业的消费者，对于旅游企业就更是如此。况且现代通信手段的发展让这一工作变得简单、快捷、低成本，可以用电子邮件的形式发送。

（五）评估阶段

每次招聘工作完成之后应对本次招聘活动进行评估，如对成本收益进行评估；对新录用的员工进行跟踪考核，评估其实际工作绩效与应聘表现是否一致。这一阶段的工作对于指导以后的招聘工作，提高招聘效率具有十分积极的意义。

最后需要说明的是：人力资源管理部门在招聘过程中扮演的角色在变化，传统的人事管理与现代人力资源管理工作职责不同。在过去，员工招聘的决策与实施完全由人事部门决定，用人部门仅仅是负责接收人事部门招聘的人员，完全处于被动地位。在现代组织中，起决定性作用的是用人部门，它直接参与整个招聘过程，并拥有面试、录用、配置、绩效评估等决策权，处于主动地位。人力资源部门在招聘过程中主要起到组织和服务的作用。表 4-1 是关于招聘过程中用人部门与人力资源部门的工作职责分工。

表 4-1　用人部门与人力资源部门招聘工作职责分工

用人部门	人力资源部门
• 招聘计划的制订与审批	• 招聘信息的发布
• 招聘岗位工作说明与岗位规范的提出	• 应聘者申请等级、资格审查

续表

用人部门	人力资源部门
• 应聘者初选,决定参加面试人员名单 • 负责面试、测试工作 • 录用人员名单、人员工作安排及试用期间待遇确定 • 正式录用决策 • 员工培训决策 • 录用员工的绩效评估与招聘评估 • 人力资源规划修订	• 通知参加面试的人员 • 面试、测试工作的组织 • 个人资料核实、体检 • 人员报到后的生活安置 • 正式合同的签订 • 新员工培训服务 • 录用员工的绩效评估与招聘评估 • 人力资源规划修订

第 2 节　人员招募

招募是利用各种方法通过一定的渠道吸引应聘者，包括招募计划的制订、招聘广告的发布、招募途径的选择等方面，是招聘的基础性工作。2006 年全球最大的人力资源管理顾问公司——美世咨询完成的《中国员工吸引和保留调研》中显示，缺少合格候选人成为招募员工的最大障碍，因而招募工作组织的水平决定了企业招聘工作的成败。

一、员工招募的途径

根据通过招募吸引的应聘者来源，招聘途径可以分为内部招聘与外部招聘两种。

（一）内部招聘

内部招聘是指在企业内部现有人员中挑选适合新岗位的人选。很多企业在出现空缺岗位时优先考虑内部人选，这是因为内部招聘具备以下优点：

1. 内部招聘的优点

（1）有利于激发企业员工的工作积极性。企业内部出现空缺岗位时，在现有职工中寻找合适人选，意味着某些老员工会获得一系列晋升机会，或者从事新岗位的工作，无论哪一种情况都有利于激发员工的工作积极性。获得晋升是大多数员工的主要工作目的之一，出现管理岗位空缺使员工获得晋升，其空出的原岗位也可以使其他人获得晋升，让员工觉得其努力工作获得了回报，令其职业生涯更加光明，这无疑会大大地激发员工的工作积极性。即使是平级的调动，从工作设计的原理来讲，也会增加员工的工作满意度，激发工作积极性。因而，很多旅游企业都将绝大多数空缺的管理岗位留给内部员工，有的达到 90%以上。

（2）有利于降低员工流失率。内部招聘不仅仅使员工的工作积极性得到提高，更可以提高员工对企业的忠诚度，让员工乐于为企业长期服务下去，其工作行为会更加长期化，有利于企业发展，更有利于降低员工流失率。

（3）有利于提高招聘可靠性、降低招聘风险。企业对其内部员工，不但掌握员工的详尽背景资料，更通过长期的合作，对员工的实际工作能力、个性特点、工作绩效等第一手资料有切实的了解。因而招聘的可靠性和安全性极高，可以避免招聘不了解人员带来的各种风险。

（4）有利于员工更快地适应工作。原有员工对于企业的情况十分了解，如，企业物理环境、人际环境、规章制度、新岗位的工作内容、工作要求等方面；同时原有员工可以减少很多培训项目，如，企业文化培训和入职培训等，既节省培训费用，更节省培训时间。这些有利条件可以保证员工在适应新岗位过程中少走弯路，对于其尽快适应新岗位，扮演新角色都具有重要意义。

（5）有利于形成稳定的企业文化。内部员工经过与企业的长期合作，对于企业的价值观、道德观等企业文化理念的内涵理解更为深刻，认同感更强。已经形成了与企业一致的文化理念，可以保证企业文化的稳定与发展。

（6）有利于降低招聘成本。由于以上优点决定了内部招聘的成本远远低于外部招聘，节约成本的原因主要包括：节省的各种培训费用、由此节省的时间成本、工作效率提高、不必发布招聘广告、不必向中介机构付费、不必进行复杂的甄选工作、不必进行背景调查、降低了招聘风险等方面。总之内部招聘是一种省时、省力、省钱的招聘方式。

2. 内部招聘的缺点

当然，内部招聘也存在很多缺陷和不足，主要表现在以下几个方面：

（1）企业内部可能形成小团体。完全在企业内部范围内挑选员工特别是管理人员，他们互相提携、互相推荐，久而久之会形成一些非正式的小团体。一旦形成这样的团体对于企业是十分不利的，一方面对企业的正式管理规范产生冲击，不利于管理层对企业的有效管理；另一方面各个小团体之间可能存在矛盾，互相攻击、互不合作，进而形成内耗，影响企业的长远发展。

（2）有可能造成内部不团结。往往会有众多的内部员工竞争某一高级岗位，最终会出现胜利者和失败者，无论竞争的过程和竞争的结果都可能使某些员工之间出现矛盾，造成不团结的局面，给企业日后的经营管理埋下隐患。

（3）选择余地小。企业内部员工在数量和质量方面都是有限的，仅仅在内部现有员工中挑选，往往只能找到勉强胜任的人选，对于企业吸引优秀人才、提高员工队伍素质是不利的。

（4）近亲繁殖。企业内部招聘最重要的缺陷是“近亲繁殖”，企业管理人员全部来自内部晋升，这些员工的管理理念、管理方法往往固守陈规，在企业需要新观念、新方法时显得力不从心。

3. 内部招聘的主要形式

（1）内部晋升。内部晋升是指当企业出现职位空缺时，将企业内部符合条件的人选从较低岗位提升到较高的岗位，以填补职位空缺的方式，是纵向的提升。

关于如何确定晋升人选的问题十分重要，很多企业根据资历和在原有岗位上的工作表现确定晋升人选的做法是错误的。这种方法是将下级岗位中表现最优秀的人选安排到新岗位上，想当然地认为他们一定可以适应新岗位。事实上不同种类、不同层次的人员需要的任职条件不同，如技术岗位与管理岗位；基层管理岗位与高层管理岗位。所以说："业务优秀的人员不一定适合管理岗位，优秀的基层管理者不一定适合高层管理岗位。"完全依据原有岗位工作表现提升员工最终结果只能是形成"彼得效应"，即员工一直获得提升，直到被提升到其不能胜任的岗位为止。实际上晋升员工的依据应该是新岗位的岗位规范中关于任职资格的要求，挑选最适合新岗位的人选，哪怕他在原岗位上不是最优秀的。

（2）内部调用。内部调用与内部晋升不同，一般是指员工在相同级别岗位之间的调动，级别不变，工作岗位发生变化，是一种横向的调动。有时候这种调动有工作轮换的目的，既减少工作单调带来的弊端，也为相应人员晋升到高级岗位创造条件。内部调用要考虑许多因素，如员工的能力与表现、调换的时机等；同时要注意调动频率不能过于频繁。

（3）重新聘用。重新聘用分为返聘和重聘两种情况：返聘是指在没有合适人选的情况下将已经离退的人员重新返聘到原有岗位，常见于对技术和经验要求较高的岗位；重聘是指将闲置人员和辞退人员重新聘用到原有岗位，旅游企业由于存在淡旺季的问题，这种形式也常被采用。

4. 内部招聘的方法

（1）内部公告法。将岗位招聘的信息通过企业内部公告的形式告知全体员工，让愿意申请新岗位的内部员工进行公开平等的竞争，从中挑选合适的人选，常用于较高层次的管理岗位招聘。

（2）人才储备法。在企业的人才库中根据所需岗位的任职条件进行寻找，确定若干合适人选，再进行甄选的方法，现代人力资源管理信息系统为这一方法提供了方便。

（3）人员推荐法。一般是指由内部人员推荐合适的人选，可能来自企业内部也可能来自企业外部，但其特点和内部招聘的特点一致。对于向企业推荐了合适人选的内部员工应该给予一定形式的奖励，以鼓励员工为企业推荐优秀的人才。

（二）外部招聘

外部招聘是从组织外招募适合组织需要员工的一种方式。

1. 外部招聘的原因

尽管内部招聘存在很多优势，是大多数企业的第一选择，但在有些情况下企业还是要采取外部招聘的形式。其主要原因有以下几种：

（1）内部没有合适人选。实际工作中可能导致没有合适人选的情况还可以分为三种：一是企业内部无人能够胜任。我们知道，内部招聘的选择余地有限，特别是那些对任职人员资格要求较高的岗位出现空缺时，经常会出现在企业内部找不到合适的人选来填补岗位空缺的情况。二是有人胜任、无法调动。企业内存在胜任的人选，但其目前的岗位更为重要；或者也无人能够替代；还有可能员工本人不愿意离开原岗位。三是内部矛盾难以平息。企业内部胜任的人选不只一个，且竞争者之间资历、能力接近而且竞争激烈、互不相让。这种情况下一旦从中选择了一个，其他未能如愿的人选会十分沮丧，要么跳槽、要么消极工作。这种情况常见于一些高级管理岗位的招聘。一旦出现以上情况，企业就不得不到外部去寻找合适的人选，以满足企业需要或者平息内部矛盾。

（2）增强企业活力。有时候企业期望通过吸收新鲜血液以改变企业沉闷的局面，调整员工队伍结构，达到增强企业活力的目的。

（3）需要大量人手。当企业由于业务量扩大，需要大量人手的时候，特别是所需员工属于操作层时，对内部现有员工的调剂无法满足企业的需要，要求企业必须从外部招聘员工。

2. 外部招聘的优点

（1）挑选余地大。外部招聘最显著的特点之一就是挑选余地大，外部人才市场可以为企业提供足够数量的高素质人才，企业可以在众多的应聘者中择优选择，将优秀人才挑选进企业。

（2）给企业带来新思维、新方法。外来人员不受企业原有观念的束缚，会有很多与原有员工不同的新观念、新方法，为企业创新提供可能。另外新员工的进入还会产生"鲇鱼效应"，提高整个企业的活力。

（3）平息内部矛盾。如果企业内部人员对某一职位的竞争过于激烈，无论如何选择，都可能给企业带来损失，这时候从外部招聘合适的人选反而可能会成为最佳选择。

（4）节省培训投资。尽管外部招聘的员工在入职培训、企业文化培训等方面的花费要比内部人员高，但有时候外部人员的培训费用反而低于内部人员。比如，对技术水平、工作经验要求高的职位，如果从内部培养，可能需要大量的培训投入，但如果从外部招聘现成的人才反而会节约培训费用。

3. 外部招聘的缺点

（1）可靠性差。对外部应聘者的甄选工作，企业只能在有限的时间内，采用有限的甄选方法，根据有限的资料来了解应聘者的各方面信息。这种了解往往不够全面、不够准确，甚至会给企业带来风险。

（2）适应新岗位所需的时间较长。来自外部的新员工对于企业地理环境、人际环境、企业文化、规章制度、岗位工作内容等方面都缺乏了解，还需要一定时间进行相应培训，因而其适应岗位所需时间较长。

（3）可能挫伤内部员工积极性。由外部人员来填补岗位空缺，特别对较高级别的岗位空缺，会使很多员工失去晋升的机会，部分员工会因此而失去工作积极性，甚至跳槽。

（4）有可能不被内部员工接受。原有内部员工可能会认为是新员工使他们丧失了晋升机会，同时新老员工之间不够熟悉，存在陌生感，这些原因都可能使新老员工之间存在融合困难的问题。

（5）难以形成稳定的企业文化。外部招聘的人员缺乏对企业文化的熏陶和认同，特别是有在其他企业工作经历的员工可能已经打上了其他企业文化的烙印，很难改变其原有的价值观、道德观，给企业形成稳定一致的企业文化带来困难。

（6）甄选成本高。对众多缺乏了解的外部应聘者进行甄选的工作是十分复杂和困难的，不但要耗费大量的人力和物力，也需要一定的甄选时间成本，因而导致甄选成本远远高于内部招聘。

4. 外部招聘的来源

（1）求职者。指主动到企业求职人员和在人才市场等机构登记的求职人员，包括在职但有变换工作意愿的人员，以及下岗失业人员。优点是这一群体有强烈的就业意愿，且数量众多、层次不一，其中也不乏优秀人才，可以为企业提供足够的挑选余地，满足企业对各种人员的需求。但这类人群的缺点是：有频繁变换工作的倾向，比较介意工资待遇的高低，对企业的忠诚度较低，流动性较大。

（2）同行业在职人员。指其他旅游企业的在职人员，他们一般没有明显的变换工作的意愿。这一群体中往往有企业急需的优秀人才，适合企业高层管理人才或专业技术人才的招聘。吸引这类人才的难度较大，成本也较高。

（3）毕业生。2017 年全国招收旅游管理类本科专业（主要包括旅游管理、酒店管理和会展经济与管理等专业）的普通高等院校有 608 所，招收旅游管理类高职高专专业的普通高等院校 1068 所，既招收本科专业也招收专科专业的院校有 147 所，全国招收旅游管理类专业的中等职业学校 947 所。各类学校的应届毕业生是旅游企业补充人员的重要渠道之一，优点是可以为企业提供专业对口、素质较高的人员，且容易塑造，发展潜力大。缺点是学生群体一般没有工作经验，难以马上胜任重要岗位，需要较长时间培养，且应届毕业生的违约风险较高，招聘时要有预留名额。为了克服学生缺乏工作经验的问题，旅游企业可以尝试与相关院校合作，实行“定制化”培养，让学生在校期间按企业要求学习掌握相关技能，有更多的时间到企业实习。

（4）进城务工人员。大量进城务工人员是旅游企业员工的重要来源。其数量庞大、工资待遇要求较低、能吃苦耐劳，可以从事一些艰苦岗位的工作。但这一群体整体素质较低，只能承担基层岗位的工作，需要加强培训和管理工作。

5. 外部招聘的方法

（1）推荐法。一般是企业内部员工或者熟人介绍，是企业招聘员工的重要方法。推荐人员出于维护自己声誉和利益的角度出发，会将优秀的人才推荐给企业，且其对被推荐者了解比较全面，因而是最为有效的招聘方法之一，通过人员推荐招聘的员工录用比例也往往很高。

（2）求职者登记。企业人力资源部门可以接待主动到企业求职的人员，与其进行面对面的双向交流，即使不能马上录用也要将其信息资料输入企业人才库，以备需要时便于挑选和联系。这种方法成本低廉，又可以物色到合适的人选。

（3）公开招募。企业通过某种或几种媒体向外界发布招聘广告的方式招募人员，可以募集到大量的应聘者，企业的挑选余地大。这种方法有时不仅仅能招聘到需要的员工，还可以通过招聘广告扩大企业影响，宣传企业形象。但公开招募的成本较高，需要为招聘广告付费，且对大量应聘者进行筛选比较困难。采用这种方法适合于企业需要招聘大量人员，或者急于扩大影响的情况，只招聘少量岗位时不太适用。

（4）校园招聘。校园招聘主要包括在欲进行招聘活动的校园内张贴招聘广告、召开校园专场招聘会、为学生提供到企业参观和实习的机会等内容。校园招聘的组织要注意：与校方要实现沟通并取得其配合，充分考虑应届毕业生的特点并进行相应准备，注意招聘时机的选择。

（5）招聘外包。招聘外包是指企业把招聘员工的工作委托给中介机构来完成，中介机构包括：人才交流中心、职业介绍所、猎头公司等机构。企业采取这种形式一般是出于以下原因：对于企业自己的招聘能力没有信心；招聘少量人员；自行招聘反而费时费力；所需人才属于高端紧缺人才等原因。采用这种方法的优点是：挑选余地大；可以避免企业裙带关系的形成；耗时短。缺点主要是：需要一定费用，特别是猎头公司的收费较高；对应聘者了解不够全面；不一定能找到合适人选。在选择中介机构时要挑选那些信誉高、规模大的中介组织，有条件的要对中介机构推荐的人员再进行必要的甄选测试。

（6）招聘会。旅游企业可以参加政府、协会或者大学组织的各种专场招聘会，寻找所需人才。招聘会上的应聘者数量多，招聘成本较低；但企业间的竞争也更加激烈，且有时候也不一定能有适合企业的人选。要选择和企业所需人员种类、层次相符合的专场招聘会，其效果会更好。

（7）网络招聘。网络作为一种全新的招聘渠道发展历史较短，但普及速度却十分迅速。现在很多企业把网络招聘作为主要招聘渠道。网络招聘以其招聘范围广，信息量大，可挑选余地大，应聘人员素质高，招聘效果好，费用低获得了越来越多的公司的认可。随着网络技术的发展，企业还可以通过网络进行网络面试和在线人才测评，可以节省招聘费用。网络招聘的方式主要有：一是注册成为人才网站的会员，在人才网站上发布招聘信息，收集求职者信息资料，查询合适人才信息。由于人才网站上资料库大，日访问量高，所以企业往往能较快招聘到合适的人才。同时，由于人才网站收费较低，很多公司往往会同时在几家网站注册会员，这样可以收到众多求职者的资料，可挑选的余地更大。这是目前大多数旅游企业在网上招聘的方式。二是在自己公司的主页或网站上发布招聘信息；很多旅游企业在自己的站点上发布招聘信息，以吸引来访问的人员加入。访问企业网站的人员往往是业内人士和对本企业感兴趣的人员，所以这种渠道的效果较好。三是在旅游专业的网站发布招聘信息；由于专业网站往往能聚集某一行业的精英，在这样的网站发布招聘信息往往效果更好。目前与旅游行业有关的专业网站数量众多，广大旅游企业可以尝试这一渠道。四是在门户网站上发布招聘广告；有些公司会选择在一些浏览量很大的网站做招聘广告。五是通过网络猎头公司，专业的网络猎头公司利用网络将其触角伸得更深更远，再高的职位它们都会猎寻得到。

二、招聘广告

公开招聘主要采用广告的方式，旅游企业在制定招聘广告的决策时，应考虑企业的招聘预算、招聘的职位类型、潜在应聘者的地域集中度、竞争对手的广告策略等因素。

（一）媒体选择

招聘广告是利用各种宣传媒介发布组织招募信息的一种方法，主要用于组织的外部招募过程。其中常用的有广播、电视、报纸、杂志、互联网，等等，不同媒体各有其优缺点与适用条件：

1. 广播电视

（1）优点：招募信息让人难以忽略；可传达到一些并不很想找工作的人；创作的余地大，有利于增强吸引力；有利于自我形象宣传。

（2）缺点：费用昂贵；只能传送简短的信息；缺乏永久性；存在为无用的传播付钱的现象。

（3）适用条件：一般在企业印刷广告效果不理想，急于扩大企业影响，招聘岗位众多时使用。由于其成本较高，一般规模较小的旅游企业较少采用。

2. 报纸

（1）优点：广告大小弹性可变；传播周期短；可以限定特定的招募区域；分类广告为求职者与供职者提供方便；有专门的人才市场报。

（2）缺点：竞争较激烈；容易被人忽略；没有特定的读者群；印刷质量不理想。

（3）适用条件：企业希望将招聘人员限定在一定区域内；人员需求量较大时采用，报纸是旅游企业经常采用的招聘广告媒介。

3. 杂志

（1）优点：印刷质量好；保存期长，可不断重读；广告大小弹性可变；有许多专业性杂志，可将信息传递到特定的职业领域。

（2）缺点：传播周期较长；难以在短时间里达到招募效果；地域传播较广。

（3）适用条件：招聘人员专业性强，时间和地域限制不强的时候适用，一般用于管理人员和技术人员的招聘工作。

4. 互联网

（1）优点：广告制作效果好；信息容量大，传递速度快；可统计浏览人数；可单独发布招募信息，也可以集中发布。

（2）缺点：地域传播广；信息过多容易被忽略；有一些人不具备上网条件，或没有计算机使用能力。

（3）适用条件：新兴的招聘媒体，应用十分广泛，适用大多数岗位的招聘工作，对于年轻群体和专业人士的效果更好，旅游企业员工相对年轻化，所以旅游企业通过网络招聘的效果往往很好，拥有网站的旅游企业采用效果更佳。

需要说明的是：各种媒体的优缺点都是相对而言的，甚至优缺点可以相互转换，如地域限制是广还是窄，对于企业的不同招聘目的而言是不同的，在选择时旅游企业要根据自身条件和招聘岗位特点来选择合适的媒体。

（二）制作要求

一般情况下，招聘广告应包括以下内容：企业的基本情况；政府与劳动部门的审批情况；招聘的职位、数量与基本条件；招聘的范围；薪资与待遇；报名的时间、地点、方式及所需的资料；其他有关注意事项。

招聘广告是利用各种宣传媒介发布企业招聘信息的一种方法，也是宣传企业形象的常用方法。招聘广告的编写要做到真实、合法、简洁、清晰。在设计上要注意 AIDA 法则，即吸引注意（attract attention），激发兴趣（develop interest），创造愿望（create desire），促使行动（prompt action）。

招募广告要注意的问题：①题目要新颖，具有吸引力，力争引起求职者的兴趣；②广告内容要真实，不要带有欺骗性；③广告内容要清晰明确，不要使用过于模糊的词语；④招聘广告的重点是对岗位工作内容和任职条件的描述，而不是企业形象的宣传；⑤广告内容要符合法律规定。

2006 年全球最大的人力资源管理顾问公司——美世咨询完成的《中国员工吸引和保留调研》中显示，最成功的前五大招聘方法是：员工推荐、网络招聘、猎头公司、校园招聘、专业人员协会。使用最少的招聘方法是：研究生招聘、全国性报纸、专业协会刊物。

第 3 节　人员甄选

一、人员甄选的含义与重要性

(一) 人员甄选的含义

招聘中的人员甄选是指综合利用心理学、管理学等学科的理论、方法和技术，对候选人的任职资格核对工作的胜任程度，即与职务匹配程度进行系统的、客观的测量和评价，从而做出录用决策。

(二) 人员甄选的重要性

(1) 有效的招募甄选能为组织不断充实新生力量，实现组织内部人力资源的合理配置，为组织发展提供人力资源上的保障。

(2) 有效的招募甄选可以增强组织人员的稳定性，减少人员流失。

(3) 有效的招募甄选可降低人员初任培训和能力开发的费用。

(4) 有效的招募甄选能够提高组织的效率：①每一个职位都拥有合格的人才，整个组织的工作效率必定提高；②对员工的管理可能变得简单，管理者不再需要花很长的时间来纠正员工的过错或是解决员工问题，而是花更多的时间、精力来考虑组织发展的关键性问题。

二、人员甄选的内容与模式

(一) 人员甄选的内容

1. 教育背景

教育背景一般是指应聘者的学历水平，同时也往往对其所学专业有所要求。一般而言通过一个人的教育背景可以初步判断其能力水平。学历要求也普遍地被旅游企业采用，如，服务人员要有高中或中专（职）以上学历；中层管理人员要有专科以上学历；对高层人员和关键技术岗位上的人员的学历要求可能更高。不同层次的人员对学历层次的要求不同，不同岗位种类的人员要求的专业背景也不相同，一定要依据岗位本身的要求来确定教育背景的要求标准，盲目追求高学历的倾向是极其错误的。对于专业的要求也不必过于死板，要从大局的角度来考查其专业背景。

同时要指出的是，同样学历的人其能力很可能并不相同，同样学历人员的水平差异也很大，要引起用人企业的注意。企业录用员工的根本依据还是工作说明中对员工能力的要求即企业标准，学历实际上是社会标准，而非企业标准。学历作为社会标准被广泛地采用，主要是因为其为企业提供了简单易行的判断标准。企业采用学历标准甄选员工要在法律允许的范围内进行，避免学历歧视。

2. 工作经历

工作经历主要指应聘者曾经服务的企业、担任的职务、以往的绩效水平等方面。教育背景往往只能代表一个人的学习能力，甚至考试能力，很多时候一个人过去的工作经历比学历还要重要。通过工作经历可以初步判断应聘者的能力水平、工作稳定性、实际工作经验等多方面的因素。对工作经历的考察，要将重点放在其经历中与要招聘岗位要求相关的部分，不是所有的工作经历都会对其要从事的新岗位有帮助。工作经历的信息可以通过求职简历和背景调查获得。

3. 工作能力

工作能力是指应聘者胜任其应聘岗位的能力，是与岗位要求相关的工作能力。学历和工作经历只能代表过去，应聘者是否具有能够胜任新岗位的相应能力是更重要的考察内容。企业可以通过各种能力测试的方法来测试应聘者的真实能力，也可以约定试用期来具体考核。

4. 身体状况

身体状况主要指应聘者的健康状况和体能状况。很多岗位会对工作者有身体方面的要求，一般而言，身体状况与应聘者的年龄和性别有关。在以身体状况作为甄选标准时要注意有科学的工作分析资料可以证明这一要求的合理性，避免出现年龄或性别歧视。一般通过体检或健康检查来确定，一些特殊岗位如：酒店保安、行李员，可能还需要进行必要的体能测试。

5. 个性特点

个性特点指应聘者与工作要求相关的性格类型、心理特征等内容。不同职位对员工个性特点的要求不同，研究表明，在其他因素基本相同的条件下，员工的个性特点是影响工作绩效的重要因素。旅游企业的大部分员工要与顾客交流，要承受压力，运用各种科学的心理测试方法对应聘者的心理特点进行测试就显得更为重要。

（二）人员甄选的模式

根据对应聘者素质要求、岗位重要性以及企业招聘费用的限制，员工甄选模式可以主要分为以下三种。

1. 综合式

综合式的甄选模式要求每个应聘者必须接受所有项目考核与测试，每一个测试项目均无人会被淘汰，在做出录用决策时，是根据他们的各项得分的总和作为判断依据。这种模式更看重的是应聘者的整体综合素质，允许应聘者以在某种测评中的高分弥补在另一测评中的低分，被录用的应聘者可能在各种能力上均有高水平，或者其中某一种或几种能力突出，在弥补低分后还能处于领先地位。总成绩可以是各项得分的简单加总得到的总分，很多时候需要另外根据每种能力的重要性程度和与工作的相关程度等，对应聘者的各项得分进行加权，用加权分数作为总分。

这种模式的优点是：可以了解应聘者的整体水平和全面素质；不会错过一些优秀人才；测试程序没有严格要求，可以灵活进行。缺点是：甄选费用过高；所需时间也较长。所以这种模式适合于对人员综合素质要求高；招聘岗位属于企业重要岗位；应聘者数量不多的情况下采用。一般偶尔用于高层管理者的选拔，在基层员工招聘中很少用到。

2. 淘汰式

淘汰式的甄选模式是在每一轮测试之后，都要淘汰不符合要求的应聘者，只有通过了所有测试的人员才会被录用。在这种模式中，每一种资格水平都是作为独立的指标，不可以相互弥补，其中只要有一项不符合要求即被淘汰。通过前一轮测试的人员才有机会参加下一轮测试，需要进行甄选的应聘者人数越来越少，因而可以节省招聘成本。采用这种方法应把成本低的选拔方法放在前面，如简历筛选、笔试等。将效率高、成本高的方法放在后面，只用于一小部分佼佼者的选拔，是十分经济有效的办法。但有时会错过某些整体素质高，但存在弱项的优秀人才。当工作岗位所需的各项能力、资格指标均要求达到和高于某一标准时；应聘者人数过多时采用淘汰式进行甄选工作时比较有效。

3. 混合式

混合式就是将以上两种模式结合起来进行选拔。对有最低要求的资格评定通常采用淘汰式模式，如有关学历、技能等级证书等；通过这些筛选后的应聘者则需要参加其他的各种测试，效仿综合式的模式，综合评定各项能力水平，择优录用。这种方式兼顾了前两种模式的优缺点，是旅游企业最常用的招聘模式。

三、人员甄选的方法

（一）面试

面试法又称面谈法，是人员甄选中最传统也是最重要的一种方法，面试法指通过面试人员与应聘者双方面对面观察、交流等双向交流的方式，了解应聘者素质、能力、求职动机、发展潜力等信息的一种人员甄选技术。面试法的优点是考查内容深入、广泛，考查灵活，持续时间长，防止舞弊，可测试多方面的能力；但缺点是随意性强，实施过程不规范，评分客观性和一致性较差。

1. 面试的种类

（1）按面试要达到的效果分初步面试和诊断性面试。初步面试的时间比较简短，内容也比较简单，主要了解应聘者的形象、仪表、基本素质、教育背景、就业动机等，并将明显不符合企业要求的人员进行初步筛选。初步面试一般由人力资源部门负责招聘的人员负责，也可以由用人部门的中层人员负责。诊断性面试是针对经过初步面试筛选合格的应聘者进行实际能力与潜力的测试，全方位、深层次地了解应聘者的工作能力、发展潜力、个性特点等方面的信息，并确定录用的人选。往往由用人部门主管负责，人力资源部门参与组织协调工作。对于高级管理人员的招聘，企业高层领导也要参加。这种面试对企业的用人决策与应聘者能否加入企业都至关重要。

（2）按参与面试人员数量分个别面试、小组面试、群体面试。个别面试是由一名面试人员面试一名应聘者，即一对一的方式。这种方式可以让应聘者较为轻松，有利于双向、深入地交流；但由于只有一名面试人员负责，面试结果受其主观影响较大。个别面试是最为常用的面试形式之一。小组面试是由多名面试人员面试一名应聘者，即多对一的方式。这种方式可以有效克服某个人员的主观偏见造成的误差，有利于提高面试的准确性和公平性；但由于是多对一的方式，应聘者可能会过于紧张而影响发挥，且这种方式的成本也比较高。小组面试一般用于对高级管理人员的选拔。群体面试又被称为复式面试，由多名面试者面试多名应聘者，即多对多的方式。通常由主考官提出若干问题，引导应聘者回答、讨论，从中考察应聘者的表达能力、思维能力、组织能力、合作能力等内容。这种形式的效率高，可以获得应聘者更多的信息，并便于在应聘者中间进行比较；但对面试人员的要求较高，需要事先做好相应的准备工作。群体面试可以用于初级和中级人员的招聘。

（3）按组织形式分结构化面试、非结构化面试和半结构化面试。结构化面试是指面试人员按照事先确定的面试问题对应聘者提问，并按确定的评价标准对其进行打分和评定的方法。结构化面试减少了主观性，对考官要求较低，便于面试结果的相互比较；但这一形式过于僵化，难以随机应变。事先的准备工作，面试问题的设计是否合理是结构化面试成功的关键。非结构化面试无固定模式，其内容往往是开放式的问题，带有很大的随意性。面试人员所提问题的真实目的往往带有很大隐蔽性，要求应聘者有很好的理解能力与应变能力。非结构化面试比较灵活，可以根据情况变化改变问题，要求面试人员具有较高的素质和沟通能力，才可以从面试中获得更多的信息。其缺点是面试结果之间很难比较。半结构化面试就是将结构化面试与非结构化面试结合起来使用，首先利用结构化面试对一些共性问题进行提问，再利用非结构化面试深入了解相关的个性问题。是最常见的面试模式。

（4）压力面试。指在面试过程中向应聘者提问其意想不到的问题；制造令应聘者感到不安的环境；有意地攻击应聘者甚至激怒对方，来观察应聘者在压力环境下的反应和对压力的承受能力。使用这种面试方法要注意把握分寸；在法律允许的范围内进行；更重要的是要对有抗压要求的岗位人员进行压力面试，如处理客人投诉的岗位和一些销售岗位人员。

2. 面试的程序

（1）准备阶段。选择合适的面试地点：一般情况下要选择安静、整洁、舒适的面试场所，以便让应聘者放松心情。但是有特殊目的时除外，如压力面试时可以特意营造不舒适的环境。

认真阅读求职者资料：在面试开始之前阅读应聘者资料，资料中已有的客观信息，可以不必再提问，这样做有利于提高面试效率，也体现了对应聘者的尊重。

准备问题提纲：如果是结构化面试或半结构化面试，要准备好问题提纲，事实上非结构化面试也要有一个大致的问题框架和脉络。便于提高面试效率，以及结果的整理与比较。

确定面试的时间长度：根据面试人数事先确定每个应聘者的面试时间，最好事先通知应聘者大致时间长度。这样做有利于提高效率，也确保对所有应聘者的公平。

（2）实施阶段。建立和谐气氛：首先面试人员要注意自己的着装和礼貌，一般要求穿着职业装，女士化淡妆；要主动与应聘者握手表示欢迎，面试的开始阶段可以先聊一些轻松的话题与应聘者寒暄；整个面试过程不要接听电话。这样做的目的，一方面是因为面试人员此时是代表企业的形象；另一方面体现对应聘者的尊重；并且可以让应聘者放松下来，表现出自己的真实水平。

面试提问：根据事先确定的问题提纲向面试者提问，整个过程注意把握话题，掌握时间；帮助应聘者缓解紧张情绪。

给应聘者提问的机会：留给应聘者提问的机会和时间，这样做有利于让应聘者进一步了解企业和岗位的情况；还可以通过其问题了解其就业动机等信息；同时也体现了对应聘者的尊重。

注意随时记录：不要对自己的记忆力过于自信，要随时记录对应聘者的评价情况，最好准备规范的面试记录表，以便最后结果的整理和比较。

（3）结束阶段。礼貌地告别：可以稍作总结，然后起身握手，也可以送应聘者到门口，与其礼貌地告别。

不要急于告诉应聘者结果：在结束面试阶段，要注意的是不要告诉应聘者面试结果，无论对其表现有多么满意或者相反。这样做是对其他面试小组的尊重，也确保对后面应聘者的公平。

3. 面试的技巧

（1）提问技巧。要以开放式的、没有固定答案的问题为主，以便获得更多的信息。提问中面试人员不要表现出对问题答案的倾向性，限制或误导应聘者。问题要简明扼要，问题本身不要太长，最好不要超过45秒，否则会影响面试效果。简单易懂，尽量少使用专业术语；如果是专业技术性较强的岗位，面试人员想了解应聘者专业知识水平时除外。问题难度顺序最好遵循先易后难、循序渐进的原则。

（2）倾听技巧。给对方以适当的回应和鼓励，要适当地使用目光和点头等肢体语言，给对方以肯定和鼓励，这样才能获得更多的信息。做好听众，面试人员在面试过程中是以听为主，而不是以说为主，要鼓励对方多说话，除非必要不要打断对方；自己也不能长篇大论，只在必要时给对方以反馈，以了解深入的原因。一般而言应聘者说的时间要占整个面试时间的80%左右。

（3）注意法律问题。面试中提问的问题要确保是与应聘者申请的岗位有关，不要问与工作无关、涉及应聘者个人隐私、前工作单位商业秘密等方面的信息，避免法律纠纷。

（二）笔试

笔试又称知识考试，即采用传统试卷的方式对应聘者进行考核的方法。笔试是被企业广泛采用的测试方法之一，适合对应聘者知识水平的考核，如常见的外语笔试、管理知识测试等。笔试的优点是可以同时测试大量应聘者，因而效率较高、成本较低；且笔试的结果是量化结果，便于比较。但是笔试的难度在于试题的设计，主要表现为命题的随意性，试题质量不高。笔试一定要有命题计划，即根据工作分析得出的有关岗位工作人员所需要的知识结构、知识水平，设计出具体试题范围、题量、题型等。因而笔试一般适合规模较大的旅游企业，招聘人员数量众多的情况。

（三）心理测验

心理测验是对人的智力、潜能、气质、性格、态度、兴趣等心理特征进行测度的标准化测量工具，它具有较高的信度和效度。越来越多的企业认识到，员工的心理特征与工作绩效具有密切的关系，心理测验的方法也越来越多地被应用到企业甄选员工的过程中。人的心理看不见，摸不着，是否能够测量，答案是肯定的，关键在于测量的科学性，娱乐杂志的测试更多的是趣味测试，心理测验要由受过专门训练的人员来完成。常见的与人员甄选有关的心理测验包括以下几种：

1. 智力测验

智力是指归纳、演绎、推理、文字、认知、数理、词汇等能力的组合。研究智力的专家认为，每个人在这些能力上都具备不同程度的组合。目前已有足够的研究显示，一般智力和绩效之间确实相关，例如，智力高的人和他在技能训练上的表现成强烈正比，在日常工作绩效上也很明显优于智力低的人。在企业甄选中最常用到的智力测验方法是韦克斯勒成人智力量表，可以用于中高层经营管理人员的测试。其他常见的智力测验还有比纳—西蒙智力量表、瑞文智力测验量表等。

需要强调的是，各种智力测验方法都有其局限性；一般情况下普通人的智力水平比较接近，除非岗位要求需要很高智商的人员才能胜任，往往不必进行智力测验；决定人员工作绩效水平的因素很多，智力因素只是其中之一。

2. 能力测验

能力是指个体能顺利完成某种活动所必须具备的心理特征，通常指个体从事一定社会实践活动的本领。能力测验即通过科学的方法来测试应聘者的能力与具备的潜能。能力测验又可以分为特殊能力测验和能力倾向测验，特殊能力测验指为某个特定的岗位设定的测试，又称技能测试；能力倾向测验指用于测试人员从事某种岗位的潜在能力的测试方法。

常见的特殊能力测验有：明尼苏达办事员能力测验，可以用于旅游企业文秘人员的甄选；麦夸里机械能力测验，可以用于饭店工程部员工的测试。常见的能力倾向测验包括对应聘者手指灵巧性与协调性的测验。

3. 个性测验

个体行为的差异主要表现在能力与人格两方面。有关能力差异的情形主要靠能力测验来测量。对于应聘者个人行为适应的多种特质，即其个性的测量则需要进行个性测验。在人员甄选过程中，个性测验，又称人格测试被用来测量应聘者的个性特征、人格特质，以便根据其气质、性格、态度等因素合理安排工作，充分发挥其能力。尽管个性测验在效度上不如能力测验，但对应聘者个性特点进行测验越来越受到企业管理者的重视。因为一个人即使能力突出，但如果其性格不适合其所从事的岗位，仍然难以胜任工作。常见的个性测验方法有以下三种：

（1）自陈法。自陈法又称自我陈述法，向被测试者提出一组有关个人行为、态度意向等方面的问题，被测试者根据自己的实际情况做出真实回答。测试人员根据被测试者的回答与评分标准和模式相比较，从而判断被测试者的个性特征。常见的方法有卡特卡 16 种人格因素测验、艾森克人格问卷、明尼苏达多相人格测验等。

自陈法的优点是较为简单，成本较低。缺点是自陈法实际上是假设被测试者本人最了解自己的个性，但事实上往往并非如此；同时被测试者的回答有可能是非真实的，以掩盖其个性特点。

（2）心理投射法。投射一词在心理学上是指个人将自己的思想、态度、愿望、情绪、性格等个性特征，不自觉地反映于外界事物或者他人的一种心理作用，也就是个人的人格结构对感知、组织以及解释环境的方式发生影响的过程。投射法的优点是被测者一般无法掩盖自身性格特点，但需要专业人员来进行测试。

投射法的具体做法是：向被测者呈现一定的刺激材料（一般是没有明确意义的材料），让被测者加以解释或者要求他们将这些刺激材料组织起来。其基本假设为：第一，人们对于外界刺激的反应都有其原因而且是可以预测的，不是偶然发生的；第二，这些反应固然决定于当时的刺激或者情境，但是个人本身当时的心理结构、过去的经验、对将来的期望，也就是他整个的人格结构，对当时的知觉与反应的性质和方向，都会产生很大的影响；第三，人格结构的大部分处于潜意识中，个人无法凭借其意识说明自己，而个人面对一种不明确的刺激情境时，却常常可以使隐藏在潜意识中的欲望、需求、动机冲突等“泄露”出来，即把一个反映他的人格特点的结构加到刺激上去。如果知道了一个人如何对那些意义不明确的刺激情境进行解释和组织，就能够推论出有关个体人格结构的一些问题。

心理投射测验依据测验目的的不同，测验材料的不同，测验的编制、实施和对结果的解释方法的不同，以及受测者的反应方式的不同，有着不同的分类。但是，罗夏墨迹测验和主题统觉测验是最为常见的两种基本形式，其中罗夏墨迹测验图常用于精神医学的临床诊断，主题统觉测验可以用于人员甄选。

（3）笔迹分析法。笔迹分析法是以应聘者书写的字迹为分析基础，来判断其个性，预测其未来业绩水平的一种方法。“字如其人”，这是中国古代对笔迹的看法。现代的笔迹学起源于西方，在欧洲比较盛行，如法国、德国、英国等都有常规的应用，法国在对 837 家企业的一项调查中显示，在招聘中有 93%的企业使用笔迹分析的方法，99%的企业采取面试的方法，63%的企业采取智力测验的方法，61%的企业采取人格测验的方法。在欧洲有专门的国际笔迹学学会，在美国，心理学的实际应用更为广泛。随着笔迹分析越来越多地为人们所了解和重视，这项已为国外企业所广泛使用的笔迹分析技术在我国的人才招聘中，也开始得到认同和应用。其优点主要是准确性较高，应聘者难以掩饰字迹特征；但笔迹分析需要专业的笔迹分析专家来完成，我国在这方面的专业人才还比较欠缺，或者在企业招聘领域较为少见。

笔迹分析专家一般需要根据应聘者至少一整页一气呵成的字迹，最好是用钢笔或圆珠笔写在未画线的纸上。字迹内容并不重要，但一般不希望应聘者照抄一段文字，因为这样会影响书写速度。

旅游企业的员工，特别是直接面对顾客进行服务的员工，大多要求具备耐心、细致、有亲和力等个性特点，所以个性测验对于旅游企业提高甄选员工的有效性方面尤其重要。

4. 职业兴趣测验

职业兴趣测验即对应聘者的个人兴趣、爱好进行测试，将被测试者的兴趣与不同职业从业者的兴趣进行比较，进而确定其适合的职业领域。职业兴趣测验的目的在于揭示人们想做什么以及他们喜欢做什么、热爱做什么。越来越多的研究表明在某些领域取得成功的人群，其共同的重要特点就是热爱其所从事的事业。如果一个人表现出与某一职业中那些工作出色的人相同的兴趣，那么，此人在这个职业中很可能得到满足，进而努力工作。如果一个人对某种职业根本不感兴趣，那么其成功的希望就十分渺茫。所以对应聘者职业兴趣的测验也十分重要，可以保证企业挑选到适合岗位的人选，同时还有利于应聘者自己对工作的选择。因而职业兴趣测验常用于员工甄选和员工职业生涯两个领域。常用的职业兴趣测验方法是霍兰德的职业兴趣测验和库结的个人偏好测量表。

（四）情景模拟

情景模拟是现代人才测评中最具特色、最复杂的一项技术。它是根据应聘者申请的岗位，编制一套与该职位实际情况相似的测试项目，将应聘者安排在模拟的、逼真的工作环境中，要求应聘者处理可能出现的各种问题，来测试出其心理素质、实际工作能力及潜能的方法。由于情景模拟法内容生动，容易引起应聘者和招聘人员的兴趣，且一个主考官可以同时考察多个应聘者，效率较高；但情景模拟法成本较高，在高级管理人才甄选中使用较多。常用的情景模拟测验方法主要有以下几种：

1. 无领导小组讨论

无领导小组讨论是指几名应聘者（一般是 5~7 人）集中在一起就某一问题进行讨论，事前并不指定讨论的主持人，招聘人员在一旁观察应聘者的行为表现并对应聘者做出评价的一种方法。它的主要好处在于把考官从大量重复性的提问过程中解脱出来，同时给应聘者自由发挥的空间，这就有助于考官在更好的状态下准确地把握应聘者的一些关键特征。它需要的时间通常在 1 小时左右，两名考官可以同时考察 12 名或者更多的应聘者，效率和准确性都较面试高。小组讨论法较高的准确性来源于：

（1）讨论题目和方式的高效度。它们都是在对职位进行详细研究的基础上设计出来的，有着很强的针对性。

（2）考官更好的精神状态。没有了重复性劳动带来的厌烦，加上讨论本身的热烈气氛，使得招聘过程意兴盎然，有经验的考官就可以在更好的状态下做出更准确的判断。

（3）众多应聘者的同时比较。俗话说“不怕不识货，就怕货比货”，当大量应聘者在一起进行竞争性发言时，考官更容易做比较，更容易挑选出较为优秀的人员。同时，它使得简历筛选有更大的余地，可以将大致符合条件的人员都挑选进来进行小组讨论。

无领导小组讨论的目的主要是考察应聘者的组织协调能力、领导能力、人际交往能力、想象能力、对资料的利用能力、辩论说服能力以及非语言沟通能力等。同时也考察应聘者的自信心、进取心、责任感、灵活性以及团队精神等个性方面的特点风格。旅游企业一般具有对员工依赖性强、服务质量关联度高的特点，对于上述因素的考察十分重要。小组讨论法适合旅游企业中高层管理人员、销售人员等岗位的甄选工作。

2. 公文处理

公文处理，又称文件筐或文件篮。它是对管理人员潜在能力进行测定的有效方法。在测验中，应聘者扮演企业中某一管理角色，面对一些待处理的公文（来自上级、下级、客户的信函、文件、电话记录、电子邮件等），在规定的时间内采取措施或做出决定。主考人员观察其处理这些公文的过程和方法，主要考察其在规定时间内处理了多少文件；处理的是否是关键问题；是否善于授权；是否有一个合理的顺序；是否发现更深层次的问题，最后还可以让其解释其处理过程的原因。

这个测验不仅可以较好地反映应聘者在管理方面的组织、计划、协调、领导等能力，而且还可以反映其对环境的敏感性以及对信息的收集和利用能力。公文处理法适合旅游企业管理人员的甄选。

3. 角色扮演

角色扮演法要求应聘者扮演某一特定角色（一般情况下就是其应聘的岗位）来处理

日常事务，以此观察求职者的多种表现，以便了解其心理素质和潜在能力的一种测试方法。在测试中要强调了解应聘者的心理素质和潜力，而不仅仅是看其临时的工作表现。这种方法的准确度较高，应聘者的掩饰性小，对于测试应聘者的实际工作能力十分有效。这种方法适合于那些工作场所相对静止，工作内容便于观察的工作岗位，如餐厅服务员、大堂副理等岗位。

4. 模拟竞赛

应聘者每4~7人组成一个小组，每人在“企业”中承担的责任和职务，由每人自报和协商解决。各组按照竞赛组织者所提供的案例材料，讨论出一个解决方案，由测试人员或者应聘者代表组成的“评委会”评定比赛结果。通过讨论过程和结果的比较，对应聘者的进取心、主动性、组织策划能力、沟通能力、创新能力、团队合作能力进行评定。这一方法适合于经营管理人员、销售策划人员的甄选工作。

需要强调的是“失败”团队的成员不一定都是应聘的失败者。这一方法的优缺点与小组讨论法类似，现在信息技术为这种方法提供了更先进的模拟和评判手段，竞赛可以通过计算机系统或网络来实现。

5. 招聘游戏

招聘游戏是近年来逐渐被企业采用的甄选方法，让应聘者参与各种各样的“游戏”，通过游戏观察应聘者的相关素质，不同的游戏内容可以测试不同的应聘者素质，这些素质归纳起来主要是：思维敏捷程度、逻辑性、创新能力、对岗位的态度、吃苦耐劳程度、奉献精神、诚信水平等。实际上游戏里面没有标准答案，没有成功与失败，只有不同能力的展现。在游戏中应聘者比较放松，可以展现自身的真实水平，这一方法对“游戏”的选择和设计水平要求较高，“游戏”中往往包含了企业精心设计的测试项目。

（五）背景调查

背景调查是通过向了解应聘者情况的人员进行调查了解，得到有关应聘者的情况和信息。调查的对象往往是应聘者以前的领导、同事、亲属以及原单位的人事部门等。调查的内容主要是应聘者的经历、以前的工作绩效水平、工作表现等。一般而言这些信息可以用电话的方式，通过熟人获得；重要岗位还可以委托专业机构完成。

（六）体检

体检是招聘工作的重要程序，被企业普遍应用，其本身也是一种重要的甄选方法。通过体检将身体条件不符合企业或岗位要求的人员甄别出来。要注意的是体检标准的制定要以工作分析为依据，且不能违反相关法律的规定，产生歧视等法律纠纷；体检标准一般由招聘单位制定。旅游企业的大部分员工要直接面对顾客，因而从业人员的身体状况十分重要。某些特殊的岗位还可以进行体能测试，如饭店行李员的岗位。

（七）其他方法

还有一些方法也被企业甄选员工所应用，如档案法、简历筛选法和演讲法等。档案法也称档案调查法，通过查阅求职者档案，了解应聘者的信息；简历筛选法，通过求职者个人简历的信息对其能力素质等因素进行判断和筛选。这些方法成本较低，但信度也较差，很少单独使用。

每一种员工甄选方法都有其优点、缺点和适用范围，企业要根据具体岗位需要，选择适当的甄选方法，往往是多种方法组合使用的效果更好。

四、人员甄选的误差

无论哪一种人员甄选的方法和形式都不可避免地存在误差，我们应该允许误差的存在，但要将其控制在合理的范围内，且尽力地降低人员甄选的误差。

（一）主观误差

人员甄选的很多方法都需要依靠招聘人员的主观判断来做出选择，比如面试法，往往由于招聘人员自身的原因造成误差，常见的情况主要有以下几种：

1. 晕轮效应

晕轮效应又称“光环效应”，是一种社会心理现象，是指个体在社会认知过程中，将对认知对象的某种印象不加分析地扩展到该对象的其他方面去的现象。是招聘过程中常见的误差原因之一，如招聘人员由于应聘者在某些方面具备“光环”而对其做出错误的判断，如应聘者的形象仪表、学历、毕业院校等。

2. 魔角效应

与晕轮效应相反，魔角效应是由于应聘者的某些方面令招聘人员反感，而导致全面否定的判断。同样如应聘者的形象、学历、毕业院校，甚至家庭所在地等。

3. 制约现象

所谓制约现象就是成语中所说的“爱屋及乌”现象，即当对某人产生特定印象后，对其他与其相似的人也产生这种现象。如应聘者的声音、姿势、容貌等因素，其影响可能是正面的，也可能是负面的，相同的是都会造成误差。

4. 第一印象

凭借对应聘者的第一印象（或原有印象）好坏来左右最终的判断也是主观误差的常见原因，同样常见于内部招聘中。

5. 偏见误差

招聘人员对某一类人存在偏见或成见，而产生对其不公正的评价，如性别、民族、年龄、衣着打扮、所学专业等。

6. 近因误差

常见于企业内部招聘中，只关注了应聘者近期的表现好坏，而忽视其整体表现和能力水平，进而做出错误评价。

7. 错误地比较

在人员甄选过程中，不自觉地在应聘者之间进行比较，甚至将应聘者与自己进行比较，而不是与甄选标准比较，导致错误地选择。

另外，由于招聘人员缺乏经验、过分夸大负面信息、时间紧迫、准备仓促等原因都可能导致员工甄选的误差。

要减少人员甄选的主观误差，主要注意以下几点：

- 规范招聘与甄选程序；
- 认真阅读工作分析等有关文件，深入了解招聘岗位信息；
- 多人决策，如果有条件尽量采取多人决策的形式，如小组面试的效度要高于一对一的面试；
- 制定清晰具体的甄选标准；
- 培训招聘人员。

（二）客观误差

甄选的客观误差主要是由于事先制定的客观的甄选标准存在问题造成的，常见的情况如下：

1. 错误的标准

制定甄选标准不是以招聘岗位的工作分析与岗位规范等科学资料和企业与岗位具体实际为依据，而是靠招聘和主管人员的主观臆断，或者简单照搬其他企业的招聘标准。正确的标准不一定导致正确的结果；但错误的标准一定导致错误的结果。

2. 标准模糊不清

对于甄选标准的描述过于笼统和不够具体导致招聘人员在理解上产生歧义，也是导致甄选误差的重要原因，如有活力、有创造性、具有较高文化水平等描述在具体操作中都十分模糊。

3. 完美主义

有些企业在制定甄选标准时，有求全责备、要求太高的完美主义倾向，导致寻找不到合适的人选，而导致招聘失败。无论完美的人才是否存在，企业需要的是最适合的人，而不是最优秀的人。

4. 标准太死

甄选标准制定得过于机械死板，或者招聘人员在执行过程中缺乏变通等原因都会使企业错过优秀的人才。如规定具有 10 年以上工作经验的标准，就将只有 9 年经验的优秀人才拒之门外。

制定甄选标准是招聘前期准备的重要工作，决定着招聘的效果，以工作分析与企业、岗位具体实际为依据，制定科学、合理、可操作的甄选标准至关重要。

五、招聘的效度与信度

效度与信度是决定招聘效果的重要因素，也是衡量招聘成败的重要指标。

（一）效度

效度是指在人员甄选过程中测试到的品质与想要测试的品质的符合程度。简单地说就是观察在甄选过程中表现优秀的人员，在进入企业后在其岗位上的绩效水平是否同样优秀。不同的甄选方法在不同的应用环境下效度会有所不同。

1. 检验甄选方法效度的方法

（1）预测效度。预测效度指对所有应聘者都实施某种测试，但并不依据其结果决定是否录用，而以其他传统方法选择员工。这些被录用的员工工作一段时间后，对其工作绩效进行考核，将其绩效水平与最初的测试结果进行比较，获得二者的相关系数。相关系数越大，说明这种测试的效度越高，在下一次招聘活动中就可以作为甄选的主要方法；反之，则作相应的调整。这种方法风险小、效果好，但需要较长的周期。

（2）同测效度。同测效度是指对现有员工实施某种测试，然后将其结果与这些员工的工作绩效水平加以比较，若二者相关系数很高，则此种方法的效度较高；反之同理。这种方法较预测效度更加节省时间，但由于现有职工和应聘者的情况不同，有时效果不佳。

（3）内容效度。内容效度是指一项测试对工作内容的反映程度。首先要确定决定工作绩效的关键工作内容，然后将这一内容作为测试应聘者的指标，如打字员招聘时，让应聘者实际操作，观察其打字速度与准确程度。这种方法的难点在于选择什么内容作为测试内容，打字员测试是个极端的例子，实际上很多岗位的关键指标不好确定。内容效度多用于知识测验与实际操作测验，而不适合对能力和潜力的测试。

2. 效度的影响因素

（1）测试长度。一般而言，测试的项目越多、长度越长则效度越高，但效率可能下降。

（2）被测试者的选择。主要指在同测效度的应用过程中，选择哪些员工进行测试对效度有较大影响。

（二）信度

信度指测试所得到的结果的稳定性与一致性，即可信程度。应聘者在多次接受同一测试时，其得分应该是相同和相近的，因为人的个性、兴趣、技能、能力等因素在一段时间内是相对稳定的。信度的高低通过几次测试结果之间的相关系数来表示，一般要求在 0.85 以上。

1. 检验信度的方法

（1）重测信度。重测信度指对一组应聘者进行某项测试后，过几天再对他们进行同一测试，两次测试结果之间的相关程度即为重测信度。一般情况下，这种方法较为有效，但不适合受熟练程度影响过大的测试。

（2）对等信度。对等信度指对应聘者先后进行两次内容、难度相当的测试，然后比较两次测试的结果之间的相关程度。这一方法减少了重测信度中前一次测试对后一次的影响，但两次测试间的相互作用依然存在。设计内容、难度完全相当的两次测试本身也很有难度。与其类似的一种方法是“分半信度”，将对同一组应聘者进行的测试分为两个部分进行，考察两次结果的相关程度，这种方法在本质上与对等信度相同。

2. 影响信度的因素

影响信度的因素很多，例如，被测试者参加测试时的身体状况、心理状况、参加动机、认真程度、外部环境、主考人员水平，等等。同时企业频繁变动招聘方法也对信度有所影响。

案例分析

内部晋升还是外部聘用?

鑫辉集团是一家经营26年的以化工低碱熟料为主，集金融、铸造、旅游、房地产为一体的综合性集团公司。集团现有固定资产近25亿元，员工已达1500余人，具备一整套完善的人力资源规划。在用人上，集团本着“想干事给机会、能干事给位置、干成事给待遇”的理念，围绕“人岗相应”的原则，根据员工个体之间不同的素质，将不同的人安排在各自最合适的岗位上，从而为每个人的成长提供了真正实现个人价值的舞台。

2014年岁末，人力资源部经理被集团董事长突然告知，在公司年度组织的体检中，主管旅游的经理不幸被检查出癌症。董事会已经同意这名经理暂时离开公司，住院接受治疗。由于旅游项目是该集团近年来新的利润增长点，董事长要求人力资源部经理迅速寻找一个合适的人选，来接手该经理的日常事务，以免公司受到损失。对于任何一个人力资源部经理来说，都会经常面对这种突然的变故。

（改编自：尚水利．内部晋升还是外部聘用？[J]．人力资源管理，2015（2）：40.）

案例讨论题：

对于这种管理层突然出现的真空状态，尤其是在对企业发展中的关键职位，是内升还是外聘？

你会选择谁

海辰酒店是坐落于某中等旅游城市中心的五星级酒店，是亚洲一流饭店集团成员之一。现要招聘一名前厅部经理，共有三名应聘者，具体情况如下：

职位：前厅部经理

任职要求：年龄在30岁以上，英文流利、普通话标准，有至少五年在四星级及其以上饭店工作的经历，事业心强、敬业、吃苦耐劳。

求职者资料：

1. 求职者A

基本资料：张青，33岁，已婚

教育背景：1995~1998年本市大学获得旅游管理专科学历

工作经历：

1998.7~1999.11　A饭店（四星）实习经理

1999.12~2002.7　B饭店（五星）前厅部助理经理

2002.8~2005.5　C俱乐部膳食部经理

2005.6~至今　D饭店（四星）前厅部经理

个人爱好：游泳、运动

2. 求职者B

基本资料：刘文杰，41岁，已婚

教育背景：1994.9~1997.7　A市大学获得旅游管理专科学历

2002.9~至今　兼职攻读旅游管理学士学位

工作经历：

1988~1996　邮电宾馆员工

1996.7~1998.1　R饭店（四星）前厅部实习主管

1998.2~2002.4　R饭店前厅部主管

2002.5~2004.4　R饭店前厅部助理经理

2004.5~至今　S饭店（五星国际连锁饭店）前厅部主管

个人爱好：音乐、读书

3. 求职者C

基本资料：王方，35岁，已婚

教育背景：1992~1996　A市大学英语系文学学士

工作经历：

1996.7~1997.10　P饭店（四星）前厅员工

1997.11~1999.5　P饭店前厅实习主管

1999.6~2004.3　P饭店前厅部助理经理

2004.4~2005.7　Q（五星）饭店前厅部助理经理

2005.7~至今　Q饭店前厅部经理

个人爱好：运动、写作

案例讨论题

1. 根据现有资料可以获得应聘者的哪些信息？
2. 如果仅仅根据简历，你觉得哪位候选人更有可能是最合适的人选？为什么？

（改编自：李岫，田克勤．旅游企业人力资源管理［M］．北京：经济科学出版社，2004．第七章案例“无领导小组讨论”．）

思考与练习

1. 如何理解招募与甄选的关系？
2. 招聘工作对于旅游企业的重要意义是什么？
3. 旅游企业在员工招聘方面面临哪些问题？
4. 旅游企业招聘应遵循哪些原则？
5. 招聘成本的构成？如何降低？
6. 招聘程序的设计对于招聘效果有什么样的影响？
7. 如何选择招聘信息的发布渠道？
8. 如何选择员工甄选方法？
9. 如何检验和提高甄选的信度和效度？
10. 员工甄选误差能否避免，有什么措施？
11. 根据所学的内容，为旅游企业中层管理者招聘制订一套你认为合理的招聘计划。

第5章 员工培训

【学习目标】

通过本章的学习，可以了解培训的含义，理解培训对于旅游企业的重要意义与作用；了解员工培训的特点，明确旅游企业培训原则，熟悉企业培训的主要内容；理解旅游企业对于培训的特殊要求，掌握培训的方法及其使用条件，了解培训需求分析的程序和层次，掌握培训过程的组织与管理规划。

【内容结构】

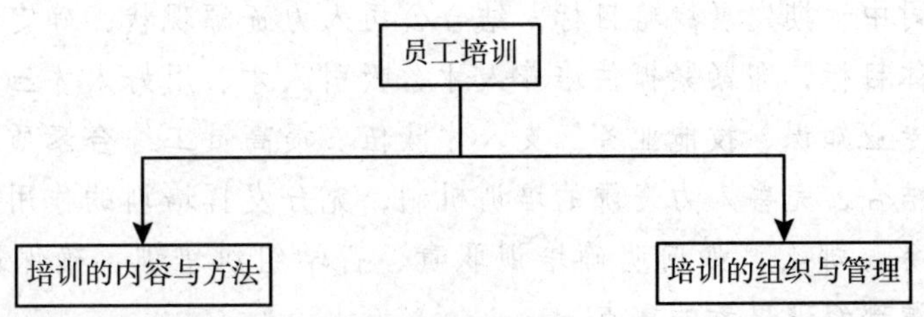

【重要概念】

培训　培训需求分析　培训效果评估

案 例

如何改进培训工作

A 旅游集团公司是国有独资公司，成立于1994年，拥有3家全资子公司、4家分公司(旅游景区管理处)、3家控股公司、1家参股公司，涉足交通、旅游、城建、园林四大行业，是集食、住、行、游、购、娱六要素于一体的广西壮族自治区内实力最强的国有大型旅游集团企业。公司现有总资产近30亿元，业务涉及车船客运、旅行社、酒店、园林、景区开发、房地产等领域。公司拥有的旅游景区占有市场重要份额，年游客接待量300多万人次。

公司设有党群工作办公室、安质法规办公室、财务部、审计部、人力资源部、经营部、总经理办公室等部室。目前，A 旅游集团公司人力资源管理工作正逐步由传统的人事管理向现代的人力资源管理方向转变。人力资源部主要负责员工的招聘、辞退、考核、晋职、奖惩、调动、薪酬、保险等，还包括培训计划的制订、培训课程的设置、培训教材的选择、培训时间和地点的安排、培训设施的购置与保养、培训师资的选择、培训的监督及管理等具体工作。

公司在岗员工主要分布在下属各公司，且主要集中在各旅游景区、饭店等生产经营第一线的非管理岗位上，公司从事管理工作的人员363人，占全公司人员的25.93%；公司从事销售人员11人，占全公司人员的0.79%。员工的学历结构分布不平衡，高文化素质人才相对缺乏，本科及以上学历的员工仅占公司人员的13%，且多集中在公司中高管理层。据公司中远期发展战略目标，结合公司人力资源现状，确定公司未来5年人力资源管理的总体目标，即紧紧抓住培养人才、吸引人才、用好人才三个环节，努力建设好经营管理、专业知识、技能业务三支人才队伍。提高员工综合素质，使企业发展和人才开发需要相结合，完善人力资源的培训机制，充分发挥培训的作用，成为当前人力资源部的首要任务。那么，如何明确培训职责、科学组织培训、确保培训内容的系统性，成为人力资源部经理思考的重点。

第1节 旅游企业员工培训概述

一、员工培训的含义和特点

（一）员工培训的含义

培训从字面上可以简单理解为培养与训练之意，培养侧重人员素质与知识的培养与传授；训练则侧重于能力与技能的提高。员工培训是指企业为了使员工获得或改进与工作有关的知识、技能、态度和行为，增进其绩效，更好地实现组织目标并满足员工发展需要的系统化的教育训练过程。根据培训的定义，企业管理者对于培训的理解要注意以下几点：

1. 培训是一个有计划并系统化的活动

企业培训的实施是在有组织周详的计划和严密控制下进行的，包括培训需求分析、培训规划设计、培训实施与管理、培训效果评价等都应有详尽的安排。每一个方面都需要科学的态度和方法；更重要的是要结合企业的实际情况，否则企业培训的效果就无法保证。

2. 培训可以实现企业与员工的“双赢”

培训的重要目的是通过员工技能的提高，进而提高组织绩效和满足企业长远发展的需要。但这并不是培训的唯一目的，有效的培训不仅要考虑企业和岗位的需要，往往要结合员工具体情况，考虑员工的培训需要，在满足企业需要的同时，满足员工个人发展的需要，最终达到企业与员工的“双赢”。

3. 培训的最高目标是打造学习型组织

培训是被动的，学习是主动的。现代企业培训的目的不仅仅局限在员工基本技能的开发上，更多的应看成是创造智力资本的途径，创造出一个有利于人与企业发展的学习型组织。

在正确理解培训定义的同时还需要将培训与其他相近概念加以区别。和培训意义相近的概念主要有开发和教育，事实上它们之间既有区别又有联系。

培训与开发都是人力资源管理中的重要名词，既有区别又有联系。培训是给新雇员或现有雇员传授其完成本职工作所必需的基本技能的过程。开发主要是指管理开发，指一切通过传授知识、转变观念或提高技能来改善当前或未来管理工作绩效的活动。同时培训与开发都是组织通过学习、训导的手段提高员工的工作能力、知识水平和潜能发挥，最大限度地使员工的个人素质与工作需求相匹配，进而促进员工现在和将来的工作绩效提高。严格地讲，培训与开发是系统化的行为改变过程，这个行为改变过程的最终目的就是通过工作能力、知识水平的提高以及个人潜能的发挥，明显地表现出工作上的绩效特征。工作行为的有效提高是培训与开发的关键所在。

另外一个容易和培训混淆的概念是教育。首先教育与培训存在很多差异：人的基本能力的掌握与发展，就知识而言是通过教育实现的，人对能力的掌握与运用，就使用而言往往依赖于培训；教育是一个长期的过程，培训一般不需要很长的学习时间；教育是有助于一个人成长并适应各种社会环境，更加侧重于整体的发展，而培训主要针对某一项特殊技能的掌握与熟练运用，侧重于某一方面的发展与提高；教育通过各种知识的传授使一个人的基本能力得到提高，而培训则侧重于基本能力在某一环境中的运用；教育的根本目的是造就一个人对整个社会发展的一般适应能力，而培训的目的则是使某一个人适应人生过程中的某一特殊需要。就广义而言，培训属于教育的概念范畴，因为教育和培训的作用都是培养人的能力；从狭义角度讲，培训则是一种和教育相关，但又具有自身独立性的过程。

(二) 员工培训的特点

企业员工的培训与学校对学生的普通教育存在很大不同，不考虑员工的这些特点，就无法达到培训的目标。主要包括两个大的方面：

1. 在职性

所谓在职性，是指企业培训的对象是有工作的在职员工。员工的受训过程会受到多种因素的制约，其主要任务还是工作，学习必须服从于工作。因而他们可以用于学习的时间和精力都有限，本职工作也常常会干扰培训过程。而学校教育的对象是学生，他们没有工作压力，其主要任务就是学习。所以，旅游企业在进行培训时应注意强调实用性，与实践相结合，尽量缩短学习时间，强调速成性。

2. 成人性

所谓成人性是指成人相对于青年学生，其生理和心理状态一般而言具有以下特点：

(1) 逻辑记忆能力较强，机械记忆较弱。企业的员工相对于青年学生而言，年龄较大，往往存在机械记忆能力降低的问题，但同时其理解能力和逻辑记忆能力较强。旅游企业基层员工中年轻员工较多，与高校学生差别不大，但考虑到其在职性和学习心态的问题，这一特点也较明显，中高层管理人员则更为明显。

(2) 学习目的明确。企业员工由于有丰富的工作经验和人生阅历，他们可以更好地判断哪些是他们需要的，哪些不是。因而在受训过程中，对于不同的培训内容表现为两个极端，要么十分认真；要么毫无兴趣。

(3) 喜欢理论联系实际的培训方式。企业员工对于纯理论的说教不感兴趣，而对于那些可以和其工作经验相联系，对今后工作有帮助的培训内容兴趣浓厚。

(4) 干扰因素多。企业员工一般年龄较大，并且有家庭负担，在培训中来自家庭和身体健康等方面的干扰因素也较多。

(5) 对培训环境及舒适度要求较高。

二、旅游企业培训的意义与作用

培训即“育人”，作为人力资源管理五大要素之一，是旅游企业人力资源管理最基本的职能之一，培训工作的好坏决定了企业的成败，2017 年全国旅游系统职工培训总量为 586. 5 万人次，其中岗位培训 562 万人次，成人学历教育 24. 5 万人次。员工培训的意义主要体现在以下几个方面：

(一) 提高旅游企业竞争力

现代经济发展显现，企业竞争归根到底是人才的竞争，从某种意义来讲，又是企业培训的竞争；未来企业战胜竞争对手的唯一途径，就是比竞争对手学得更快；重视培训、重视员工全面素质的提升和企业文化的认同，把企业建成学习型组织，提高企业核心竞争力，是企业获得发展的最根本手段。许多行业，如制造业可以依靠先进的技术设备获得竞争优势。旅游行业则不同，技术进步和先进设备可以为旅游企业带来一定的优势，但不是决定性的核心优势。因为旅游企业的核心产品是服务，服务产品的质量最终要依靠员工素质的提高，因而在打造竞争优势方面，培训对于旅游企业就越发重要。

（二）提高旅游企业适应环境变化的能力

当今的旅游企业面临的市场环境瞬息万变，同时新技术、新的经营理念不断涌现，要想在激烈的市场竞争中生存与发展，企业的应变能力至关重要。企业的应变能力最终要体现为员工的应变能力，管理人员能否掌握新的经营管理理念、员工能否掌握新的生产技术与技能，这些能力的提高归根结底要靠企业培训来实现。

（三）提高员工绩效水平

首先可以通过长期科学的系统培训提高管理人员的经营管理能力。管理能力需要通过长期的工作经历和经验积累得到提高，但系统的管理知识培训同样必不可少。通过培训可以提高中高层管理人员的管理决策水平，对于企业的经营起到决定性的重要作用。旅游企业由于行业特点和历史原因，管理人员的学历层次和管理知识水平相对欠缺，管理培训就变得异常重要。

其次通过培训可以提高一线员工的基本素质与服务技能，提高员工绩效水平，进而提高部门和企业的绩效水平；同时还可以使员工技能满足岗位需要，降低其工作压力；更重要的是高水平的培训还可以发掘员工的工作潜力，从而最终实现企业与员工“双赢”。

（四）增强旅游企业吸引力与凝聚力

大量的调查研究表明，薪酬、培训、发展机会是求职者考虑的最重要的因素。培训已经不仅仅局限于企业内部管理，培训已经成为企业吸引人才最重要的手段之一。企业提供给员工培训机会的多少与水平的高低对于求职者的吸引力有时甚至比薪酬还要重要，培训水平甚至成为企业品牌的重要内涵。

培训不仅对外部人才形成吸引力，对于现有内部员工也极具吸引力，进而成为降低员工流失率、提高企业凝聚力的重要手段。

（五）为员工个人发展创造条件

现代管理理论要求任何管理工作不能再仅仅考虑企业的需要，一味要求员工为企业付出与牺牲，考虑企业需要的同时还要考虑员工个人的需要。一些根据员工个人需求超出员工目前岗位需要的培训，看似浪费了企业的成本，实际上既可以提高员工的能力水平，进而提高员工的职业安全感，同时还可以为员工晋升创造条件，为企业储备人力资源。好的培训对于提高员工满意率、降低员工流失率都具有良好的作用。

（六）提高服务质量，降低损耗

服务质量是旅游企业的生命，旅游企业要提供高水平的服务产品依赖于硬件与软件两个主要方面，其中软件水平是关键因素，也是企业管理的重点和难点。提高服务质量水平需要员工具有优秀的服务技能、服务意识、服务技巧，以上这些因素的提高都要依赖于旅游企业高水平的培训工作。大多数旅游企业是劳动密集型的企业，而且服务产品具有生产消费的同时性、服务质量关联性的特点，对员工服务技能与工作态度的依赖性很高，特别强调员工的整体素质，因而培训对于旅游企业尤为重要。

对于旅游企业来说，许多服务工作都有一定的浪费与损耗。例如饭店餐饮、客房清洁、洗涤等，这里有自然损耗，也有人为因素。通过培训提高员工的技能水平，改善工作态度，可以降低损耗水平。研究表明，培训可以减少73%左右的浪费。通过培训还可以有效减少事故的发生，保证旅游企业财产和员工的人身安全。饭店行业的一项调查表明，未经培训员工的事故发生率是受过培训员工的3倍。

综上所述，培训的作用是多方面的，但是我们不能指望培训可以解决旅游企业的所有问题，培训不是万能的。一些企业在重视员工培训的同时，又进入一个误区，就是过分强调培训。员工技能不足了，培训；销售业绩下滑了，培训；服务态度不好了，培训。只要有危机，就会想到培训，把培训当成是解决管理问题的万能钥匙。企业存在的很多问题是由于硬件条件的限制、宏观环境影响、经营管理不当等因素造成的，这些问题都不是培训能够解决的。同时我们也不能指望所有的培训效果都“立竿见影”，有些类型的培训效果十分明显，如新员工培训、技能培训等；然而有些培训内容则需要较长的时间才能显现，如员工素质培训、管理培训等。

三、旅游企业培训基本原则

为了提高旅游企业培训工作的水平，旅游企业在组织培训过程中要把握好以下原则：

（一）处理好企业近期目标与长远战略目标的关系

企业培训既要满足当前经营的需要，又要具有战略眼光，未雨绸缪，为企业未来发展做好人力资源方面的战略储备。尤其对重要人才要加强培训。

（二）企业的培训要强调针对性

要根据旅游企业实际需要组织培训，一切从岗位要求出发，既不能片面强调学历教育，又不能急功近利，要求立竿见影。应该缺什么，补什么；学什么，用什么。在培训内容和培训方式上考虑员工特点，做到理论联系实际，能够学以致用，激发员工的学习兴趣；尽量缩短培训时间，提高培训效率，减少对正常工作的冲击。

（三）企业主要负责人亲自抓培训工作

培训不仅仅是培训部的事情，需要各个部门和全体员工的配合，更重要的是要获得旅游企业高层的充分重视和支持。培训是企业一把手的主要职责，企业高层领导要亲自抓。培训应从上至下发展，而不是从底层的主管抓起。

（四）要注意个体差异，因材施教

从普通员工到最高决策者，由于所从事的工作不同，创造的绩效不同，能力与应达到的标准也不同。同时即使是相近的岗位，员工水平也参差不齐，而且员工在人格、智力、兴趣、经验和技能方面，均存在个别差异。所以对担任工作所需具备的各种条件，各员工所具备的与未具备的亦有不同，对这种已经具备与未具备的条件的差异，在实行训练时应该予以重视。要注意培训效果的反馈与培训结果的强化。旅游企业进行培训时应因人而异，不能采用普通教育“齐步走”的方式培训员工。员工培训应充分考虑他们各自的特点，做到因材施教。也就是说要根据不同的对象选择不同的培训内容和培训方式，有的甚至要针对个人制订培训发展计划。

（五）重视培训效果的反馈和结果的强化

在培训过程中，要注意对培训效果的反馈和结果的强化。反馈的信息越及时、准确，培训的效果越好。对结果的强化，不仅应在培训结束后马上进行，还应在培训后上岗工作中对培训效果给予强化。如在培训过程中经常测试员工的学习效果，是激励员工学习和提高学习兴趣的有效方法，同时还有利于评价培训效果，便于发现不足，强化薄弱环节。

（六）以考评促培训

将员工在培训过程中的表现，以及培训成绩与效果，与其考评结果挂钩，进而关系到其晋升、加薪等方面。这样做可以激发员工积极参加培训的热情，也确保员工认真接受培训。

第 2 节　旅游企业培训的内容与方法

一、旅游企业培训的内容

（一）旅游企业培训的一般内容

1. 职业道德

职业道德的培养是员工培训的重要内容，主要包括两个大方面的内容：一方面是职业道德认识、情感、意志和信念，这是指人们对职业道德现象的感知、理解和接受程度，是人们对是非、好坏、善恶、荣辱、美丑的认识、判断和评价。另一方面是职业道德行为与职业道德习惯。

旅游企业的特点决定了旅游员工职业道德有其自身特点。一是思想意识强，员工的思想观念是否正确直接影响到职业规范执行和遵守的好坏；二是受环境影响大。社会风气及旅游企业服务对象高消费状况直接影响到员工的职业道德意识；三是起伏大。现代旅游从业人员的主体是年轻人，其情绪往往处于不稳定状态，职业道德意识常常犹如弹簧一样，在压力状态和非压力状态有明显不同。

2. 企业文化

企业文化是企业组织成员共有的行为模式、信仰和价值观。企业文化包括企业的经营理念、企业精神、价值观念、行为准则、道德规范、企业形象以及全体员工对企业的责任感、荣誉感等。企业文化现象都是以人为载体的现象，而不是以物质为中心的现象，由一个企业的全体成员共同接受，普遍享用，而不是企业某些人特有的，并且是企业发展过程中逐渐积累形成的。企业文化培训的内容主要包括三个层次：精神文化层，包括企业核心价值观、企业精神、企业哲学、企业理念、企业道德等；制度文化层，企业的各种规章制度以及这些规章制度所遵循的理念，包括人力资源理念、营销理念、生产理念等；物质文化层，包括企业建筑物、企业标识、文化传播网络等。

3. 知识培训

旅游企业员工的素质是知识、能力和政治素质的综合反映。知识的培训对素质的提高起着潜移默化的作用。知识培训是指对受训员工按照岗位需要进行的专业知识和相关知识的教育。旅游企业员工的知识培训有别于普通学校教育。学校教育对知识的传授强调递进性、全面性和系统性。而旅游企业员工的知识培训则是按速成性、必要性、阶段性的原则进行。即培训的内容有鲜明的职业性，基本上是“干什么，学什么；缺什么，补什么”，对知识的培训不一定要面面俱到，而是要与岗位、职位、工作相关所需知识紧密结合。

4. 能力培训

心理学把人们能够顺利完成某种活动的心理特性称为能力。知识培训是旅游企业培训的基础，能力培训是企业培训的核心和重点。旅游企业服务的顾客，往往要求多、变化快、对服务质量要求高，因而对旅游从业人员的处事能力、应变能力都提出了更高的要求。旅游企业员工能力水平的高低，直接影响着管理水平和服务质量的高低。

能力可以分为一般能力和特殊能力两种。观察能力、记忆能力、想象能力、思维能力等都属于一般能力，这些能力是人完成一切活动都需要的。管理能力、沟通能力、业务能力是特殊能力。一般能力与特殊能力二者相辅相成，互为促进。一般能力的发展为特殊能力的发展创造条件，反过来特殊能力的发展，在一定条件下也积极影响一般能力的发展。因此，在能力的培训中，应该既重视员工一般能力的培养，又重视特殊能力的培养。对旅游从业人员能力的培训要强调理论联系实际，能力的提高不能仅依靠书本知识和课堂教学，更多的要在具体工作实践中获得提升。

5. 操作技能培训

旅游企业服务工作对员工操作技能和技巧的要求很高，操作技能培训是员工培训的主要内容。它直接关系到旅游企业的各项服务工作能否按照既定的规格和标准完成。例如，饭店企业中，前厅部接待人员的外语会话能力和谈话技巧的培训；厨师烹饪技能培训；餐厅服务员服务技能培训等。操作技能的培训既是基础性培训，又是需要长期坚持的培训，无法一劳永逸，而是要常抓不懈。既有集中培训的方式，亦有在实践中不断深化提高的必要，以求不断让员工掌握最新的工作方法和技能，提高服务水平和工作效率。

6. 心理培训

企业心理培训属于心理学的应用范畴，它是将心理学的理论、理念、方法和技术应用到企业管理和企业培训活动之中，以便更好地解决员工的动机、心态、情商、意志、潜能以及心理素质等一系列心理问题，使员工心态得到调适、意志品质得到提升、潜能得到开发。

员工心理培训越来越受到企业的重视，一方面是因为随着人才和市场竞争的日益激烈，人们生活和工作的节奏加快，心理压力加大，旅游企业的员工由于其工作的特殊性质，这一点就更为突出；另一方面，研究表明员工的心理素质对于工作绩效的影响巨大，员工具备良好的心态和心理素质有助于提高其绩效水平。对员工进行必要的心理辅导、心理疏导十分重要，可以减轻员工心理压力，发挥员工潜能。

（二）旅游企业对培训内容的一些特殊要求

由于旅游企业的特殊性，其在制订培训内容和标准时有一些特殊要求：

1. 重视服务意识培训

服务质量是旅游企业的生命，一般旅游企业都非常重视员工服务技能、服务态度、服务技巧的培训，然而对于服务意识的培训则显得不足。意识决定人的行为，行为养成习惯。要提高服务质量的核心不是简单的服务技能培训，没有良好的服务意识，就不会有良好的服务质量。所谓服务意识就是“顾客意识”，即员工要做到心里有顾客、眼里有顾客、耳里有顾客、嘴里有顾客，时时刻刻想客人所想甚至是客人所未想，急客人所急甚至是客人所未急。很多企业对于服务意识的强调仅仅局限于一线服务人员，后台人员和管理人员缺乏服务意识，实际上对于旅游企业而言，服务意识的培养是全体员工都需要的内容。

2. 注重角色意识的培训

角色意识就是指员工要明白自己在不同时间、场合所扮演的“角色”及这一角色赋予的特定要求。旅游企业的员工在对客服务过程中只是充当的角色不同，不存在地位与人格高低的问题。不少员工在工作中之所以会出现这样那样的问题，原因有很多，其中员工的角色意识不强是不容忽视的原因之一。

3. 重视团队意识和整体观念的培训

服务产品质量具有整体性和关联性的特点，这就要求员工要明确旅游企业服务质量的要求，了解旅游企业服务的特点，真正理解 $100-1=0$ 或 $100-1<0$ 的含义，树立起“零缺点”、“一次就要把工作做好”的理念。为顾客服务是旅游企业工作人员真正的全部的工作内容，虽然旅游企业划分为很多不同的部门和不同的岗位，其工作职责都不相同，但他们有一个共同的目的：那就是一切为了宾客，一切为了宾客的满意。因此员工

要服从工作的需要，服从宾客的需要，培养团队意识，做到“分工不分家”。旅游企业在组织培训时，甚至有必要对不同岗位、不同工种的员工进行交叉性培训，以切实提高企业服务质量。

4. 强调标准化培训

服务产品存在质量不稳定的问题，不同员工提供的服务可能存在差异，这种情况会导致客人不满。为了保证服务产品质量的稳定性，企业在培训过程中，要强调标准化，按照事先制订的服务标准和规程进行培训，确保服务质量始终如一。

5. 强调全员外语培训

旅游企业大多存在涉外性的特点，因而员工的外语沟通能力十分重要，很多企业也十分重视外语培训，但仅仅局限于那些与外宾经常接触的岗位和人员，对于普通员工的外语培训不足。例如，饭店企业对前厅部员工一般外语水平要求较高，对客房员工的外语要求则较低。然而客人的活动空间是整个饭店，他可能需要与很多岗位上的人员进行交流。所以，对于那些接待外宾比例较高的旅游企业，不仅要重视外语培训，还要强调全员外语培训。

（三）新员工培训内容

对于人力资源管理制度健全的企业，在每位新员工刚到企业上班时，都会接受正规的岗前培训，培训内容一般会涉及企业的历史、组织结构、管理理念、产品和技术、岗位相关技能，等等。现实中，虽然很多旅游企业没有进行这些正规的岗前培训，但让新员工对企业做一个全面的了解是十分必要的。如果新员工对企业不了解，会延长新员工适应岗位的时间，甚至会出现新员工对企业的误解和抱怨。一般而言，在让新员工了解企业时，下述问题都是应该让他们了解的。

1. 企业的历史

每个旅游企业都有自己的历史，尽管有些旅游企业的历史并不是很辉煌。介绍企业的历史，只是为了让新员工对企业增加了解，从而在心理上产生认同。企业的历史不能代表企业的现在，更不能代表企业的未来，所以培训者在介绍企业的历史时，应该将着眼点放在企业的过去为企业的现在提供了哪些积累，而不是一味地进行企业形象宣传。

2. 企业的组织结构

让新员工明白企业的组织结构有助于新员工尽快地熟悉自己的工作环境以及各部门关系。有的旅游企业组织结构比较复杂，例如，除了职能部门划分以外，还有项目管理划分等，这就需要培训人员能够认真细致地进行介绍，最好能够介绍企业组织结构的演变及演变原因。企业的组织结构体现了企业的管理风格，所以培训人员要结合企业的管理理念来进行介绍。

3. 各部门的职责和权限

如果新员工对各部门的职责和权限能够有清楚的认识，会成倍地提高新员工的工作效率，他不再会为“哪些事情该找谁”这个问题发愁。培训人员最好能将企业各部门的职责和权限汇编成小册子，向新员工发放，或者在企业内部网上公布，以供新员工随时查询。

4. 对待顾客和员工的管理理念

培训人员最重要的任务之一就是要让新员工融入企业的企业文化中去，所以向新员工强调对待顾客和员工的管理理念就显得非常重要。单纯地讲解企业管理理念本身会显得非常枯燥，培训人员不妨举一些身边的例子，效果会更好些。

5. 企业产品与技术

虽然新员工的工作岗位不见得要接触企业的所有产品和技术，但让新员工了解这些方面的知识也是很有必要的。当新员工了解到企业产品和技术的先进性，并且得知很多领域的客户都在使用企业的产品和服务时，新员工会产生由衷的自豪感。这种自豪感会使企业对其产生凝聚力。另外，这也体现了企业对各个岗位新员工的重视。

6. 对员工的期望

培训人员要明确地告诉新员工，企业对他们的期望是什么。只有让新员工明确了自己的目标，才有可能使他们在工作中取得更好的成绩。除了要让新员工明白企业对他们的期望以外，还应该告诉他们如何才能达到这些期望（达到期望的途径是什么），这一点也非常重要。当然，这些内容都与企业的绩效考评政策有关，而不应该只是一些泛泛之谈。

7. 企业的人力资源政策

让新员工了解企业的人力资源政策，有助于新员工安心、稳定地在企业工作。如果新员工事先不清楚企业的晋升、薪酬、福利等方面的政策，可能会在今后的工作中引起误会，为企业造成不必要的损失。企业的人力资源政策最好也能汇编成册，为每位新员工发放一本，有助于大家深入地了解。

8. 业务培训

新员工业务培训可以从知识、技能等方面进行。知识以够用为准则，不宜过多过深，目的是为了帮助新员工上岗后能顺利开展工作；技能则侧重本岗位的具体操作规程，尽量使员工掌握必要的服务技巧。另外应对新员工进行基本应急能力的培训，以提高他们应对突发问题的能力。旅游企业产品具有生产、消费同时性的特点，服务的实施者及服务的受众都是人，人是形形色色多种多样的，因此，旅游企业服务具有较强的随机性，难免会发生各种无法预料的问题，旅游企业员工必须具备一定的应变能力。

除了上述培训外，旅游企业应该指派一名“导师”协助新员工融入企业和部门，熟悉自己的工作岗位。导师可以是员工的直接上司，也可以是其他有经验的员工，给予员工具体、细致、有系统的指导和辅导。

二、旅游企业培训的方法

企业培训的效果在很大程度上取决于培训方法的选择，当前，企业培训的方法有很多种，不同的培训方法具有不同的特点，其自身也是各有优劣。常用的培训方法主要有以下几种：

（一）讲授法

属于传统模式的培训方式，是指培训师通过语言表达，系统地向受训者传授知识，期望这些受训者能记住其中的重要观念与特定知识。

1. 要求

培训师应具有丰富的知识和经验；讲授要有系统性，条理清晰，重点、难点突出；讲授时语言清晰，生动准确；必要时运用板书；应尽量配备必要的多媒体设备，以加强培训的效果；讲授完应保留适当的时间让培训师与学员进行沟通，用问答方式获取学员对讲授内容的反馈。

2. 优点

运用方便，可以同时对许多人进行培训，经济高效；有利于学员系统地接受新知识；容易掌握和控制学习的进度；有利于加深理解难度大的内容。

3. 缺点

学习效果易受培训师讲授水平的影响；由于主要是单向性的信息传递，培训师与学员的互动性差，相互交流的信息有限，学生的学习主动性不易被调动出来，学过的知识不易被巩固，故常被运用于一些理念性知识的培训。

（二）工作轮换法

这是一种在职培训的方法，指让受训者在预定的时期内变换工作岗位，使其获得不同岗位的工作经验，一般主要用于新进员工。现在有很多企业采用工作轮换则是为了培养新进入企业的年轻管理人员或有管理潜力的未来的管理人员。

1. 要求

在为员工安排工作轮换时，要考虑培训对象的个人能力及其需要、兴趣、态度和职业偏爱，从而选择合适的工作；工作轮换时间长短取决于培训对象的学习能力和学习效果，而不应机械地规定某一固定时间。

2. 优点

工作轮换能丰富培训对象的工作经历；工作轮换能识别培训对象的长处和短处，企业能通过工作轮换了解培训对象的专长和兴趣爱好，从而更好地开发员工的潜力；工作轮换能增进培训对象对各部门管理工作的了解，扩展员工的知识面，对受训对象以后完成跨部门、合作性的任务打下基础。

3. 缺点

如果员工在每个轮换的工作岗位上停留时间太短，则所学的知识不精，反之，成本太高；由于此方法鼓励“通才化”，适合于一般直线管理人员的培训，不适用于职能管理人员。

（三）工作实践法

这种方法是由一位有经验的技术能手或直接主管人员在工作岗位上对受训者进行培训，如果是单个的一对一的现场个别培训则称为我们企业常用的师带徒培训。负责指导的教练的任务是教给受训者如何做，提出如何做好的建议，并对受训者进行鼓励。这种方法一定要有详细、完整的教学计划，但应注意培训的要点：第一，关键工作环节的要求；第二，做好工作的原则和技巧；第三，须避免、防止的问题和错误。这种方法应用广泛，特别适合对基层员工的培训。

1. 要求

培训前要准备好所有的用具，搁置整齐；让每个受训者都能看清示范物；教练一边示范操作一边讲解动作或操作要领。示范完毕，让每个受训者反复模仿实习；对每个受训者的试做给予即时反馈。

2. 优点

通常能在培训者与培训对象之间形成良好的关系，有助于工作的开展；一旦师傅调动、提升或退休、辞职时，企业能有训练有素的员工顶上。

3. 缺点

不容易挑选到合格的教练或师傅，有些师傅担心“带会徒弟饿死师傅”而不愿意倾尽全力。所以应挑选具有较强沟通能力、监督和指导能力以及宽广胸怀的教练。

（四）研讨法

按照费用与操作的复杂程度又可分成一般研讨会与小组讨论两种方式。研讨会多以专题演讲为主，中途或会后允许学员与演讲者进行交流沟通，研讨会一般会邀请多位专家演讲，因而一般费用较高。而小组讨论法则费用较低。研讨法培训的目的是为了提高能力，培养意识，交流信息，产生新知。比较适宜于管理人员的训练或用于解决某些有一定难度的管理问题。

1. 要求

每次讨论要建立明确的目标，并让每一位参与者了解这些目标；要使受训人员对讨论的问题产生内在的兴趣，并启发他们积极思考。

2. 优点

强调学员的积极参与，鼓励学员积极思考，主动提出问题，表达个人的感受，有助于激发学习兴趣；讨论过程中，教师与学员间，学员与学员间的信息可以多向传递，知识和经验可以相互交流、启发，取长补短，有利于学员发现自己的不足，开阔思路，加深对问题的理解，促进能力的提高。据研究，这种方法对提高受训者的责任感或改变工作态度特别有效。

3. 缺点

运用时对培训指导教师的要求较高；讨论课题选择的好坏将直接影响培训的效果；

受训人员自身的水平也会影响培训的效果；不利于受训人员系统地掌握知识和技能。

（五）体验式培训

典型的体验式培训有拓展训练或称外展训练。英文原意为一艘小船驶离平静的港湾，义无反顾地驶向未知的旅程，去迎接一次次挑战。这种训练起源于二战期间的英国。拓展训练通常利用崇山峻岭、海洋河流等自然环境，通过精心设计的活动，达到“磨炼意志、陶冶情操、完善人格、熔炼团队”的目的。拓展训练的课程主要由水上、野外和场地三类课程组成。水上课程包括：游泳、跳水、扎筏、划艇等；野外课程包括：远足露营、登山攀岩、野外定向、伞翼滑翔、户外生存技能等；场地课程是在专门的训练场地上，利用各种训练设施，如高架绳网等，开展各种团队组合训练及攀岩、跨越等心理训练活动。

1. 要求

拓展训练之前一定要做好各项准备工作：向员工事先说明活动内容和要点；在开始时要充分热身；根据员工条件选择具体训练项目，注意做好安全保障工作。

2. 优点

通过拓展训练，参训者在以下方面有显著的提高：认识自身潜能，增强自信心，改善自身形象；克服心理惰性，磨炼战胜困难的毅力；启发想象力与创造力，提高解决问题的能力；认识群体的作用，增进对集体的参与意识与责任心；改善人际关系，学会关心，更融洽地与群体合作。

3. 缺点

一般需要与专业培训机构合作，培训费用较高；组织工作复杂；具有一定危险性。

（六）视听技术法

就是利用现代视听技术（如投影仪、录像、电视、电影、电脑等工具）对员工进行培训。

1. 要求

播放前要清楚地说明培训的目的；依讲课的主题选择合适的视听教材；以播映内容来发表各人的感想或以“如何应用在工作上”为题来讨论，最好能边看边讨论，以增加理解；讨论后培训师必须做重点总结或将如何应用在工作上的具体方法告诉受训人员。

2. 优点

由于视听培训是运用视觉和听觉的感知方式，直观鲜明，所以比讲授或讨论更容易给人很深的印象；教材生动形象且给学员以真实感，所以也比较容易引起受训人员的关心和兴趣；视听教材可反复使用，从而能更好地适应受训人员的个别差异和不同水平的要求。

3. 缺点

视听设备和教材的成本较高，而且容易过时；选择合适的视听教材不太容易；学员处于消极的地位，反馈和实践较差，一般可作为培训的辅助手段。

（七）案例研究法

指为参加培训的学员提供员工或组织如何处理棘手问题的书面描述，让学员分析和评价案例，提出解决问题的建议和方案的培训方法。案例研究法为美国哈佛管理学院所推出，目前广泛应用于企业管理人员（特别是中层管理人员）的培训。目的是训练他们具有良好的决策能力，帮助他们学习如何在紧急状况下处理各类事件。

1. 要求

案例研究法通常是向培训对象提供一则描述完整的经营问题或组织问题的案例，案例应具有真实性，不能随意捏造；案例要和培训内容相一致，培训对象则组成小组来完成对案例的分析，做出判断，提出解决问题的方法。随后，在集体讨论中发表自己小组的看法，同时听取别人的意见。讨论结束后，公布讨论结果，并由教员再对培训对象进行引导分析，直至达成共识。

2. 优点

学员参与性强，变学员被动接受为主动参与；将学员解决问题能力的提高融入知识传授中，有利于使学员参与企业实际问题的解决；教学方式生动具体，直观易学；容易使学员养成积极参与和向他人学习的习惯。

3. 缺点

案例的准备需时较长，且对培训师和学员的要求都比较高；案例的来源往往不能满足培训的需要。

（八）角色扮演法

指在一个模拟的工作环境中，指定参加者扮演某种角色，借助角色的演练来理解角色的内容，模拟性地处理工作事务，从而提高处理各种问题的能力。这种方法比较适用于训练态度仪容和言谈举止等人际关系技能。比如询问、电话应对、销售技术、业务会谈等基本技能的学习和提高。适用于新员工、岗位轮换和职位晋升的员工，主要目的是为了尽快适应新岗位和新环境。

1. 要求

教师要为角色扮演准备好材料以及一些必要的场景工具，确保每一事项均能代表培训计划中所教导的行为。为了激励演练者的士气，在演出开始之前及结束之后，全体学员应鼓掌表示感谢。演出结束，教员针对各演示者存在的问题进行分析和评论。角色扮演法应和授课法、讨论法结合使用，才能产生更好的效果。

2. 优点

学员参与性强，学员与教员之间的互动交流充分，可以提高学员培训的积极性；特定的模拟环境和主题有利于增强培训的效果；通过扮演和观察其他学员的扮演行为，可以学习各种交流技能；通过模拟后的指导，可以及时认识自身存在的问题并进行改正。

3. 缺点

角色扮演法效果的好坏主要取决于培训教师的水平；扮演中的问题分析限于特定环境下的个人行为，不一定具有普遍性；容易影响学员的态度，而不易影响其行为。

（九）在职培训

在职培训是指员工不离开岗位，通过工作实践来学习提高的培训方法。过去的师傅带徒弟，现在的新员工跟着有经验的老员工或是直接业务主管有目的地、有计划地学做工作，都属在职培训。有时也采取外派员工到其他公司，在实际岗位上学习它们的先进技术和工作方法。

在职培训比讲座培训更直观，受训者边干边学，可以迅速体验和掌握先进的工作方法。工作中遇到问题，也可以迅速得到老员工或主管的指导。但是，对在职培训的师徒双方，应该提出明确的计划要求，按阶段检查；应该注意：对那些选定作为培训讲师的老员工或业务主管，必须进行相应的技能培训。只有这样，才能收到应有的培训效果。

（十）网络培训法

这是一种新兴的计算机网络信息培训方式，主要是指企业通过内部网、外部网或者国际互联网，将文字、图片及影音文件等培训资料放在网上，形成一个网上资料馆，网上课堂供员工进行课程的学习。这种方式由于具有信息量大，新知识、新观念传递优势明显，更适合成人学习。因此，特别为实力雄厚的企业所青睐，也是培训发展的一个必然趋势。网络技术的发展还为企业提供了远程培训的可能。

1. 优点

使用灵活，符合分散式学习的新趋势，学员可灵活选择学习进度，灵活选择学习的时间和地点，灵活选择学习内容，节省了学员集中培训的时间与费用；网络上的内容易修改，且修改培训内容时，不需要重新准备教材或其他教学工具，费用低。可及时、低成本地更新培训内容；网上培训可充分利用网络上大量的声音、图片和影音文件等资源，增强教学的趣味性，从而提高学员的学习效率。

2. 缺点

网上培训要求企业建立良好的网络培训系统，这需要较多资金的投入；该方法主要适合知识方面的培训，一些人际交流的技能培训就不适用于网上培训方式。

对以上各种培训方法，我们可按需要选用一种或若干种并用或交叉应用。由于旅游企业人员结构复杂、内部工种繁多、技术要求各不相同，企业培训必然是多层次、多内容、多形式与多方法的。这种特点要求培训部门在制订培训计划时，就必须真正做到因需施教、因材施教、注重实效。

三、影响培训方法选择的主要因素

随着科技与各种学习理论的发展，人力资源开发的新方法亦不断出现。面对众多的培训方法，如何从中选用合适的方法以达到令人满意的培训效果，这就需要对影响培训方法选择的一些主要因素以及各种培训方法的优缺点等进行适当的分析与考虑。经常需要考虑的因素主要有：

（一）学习的目标

学习目标对培训方法的选择有着直接的影响。一般说来，学习目标若为认识或了解一般的知识，那么，程序化的教学、多媒体教学、演讲、讨论、个案研读等多种方法均能采用；若学习目标为掌握某种应用技能或特殊技能，则示范、实习、模拟等方法应列为首选。

（二）所需的时间

由于各种培训方法所需要的时间长短不一样，所以，培训方式的选择还受着时间因素的影响。有的训练方式需要较长的准备时间，如多媒体教学、录影带教学；有的培训实施起来则时间较长，如自我学习，这就需要根据企业、学习者以及培训教员个人所能投入的时间来选择适当的培训方式。

（三）所需的经费

有的培训方式需要的经费较少，而有的则花费较大。如演讲、研讨法等方法，所需的经费一般不会太高，差旅费和食宿费是主要的花费；而影音互动学习和多媒体教学则花费较多，如各种配套设备购买等需要投入相当的资金。因此需考虑到企业与学员的消费能力和承受能力。

（四）学员的数量

学员人数的多少还影响着培训方式的选择。当学员人数不多时，小组讨论或角色扮演将是不错的培训方法；但当学员人数众多时，演讲、多媒体教学、举行大型的研讨会可能比较适当。学员人数的多少不仅仅影响着培训方式，而且影响着培训的效果。

（五）学员的特质

学习者所具备的基本知识和技能的多少，也影响着培训方式的选择。例如，当学员毫无电脑知识时，电脑化训练或多媒体教学就不太适用；当学员的教育水准较低时，自我学习的效果就不会很好；当学员大多数分析能力欠佳并不善于表达时，辩论或小组讨论的方式将难以取得预期的效果。因此，培训方式的选择还应考虑到学员本身的知识状况和应对能力。

（六）相关科技的支持

有的培训方式需要相关的科技知识或技术工具予以支持。如，电脑化训练自然需要电脑的配合；影音互动学习至少需要会用电脑和影碟机；多媒体教学则需要更多的声光器材的支持；网络培训需要上网条件等。所以，培训单位或组织能否提供相关的技术和器材，将直接影响着高科技训练方式的采用。

第3节　培训的组织与管理

一、培训需求分析

（一）培训需求分析的含义

培训需求分析是指在规划与设计每项培训活动之前，由培训部门、主管人员、工作人员等采取各种方法和技术，对各种组织及其成员的目标、知识、技能等方面进行系统的鉴别与分析，以确定是否需要培训及培训内容的一种活动或过程。培训需求分析是确定培训目标、设计培训规划的前提，也是进行培训评估的基础，因而它是搞好培训工作的关键。

（二）培训需求分析的意义

随着现代科学技术的飞速发展，人力资源培训与开发的重要性也日趋突出。作为培训活动首要环节的培训需求分析也引起了人们的普遍关注，它在现代培训活动中具有重要的意义。

1. 确认绩效差异

培训需求分析的基本目的就是确认差异，即确认绩效的应有水平同现有水平之间的差异，也就是实际的绩效与理想的、标准的或预期的绩效间的差距。绩效差异的确认，有助于找出影响绩效问题的真正根源，有助于寻找出解决绩效问题的有效方法。

员工行为或工作绩效差异的是否存在。行为或工作绩效差异是指实际行为或工作绩效和计划的行为或工作绩效的差异。组织可以从单位生产、单位成本、安全记录、缺席率、能力测验、个人态度调查、员工意见箱、员工申诉案件、工作绩效评估等指标，了解组织现有员工的行为、态度及工作绩效与组织目标之间的差异。如有差异存在，就说明有培训的必要。

绩效差异的重要性。只有绩效和行为差异对组织有不良影响时，这个绩效和行为的层面才值得重视。绩效层面的重要性自然要根据组织的目标和发展方向而定。当绩效差异影响到组织目标的实现与组织的未来发展时，就必须分析影响绩效的原因和根源：是欠缺适当的知识技能？是环境上的限制或制约？是缺乏适当的诱因或动机？还是员工的身心健康状况不佳？这主要由组织的上层领导来分析，并确认是否有进行培训的必要。

2. 适应组织变革的需要

由于组织中发生的持续的、动态的变革代表了一种潮流，因此改变分析对培训需求就显得尤为重要。当组织发生变革时（不管这种变革涉及技术、程序、人员，还是涉及产品或服务的提供问题），组织都有一种特殊的、直接的需求，这就迫使培训部门在制订合适的培训规划以前迅速地把握住这种变革与需求，对培训进行多角度的分析和透视，以适应组织变革。

3. 提供可供选择的问题解决方法

进行培训需求分析的一个重要原因，还在于它能为问题的解决提供一些可供选择的方法。假如人事部门预测，本组织需要一批营销专家，这便出现这样几种选择：一是对已经工作的营销人员进行再培训；另一个是雇用已经获得高薪的、非常有资格的营销专家；再就是雇用一些低薪的、缺乏资格的人员，然后对他们进行大规模的培训，对这些问题的分析和解决方案的提供，就为培训部门提供了多种解决问题的方法和途径。

4. 决定培训的价值和成本

好的培训需求分析还可使管理人员把成本因素引入到培训需求分析中去。即考虑“不进行培训的损失与进行培训的成本之差是多少”，如果不进行培训的损失大于进行培训的成本，那么培训就是必需的、可行的；反之，如果不培训的损失小于培训的成本，则说明目前还不需要培训或不具备培训的条件。

5. 形成一个研究基地

培训需求分析还有一个好处就是它能够形成一个培训规划开发与评估的研究基地。一个好的需求分析能够确定培训的需要，确立培训的内容，指出有效培训的战略等。同时，在培训之前，通过研究这些资料，还能够建立起一个标准，并依此标准评估培训项目及其培训结果的有效性。

6. 能够获得内部与外部的支持

如果一个组织能够证明信息和技能可以被工作人员系统地接受和掌握，它就可以避免或减少许多不必要的麻烦。一般来说，工作人员通常会支持建立在坚实的需求分析基础之上的培训规划，特别是当他们参与了培训需求分析过程时。让工作人员参与培训需求的分析和培训规划的制订，这就为培训活动获得了各方面的支持。

（三）培训需求分析的内容

1. 培训需求的层次分析

（1）前瞻性层次分析。对未来的分析，一般由人力资源部门发起，考虑改变组织优先权的因素。

（2）组织层次分析。找出企业存在的问题并确定是否需要培训，考察企业目标和对目标产生影响的因素。

（3）员工个人层次分析。个人实际绩效与绩效标准对员工技能要求的差距分析，依据员工业绩、技能测试和个人需求调查问卷。

2. 培训需求的对象分析

（1）新员工培训需求分析。对企业文化、制度、工作岗位的培训，通常使用任务分析法。

（2）在职员工培训需求分析。新技术、技能要求的培训，通常使用绩效分析法。

3. 培训需求的阶段分析

（1）目前培训需求分析。剖析目前存在的问题和不足。

（2）未来培训需求分析。明确组织未来发展的需要。

（四）培训需求分析的层次

1. 组织分析

培训需求的组织分析主要是通过对组织的目标、资源、特质、环境等因素的分析，准确地找出组织存在的问题与问题产生的根源，以确定培训是否是解决这类问题的最有效的方法。培训需求的组织分析涉及能够影响培训规划的组织的各个组成部分，包括对组织目标的检查、组织资源的评估、组织特质的分析以及环境的影响等方面。组织分析的目的是在收集与分析组织绩效和组织特质的基础上，确认绩效问题及其病因，寻找可能解决的办法，为培训部门提供参考。一般而言，组织分析主要包括下列几个重要步骤：

（1）组织目标分析。明确、清晰的组织目标既对组织的发展起决定性作用，也对培训规划的设计与执行起决定性作用，组织目标决定培训目标。比如说，如果一个旅游企业的目标是提高服务质量，那么培训活动就必须与这一目标相一致。假若组织目标模糊不清，培训规划的设计与执行就显得很困难。

（2）组织资源分析。如果没有确定可被利用的人力、物力和财力资源，就难以确立培训目标。组织资源分析包括对组织的金钱、时间、人力等资源的描述。一般情况下，通过对下面问题的分析，就可了解一个组织资源的大致情况：金钱，组织所能提供的经费将影响培训的范围和深度；时间，对组织而言，时间就是金钱，培训是需要相当长的时间的，如果时间紧迫或安排不当，极有可能造成粗略的培训结果；人力，对组织人力状况的了解非常重要，它是决定是否培训的关键因素。组织的人力状况包括：工作人员的数量、工作人员的年龄、工作人员对工作与单位的态度、工作人员的技能水平和知识水平、工作人员的工作绩效等。

（3）组织特质与环境分析。组织特质与环境对培训的成功也起重要的影响作用。因为，当培训规划和组织的价值不一致时，培训的效果很难保证。组织特质与环境分析主要是对组织的系统、文化、资讯传播情况的了解。主要包括如下内容：系统特质，指组织的输入、运作、输出、次级系统互动以及与外界环境间的交流特质，使管理者能够系统地面对组织，避免组织分析中以偏概全的缺失；文化特质，指组织的软硬体设施、规章、制度、组织经营运作的方式、组织成员待人处世的特殊风格，使管理者能够深入了解组织，而非仅仅停留在表面；资讯传播特质，指组织部门和成员收集、分析和传递信息的分工与运作，促使管理者了解组织信息传递和沟通的特性。

2. 工作分析

工作分析的目的在于了解与绩效问题有关的工作的详细内容、标准和达成工作所应具备的知识和技能。工作分析的结果也是将来设计和编制相关培训课程的重要资料来源。工作分析需要富有工作经验的员工积极参与，以提供完整的工作信息与资料。

工作分析是培训需求分析中最烦琐的一部分，但是，只有对工作进行精确的分析并以此为依据，才能编制出真正符合企业绩效和特殊工作环境的培训课程来。

3. 工作者分析

工作者分析主要是通过分析工作人员个体现有状况与应有状况之间的差距，来确定谁需要和应该接受培训以及培训的内容。工作者分析的重点是评价工作人员实际工作绩效以及工作能力。其中包括下列数项：

(1) 个人考核绩效记录。主要包括员工的工作能力、平时表现（请假、怠工、抱怨）、意外事件、参加培训的记录、离（调）职访谈记录等。

(2) 员工的自我评价。自我评价是以员工的工作清单为基础的，由员工针对每一单元的工作成就、相关知识和相关技能真实地进行自我评价。

(3) 知识技能测验。以实际操作或笔试的方式测验工作人员真实的工作表现。

(4) 员工态度评价。员工对工作的态度不仅影响其知识技能的学习和发挥，还影响与同事间的人际关系，影响与顾客或客户的关系，这些又直接影响其工作表现。因此，运用定向测验或态度量表，就可帮助了解员工的工作态度。

(五) 培训需求调查的方法

进行培训需求分析一般可以采用以下方法：问卷调查；个人访谈；集体座谈；实际观察。这些方法各有优缺点（见表 5-1），在实际使用时，为了保证调查结果的准确性，常综合使用。

表 5-1　培训需求调查方法比较

调查方法	优　点	缺　点
问卷调查	覆盖人多 省费用 量化数据 用匿名得到诚实回答	费时间 答卷人不一定了解意图 回答可能不认真 没有面对面的感受
个人访谈	参与性强 感受直接 讨论深入 发现真正问题	费时间 需要专业技巧 覆盖面不大 所谈和实际可能有差距
集体座谈	共同参与 分享与整合 深入了解	组织上有难度 较难量化与分析
实际观察	最真实 信任感 便于发现问题	费时间 覆盖面小 需要专业技巧 需要部门配合

（六）培训需求调查中常见的问题

在进行培训需求调查的时候，有一些常见的问题是需要注意的：

（1）无论是通过问卷、个人访谈还是集体座谈，作为培训的组织实施者，对调查的目的以及结果分析要心中有数。汇总结果应尽量避免出现两个极端：要么完全听从所有员工的个人需求，五花八门，无法找到什么是企业的主要需求；要么凭自己的主观推断，同样无法掌握企业的真正需要，搞成为培训而培训。

（2）在进行培训需求调查时，既要听取各部门员工的要求与呼声，更要体会和把握公司决策管理层的要求和意见。由于工作性质的不同，公司的决策管理层往往获得的信息更全面，对企业的现状及将来发展把握得更为准确。为了使公司的培训达到更好的效果，同时也易于开展，需要满足甚至是迎合他们的需求，使培训适合企业整体业绩目标以及企业文化的发展需要。

（3）作为企业培训的管理与实施者，应该清楚地意识到：在我们进行培训需求调查的时候，培训工作实际上已经开始了。通过培训需求调查，可以使全体员工意识到企业目标与自己实际工作能力之间的差距。作为一个好的培训工作者，要善于帮助员工分析自身的不足，是来自知识欠缺、技能欠缺，还是工作态度也就是积极性方面。这样，就为下一步培训的顺利实施做了一个好的铺垫。

二、培训规划设计

培训规划包括长期计划和短期计划两种。长期计划是人力资源规划的组成部分，是以组织的长期经营战略规划为基础制订的；短期计划即培训实施计划，以长期计划为依据，并从现实中的培训需求出发和结合有关条件具体制订，以提高企业培训的针对性和有效性。

这里我们所制订的培训计划是指培训实施计划，即短期计划，包括：培训什么、培训谁、何时培训、在哪里培训、谁从事培训和怎样培训等内容。

（一）明确培训内容和目标

培训计划要明确培训内容和目标。培训内容一般包括思想教育、文化知识教育、业务技能培训、经营管理培训等。每次培训的培训内容会有差异，要事先明确。培训目标在于指出培训对象在接受培训后，应达到的工作行为标准或应具有的工作表现。

1. 培训目标

对培训需求设定培训目标。培训目标从大的方面看有三个方面：

（1）知识目标：培训后受训者将知道什么。

（2）行为目标：他们将在工作中怎样做。

（3）结果目标：通过培训，组织要获得什么最终效果。

2. 培训内容

具体的培训目标（培训的目的）大致包括如下内容：

（1）传递公司文化和企业价值观。

（2）对公司新的战略进行传达与沟通。

（3）在变革时期改变员工观念。

（4）协助新项目推广、解决眼前问题。

（5）提高员工岗位技能。

（6）推广新的观念、知识和技能。

（7）提高团队整体素质水平。

（8）个人职业生涯发展。

（二）确定培训对象

虽然人人都可以被培训，所有员工都需要培训，而且大部分人都可以从培训中获得收益，但由于企业组织的资源有限，不可能提供足够的资金、人力、时间进行漫无边际的培训，因此，不可能对所有员工培训到同一层次或同等程度，或安排在同一时间培训，而是必须有指导性地确定企业急需的人才培训计划，根据组织目标的需求挑选受训人员。决定组织内哪些人需要培训，可以通过以下几种方法进行：

（1）个别面谈。

（2）问卷调查。

（3）分析个人的一贯工作表现和绩效情况。

（4）管理的需要。

（5）观察员工工作时的行为表现。

（6）工作分析与岗位职责的分析。

（7）考评结果。

（8）外部咨询。

（9）评估中心。

（三）确定培训时间

培训时间的长短可以根据培训的目的、场所、师资和培训对象的素质水平来确定。新员工可实施 1 周到 10 天，甚至更长时间的岗前培训。一般员工则可根据培训对象的能力、经验来确定培训期限。培训时间的具体选择，要以尽量减少对正常的工作冲击为原则。旅游企业一般都在淡季组织培训，而且具体安排还要考虑一天中哪一时间段对工作影响最小等。考虑到员工培训的特点，培训时间最好能够做到少量多次。

（四）选择培训场所

培训场所一般有企业内部场所和外部场所两种。其选择根据培训的内容和方式不同而有所区别。对于要结合企业实际进行的训练项目可以选择企业内部场所，如餐厅操作技能的培训。

饭店企业一般都拥有很好的内部培训设施和场所，使用内部场所的优点是组织方便、费用节省；缺点是培训形式单一，员工在过于熟悉的环境中受训缺乏紧张感，且受工作冲击的概率较大。外部场所主要是一些专业培训机构的培训场所，一般还有内部场所和外部场所的区别。其优点是可以利用特定的设施，并且离开工作环境可以使员工专心接受培训；缺点是组织工作复杂，且费用较高。

（五）建立师资队伍

培训讲师是具体培训计划的执行者、引导者，其水平高低直接影响培训效果。培训讲师的类型有多种分类方法：

（1）按照隶属关系可以分为：企业内部讲师与外聘讲师，外聘讲师通常还可以分为实战型讲师与学院型讲师；

（2）按照讲师专长可以分为：管理课程讲师、营销课程讲师、IT 技术讲师、通用技能讲师以及其他专业课程讲师；

（3）按照讲师的籍贯还可以分为：国内讲师、港台地区讲师、国外讲师；

（4）按照讲师风格还可以分为：讲座型的（严谨型）、互动型的（活泼型）。

各类讲师具有各自的特点，如：企业内部讲师非常了解课程目的以及每名受训学员的特点，便于因材施教。外聘讲师通常是某领域或学科的专家。实战型讲师具有十分丰富的实践经验，在讲授课程的同时，我们可以分享他在进行某项业务时的成败案例，同时他可以解答在具体业务操作中遇到的困惑问题。学院型讲师具有深厚的理论基础，我们可以从他那里较全面、系统地学习某一课程的基本概念和理论。在选择讲师风格时要注意结合课程本身特点与企业文化以及受训员工的接受能力相匹配，才能起到良好的培训效果。作为公司培训管理人员，在选择培训讲师时，需要注意结合公司业务情况、企业文化、课程特点以及员工的接受水平。

在专门配备内部培训讲师还是外部聘请培训讲师时，有一点是要事先明确的：招募配备内部培训讲师，必然增加企业的人工成本；选择聘请外部培训讲师往往是一次性的，尽管讲课费用很高，但无须其他经常性开支。但如果反复聘请，开设相同课程，也将增加企业的培训费用。所以必须考虑企业的特点与规模因素，来决定是否需要配备企业内部专职讲师。例如饭店行业，由于从事相同一线岗位的员工人数众多，可以配备适量的专业培训师负责企业一线员工的入职培训和专业技能培训；管理培训则适合外聘讲师。

（六）选择外部培训机构

对于中小型旅游企业的培训管理人员，在制订企业培训计划的时候，还必然遇到与外部咨询培训机构合作的问题。由于中小型旅游企业没有大型旅游企业那样的“假日大学”或培训中心，甚至没有一名专职的培训讲师。有些旅游企业的人力资源部内，都只有一人具体主管企业员工的培训工作。这样，一些简单的培训项目，企业可以独立操作；而对于一些复杂、综合的培训项目，例如对高级管理人员的系统化管理能力培训、全公司人员的拓展训练、某些高级专题培训等，就需要与外部咨询培训机构合作，得到它们的支持帮助。实际上，随着我国经济社会的发展，近年来已出现了许多大大小小的咨询培训机构，与它们的联系和合作变得越来越频繁和方便。

外部咨询培训机构按地域可以分为：欧美、港台和国内咨询培训公司三大类。欧美培训机构的优势主要有：课程设置规范、理念先进、技能具有实用性、大牌讲师受过标准专业培训；劣势包括：培训费用高昂、优秀讲师相对较少、讲课有时会有文化和语言上的障碍。港台咨询培训公司的优势有：讲究培训技巧、风格活跃、课程内容中西合璧；劣势包括：案例有时适用性不强、风格不一定被接受、对国内企业了解不多。国内咨询培训公司的优势是：了解国内企业、费用相对低、有优秀讲师联络网、课程实用性强；其劣势包括：课程规范程度不够、提供讲师良莠不齐。此外政府培训机构以及大学培训资源也可以为企业所利用。

在充分了解培训机构的实力和特点以后，我们可以根据企业的实际需求和培训目标，选择相应的合作形式。具体形式大致包括：培训课程讲授、版权课程的开发与设计、企业培训战略规划和年度培训计划的咨询、人力资源整体规划的咨询、人力资源信息的共享以及其他商务方面的咨询，等等。

（七）选定培训教材和方法

企业要根据不同的培训内容和培训对象等来选定不同的课程和教材，并根据自身的规模、经费、技术性质、培训对象、人数、目的等实际情况选定适当的培训方法。

三、培训过程管理

前期的需求预测工作、培训规划工作完成后，就进入了培训实施阶段。培训的实施是指把培训计划付诸实践的过程，它是达到预期的培训目标的基本途径。培训规划设计得再好，如果在实践中得不到很好的实施，也没有什么意义。培训实施过程中的管理也十分重要，是培训工作的关键环节。

在培训项目即将实施之前要做好各方面的准备工作：确认并通知参加培训的员工；做好培训后勤准备；确认培训时间；教材及培训资料准备。培训过程中要做好以下工作：保持与培训者和受训者的沟通，及时将受训者的意见反馈给培训者，有时也需要把培训者的要求传达给受训者；保证培训设施、设备的正常使用；保持培训场地干净整洁；适当安排一些娱乐活动。培训后要听取双方意见，做好培训总结。

四、培训效果评估

培训效果评估是整个培训管理工作中的最后一步，也是很多旅游企业最容易忽略的关键步骤。实施培训项目结束后，效果评估是必不可少的环节。如果培训不能增长人的知识与能力、改变人的观念和在工作中的行为，从而提高企业的业绩，这个培训过程必然是不完整的，甚至是无效的。培训效果的评估主要来自两个方面的信息：培训课程本身的效果评估和实际运用对企业产生的收益评估。可以从以下四个层面对培训进行评估，对应这四个层面又有不同的评估方法：

（一）学员反映

即受训者对培训的印象。通常做法是培训结束后请受训者填写一份简短的问卷。在问卷中，要求学员对培训科目、授课讲师的表达与授课技巧、自己的收获、培训时间的适合程度、后勤服务等方面做出评价。也可以用口头询问及座谈的方式来进行调查。培训者可以根据学员的反馈，及时调整课程内容、授课讲师以及授课方式。

（二）学习效果考查

即考查受训者对培训内容的掌握程度，包括知识、技能和态度三个方面。可以通过培训前和培训后都进行的书面考试或操作测试来衡量，也可以通过观察评分或者小组研讨的方式来进行评估。

（三）行为的改变

即受训者接受培训后在工作行为上的变化。通常由受训人自己或那些和受训者最接近的人，例如其上司、同事或下属进行评定。这也需要借助一系列的评估表。需要注意的是，受训人的行为改变有可能是由多种因素引起的，所以在评估时，要区分哪些是由于培训所带来的改变。

（四）企业收益评估

即通过培训带来的企业相关产出、业绩的变化。培训的目的是有助于达到组织的目标，这也是培训评估最有意义的方面。但是，与行为的改变类似，企业绩效的改变常常是由多种因素导致的，很难把由培训引起的企业绩效的变化计算出来。

尽管如此，随着人力资源管理实践的发展和理论研究的深入，人们逐渐认识到，只有对人力资源管理和开发的各项活动进行准确的计量和核算，才能对人力资源管理和开发工作的经济效果和效率进行合理的评价。为此，20 世纪 60 年代，美国会计学会专门增设了人力资源会计委员会，把人力资源会计定义为鉴别和计量人力资源数据的一种方法。也就是说，人力资源会计是组织运用会计学的概念和方法，为了管理和核算的目的而对组织的人力资源数据进行全面的评价和计量的一种会计方法，目的是将有关信息提供给有关团体和个人。

关于企业培训活动收益的计算，也有许多学者进行了深入的研究探索。他们认为，员工培训是一种投资活动，应该使用一般的投资项目评估方法来处理。1982 年，美国学者格雷格·基尔斯利（Greg Kearsley）对培训的成本项目进行了分类。

美国学者詹姆斯·哈西特（James Hassett）在 1992 年提出了一种测算培训项目收益的程序，有很强的指导意义。

第一步，分项计算。

（1）增加的销售额：培训产生的收益＝平均每人销售量的增加量×每单位销售量的

收益×员工人数。

（2）提高的生产率：培训产生的收益=生产率提高的百分比×单位员工成本×员工人数。

其中，单位员工成本=工资+福利+管理费。

（3）减少的错误：培训产生的收益=每个错误的平均成本×平均每个员工避免错误的数目×员工人数。

（4）客户保持：培训产生的收益=每位客户带来的平均收益×保留的客户数量。

（5）员工保持：培训产生的收益=一个新员工的平均成本×保留的员工的数量。

其中，一个新员工的平均成本=新员工培训费用+损失的生产率。

第二步，培训项目产生的总收益。

总收益=以上 5 项培训所产生的收益的总和

第三步，培训投资的净收益。

净收益=培训所产生的收益-培训的成本。

对人力资源管理的研究表明，一般而言，培训确实对主管人员对员工的业绩考核中的等级评定有正面的效果。而且很多公司已经估计出培训可使公司得到数额巨大的收益。摩托罗拉公司的估计结果是公司每 1 美元的培训支出得到的收益为 30 美元。美国的目标连锁商店（Target Stores）发现员工离职率从培训前的 89%下降为培训后的 59%。

案例分析

东京迪士尼乐园员工培训

到东京迪士尼去游玩，人们不大可能碰到迪士尼的经理，门口卖票和剪票的也许只会碰到一次，碰到最多的还是扫地的清洁工。所以东京迪士尼对清洁工非常重视，将更多的训练和教育集中在清洁工的身上。

1. 从扫地的员工培训起

东京迪士尼扫地的有些员工是暑假工作的学生，虽然他们只扫两个月时间，但是培训他们扫地要花 3 天时间。

◆学扫地

第一天上午要培训如何扫地。扫地有 3 种扫把：一种是用来扒树叶的；一种是用来刮纸屑的；一种是用来掸灰尘的。这三种扫把的形状都不一样。怎样扫树叶，才不会让树叶飞起来；怎样刮纸屑，才能把纸屑刮得很好；怎样掸灰，才不会让灰尘飘起来；这些看似简单的动作却都应严格培训。而且扫地时还另有规定：开门时、关门时、中午吃饭时、距离客人15米以内等情况下都不能扫。这些规范都要认真培训，严格遵守。

◆学照相

第一天下午学照相。十几台世界最先进的数码相机摆在一起，各种不同的品牌，每台都要学，因为客人会叫员工帮忙照相，可能会带世界上最新的照相机，来这里度蜜月、旅行。如果员工不会照相，不知道这是什么东西，就不能照顾好顾客，所以学照相要学一个下午。

◆学包尿布

第二天上午学怎么给小孩子包尿布。孩子的妈妈可能会叫员工帮忙抱一下小孩，但如果员工不会抱小孩，动作不规范，不但不能给顾客帮忙，反而增添顾客的麻烦。抱小孩的正确动作是：右手要扶住臀部，左手要托住背，左手食指要顶住颈椎，以防闪了小孩的腰或弄伤颈椎。不但要会抱小孩，还要会替小孩换尿布。给小孩换尿布时要注意方向和姿势，应该把手摆在底下，尿布折成十字形，最后在尿布上面别上别针，这些地方都要认真培训，严格规范。

◆学辨识方向

第二天下午学辨识方向。有人要上洗手间，“右前方，约50米，第3号景点东，那个红色的房子”；有人要喝可乐，“左前方，约150米，第7号景点东，那个灰色的房子”；有人要买邮票，“前面约20米，第11号景点，那个蓝条相间的房子”……顾客会问各种各样的问题，所以每一名员工要把整个迪士尼的地图都熟记在脑子里，对迪士尼的每一个方向和位置都要非常明确。

训练3天后，发给员工3把扫把，开始扫地。如果在迪士尼里面，碰到这种员工，人们会觉得很舒服，下次会再来迪士尼，也就是所谓的引客回头，这就是所谓的员工面对顾客。

2. 会计人员也要直接面对顾客

有一种员工是不太接触客户的，就是会计人员。迪士尼规定：会计人员在前两三个月中，每天早上上班时，要站在大门口，对所有进来的客人鞠躬、道谢。因为顾客是员工的“衣食父母”，员工的薪水是顾客掏出来的。感受到什么是客户后，再回到会计室中去做会计工作。迪士尼这样做，就是为了让会计人员充分了解客户。

其他重视顾客、重视员工的规定：

◆怎样与小孩讲话

游迪士尼有很多小孩，这些小孩要跟大人讲话。迪士尼的员工碰到小孩在问话，统统都要蹲下，蹲下后员工的眼睛跟小孩的眼睛要保持同一个高度，不要让小孩子抬着头去跟员工讲话。因为那个是未来的顾客，将来都会再回来的，所以要特别重视。

◆怎样送货

迪士尼乐园里面有喝不完的可乐，吃不完的汉堡，享受不完的三明治，买不完的糖果，但从来看不到送货的。因为迪士尼规定在客人游玩的地区里是不准送货的，送货统统在围墙外面。迪士尼的地下像一个隧道网一样，一切食物、饮料统统在围墙的外面下地道，在地道中搬运，然后再从地道里面用电梯送上来，所以客人永远有吃不完的东西。这样可以看出，迪士尼多么重视客户，所以客人就不断去迪士尼。去迪士尼玩 10 次，大概也看不到一次经理，但是只要去一次就看得到他的员工在做什么。这就是前面讲的，顾客站在最上面，员工去面对客户，经理人站在员工的底下来支持员工，员工比经理重要，客户又比员工更重要，这个观念人们应该建立起来。

（改编自：余世维《东京迪士尼乐园员工培训案例》. 亚太管理训练网，www. longjk. com/）

案例讨论题

1. 你认为案例 1 中的培训方式是否会增加企业培训成本？这样做是否值得？
2. 东京迪士尼乐园的培训指导思想是什么？你认为哪些做法值得其他企业借鉴？

旅游职业经理人的培训调查

2015 年 7 月 28 日，国家旅游局人事司组织开展了全国旅游职业经理人职业状况在线调查，共有 5700 余人提交了问卷。调查显示：继续教育和培训总体较少，层次水平不高，类型不够多元。

一、继续教育状况

在主要学习渠道方面，25. 24%的调查对象表示主要是自己学习、在实践中摸索，22. 87%的调查对象表示主要是通过公司内部培训，12. 97%的调查对象表示主要是通过外部培训机构授课，只有 6. 98%的调查对象表示主要通过听商学院课程（图 1）。

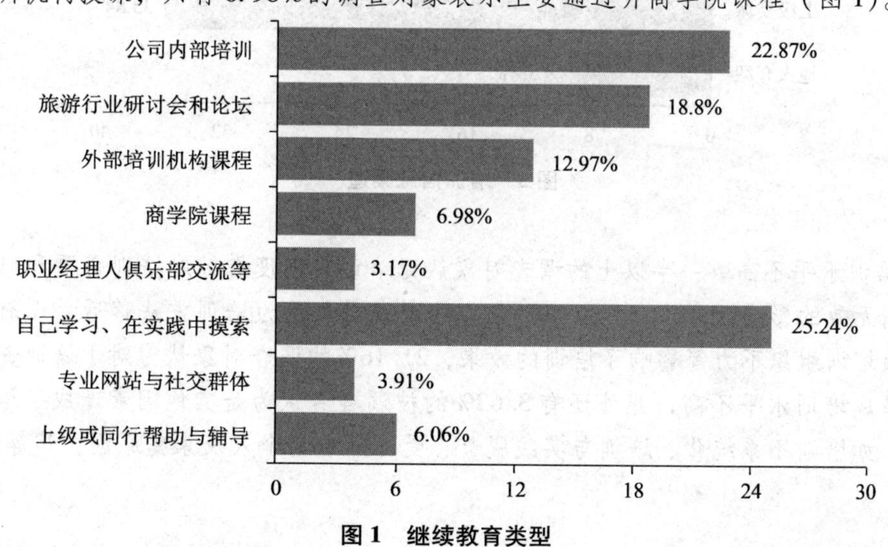

图 1　继续教育类型

二、培训状况

1. 时间短。数据显示，54.03%的调查对象年培训时间不足4周，甚至有15.89%的调查对象表示根本没有接受培训，19.45%的调查对象表示年培训6周，10.63%的调查对象表示年培训12周（图2）。

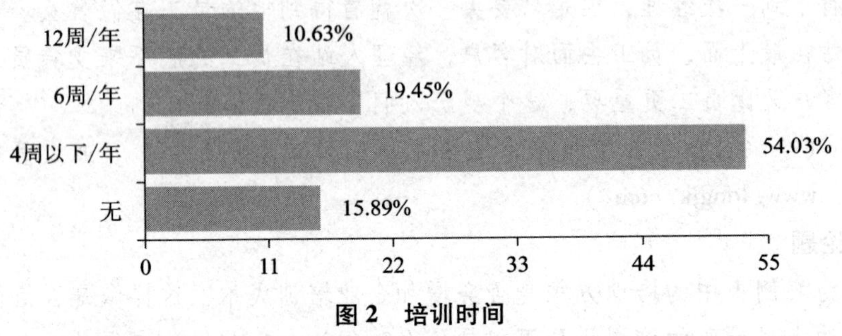

图2 培训时间

2. 供给渠道少。35.84%的调查对象参加培训的信息渠道是接受上级委派，20.7%的调查对象通过新兴媒体，19.38%的调查对象通过邀请函，14.74%的调查对象通过传统媒体，9.33%的调查对象通过他人介绍(图3)。

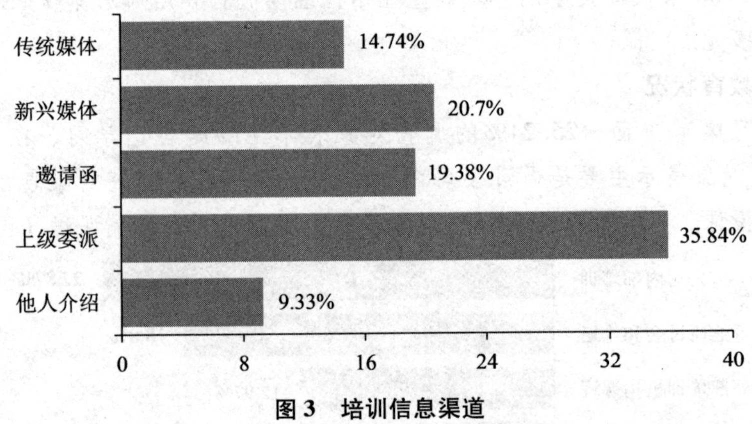

图3 培训信息渠道

3. 培训水平不高。一半以上的调查对象认为培训内容没有针对培训需要和培训时间短是培训无效的影响因素，分别有30%左右的调查对象认为培训方法落后、没有合适的师资以及培训组织不力等影响了培训的效果，21.16%的调查对象认为对于培训资金的投入不够造成培训水平不高，此外还有3.62%的被调查者认为是其他因素造成了培训效果不明显，如培训不系统化、培训与实践脱节、受培训者的个人及家庭原因，等等(图4)。

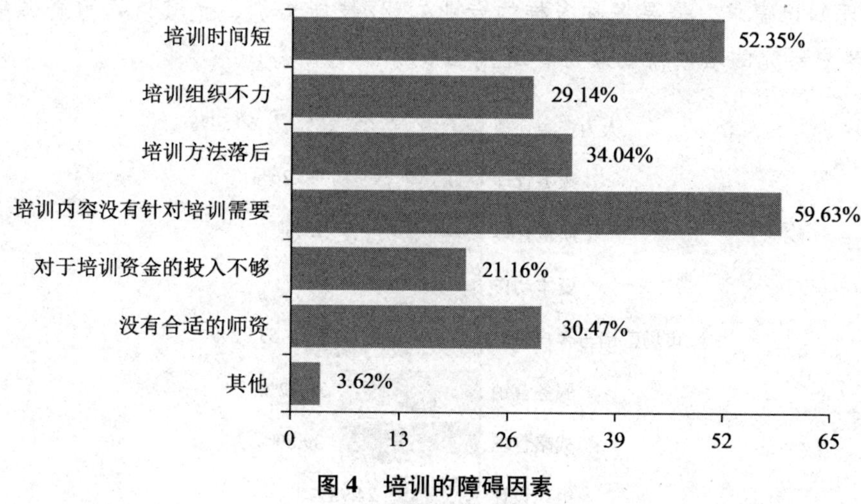

图4　培训的障碍因素

三、培训需求

1. 基本能力需求。以七大能力为主。超过45%的调查对象表示，团队领导能力、经营决策能力、风险管控能力、变革创新能力、沟通协调能力、目标执行能力、组织架构能力等非常重要，重要性程度也相对比较均匀，沟通协调能力更显突出。

2. 管理技能需求。普遍需要创新思维训练，其次是沟通技能、谈判技巧和问题解决，再次是统计分析、时间管理和高效会议。79.77%的调查对象表示需要创新思维训练，分别有超过一半的调查对象认为需要沟通技能、谈判技巧和问题解决的技能训练，分别有将近一半的调查对象表示需要接受心理素质训练和信息技术训练，分别有超过30%的调查对象表示需要接受统计分析、时间管理和高效会议的训练（图5）。

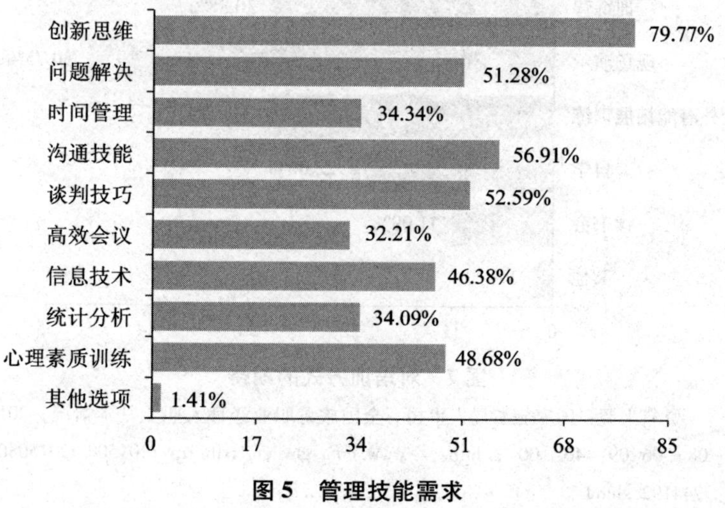

图5　管理技能需求

3. 管理知识需求。需要多种多样的专业知识/技能培训，尤其以人力资源管理、市场营销与客户研究的培训需要最为普遍（图6）。

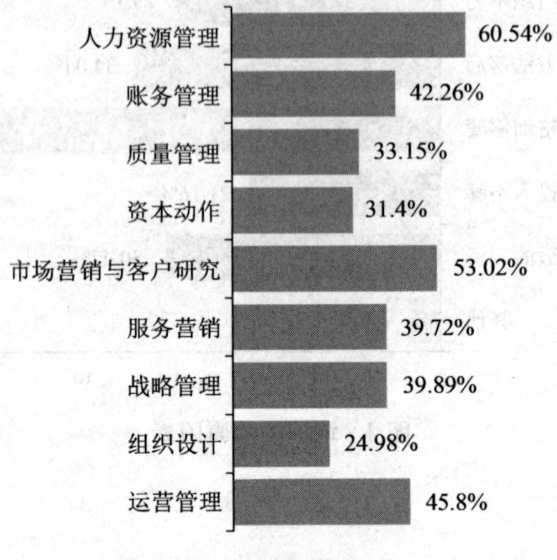

图6　管理知识需求

4. 培训方式期待。分别有超过一半的调查对象认为论坛或研讨会、课堂讲授和现场演示的方式对自己有效，30%左右的调查对象认为训练营和野外潜能拓展训练的方式对自己有效，分别有22.06%和11.09%的调查对象认为自学和读书会对自己有效（图7）。

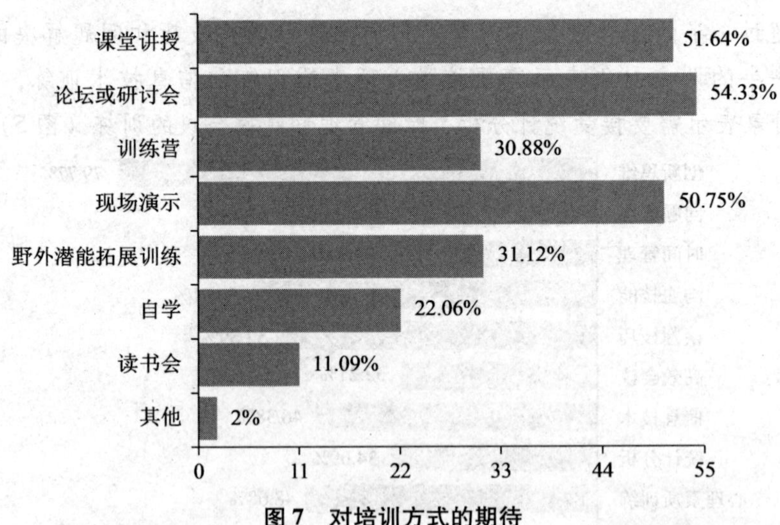

图7　对培训方式的期待

资料来源：国家旅游局人事司．全国旅游职业经理人职业基本情况，2015-08-06 09：40：00，http：//www.cnta.gov.cn/xxfb/jzpx/201508/t20150806_744192.shtml

案例讨论题

针对当前旅游职业经理人队伍培训的现状，你认为应该如何改进旅游业的培训工作？

思考与练习

1. 培训对于旅游企业的重要意义有哪些？
2. 旅游企业培训有什么特殊要求？如何做好培训工作？
3. 企业员工培训有什么特点？如何结合这些特点搞好培训工作？
4. 如何选择培训方法？
5. 培训效果评估要注意哪些问题？
6. 如何看待与衡量培训成本和收益？
7. 根据所学内容，制订一份饭店前厅部新员工的培训计划。

第6章 员工绩效管理

【学习目标】

通过本章的学习，了解员工绩效管理的目的与作用，掌握旅游企业员工绩效管理的内容和方法，了解绩效考核的标准，能够对绩效考核的有效性进行管理。

【内容结构】

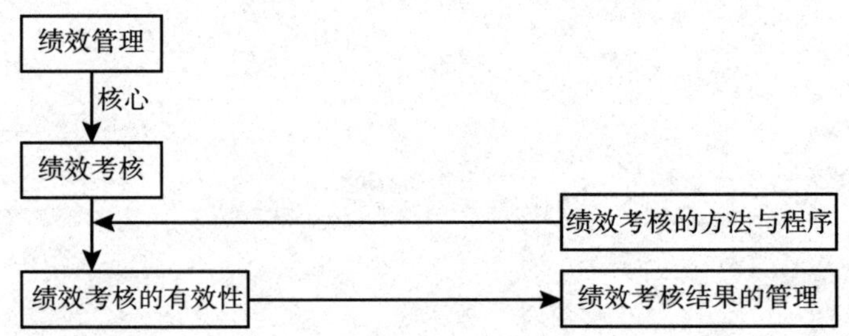

【重要概念】

绩效　绩效考核　绩效管理　360°绩效考核

案例

绩效管理能解决 C 旅游公司的困境吗

C 旅游公司位于重庆市，成立于 1992 年 12 月，是合资股份制旅游企业，为境内外客户提供综合性的旅游服务和咨询业务。公司为国内发展较迅速的国际旅游企业之一，是重庆旅游界发展最快及独占鳌头的企业，先后获全国百强国际旅行社、英国皇家国际证书的旅游企业、消费者信得过企业。公司现有员工 210 名，各国语种及国内导游 150 名，豪华空调旅游车 48 辆，自购办公场地 1000 平方米。

这些年推动公司成长和发展的，主要是公司中高层主管在旅游界特别是日本市场形成的威望、信誉和成功的市场策略。但近年来，虽然随着市场整体的发展，游客总量在不断增加，但由于四川及周边地区的旅游热点从长江三峡转移到九寨沟，公司原有的一部分优势随之消失，加上随着其他旅行社实力的增强，市场竞争日益加剧，形成一种群雄割据、量大利薄的局面。C 公司的决策层经过与管理咨询公司交流，开始意识到建立一套规范、完善的绩效管理体系势在必行。实际上，在 C 公司，绩效考核这一概念一直没有被各级管理人员和员工真正重视，更没有成为公司和部门管理工作的一部分，很多员工特别是基层工作人员根本就不知道什么是绩效管理。如何构建一个明晰的绩效管理体系，是摆在公司董事会面前一个亟待解决的问题。

第 1 节　绩效管理概述

一、绩效与绩效管理

（一）绩效

绩效一般是指完成工作的效率和效能。具体讲是员工在考核期间内的工作表现和业务成果，是其能力在一定环境中表现的程度和效果，是其在实现预定工作任务的过程中所采取的行为及这些行为的成果。绩效可以从以下两个方面来表述：①绩效是员工所做的工作中对达到企业的目标具有效益、具有贡献的部分；②绩效是个人知识、技能、能力等一切综合因素通过工作而转化为可量化的贡献。

绩效的好坏不仅取决于个体的主观努力，还深受组织文化、战略、时间、评定者与被评定者的关系以及工作环境的影响。作为主观努力和客观限制条件共同作用的结果，绩效具有多重性、多变性、多样性的特征。

（二）绩效考核

绩效考核，简称考绩，又称绩效考评、绩效评价等，它是对员工的工作行为与工作结果全面地、系统地、科学地进行考查、分析、考核与传递的过程。绩效考核在本质上就是考核组织成员对组织的贡献，或者对组织成员的价值进行评价。它是管理者与员工之间为提高员工能力与绩效，实现组织战略目的的一种管理沟通活动。

由于绩效考核本身不是目的，而是手段，因此其概念的外延和内涵应该随经营管理的需要而变化。从内涵上说，就是对人与事的评价：一是对人及其工作状况进行评价；二是对人的工作结果，即人在组织中的相对价值或贡献程度进行评价。

从外延上说，就是有目的、有组织地对日常工作中的人进行观察、记录、分析和评价。有三层含义：①从企业经营目标出发进行评价，并使评价以及评价之后的人事待遇管理有助于企业经营目标的实现；②作为人力资源管理系统的组成部分，运用一套系统的制度性规范、程序和方法进行评价；③对组织成员在日常工作中所显示出来的工作能力、工作态度和工作成绩进行以事实为依据的评价。

但在传统的人事管理中，绩效考核只停留在获取员工的工作绩效的相关信息这一层次上，只注重个人评价和奖励的分配过程，是“立足现在看过去”的一种考核方法。而在现代人力资源管理中，绩效考核中的工作信息收集只是考核过程的一个步骤，关键在于信息如何以企业需求为衡量标准来及时反馈给员工，不断改进绩效才是最重要的。所以现代人力资源管理的绩效考核是“立足于现在看将来”的一种考核方法。现代人力资源管理理论将绩效考核上升为一种重要的管理方法，提出了绩效管理这一概念。

（三）绩效管理

绩效管理就是管理者通过一定的制度与方法，确保组织及其子系统（部门、工作团队和员工个人）的绩效（工作表现和业务成果）能够与组织的战略目标保持一致并促进组织战略目标实现的过程。它的实质是通过持续动态的沟通达到真正提高绩效、实现组织的目标，同时促使员工发展。

绩效管理是企业管理控制系统中的一个子系统。一般包括以下内容：

1. 绩效计划

绩效计划是在明确上期绩效的前提下，以企业战略目标为导向，管理者和员工探讨在该绩效考核期内应履行的工作职责、各项任务的轻重缓急、预期达到的工作效果、衡量绩效的标准、员工的自主权限、可能遇到的障碍及解决方法等问题并达成协议。其作用在于帮助员工找准路线，认清目标，是整个绩效管理体系中重要的前期控制环节。

2. 绩效实施与监控

计划实施过程中存在诸多变量，使员工在完成工作中遇到意料不到的困难。为确保绩效目标的顺利完成，需要监督人员在监控绩效进展情况中及时发现问题，并给予帮助，必要时要对绩效计划进行相应调整。

3. 绩效考核

根据绩效计划拟定的指标和标准，采用合理的评价方法，对员工的绩效进行考核。

4. 绩效反馈沟通

绩效反馈沟通在绩效管理系统中是非常必要的，通过与被考核者的沟通，可以让被考核者了解绩效管理者对自己的期望，了解自己的业绩完成情况，认识自己有待改进的地方。图 6-1 为绩效管理流程示意图。

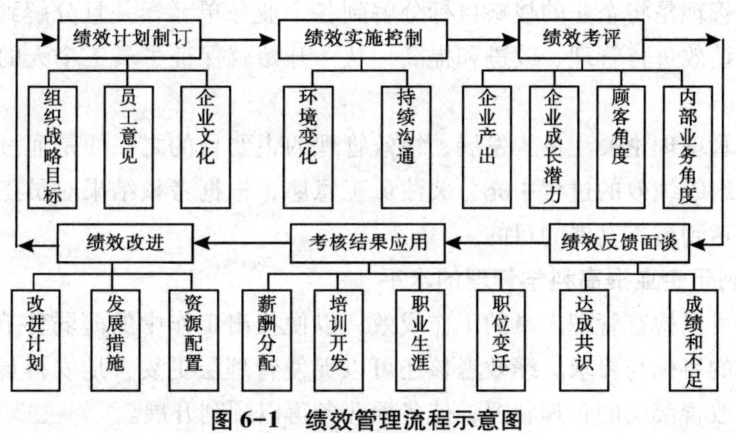

图 6-1　绩效管理流程示意图

5. 绩效结果应用

绩效反馈沟通完成后，便有一个完整的，管理者、员工双方都认可的考核结果。绩效结果可以为企业的薪酬调整、员工培训与开发、职位调整提供依据。绩效结果应用是整个绩效管理系统一个周期运行的终点。

二、员工绩效管理的目的与作用

绩效管理要明确指出员工应具有何种能力，应以何种态度完成何种业绩，并为员工个人的全面发展提供信息和依据。绩效管理的目的和作用表现在很多层面：

（一）为人事决策提供依据

（1）培训、发展、招聘。企业可以根据考核结果发现员工的优缺点和潜能，并以此为依据给予员工适当的训练，以强化优势，改善不足，挖掘潜能，还可以确定在招聘员工时应重点考查的知识、能力、品质等。

（2）员工的调迁、升降、淘汰。企业会重点培养并提升表现佳、潜能高的员工；对表现欠佳的员工，企业会找出问题的症结，既改善组织管理方面存在的问题，又改善员工绩效。

（3）薪酬管理。在现代企业管理中，报酬与员工的工作绩效密切挂钩，报酬已经成为对员工进行激励和约束的因素。只有通过对员工绩效进行考核，才能根据员工的表现，制定合理的薪酬，既使员工感到公平和满意，又能激发员工的积极性。

（二）促进上下级沟通

在对员工的绩效管理中，上下级之间不仅可以通过对考核结果的交流、申诉和反馈，促进双方的沟通和理解，有利于营造融洽的工作气氛，减少不必要的误会；而且上级在针对员工绩效提升进行的辅导培训过程中，更增强了双方的沟通与交流，增进了彼此的友谊。

（三）强化组织目标与个人目标的联系

由于绩效管理是将企业的战略目标分解到各个业务单元，并且分解到每个人，因此对每个员工的绩效进行管理、改进和提高，从一开始就保证了员工个人的绩效目标与组织的目标一致。

现代绩效管理理论关注员工发展，绩效管理的主要目的之一便是通过与员工的充分沟通，在实现组织绩效的过程中充分关注员工意愿，根据考核结果对员工将来的发展制订计划，进而达到员工发展的目的。

（四）有利于企业提高科学管理的水平

绩效管理可以检查管理人员的工作成效，以便找出工作中的薄弱环节，从而加强管理以达到部门的目标与要求。绩效考核还可以促使管理层更妥善地安排员工的工作，量才用人，从而改善部门的管理状况，使各项业务得以顺利开展。

（五）减少法律纠纷

绩效考核记录也为企业日后可能的法律纠纷提供可靠的依据。员工的招聘和解聘常常会给企业带来官司。作为企业，必须能够提供证据证明企业不录用及解聘某些员工不是出于歧视，而是由于实际工作的需要。

三、旅游企业员工绩效管理的特点与地位

（一）旅游企业员工绩效管理的特点

旅游行业是人与人密切接触的行业。在饭店住宿过程中，顾客要与服务员密切接触（目前出现的“无人自助型饭店”只是少数）；在旅游过程中，旅游者要与导游、司机、乘务员密切接触；在旅行社里，旅游者要与旅行社工作人员密切接触。加上旅游产品的无形性，旅游者对旅游企业的满意程度不仅取决于其“显性利益”的获得程度，还取决于其“隐性利益”的满足程度。员工的服务态度、主动服务意识、灵活性、及时反应能力等是决定顾客“隐性利益”满足程度的关键因素。了解顾客满意因素中的关键因素，有助于对旅游企业战略目标的进一步分解，对于确定与顾客有着密切接触机会的岗位职责设计以及员工绩效考核有着重要意义。

服务的密切接触性和旅游企业战略目标的特殊性决定了旅游企业员工特别是直接面对顾客的员工岗位职责的特殊性，具体表现在：①服务意识在岗位职责中具有十分重要的地位；②服务授权可以给予员工更多服务机会；③人际沟通能力十分重要。

对一个职位的任职者进行绩效管理应该设定哪些关键绩效指标，往往是由这个岗位的关键职责决定的。对旅游企业岗位职责特殊性的理解对绩效管理有着重要意义。

（二）旅游企业员工绩效管理的地位

1. 绩效管理是旅游企业战略的执行者

绩效管理是将企业的战略目标分解到各个业务单元，进而分解到每个人，因此对每个员工的绩效进行管理、改进和提高就是对旅游企业整体绩效的管理、改进和提高，就是对企业战略目标的管理，旅游企业绩效管理的有效程度就是企业战略执行的程度，绩效管理是旅游企业战略的执行者。

2. 绩效管理是旅游企业人力资源管理的核心

从绩效管理在人力资源管理系统中的位置看，旅游企业员工绩效管理与人力资源管理与开发中的工作分析与职位设计、薪酬管理、员工招聘、培训与开发、员工职业计划都有密切关系，在整个系统中居核心地位。

第 2 节　员工绩效考核

一、员工绩效考核的内容

（一）旅游企业员工绩效考核的基本内容

员工考核的对象、目的和范围复杂多样，因此考核内容也颇为复杂。但就其基本方面而言，主要包括德、能、勤、绩四个方面。

1. 德

"德"指人的政治思想素质、道德素质和心理素质。德是一个人的灵魂，它决定了一个人的行为方向——为什么样的人生目的而奋斗；决定了行为的强弱——为达到目的所做努力的程度；决定了行为的方式——采取什么手段达到目的。

德的标准不是固定的，而是随着不同时代、不同行业、不同层级而有所变化。在改革开放的今天，德的一般标准是坚持党的基本路线，坚持社会主义价值观，富有使命感、责任心和进取精神，遵守职业道德，遵纪守法等。德的考核对各级管理者尤为重要。

2. 能

"能"指员工从事工作的能力，包括体能、学识、智能和技能等方面。体能主要指身体素质、健康状况等因素；学识主要包括文化水平、工作经验等项目；智能包括记忆、分析、综合、判断、创新等方面；技能包括操作、表达、组织领导、计划决策、监督控制等方面。对不同职位的员工，能的要求应有不同的侧重。

3. 勤

“勤”指勤奋敬业的精神。主要指员工的工作积极性、创造性、主动性、纪律性和出勤率。不能把“勤”简单地理解为出勤率。出勤率高是“勤”的一种表现，但并非内在的东西，他也可能是出工不出力，动手不动脑。真正的“勤”，不仅出勤率高，更重要的是以强烈的责任感和事业心，在工作中投入全部的体力和智力，并且投入全部的情感。因此，人事考勤工作应将形式的（表面的）考勤与实质的（内在的）考勤结合起来，重点考核其敬业精神。

4. 绩

“绩”指人员的工作效率与效果，包括完成工作的数量、质量、经济效益和社会效益。数量、质量、效益之间，经济效益与社会效益之间，都是对立统一的、辩证的关系。在考核和评价人员的绩效时，应充分注意这一点。对不同职位，考核的侧重应有所不同，但效益应该处于中心地位。在考核“绩”时，不仅要考核人员的工作数量、质量，更应考核其工作因满足社会需要所带来的经济效益和社会效益，即工作的社会价值。

有时，对一些特殊目的的考核还要求对被考核者的个性特征（如性格、兴趣、爱好等）进行评价。在具体实施考核时，德、能、勤、绩往往又可被分解成若干子项目，如对组织忠诚度、知识水平等，从而使考核更加客观、可行。

（二）旅游企业员工考核的具体内容

旅游企业员工绩效如何，还要结合员工的具体岗位来确定。一般可按“工作产出法”来确定考核的具体内容。具体做法是将员工工作产出的供给对象当作员工的客户，包括内部客户和外部客户，画出客户关系图。通过客户关系图，确定员工为哪些客户提供工作产出，以及对每个客户提供的工作产出分别是什么，以这些客户对员工工作产出的满意标准作为衡量员工绩效程度的标准，通过客户关系显示图法找出工作产出指标就是员工绩效考核的具体指标。如以餐厅服务员为例，其客户关系如图 6-2 所示。

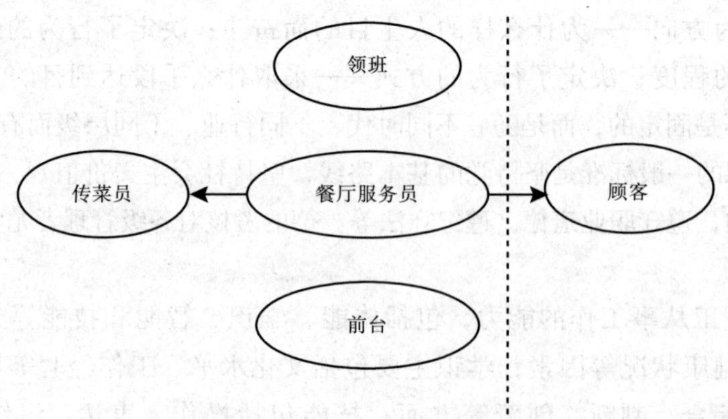

图 6-2　餐厅服务员的客户关系

从图 6-2 中可以清楚地看出餐厅服务员的服务对象和其工作产出：对顾客的工作产出主要是引座、介绍菜肴、点菜、上菜、分餐、应需服务；对前台的工作产出主要是送客结算；对传菜员的工作产出主要是送菜单、接盘、送盘；对领班的工作产出主要是摆台、对客服务和收拾桌面。这些工作产出就是餐厅服务员的岗位职责，也是其考核的具体指标。

二、员工绩效考核的原则

（一）公开、透明原则

考核的内容、标准和考核结果，都应当向本人公开。考核前，要公布考核标准细则，让员工知道考核的条件与过程，对考核工作产生信任感。特别是要进行考核面谈，让员工对考核结果持理解、接受的态度，这是保证考核民主性的重要手段。绩效考核的公开性，具有三项优点：其一，有助于减少员工对管理部门的敌对感，增加员工对组织的信任感和归属感。其二，可以防止考核中可能出现的主观偏见等误差，保证考核的公平与合理。其三，可以使被考核者了解自己的优缺点，以改正缺点、发扬优点，达到考核的目的。

（二）具体可衡量原则

考核目标要具体、明确。绩效考核的指标应当是可以衡量的。考核的项目应当分解为一个个可以度量的指标。比如，对于销售人员进行考核时，考核“销售业绩”显然不如考核新市场占有率、销售成本率、资金回笼率等具体指标更有效。

（三）及时反馈原则

考核不仅与员工的收入挂钩，更重要的是改善员工的工作绩效，使员工认识到工作上的不足，并加以改善。所以，结果应直接反馈给员工，以使其明确努力方向。考核结论反馈给员工个人后，被考核者如有不同意见，可以保留，也可要求复议；考核组织则应在一定期限内做出答复。被考核者个人也可以向上级主管机关申诉。在现代人力资源管理系统中，缺少反馈的考核没有多少意义，既不能发挥能力开发的功能，也没有必要作为人力资源管理系统的一部分独立出来。

（四）客观、公正原则

在制定绩效考核标准时，应从客观、公正的原则出发，坚持定量与定性相结合的方法，建立科学适用的绩效指标评价体系。考核结果如果不能真实反映工作人员的情况，会挫伤员工工作积极性，还会造成人际关系的紧张。这就要求制订绩效考核标准时多采用可以量化的客观尺度，尽量减少个人主观臆断的影响，要用事实说话，切忌主观、武断或长官意志。

（五）敏感性原则

敏感性原则也称区分性原则，是指考核的结果应当能够有效地对员工的工作效率高低予以区分。如果考核体系不能有效区分绩效不同的情况，优者、劣者不能区分，无疑会使懒惰怠工者受到纵容，挫伤员工的工作积极性。

（六）定期化与制度化原则

考核是一个连续性的管理过程，因而必须定期化、制度化。考核既是对员工能力、工作绩效、工作态度的评价，也是对他们未来行为表现的一种预测。因此，只有定期化、制度化地进行考核，才能真正了解员工的潜能，发现组织存在的问题，从而有利于组织的有效管理。

（七）立体性原则

所谓立体考核，也叫多面考核或全方位考核。它是指运用多种方式，从多层次、多角度、全方位进行考核。这既有定性考核，又有定量考核；既有集中考核，又有分散考核，还有集中分散相结合的考核；既有上级考核，又有下级考核；既有同级考核，又有自我考核；既有本单位人员的考核，又有外单位人员的考核等。实行立体考核的目的，是为了使考核尽可能客观和全面，以防止主观片面性。当然，在多主体进行多角度考核时，由于各方面的考核者对被考核人的了解程度不同、看问题的角度不同，因而需要对他们评价结果的重要程度进行不同权重的处理。

三、员工绩效考核的标准

一个行之有效的绩效考核体系的建立，必须有一套客观、可靠的绩效考核标准，使员工绩效的度量有所依据。绩效考评标准是考评者通过测量或通过与被考评者约定所得到的衡量各项考评指标得分的基准。

（一）绩效考核标准的特征

一般而言，一项有效的绩效考核标准必须具有以下八个特征：

1. 标准是基于工作而不是基于工作者

不管是谁在做工作，每项工作的绩效考核标准应该就只有一套，而不是对每个人各定一套。

2. 标准是可以达到的

绩效考核的项目是在个人或部门的控制范围内，而且通过个人或部门的努力可以达到。

3. 标准是为人所知的

对主管而言，不清楚绩效考核标准就无法衡量员工的表现；对员工而言，不清楚绩效考核标准就无法确定努力方向。

4. 标准是经过协商而制定的

员工对自己参与制定的标准，会感到更有责任遵循，对于激励员工特别重要。

5. 标准要尽可能具体而且可以衡量

绩效考核项目最好能用数据表示，属于态度或现象的部分因为抽象无法客观衡量比较，所以不好控制。

6. 标准有时间的限制

绩效考核的资料如果失去了时效性，考核就没有多大的价值了。

7. 标准必须有意义

绩效考核的资料应该是一般例行工作中可以取得的，而不应该是特别准备的。

8. 标准是可以改变的

绩效考核标准可以因新方法的引进，或因新设备的添置，或因其他工作要素有了变化而变动。

（二）绩效评价标准的分类

考核标准从不同的角度可以有不同的分类：

1. 按考核的手段，分为定量标准和定性标准

定量标准就是用数量作为衡量的标准，如对员工工作成果进行评价。定性标准就是用评语或字符作为衡量的标准，如对员工素质、行为特点、性格的描述。

2. 按考核的尺度，分为类别标准、等级标准、等距标准、比值标准、隶属度标准

类别标准是用类别尺度作为衡量标准。等级标准是用等级尺度作为衡量标准。等距标准就是用等距尺度作为衡量标准。其与等级标准不同的是：用等距标准所测得的分数可以相加，而等级标准测得的分数不能相加。比值标准就是用比值作为衡量标准，这类标准所指的对象通常是工作的数量、质量、出勤率等。隶属度标准就是用模糊数学中隶属系数作为衡量标准，这类标准基本上适用于所有考核内容，因而被广泛使用。

3. 按标准的属性，分为绝对标准和相对标准

绝对标准是指建立员工工作的行为特征标准，然后将希望达到的各项标准列入考核范围之内，而不是在员工相互间作比较。绝对标准的考核重点在于以固定标准衡量员工，而不是与其他员工的表现作比较。相对标准是指将员工间的绩效表现相互比较和研究分析，确定一个相对的研究标准，也就是通过相互比较来评定个人工作的好坏，将被考核者按某种向度作顺序排名，或将被考核者归入先前决定的等级内，再加以排名。

4. 按标准的形态，分为静态标准和动态标准

静态标准主要包括分段式标准、评语式标准、量表式标准、对比式标准、隶属度标准等。分段式标准是将每个要素分为若干个等级，然后将指派给各个要素的分数分为相应的等级，再将每个等级的分值分成若干个小档；评语式标准运用文字描述每个要素的不同等级，这是运用最广泛的一种；量表式标准是利用刻度量表的形式直观地划分等级，在考核了每个要素之后，就可以在量表上形成一条曲线；对比式标准就是将各个要素的最好的一端与最差的一端作为两极，中间分为若干个等级；隶属度标准就是以隶属

函数为标准衡量，它一般通过相当于某一等级的“多大程度”来评定。

动态标准主要有行为特征标准、目标管理标准、情景考核和工作模拟标准。行为特征标准就是通过观察分析，选择一系列关键行为作为考核的标准。目标管理标准是以目标管理为基础的考核标准，是一种以绩效为目标、以开发能力为重点的考核。情景考核标准是对领导人员考核的标准，它是从领导者与被领导者和环境的相互关系出发来设计问卷调查表，由下级对上级进行考核。然后按一定的标准转化为分数。工作模拟标准通过操作表演、文字处理、角色扮演等工作模拟，将测试行为同标准行为进行比较，从中做出评定。

绩效考核在整个管理程序里是不可缺少的一环，它要和组织的目标及每一个部门在功能上一致配合。然而，绩效标准的项目到底要有多少，并没有一个肯定的数字，绩效考核的标准可以是单项的也可以是多项的。单项或多项绩效标准，从有效性来说并没有优劣之分。对于员工素质普遍较高的岗位，绩效标准可以更有弹性一些，因为他们能自己处理好各种细节问题，只需为他们制订一些总的绩效标准就够了。而对员工素质较低的岗位，就应该设立比较刚性的、详尽的绩效标准，这样不但给员工提供了详细的工作指导，而且也便于主管考核员工并指出员工工作的长处和需改进的地方。

旅游企业员工考核中，最基本的标准包括业绩标准（如导游人员接待旅游团体定额，饭店的客房服务员每日打扫客房定额等）、行为标准、任职资格标准。以上三项常被称为岗位规范。

四、绩效考核的主体

所谓考核主体即由谁来进行考核。员工在旅游企业中的关系是上有上司，下有下属，周围有自己的同事，对外有客户、消费者，他们都有可能成为员工绩效考核的主体。

合格的绩效考核主体应当满足的理想条件是，了解被考核者职务的性质、工作内容、要求、考核标准及企业有关政策；熟悉被考核者本人的，尤其是本考核周期内的工作表现，最好有直接的近距离密切观察其工作的机会；当然此人应当公正客观，对考核对象不存在偏见。

（一）直接上司

直接上司是旅游企业员工考核中最常见的主体，如饭店的客房服务员由楼层主管考核，楼层主管由客房部经理考核。直接上司常常熟悉员工工作，而且也有机会观察员工的工作情况。他们具有奖惩手段，无此手段的考核便失去了权威。但他们在考评中也会出现偏差，因为频繁的日常直接接触，很易使考核掺入个人感情色彩。所以有的旅游企业用一组同类部门的管理人员共同考核彼此的下级，只有一致的判断才作为结论。

（二）同级同事

员工的同事能观察到员工的直接上司无法观察到的某些方面，尤其是员工的工作场所与主管的工作场所是分离的时候，如需要外出带团的导游人员、公关销售人员等，直接上司通常很难直接观察到员工的工作情况，这时同事的意见是直接上司考核的一个很好的补充方式。他们对被考核的职务最熟悉、最内行，对被评同事的情况往往也很了解。但同事之间往往存在竞争关系，评价意见在作为职位晋升、奖金分配参考时，会出现偏差。采用这种考核主体的前提条件是，同事之间必须关系融洽，相互信任，团结一致，相互间有一定交往与协作，而不是各自为政地独立作业。同事评价意见不适于用来制订人事决策。

（三）下属

下属的评价有助于主管人员个人的发展，因为下属可以直接了解主管人员的实际工作情况、领导风格、调解矛盾的能力、计划与组织的能力等。在使用下属评价时，双方开诚布公、相互信任是非常重要的。但需要注意的是，当员工认为评价工作的保密性不够时，那么他们会给予上级过高的评价。通常，下级的评价只作为整个考核体系的一部分。

（四）员工自评

员工自评有助于调动员工参与考核活动的积极性，减少员工在考核过程中的抵触情绪。但自我评价的问题是自我宽容，常常会产生与上级主管不一致的评价结果，因此比较适合于个人发展计划，如培训，而不适于人事决策。

（五）客户评价

旅游企业向消费者提供的是面对面的服务，因此消费者的评价对旅游企业来说是很重要的。虽然消费者的评价目的与组织的目标可能不完全一致，但他们的评价结果有助于为晋升、工作调动和培训等提供依据。客户评价意见可以通过顾客填写意见表、电话调查等形式获得。

第3节　绩效考核的方法与程序

一、绩效考核的方法

绩效考核方法是对员工绩效考核中使用的技术手段，可选择的方法很多，目前企业使用的方法有很多，每种方法各有优缺点，现介绍一下旅游企业常用的考核方法。

(一) 比较法

1. 简单比较法

考核人员按绩效表现从好到坏的顺序依次给员工排序，在全体员工中挑选出最优秀的排在首位，再选出次优的排在第二位，依此类推，直到把最差的排在末位。这种绩效表现既可以是整体绩效，也可以是某项特定工作的绩效。该方法的主要缺点是员工之间差别的程度并无很好的衡量尺度。此外，若参加比较的人太多，其结果往往缺乏真实性。

2. 交替比较法

是在简单比较法的基础上做了一些变动而得来的。它分以下几个步骤进行。首先，考核人员把最好的员工放在名单的最上面，把最差的员工放在最下面；然后在剩下的员工中挑选最好的列在第一名的下面，同样道理，挑选最差的列在最后一名员工之上。这样从最好和最差两个方向不断进行排列，直到所有员工都被列入。

3. 两两比较法

在某一绩效标准（如全面表现、工作质量或接受新事物的能力等）的基础上，把每一个员工都与其他员工相比较来判断谁更好，记录每一个员工和其他员工比较时被认为更好的次数，根据次数的高低给员工排序。该方法的优点是考虑了每一个员工与其他员工绩效的比较，更加客观。缺点是如果需要考核的人数很多，则需要做的比较次数将会非常多，工作量太大。两两比较法以表6-1形象地表示。

表 6-1　两两比较法

员工 / 对比员工	A	B	C	D	E
A	—	较差	较好	较差	较好
B	较好	—	较好	较差	较好
C	较差	较差	—	较差	较好
D	较好	较好	较好	—	较好
E	较差	较差	较差	较差	—
次数	2	1	3	0	4
排序（从好到差）	3	4	2	5	1

4. 强制分配法

也称正态分布法。其理论依据是数理统计中的正态分布概念，认为员工的绩效水平呈正态分布，因此，可以将所有的员工划分为优、良、中、差、劣五种情况，各级分别占总数的10%、20%、40%、20%、10%，然后根据个人绩效的优劣程度，强制将其列入其中的某一等级。采用这种方法，绩效考核结果不再着重于具体排序，而着重于每个人的绩效等级。该方法也有缺陷，如果大部分员工的绩效都比较好，而一定要把20%的员工列入“差”级就不尽合理了。强制分布如图6-3所示。

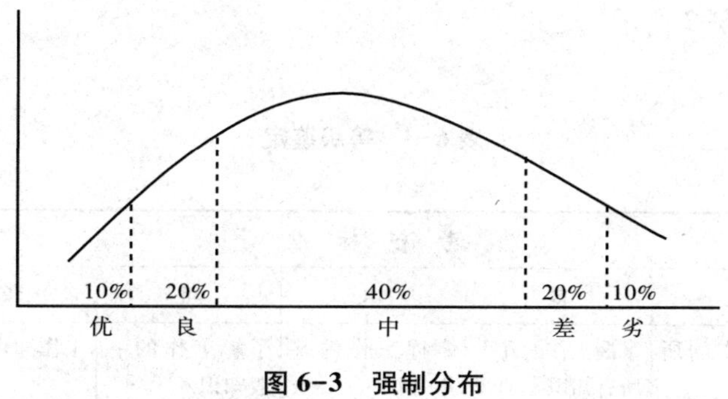

图 6-3　强制分布

（二）行为法

1. 关键事件法（Key Performance Indicator，KPI）

无论员工的某一行为对企业效益产生积极或是消极的重大影响时，主管或负责考核的其他管理人员都应该将之记录下来，该类事件便被称为关键事件。采用这种考核方法时，必须对从上次考核到本次考核这一整段时间内发生的关键事件及时做好记录，包括正反两方面的事件，使考核尽可能公平正确。关键事件法有三个基本步骤：①当有关键事情发生时，填在特殊设计的考核表上；②摘要评分；③与员工进行考核面谈。该方法的优点是特别有利于认定员工的优点、缺点和潜能，而且在制订绩效改进计划和培训计划方面也非常有效。缺点是如果考核者不能十分了解并长期观察员工的工作行为，同时又不能做到客观公正，那么考核就会有误差，员工也无法公正地接受，如表 6-2 所示。

表 6-2　关键事件记录

姓　名

项　目	日　期	观察到的事件
遵从上级指导		
工作质量		
提出建议		
……		

主管签名　　　　　　　　　　　　　日期

说明：根据各项指标填写员工好的和差的工作事件

2. 等级鉴定法（Grade Appraised Method，GAM）

等级鉴定法应用最广泛、历史最悠久。等级鉴定表通常包括几项有关的考核项目，比如对一家旅游企业的中级管理人员的工作绩效进行考核时，一般可制订的考核项目有：政策水平、责任心、决策能力、协调能力、应变能力、社交能力等方面。对每项设立评分标准，并规定其权重，最后把各项得分加权相加，即得出每个人的绩效评分。需要特别注意的是，每项考核项目都不应是对员工个性的评价，而应是对员工工作的行为方式的评价，如表 6-3 所示。

表 6-3 等级鉴定

姓名

考核因素	考 核 标 准					考核结果（优、良、中、可、差）
	优	良	中	可	差	
工作知识	掌握工作的所有知识	掌握工作的几乎所有知识	掌握工作的基本知识	了解工作的一般知识	工作知识很少	
工作质量	非常准确且有条理	很少出差错	工作一般能符合要求	工作经常不符合要求	工作很少达到质量标准	

说明：选择影响员工工作的关键因素作为考核因素。

3. 目标管理法（Management by Objectives，MBO）

目标管理法的实质就是考核人员与员工一起讨论和制订员工在一定考核期内所需要达到的绩效目标，同时还要确定实现这些目标的方法步骤。这种方法常用来考核经理层，因为该方法能够最大限度地保持个人与组织目标的一致性。目标经过贯彻执行后，到规定的考核期末，由双方共同对照原定目标来测算实际绩效，找出成绩和不足，然后再制订下一个考核期的绩效目标，如此不断地循环下去。

实施 MBO 有四个步骤：

第一步，目标设定。管理者分别为组织、组织内各个部门、各个部门的主管人员以及每个员工制订具体的工作目标。这些目标常用营业额、利润、竞争地位或企业内人际关系来表示。个人目标的完成应有助于组织战略目标的实现。

第二步，规划。管理者审议每个员工过去的工作，并通过与员工的共同工作来认清达到目标的潜在障碍，进而设计战略克服这些障碍。然后为员工逐一确定考核期的目标，规定员工在限定的时间内要完成的工作绩效。

第三步，分段检查。经常进行进度检查，衡量现状与期望的目标之间的差距，找出组织里存在哪些可能影响员工绩效的因素以便帮助员工达到目标。但需要强调的是，管理者不要替员工去做属于员工职责范围的事情，这样不仅降低工作效率、影响正常工作的进行，而且压抑了员工的工作积极性。明智的做法是给员工支持，增加其对达到目标的信心。

第四步，评价。依据标准来评价员工目标的完成情况，并且弄清如何才能完成没有实现的目标。在此过程中，管理者应该请员工共同参加，并做出相应的应变措施，然后，为下一个阶段的工作制订目标。那些能够出色完成目标的员工应该在下次更多地参与到目标的制订中，如表 6-4 所示。

表 6-4　目标管理考核表

姓名：　　　　　　　　　考核时间段：

考核目标	标　准	目标实现状况		实现目标方法
		目标要求	实现状况	
1. 服务质量	顾客赞扬次数	2 次	由 1 次增加到 3 次	提高外语口语水平
2. 团队精神	与同事争执次数	1 次	由 2 次减至不再发生	提高自我控制能力
3. 工作纪律	迟到次数	不再发生	仍然迟到一次	改变交通工具或提早上班出发时间
……	……	……	……	……

考核主管：　　　　　　　　　日期：

MBO 是当今世界上较为流行的一种管理方法，它使员工知道期望于他们的是什么，从而把时间和精力投入到能最大限度实现重要的组织目标的行为中去。因此它被普遍地运用于对专业人员和管理人员的考核上。当然，MBO 法也存在一些问题，主要有：①虽然使员工的注意力集中在目标上，但它没有具体指出达到目标所要求的行为；②目标管理倾向于短期目标，即能在每年年底进行测量的目标，这种行为可能损害长期目标的实现；③为所有人员建立具有同等难度与足够挑战性的目标是非常难做到的，绩效标准因员工不同而不同；④目标管理中目标的实现可能部分地归因于员工不可控制因素，从而很难利用目标的实现与否来考核员工的绩效。

4. 360°绩效考核法（360° Feedback）

360°绩效考核又称全方位绩效考核，它是从上级、下级、同事、自我、客户全方位收集评价信息，从多个视角对员工进行综合绩效考核并提供反馈的方法。每个考核者站在自己的角度对被考核者进行考核，这种多方位的考核，可以避免一方考核的主观武断，增强绩效考核的信度和效度。

（1）上级考核。这里的上级是指被考核员工的直接主管，通常也是绩效考核中最主要的考核者。好的主管比其他人更了解下属的工作和行为表现，因此也最有发言权。上级考核的优点有：有机会与下级沟通，了解下级的想法，更好地发现下级的潜能；考核可以与奖罚、加薪、升迁等结合。但是上级考核也有弊端：上级的考核常常难以控制方向，有可能沦为说教式的单项沟通；由于考核有可能与奖罚等内容结合，而上级又掌握着这种奖罚权，被考核的下级往往会感受到压力和威胁，心理负担较重；作为考核者的上级，如果缺乏考核的必要训练和技巧，考核的结果就不能反映真实的情况。

（2）下级考核。下级对上级的考核一般不常用，但它对企业民主作风的培养起着重要的作用。目前，国外一些有着先进管理经验的大型跨国公司中引入了这种考核体系，取得了良好的效果，如通用、杜邦等。下级考核的优点有：能够起到一定的权力制衡的作用；下级能够帮助上级完善其领导方式，发挥其领导才能，使工作更有效。当然这种考核方法也有其弊端：为了避免报复，下级在考核中往往不敢实事求是地表达其真实想法，甚至会夸大上级的优点；上级并不真正重视下级对他的考核，考核结果只是一纸空谈。

（3）同事考核。同事是与被考核者朝夕相处的人，对被考核者观察最深入、了解最透彻。因此，同事考核的最大优点是全面而真实，避免直属领导的偏见，当然这是建立在同事采取实事求是的态度进行考核的基础上的。因此同事考核的缺点是同事往往顾及个人交情而使考核结果脱离实际，此外，同事之间如果出现利益之争也会使结果脱离实际。

（4）自我考核。自我考核是由员工本人对自己的绩效做出的评价，尤其是设立目标时鼓励员工参加，会使员工更加明确目标，在工作中就会有更好的积极性。它是众多考核法中最轻松的一个，考核双方都不会感到压力；它能增强员工的参与意识。同时自我考核的弊端也是显而易见的：考核者常常把自己的绩效高估。

（5）客户考核。客户是旅游企业外部人员，因此考核会更加真实公正。但是客户考核很难操作，只适用于考核那些与客户接触较为紧密的员工，如导游员、宾馆服务人员等。其优点有：客户考核较为客观公正；能够使企业强化以顾客满意度为导向的观念；使企业更重视其公众形象。客户考核的弊端在于：难以操作，这是由于不同的客户的考核标准不同所造成的；由于客户不属企业管理，所以难以命令其完成考核，只能说服或邀请其配合，这当然是一项费时费力的工作。

360°反馈评价的主要目的，应该是服务于员工的发展，而不是对员工进行行政管理，如提升、工资确定或绩效考核等。实践证明，当它用于不同的目的时，同一评价者对同一被评价者的评价会不一样；反过来，同样的被评价者对于同样的评价结果也会有不同的反应。当360°反馈评价的主要目的是服务于员工的发展时，评价者所做出的评价会更客观和公正，被评价者也更愿意接受评价的结果。当360°反馈评价的主要目的是进行行政管理，服务于员工的提升、工资确定等时，评价者就会考虑到个人利益得失，所做的评价相对来说难以客观、公正，而被评价者也会怀疑评价者评价的准确性和公正性。因此，当旅游企业把360°反馈评价用于对员工的行政管理时，一方面可能会使得评价结果不可靠，甚至不如仅仅由被评价者的上级进行评价；另一方面，被评价者很有可能会质疑评价结果，造成企业人际关系紧张。

当然，把360°反馈评价用于对员工的行政管理也是可以的。但是在这样做的时候，一定要注意事先向员工解释清楚。不要在开始评价的时候，告诉员工评价结果将用于员工的发展，而在评价过程中或者评价之后再告诉员工评价结果将用于对员工的行政管理，否则就会使员工对管理层的信任大打折扣。同时，要调查了解旅游企业内部员工之间的信任程度。如果企业内部员工的互相信任程度比较低，最好不要引进360°反馈评价对个体员工进行评价，这种方法在那些开放程度高、员工参与气氛浓、职业发展体系完备的组织中效果比较理想。

使用360°绩效考核法收集信息的成本过高，而且从不同渠道获得的信息也需要花费大量的时间去分析，还应该注意的是要衡量好各个方面的权数。

5. 平衡记分卡法（Balance Score Card，BSC）

平衡记分卡法最初用于对部门的考核上，近年来国内外的一些企业将其用于对员工的考核。平衡记分卡是建立在旅游企业战略目标确定的基础上的，把旅游企业的远景或者发展战略层层分解，转化为一系列的衡量指标，具体到每一个员工，然后，根据这些指标建立健全员工绩效评价考核体系，最后形成完善的员工绩效管理系统。其核心思想是通过财务、客户满意度、内部经营过程、学习与成长四个指标之间相互驱动的因果关系展现组织的战略轨迹，实现绩效考核——绩效改进以及战略实施——战略修正的目标。平衡记分卡指标的设计是绩效管理的关键，绩效考核指标和目标确定后，系统科学的绩效考核内容设定体系便形成了。剩下的问题就是计算这些指标分值，然后按照一定的权数将这些指标综合得到一个具体的指标，用以衡量具体员工的绩效（见表 6-5）。

在旅游企业绩效管理过程中，必须结合表 6-5 中的内容，详细地记录员工的关键绩效指标，然后计算出这个数据，并将这个业绩评价指标与企业的考核联系起来，将员工奖金、晋升、教育培训等与员工所完成平衡记分卡的情况直接挂钩，形成有效的管理回路。

表 6-5　旅游企业平衡记分卡指标体系

指标类别	战略目的	关键成功因素	关键绩效指标
财务维度	提高旅游企业利用资金获利的能力	增加收入 降低成本费用 发展能力和潜力	净资产收益率 成本费用率 营业收入增长率 利润平均增长率
顾客维度	以顾客为中心，增加可获利顾客的数量和比重	顾客满意 顾客保留 市场份额 顾客获利能力	顾客投诉次数 顾客保留率 市场占有率 顾客收益性
内部业务维度	提高经营效率，促进经营成效	创新能力 服务质量 售后服务	创新产品数量 服务方式及效率 售后服务质量及成本
学习与成长维度	增强学习能力，保证旅游企业的组织健康成长	员工工作状态、精神状态以及内部的协调与发展 有效激励程度 信息系统完善程度	员工满意度 员工培训支出与质量 员工工作效率 责权利对应程度 信息反馈与处理

旅游企业平衡记分卡中的目标和衡量指标是相互联系的。通过各具体指标的分析，很快就可以找出旅游企业经营环节中的优点，然后对照指标之间的因果关系，寻根溯源，找出影响业绩的关键因素，进行有效的提升和改进。平衡记分卡在旅游企业绩效管理中的作

用是非常有效的，但必须避免“为平衡而平衡”的思想。旅游企业在运用平衡记分卡的同时，必须根据实际情况区分轻重缓急，要根据不同部门的具体情况，结合不同类型顾客的状况进行。这种方法的优点是能把员工个人绩效与组织整体绩效结合起来，企业的主要问题能够得到比较全面的照顾。其缺点是在开发上比较复杂，不利于其广泛地利用。

尽管绩效考核方法多种多样，但旅游企业应尽量采用内容具体、定义严密的考核方法，如目标管理法或平衡记分卡法。这些考核方法可以减少考核者的理解偏差，而且有助于员工表现出哪些行为，避免哪些行为。但也可能会限制人们的视野，使员工不愿意承担考核表中未列出的工作。因此，旅游企业要根据自身的情况，综合各种因素来选择合适的方法。此外，还可以用多种方法进行考核，进行相互补充。

二、绩效考核的程序

（一）准备阶段

绩效考核是涉及每一个员工切身利益的复杂、细致的工作，因此，考核前必须做好充分的准备，以保证考核过程及结果的科学、准确和公正。具体来说，要做好以下几个方面的工作：

（1）制订绩效考核的计划，公布绩效考核的信息，向员工宣传绩效考核的目的和意义，使他们端正对绩效考核的态度，克服抵触情绪，做好绩效考核的思想准备和工作准备，积极参与绩效考核活动。

（2）制定绩效考核的标准。为保证考绩结果的客观与公正，使被考核员工心悦诚服，绩效考核工作正式开始以前，必须首先制定绩效考核标准和程序，使绩效考核工作严格按照既定的标准和程序进行，以避免主观臆断。考绩标准的制定必须以职务分析中所确定的工作内容和工作规范为依据，并征求各方面特别是被考核员工的意见，以便使各有关方面在考核标准上达成共识，保证考核活动的顺利进行。

（3）培训考核者。如果考核者没有得到适当的培训，考核标准和考核程序制定得再科学，也难以发挥应有的作用。通过培训，可以提前发现考核人员在考核过程中可能发生的错误，并采取有针对性的措施加以预防和克服。例如，拉萨姆（Latham）等人在1975 年曾做过一项专门研究，把 60 名管理人员随机地分为三组，考察培训对考绩效果的影响。第一组，先通过声像系统向管理人员教授正确的评定方法和程序，然后讨论降低各种错误的评定方法和步骤；第二组，主要通过讨论使管理人员掌握评定方法；第三组为控制组，不进行任何培训。六个月后，三个组的管理人员都对录像带中的“标准员工”进行评定，结果三个组的评定结果有很大差异。控制组的评定效果最差，第二组的评定错误明显少于控制组，而第一组几乎没有出现评定偏差。由此可见，对考核者的培训可以有效地降低绩效评定的偏差。

因此，为保证考核结果的科学、客观与公正，考核前必须对考核者进行培训，使他们认识到他们的工作对于员工的报酬、晋升和职业机会的重要性，以及他们考核结果的可靠性、有效性对整个组织的管理工作所具有的重要意义，提高他们对绩效考核的重视程度并熟悉考核的标准和程序。

（二）实施阶段

根据既定的考核程序，由经过培训的考核人员对以上的工作绩效进行考核、测定和记录，并与既定的绩效标准相对照，对被考核员工的工作绩效进行考核，企业绩效考核过程中，一般先对基层员工的工作绩效进行考核，然后考核中层管理者，最后对高层管理者进行考核，形成由下而上的过程。

对一线职工和基层管理者的绩效考核的主要内容包括员工个人及基层单位的工作效果，如产量、废品率、能源和原材料消耗率及出勤率等；员工在工作过程中表现出来的具体行为，如是否遵守劳动纪律，是否按照规定的操作规程进行工作，以及影响其工作行为的个性品质，如工作态度、团结合作精神等。

在对基层部门考核的基础上，进一步对中层管理人员的绩效进行考核，考核内容主要包括中层管理人员的工作行为的特性，以及本部门的总体工作效果，如任务完成率、劳动生产率、产品合格率和生产事故发生情况等。

最后，由公司主管部门或董事会对公司上层主管人员的工作绩效进行考核，考核内容主要是高层主管的工作行为与特性，以及公司经营效果方面的硬指标，如利润率及市场占有率等。

（三）结果处理阶段

绩效考核结果的反馈。绩效考核结束后，如果不及时把考核结果反馈给被考核员工，绩效考核就不能发挥其极重要的激励、奖惩及培训的功能，绩效考核结果反馈的主要方法是评价会见即考绩面谈。

考绩面谈是考核者（通常是被考核者的上级主管）通过与被考核者之间的谈话，将考绩结果反馈给被考核者，并征求被考核者的看法、建议和要求的过程。通过考核面谈，考核者可以向员工说明组织的要求、希望和未来的目标，员工也可以向组织提出建议、要求和期望。在双方沟通的基础上，更好地使组织发展目标与个人发展目标相结合。

第 4 节 绩效考核的有效性

一、影响绩效考核的因素

尽管绩效考核体系被现代组织广泛采用，但人们在应用过程中发现，考核中总是不可避免地存在这样或那样的失误，影响绩效考核的公正性、客观性。

（一）环境因素

主要包括时间、地点因素。时间因素是在考核时，应注意时间对绩效的影响。例如，在较长时间完成的任务，如果在短期内就加以考核，则会产生误差。地点因素是在考核时，不同的地点对绩效的影响。

（二）绩效标准因素

在绩效考核中经常会遇到的一个问题是评价标准不清晰。考核标准不明确，即含义模糊或可随意解释，考核者对同一类被考核者使用的考核方法不一致，不同的考核者对同一考核者的评价产生重大分歧。有时采用的方法看起来是非常准确的，但出于评定标准的模糊性，使得评定结果很不可靠。

（三）考核者因素

1. 晕轮效应

人们在考核员工的业绩时，过于看重某些特别的或突出的特征，而忽略了被考核人员其他方面的表现和品质，因此往往出现个别事实或特征直接影响最终考核结果的现象，这就是所谓的“晕轮效应”。“晕轮效应”会导致过高评价或过低评价。例如，管理人员注意到某个员工每天总是早早地赶到办公室，并且总是忙忙碌碌，因此对这位员工的“勤勤恳恳”很有好感，当年末时，管理者对员工进行绩效考核时，总的评价都超过其他人。然而，事实上，这位员工在一年中的综合表现如工作的效率和成果只能算是中等。相反，经理有一次发现某员工的工作积极性不高，表现出萎靡不振的样子，因而对其产生不好的印象，最终给了较低的评价，而实际上，这位员工在绝大多数时候工作都很积极，而且卓有成效，当时之所以有那样的表现只不过因为家里出了些事情，心里烦躁而已。

消除“晕轮效应”最好的方法是让经理人员同被考核人所在小组（或部门）的成员以及被考核人本人交流意见，允许他们提出不同意见，并且认真地反省自己主观印象是否有偏颇之处。然而，大多数情况下，人们总是喜欢或倾向于指出自己绩效被低估的情况或别人绩效被高估的情形，而对自己绩效被高估，别人绩效被低估的情况闭口不谈。所以，“晕轮效应”会使考核人低估或高估被考核人的绩效，只有多观察、多交流、重视多种事实而不为单一事实所蒙蔽才能使考核误差减小到最低程度。

2. 调和倾向

对某些考核人，尤其是对那些缺乏经验的不愿意得罪人的考核人来说，简单地给被考核人一个高的评价会使他觉得安稳得多。他们可能认为，这样一来，每个人都不会觉得受到了不公平对待。然而，考核中的这种“好好先生”的态度实际上很少能在员工中赢得好感，并且它实际上起着奖懒罚勤的副作用。这种无原则调和的做法对于那些绩效出类拔萃的人们来说，无疑也是不公平的。这种倾向过去在我国的人事管理中尤其常见。过去的经验表明，一味地力求平均，不仅打击了表现优秀的员工，而且鼓励了好逸恶劣的人。

3. 近因效应和首因效应

心理学实验证明人们常常有一种不易为人所察觉的倾向，那就是人们比较记得住最近发生的事情，而较早发生的事则往往淡忘。这就造成在评价别人的工作时，新近获得的印象对评价结果产生了过分的影响，这就是所谓的“近因效应”。“近因效应”使得本来是对整个考核期间工作表现的考核实际上仅取决于（或很大程度上取决于）考核期末一小段时间内的表现，结果是考核结果并不能反映整个考核期间内员工的绩效表现，因而造成考核误差。有的被考核人往往会利用这种近因误差效应。如，在一年中的前半年工作马马虎虎，等到最后的几个月才开始表现较好，照样能够得到好的评价。“首因效应”则主要是指“第一印象”问题。一个人给别人留下的最初印象往往容易形成定势，即使其本人事实上同这个“第一印象”有很大差距，也很难在短时间内扭转别人的“偏见”。

4. 感情效应误差

人是有感情的，而且不可避免地把感情带入他所从事的任何一种活动中，绩效考核也不例外。绩效考核的结果，通常会因考核人对被考核人的感情好坏程度，而产生一定的误差。考核人一定要克服绩效考核中的个人情感因素，努力站在客观的立场上，力求公正。

5. 暗示效应误差

暗示是人们一种特殊的心理现象，是人们通过语言、行为或某种事物提示别人，使其接受或照办而引起的迅速的心理反应。考核人在领导者或权威人士的暗示下，很容易接受他们的看法，而改变自己原来的看法，这样就可能造成绩效考核的暗示效应。例如，在企业评选“先进工作者”时，首先企业领导会对员工们谈谈评选的重要意义，之后他们往往会有意无意地提到某某的表现，这样，似乎不再需要选举，某某就被“任命”为“先进工作者”了。在考核中，暗示效应引起的误差是难免的。为了防止这种误差，在考核中领导者或权威人士的发言应放在最后，这样他们的讲话就难以起到暗示作用了。

6. 偏见误差

由于考核人员对被考核者的某种偏见而影响对其工作实绩的考核而造成的误差就被称为是偏见误差。在一个企业里，如果考核人是技术工程出身，往往不自觉地认为文科出身的销售人员不学无术，只会“耍耍嘴皮子”而已，那么他在考核时对文科出身的销售员的评价就不会太高；而公司要提拔公关经理时，也会倾向于选拔文科出身的员工，认为他们往往有较强的沟通能力，而认为理科出身的员工笨嘴拙舌、不善辞令，这样，他们就忽视了考核员工本身。事实上，理科出身的某位员工可能比文科出身的候选人更能言善辩，善于融洽和协调各种关系，但由于人事部门的偏见，使他错失了这一职位。

这就是惯性思维——偏见造成的误差。

（四）被考核者因素

绩效考核，对企业而言，可以为制订人事决策提供依据，对个人而言，可以为自我发展提供反馈信息。但在实践中，人们经常会采取这样或那样的方式加以抵制。特别是许多被评价者不愿接受考核，因为他们担心对自己不利的评价结果会影响自己的工作前程。而且评得不好也影响自己的形象。因此，他们在评定中会竭力掩盖自己的缺点和弱点。另外，他们还非常担心评定者不能客观公正地对待他们的工作业绩，尤其是在他们与评定者关系比较紧张的时候，就更会加剧这种担心的程度。

二、提高绩效考核的有效性

由于受考核中各种因素的影响，信度和效度再高的考核体系也会大打折扣。因此，我们要采取有效措施减小误差，使考核有效性最大化。可采取的措施如下：

（一）采用客观性考核标准

在绩效考核中，要尽量采用客观性的考核标准。用于考核绩效的标准，必须是与工作密切相关的。以职务说明书为依据制订考核项目和标准，是一个简便有效的方法；没有现成的职务说明书时，必要时可以进行专门的职务分析来确定工作信息，制订考核标准。

需要注意的是，一些主观性较强的品质因素（如主动性、热情、忠诚和合作精神等）虽然很重要，但它们难于界定和计量，容易产生歧义。除非这些因素与被评价者的工作密切相关并且能够清晰地定义，否则在评价时应当尽量少采用。

（二）合理选择考核方法

每一种考核方法都有其优点和缺点。例如，关键事件法可以量化考核结果，但考核标准可能不够清楚，容易发生晕轮效应、宽松或严格倾向等问题；比较法和强制分配法可避免上述问题，但在所有员工事实上都较为优秀的时候非要人为区分优劣又会造成新的不公正；关键事件法有助于帮助评价者确认什么绩效有效、什么绩效无效，但无法对员工之间的相对绩效进行比较。

正确选择考核方法的原则是：根据考核的内容和对象选择不同的考核方法，使该方法在该次考核中具有较高的信度和效度，能公平地区分工作表现不同的员工。

（三）由了解情况者进行考核

绩效考核工作应当由能够直接观察到员工工作的人承担，甚至由最了解员工工作表现的人承担。一般情况下，绩效考核的主要责任人是员工的直线经理。这是因为，直线经理在观察员工的工作绩效方面处在最有利的位置，而且这也是他应该承担的管理责任。但是，直线经理不可能对下属的所有工作全部了解，他在考核下属时可能会强调某一方面而忽视其他方面。这种情况在矩阵式组织中更加突出。此外，“经理操纵评价”

的问题也是众所周知的现象，因此，考核者还应当包括考核对象的同事、下属和本人，以避免这一问题。

（四）培训考核工作人员

对考核者进行培训，是提高考核科学性的重要手段。通过培训，有助于减少由考核者方面引起的误差问题，特别是晕轮效应、宽严倾向和集中倾向误差。

进行考核培训，首先要让考核者认识到，绩效考核是每一个管理者的工作组成部分，要确保考核对象了解对他们的期望是什么，因为这是与管理目标相联系的。进而，要让考核者正确理解考核项目的意义和评价标准，掌握常用的考核方法，并能够选择合适的考核方法。通过培训，还要让考核者了解在绩效考核过程中容易出现的问题及可能带来的后果，以避免这些问题的发生。

（五）以事实材料为依据

在考核工作中，每一项考核的结果都必须以充分的事实材料为依据，如用具体事例作为评分的理由。这可以避免凭主观印象考核和由晕轮效应、偏见效应等所产生的问题。

（六）公开考核过程和考核结果

绩效考核必须公开，这不仅仅是考核工作民主化的反映，也是组织管理科学化的客观要求。考核评价做出以后，要及时进行考核面谈，由上级对下级逐一进行，以反馈考核评价的结果，让员工了解自己的考核得分和各方面的意见，也使管理者了解下级工作中的问题及意见。将考核结果反馈给员工，有利于员工更客观地认识自己，扬长避短，搞好工作；对绩效考核结果保密，只会导致员工不信任与不合作的后果。

（七）设置考核申诉程序

要设立一定的程序，处理员工因认为对其评价不正确和不公平所提出的申诉，以从制度上促进绩效考核工作的合理化。处理考核申诉，一般由人力资源部门负责。

第 5 节　绩效考核结果的管理

一、绩效考核信息的分析处理

在整个考核过程结束后，旅游企业的人力资源管理部门要继续通过各方面的信息反馈，对员工考核的结果进行检验与考核，这是确保考核工作能取得预期效果的必要步骤。人力资源管理部门可以从被考核员工本人及其所在部门的上司与同事等各方面搜集反馈信息，并认真地分析这些信息，从中获得对考核工作在组织准备、实施过程、效果反映等多方面的意见或要求，便于今后不断改进考核工作，达到更完满的结果。在处理绩效考核结果时要注意以下几点：

（一）考核项目的量化

考核内容与结果包括定量与定性两个方面。对于定量考核内容及结果可以进行分项与综合的评价计算，因而可以进行多方面的比较，尤其是定量考核内容与结果便于采用计算机技术进行编程、考核数据处理、结果储存及统计分析，因此定量考核要优于定性考核，而且量化的结果也便于人力资源管理部门更有效地对员工做出评价。

在量化考核项目时，要对考核项目赋予不同的评价等级，常用的等级划分有三级、五级、七级等。人力资源管理部门可以采用这些方法将考核内容进行量化。

（二）综合同一项目的不同考核结果

有若干人对一名员工的统一考核项目进行评价时，得出的结果往往不一致。为了综合这些意见，可采用算术平均法或加权平均法。

（三）对不同项目的考核结果加以综合

考核的目标、对象不同，需要重点考察的项目也不同。例如对于组织能力这一因素，用于管理层的考核时其重要性要大于用于对操作层的考核。绩效考核结果用于员工任用、加薪、提升等人事决策时，侧重点也各不相同。例如，晋升时主要看能力；奖励时主要看贡献。因此需要对各个考核项目或指标分配不同的权数。确定各考核项目权数的主要依据是考核目的、被评对象的阶层及具体职务。

二、绩效考核结果的反馈

绩效考核结果出来后，通常上级领导要与被评价者进行面谈，这可以说是绩效考核中最为重要的一步。成功的面谈可以促使被评价者进一步改进绩效，而失败的面谈会导致被评价者失去工作积极性。

（一）不同类型员工的绩效面谈技巧

考核结果面谈通常是在领导与被评价者之间进行，他们一般会在回顾评价结果的基础上探讨个人发展计划，以保持优点，改正不足。通常有三种类型的绩效面谈：第一，绩效考核的结果是令人满意的，被评价者可得到晋升；第二，绩效考核的结果是令人满意的，被评价者不晋升；第三，绩效考核的结果是不令人满意的，被评价者需要改正。

如果被评价者的绩效是不令人满意的而且已经到了不可改正的地步，那么就无须面谈了，因为反正被评价者的绩效已经无可救药了。这种情况下企业要么暂时容忍个人的低绩效，要么把他给解雇了。

当绩效令人满意，被评价者可以得到提升时，这是三种评价面谈中最容易的一种。面谈目标是讨论被评价者的发展计划，并为其进入新的工作制订新的行动计划。

当绩效令人满意，被评价者不提升时，这可能是由于企业没有空缺的职位。有些人本来就不想得到晋升，他们还会高兴地在原有职位上干下去。面谈目标并不是改进和发展被评价者的绩效，而是要保持令人满意的绩效水平。这并不是一件容易的事。最好的做法是找到对被评价者来说是重要的激励因素，使他继续保持原有的绩效水平，诸如给他多发点奖金、多加以表扬等。

当绩效不好，被评价者需要改正，而又没有到无可救药的地步时，就需要为改正不满意的绩效而制订一个行动计划。

（二）反馈面谈的准备

进行反馈面谈前要做好三方面的准备工作。首先，要综合绩效评价结果。要研究被评价者的工作说明，把被评价者的绩效与工作标准相比较，并回顾被评价者以前的绩效评价。其次，要让被评价者有所准备。要至少提前一周通知他们总结工作，阅读工作说明，分析工作中存在的问题。最后，要选择合适的时间和地点进行面谈。要寻求一个双方都认为合适的时间并保证整个面谈有足够的时间。通常与普通工人和具体办事员的面谈时间都在 1 小时以内，而与管理人员的面谈时间需 2~3 小时。还要注意面谈在私下里进行，不要被电话或来访者打断。

（三）如何进行面谈

按照考核要素（说明具体分值和评分标准）肯定优点和成绩，指出缺点和不足，谈话的重点放在被考核者的工作表现与结果上，而不是人格上。首先对无异议之处进行交谈，然后对有异议之处加以讨论。应留些时间让对方表述申辩，并熟练地运用聆听和引导技巧以达到面谈的预期效果。要注重的是未来要做的而不是以往已做的。在具体的绩效面谈时要注意以下几个方面：

1. 着眼于未来

面谈首先预先明确告知本次面谈的目的不是为了追究过去，而是为了改进未来，要让下属体会到绩效考核对其个人职业生涯发展的益处。绩效反馈面谈是就考核结果进行的，但这并不意味着面谈的目的是就结果谈结果，停留在回顾过去。绩效面谈的重要目的之一是为下一次绩效计划做铺垫，总结问题是为了发现对未来发展有用的东西。

2. 直接并且内容具体

要根据客观的工作资料来面谈，使用诸如缺勤、迟到、质量记录、检查报告、产量记录、材料消耗、控制或节减费用、客户的评论、事故报告等具体例子。

3. 对事不对人

研究表明，对人的直面评判很容易引起强烈反应。对于工作绩效的考核面谈应该就工作绩效本身进行，不应对个人进行攻击。例如，饭店经理与一名餐饮主管就其本期销售业绩进行面谈时说：“你这次的销售业绩可不理想啊。你看看这些数据，你的排名是最后一位！”这比“你这人是全店最差的主管！”效果就要好得多。

4. 双向沟通

面谈是双向沟通的过程，绩效考核反馈面谈的目的是使双方达成一致意见，要达到这个目的需要双方的积极沟通与交流，切忌将绩效反馈面谈变成主管对下属的训话。要达到双向沟通的目的，主管人员必须学会倾听，要给下属发言及说明的机会，不要制止下属发言。倾听一方面可以鼓励员工表达自己的观点，有利于发现员工的真实想法；另一方面，倾听也可以使主管有机会思考解决问题的办法，有利于有的放矢地回答员工的问题。

5. 突出重点

绩效面谈切忌泛泛而谈、不着边际，要对照目标、标准逐一讨论，进行绩效考核并说明考核分数的依据，一切以数据说话，不要与他人作比较。要保证面谈结束时，被评价者明确知道什么是正确的做法，什么是错误的做法。要提供具体的例子，要保证对方理解你所说的内容，要在面谈结束前使对方同意要怎样去改进绩效，什么时候去改进绩效。

6. 优缺点并重

面谈应以鼓励为主，积极肯定下属的优点，同时也指出下属目前的不足之处，客观地向下属提供建设性的改进方法，让下属把重点放在对未来的展望方面，共同制订职业生涯发展规划。

7. 营造彼此相互信任的氛围

绩效反馈面谈是个双向沟通的过程，要使沟通顺利进行，达到相互理解和达成共识的目的，必须有一种彼此相互信任的氛围。管理者在建立这种彼此信任的环境时占据主导地位。面谈环境、面谈时间、面谈中的一些小技巧等都有助于管理者营造令员工产生信任感的氛围。

总而言之，要牢记绩效考核不只是为了进行工资和奖金的发放，更多的是为了使员工的绩效能得以提高。结果反馈时与被评价者缺乏沟通或者是沟通效果不好时，会导致被评价者的消极行为。这样不仅考核结果不能得以有效地利用，而且会导致被评价者以后绩效的降低，这无论对企业建设还是个人发展，都是不利的。

三、处理考核申诉

（一）考核申诉产生的原因

当发生以下情况时，有可能引发考核申诉：一是被考核员工对考核结果不满，或者认为考核者在评价标准的掌握上不公正；二是员工认为对考核结果的运用不当、有失公平。无论问题出现在哪里，组织都应该对员工的考核申诉进行认真的了解分析和正确、合理的处理。因为通过对考核结果的处理，有助于改进组织中存在的一些问题，从而提高组织的绩效。

（二）处理考核申诉的要点

1. 尊重员工的申诉

在处理考核申诉的过程中，要尊重员工的个人意见，要求考核申诉处理机构认真分析员工所提出的问题，找出问题发生的原因。在处理考核申诉的过程中，应当对员工表现出耐心，如果是员工方面的问题，应当“以事实为依据、以考核标准为准绳”，对员工进行说服和帮助；如果是组织方面的问题，则必须对员工所提出的问题加以改正，并将处理结果告知员工，对其有所交代。

2. 把处理考核申诉作为互动互进过程

绩效考核是为了用好人力资源，是为了实现组织的经营目标，完善人力资源政策和促进员工的发展，而不是组织用来管制员工的工具，即绩效考核应当是一个互动互进的过程。因此，当员工提出考核申诉时，组织应当把它当作一个完善绩效管理体系、促进员工提高绩效的机会，而不要简单地认为员工申诉是“一些小问题”，甚至认为是员工在“闹意见”。

3. 注重处理结果

在处理考核申诉的问题上，应当把令申诉者信服的处理结果告诉员工。如果所申诉的问题属于考核体系的问题，应当完善考核体系；如果是考核者方面的问题，应当将有关问题反馈给考核者，以使其改进；如果确实是员工个人的问题，就应该拿出使员工信服的证据，并要注意做出处理结果的合理性。

案例分析

A公司的绩效管理

A公司的员工主要分为在办公室上班的管理人员和常年在外带团的导游人员两大类。其中，管理人员将近60人，从学历上看，硕士及以上学历者占8.2%，本科学历占54.3%，大专学历占19.1%，中专和高中学历占18.4%；从资历构成来看，管理人员的流动性不大，略低于行业正常水平。导游人员将近150人，其中外语导游约80人，学历整体水平较高，几乎全为本科或大专学历；普通话导游学历水平较低，本科或大专学历仅占35.6%，其余均为中专和高中学历。导游人员的资历普遍较浅，流动性相当大，特别是在旅游旺季，从其他公司临时借调的导游更是无法统计。

A公司的绩效考核制度是以部门绩效为对象，在绩效考核指标上以单纯的任务目标完成状况为标准。考核周期为一年，一般在年底进行。对公司业绩贡献最大的部门授予年度最佳部门奖，并发放一定数额的奖金；对于能基本完成任务的部门给予一定的表扬与肯定，而对于没有完成任务的部门，在年终总结会上给予点名批评，一般不在行政上或经济上进行处分。在各部门具体目标任务的制定上，主要是由总经理根据公司总的发展目标来分解后直接下达，各部门没有商议的余地。

在员工绩效考核方面，主要以各级主管的评价为主，没有定量的考核标准。而在年底的优秀员工评选上，公司没有制定统一的办法，一般是采取部门主管推荐，也有部门采取员工推举的办法（大部分是轮换制）。对于常年在外带团、不用坐班的导游人员，由于只是在公司拿底薪，其余都靠自己带团挣得，所以公司对其没有进行任何形式的绩效考核，主要根据带团过程中的表现和客人的反映等，大概判断其能力高低、优秀与否。

——改编自：殷璐炬．旅游企业绩效管理研究——以 A 公司为样本［J］．中国农业银行武汉培训学院学报，2009（1）：55.

案例讨论题

你认为 A 公司绩效管理存在哪些问题？该公司应如何改进其绩效管理？

上旅集团中层管理者的绩效考核

上旅集团是一家综合性旅游集团企业，对中层管理者的绩效考核方案的设计一直较为简单，采用以“德能勤绩”式考核为主体的绩效考核方式，即由上级领导、同级人员、下属根据已取得的考核表格进行考核和评分，然后根据不同级别的权重配比算出总分，据此来评定薪酬水平以及岗位晋升与调整等。

公司现阶段的绩效考评主要以敬业精神、领导能力、企业意识、规章制度、业务知识、人际关系、沟通能力、表达能力这八项内容对中层管理者进行考评。采取年度绩效考评为周期，具体实施是在上旅集团党委的领导下，成立考核领导小组，任命集团总经理为组长，监事会主席为副组长，其他集团班长成员为组员，年度考核工作由考评小组全权负责，人力资源部门作为主要配合部门进行组织协调，审计监察部等有关部门协同配合。

绩效考评工作主要由中层管理者述职和民意测评两部分组成，上旅集团会在每年年末召开员工大会，在大会上中层管理者逐个进行述职，其主要阐述的内容是对上一年度的主要工作的总结，本人履行岗位职责情况和对下一年度工作重点的计划及思路。在每个中层管理者述职结束之后，在场的参会人员当场进行民意测评，在绩效考评表上打分（表 1）。最后，将中层管理者根据考评的结果以 20%、40%、35%、5%的比例评选出优秀、良好、称职、不称职四个等级。对于排名靠前的中层管理者，年终奖按超出平均数的一定比例给予奖励，在今后的提拔晋升、评优评先、进修培训等方面将优先考虑。而对于排名靠后者，特别是连续三年考核结果均为不称职的中层管理者，经过集团董事会及党组会议研究讨论，或者将其目前担任的职务免去，对其年龄情况、工作业绩水平和工作表现进行综合考虑后进行岗位调整，若整体综合情况不理想则将其直接淘汰。

表1 上旅集团中层干部绩效考核测评表

部门	被测评者						
考评项目	标准				评分		
	8~10分	4~8分	4~6分	2~4分	上级评	同级评	下级评
敬业精神	爱岗敬业，积极工作，具有职业道德，工作业绩突出	比较爱岗敬业，工作比较积极、比较尽职尽责，工作业绩显著	工作一般努力，对领导交代的工作基本上完成，工作业绩一般	工作不主动不负责，工作业绩不能让人满意			
领导能力	有较强组织、决策计划能力，善于激励下属，部门工作井然有序并且充满活力，员工和上级领导满意程度高	有一定的组织决策能力，部门工做有序，比较注重人培养，员工和上级领导满意程度较高	决策组织能力一般，工作上未出现大失误，员工和上级领导满意程度一般	缺乏组织决策能力，工作无条理，下属工作表现较差，受到上级领导批评			
企业意识	热爱企业，以企业利益为重，积极主动为下属提供帮助	一般情况下能以企业和员工利益为重，可以为下属提供较好的服务	大多数情况下能维护企业利益，为员提供服务	不顾企业和员工的利益，我行我素，损害企业形象和声誉			
规章制度	模范遵守企业规章制度，自我约束力强	能自觉遵守企业规章制度，自我约束力较好	一般情况下能遵守企业规章制度，具有一定的自我约束力	根本没有自我约束力，出现过违纪违规的行为			
业务知识	对所属岗位业务知识精通，实践经验丰富，热爱学习	熟悉业务知识，有一定的实践经验	基本掌握所属的业务和知识，能应付工作	对业务知识一知半解，不努力学习，影响工作			
人际关系	亲和力强，严于律己，有很好的人际关系	友善相处，团结合作能力较强，有较好的人际关系	能与他人团结合作，人际关系一般	不善于团结合作，人际关系差			
沟通能力	主动沟通，主动协调，与其他部门之间互相支持，关系密切	沟通比较主动，能处理好与其他部门之间的关系，配合较好	不主动与他人进行沟通，与其他部门的协调有一定困难	从不沟通或协调，在工作上产生不良			
表达能力	善于表达，分析判断能力强，文字和语言表达流畅、准确	有一定的分析判断能力，文字和语言表达清楚	分析判断能力一般，语言文字表达能力一般	分析判断能力较差，语言和文字表达不清楚，影响工作			

——摘自：郑琳. 上旅集团中层管理者绩效管理研究［D］. 江西财经大学，2016.

案例讨论题

由于“德能勤绩”式的考核方式比较简单、易于操作，这种考核方式被事业单位和国有企业普遍采用，但有学者指出上旅集团的考核指标过于宽泛，且不容易量化与细化，主观性太强，对绩效考核管理目的的认识不够准确。你认同吗？说说你的观点。

思考与练习

1. 你认为对旅游企业的经理阶层和中层管理者的绩效考核有何不同？试以旅行社为例，你认为对基层服务人员的考核重点应在哪些方面？
2. 试以旅游景点（景区）为例，说明旅游企业绩效考核中遇到的问题和失误的情形有哪些。
3. 你认为应如何减少绩效考核的失误？
4. 你认为对每个职工都该进行考核结果面谈吗？为什么？

第7章 薪酬福利设计与管理

【学习目标】

通过本章的学习，了解薪酬的构成及影响因素，明确薪酬管理的原则，掌握旅游企业薪酬设计的原理；了解常见的奖金类型，掌握旅游企业劳动保险的内容和福利制度。

【内容结构】

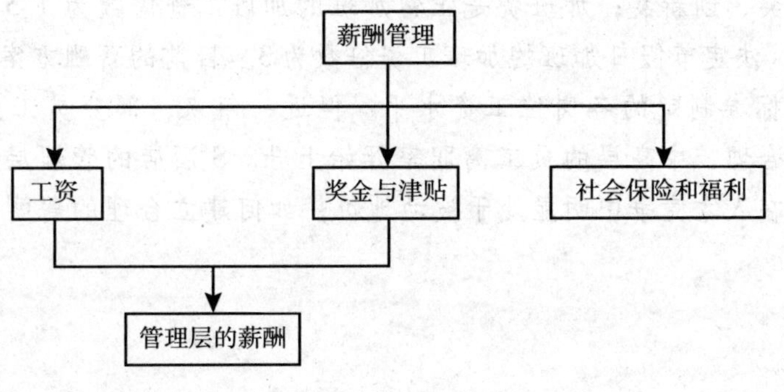

【重要概念】

薪酬　工资　奖金　津贴　福利　薪酬管理　社会保险

案 例

如何优化S酒店的薪酬体系

S酒店（四星级），位于某市中央商务区的中心，周围各大企业、多家银行聚集，商务气氛浓郁。S酒店周围购物广场、超市及商务中心林立，总建筑面积1.88万平方米，高21层，酒店共有豪华商务客房175套，零点餐厅5个，宴会包厢12个，不同类型的会议室6个，另设有健身俱乐部、KTV包间等众多配套服务设施项目，能满足不同形式的娱乐需求。

目前，酒店共有员工385人，其中中高层管理人员38人。中高层管理人员薪资由岗位工资、业绩工资、司龄工资、福利、奖金、加班费六个部分组成。其中岗位工资是根据各岗位的工作责任、工作量确定工资标准；业绩工资是根据财务本部为酒店制订的年度营业计划具体分解到各月，视完成情况发放（如超额完成计划按超出比例发放奖金，最多超出20%；如未完成则按比例扣发，最多扣发20%）；司龄工资是在本酒店工作每满一年加发10元司龄工资，按月发放；福利（保险）是公司提供宿舍、食堂，为员工提供保险、作定期体检以及组织旅游活动、文体活动等，并根据公司效益情况发放节日物资、结婚礼金及安排带薪休假等；奖金主要包括全勤奖、特殊贡献奖、创新奖、优秀团队奖、年终效益奖，其中月度奖为全勤奖；年度奖为优秀团队奖、年终效益奖；不定期奖为特殊贡献奖、创新奖；加班费是正常加班的加班工资倍数为1.5，周末加班的加班工资倍数为2，法定节假日加班的加班工资倍数为3。目前的薪酬方案是酒店开业时参照同行业的付薪标准制定的各岗位工资水平。但近一年来，部分员工抱怨薪酬水平较低、薪酬结构不合理，中高层的员工离职率开始上升。S酒店的管理层也意识到，目前的薪酬体系已经在人才竞争中明显处于被动地位，如何建立合理的薪酬体系成为一个非常迫切的问题。

第1节　薪酬管理概述

一、薪酬的概念

薪酬泛指员工因工作关系而从企业获得的各种报酬。在我国，传统上把一次性支付的薪酬称为“酬”，而以年计付的劳动薪酬称为“薪”（如薪金、薪水等），把以月、日、小时等较小时间单位计付的劳动薪酬称为“工资”。

在现代人力资源管理中，广义的薪酬系统包括主观报酬和客观报酬两个部分。主观报酬是员工从工作本身得到的满足感，是对自己的工作比较满意的结果。组织可以通过各种方法，如丰富工作内容和形式，或重新设计工作等，来增强员工在工作中的个人价值感，进而使个体获得较多的主观报酬。主观报酬包括参与企业的重要决策，承担更多的责任，获得成长的机会，适当的工作自由和权限，对工作的兴趣等。客观报酬包括直接报酬、间接报酬和非金钱性报酬。直接报酬包括工资、奖金、股权、津贴，等等，是狭义的薪酬；间接报酬包括保险、福利等。非金钱性报酬有满意的办公设备、满意的午餐时间、满意的工作分工等，虽然它们不直接表现为金钱的形式，但实质上就是金钱或金钱所带来的优惠。主观报酬、客观报酬都对吸引人才、留住员工有着重要的作用。

在本书中，薪酬是指员工为企业提供劳动而得到的各种货币与实物报酬的总和。主要包括工资、奖金、津贴、福利等。

二、薪酬的构成

（一）工资

工资是根据劳动者所提供的劳动数量和质量，按照事先规定的标准以货币形式付给劳动者的劳动报酬，也就是劳动的价格。这是总体上工资的定义。总体的工资可以作如下分类：

1. *基本工资*

基本工资是员工定期从企业得到的一个固定数额的劳动报酬。基本工资多以小时工资、月薪、年薪等形式（计时的形式）出现，基本工资又分为基础工资、工龄工资、职位工资等。基础工资即保障职工基本生活需要的工资，在一段相当长的时期内都是比较固定的，主要是为员工提供基本的保障；工龄工资是企业根据员工在组织中工作时间长短支付的一种报酬，工作时间越长，工龄工资越高；职位工资又称岗位工资，是企业对某岗位员工为胜任该岗位所付出的知识、经验、能力的一种回报工资。工资是员工劳动收入的主要部分，也是确定其他劳动报酬和福利待遇的基础，一般具有稳定性、常规性、基准性和综合性的特点。

2. *激励工资*

工资中随着员工工作努力程度和劳动成果的变化而变化的部分。激励工资有类似奖金的性质，可以分为下面两种形式：

（1）投入激励工资，即随着员工工作努力程度变化而变化的工资。

（2）产出激励工资，即随着员工劳动产出的变化而变化的工资。具体形式有计件工资、销售提成等。

3. *成就工资*

当员工工作卓有成效、为企业做出突出贡献后，企业以提高基本工资的形式付给员工的报酬。成就工资是对员工在过去较长一段时间内所取得成就的“追认”，而激励工资是与员工现在的表现和成就挂钩的。成就工资是工资的永久性增加，而激励工资是一次性的。

（二）奖金

企业对员工提供的超出正常努力的劳动或劳务所支付的奖励性薪酬。其目的是鼓励员工提高劳动效率和工作质量，促使其继续保持良好的工作势头。与工资相比，它具有非普遍性和浮动性的特点。奖金的发放可以根据个人的工作业绩评定，也可以根据部门和企业的效益来评定。

（三）津贴

津贴也称附加工资或者补助，是指员工在艰苦或特殊条件下进行工作，企业对员工额外的劳动量和额外的生活费用支出所给的补偿。津贴的特点是它只将艰苦或特殊的环境作为衡量的唯一标准，而与员工的工作能力和工作业绩无关。津贴具有很强的针对性，当艰苦或特殊的工作环境消失时，津贴也随即终止。

（四）福利

福利是指企业为员工提供的除金钱之外的一切物质待遇，是企业为吸引员工或维持人员稳定而支付的作为工资或奖金等项目的补充性薪酬。根据我国劳动法的有关规定，员工福利可分为“社会保险福利”和“企业集体福利”两大类。

1. 社会保险福利

社会保险福利是指为了保障员工的合法权利，而由政府统一管理的福利措施。它主要包括社会养老保险、社会失业保险、社会医疗保险、工伤保险、生育保险等。

2. 企业集体福利

企业集体福利是指企业为了吸引人才或稳定员工而自行为员工设置的福利措施，比如工作餐、工作服等。企业集体福利根据享受的范围不同，可分全员性福利和特殊群体福利两类。全员性福利是全体员工都可以享受的福利；特殊群体福利指供特殊群体享用的福利，这些特殊群体往往是对企业做出特殊贡献的技术专家、管理专家等企业核心人员。

三、旅游企业薪酬的影响因素

影响旅游企业薪酬水平的因素很多，一般可以归为以下两类。

（一）影响员工个人薪酬水平的因素

1. 员工所处的岗位、等级

员工的岗位和等级与旅游企业内部的人力资源市场有关，这也决定了他们所要具备的技能和必须承担的责任，因此不同的岗位和等级，其薪酬必然会有差异。例如：酒店服务员往往工资低，但奖金高；酒店财务经理往往工资高，但奖金低；操作工人可能是计件工资；秘书则常常是固定工资。

2. 员工个体差别

每个员工的学历、年龄、工龄、工作经验、技术水平、健康状况和劳动绩效不可能完全相同。因此，由于他们过去投入的人力资本的不同，以及现在实际工作的努力程度和收效的不同，就决定了他们的薪酬水平不可能完全一致。

（二）影响旅游企业整体薪酬水平的因素

1. 企业的发展阶段及经营状况

旅游企业的发展阶段不同，企业的战略也不同，企业的赢利能力也不同，因此，旅游企业的薪酬系统也会受到影响。例如：旅游企业在启动阶段，往往采用低工资、低奖励、高福利的薪酬系统。在经营方面，若旅游企业经营状况不好，财力有限，自然发不出很高的薪酬。而在奖励薪酬与绩效或旅游企业效益挂钩的情况下，员工的薪酬水平便会随着企业赢利水平的变化而变化。

2. 企业的管理哲学

旅游企业管理的哲学，特别是分配哲学，往往会对薪酬水平的确定起到非常重要的作用。在偏向于用物质刺激的企业文化下，旅游企业倾向于用较高的货币薪酬刺激员工的工作热情；而在偏向于精神激励的企业文化下，旅游企业用适中的薪酬就能起到相同的激励效果。

3. 企业雇员的配置

在一定时期内，企业员工的数量配置与其薪酬水平之间是一种此消彼长的替代关系。薪酬是旅游企业总成本的一个组成部分，而在短期内营业收入一定的情况下，旅游企业的总薪酬成本呈刚性。这样，旅游企业雇的员工越多，则人均薪酬越低。因此，旅游企业在其资本配置中，要考虑薪酬成本与其他成本之间的转换和替代，比较各种资本及其配置效益。

4. 当地的经济发展状况和物价指数

一般来说，当地的经济发展状况或物价指数处在一个较高水平时，旅游企业员工的薪酬水平会较高，相反则会较低。随着生活水平的提高，员工对薪酬的期望也会提高，旅游企业要注意物价涨跌对员工生活的影响，为调整薪酬政策提供依据。

5. 行业薪酬水平

旅游行业的薪酬水平及其他行业薪酬水平会为旅游企业薪酬的制订提供参考，使旅游企业在横向与纵向比较中确定薪酬水平。

6. 劳动力市场状况

旅游劳动力市场的价格（即薪酬水平）取决于旅游劳动力供给和需求的状况，当劳动力供过于求时，旅游企业可以用较低的薪酬招募员工，相反，当劳动力供不应求时，求职者则有较多的选择，旅游企业要招到合适的人员，则必须相应提高自己的薪酬待遇。

7. 法律法规因素

政府的许多法规政策影响薪酬系统，《劳动法》是我国保障员工合法权益的基本法，其中的很多条款都与企业薪金制度的制订有关，如同工同酬、最低工资制度、加班和福利报酬等。政府调节其他经济行为和社会行为的宏观政策，如财政税收政策、价格政策以及产业政策等，不是专门用来调节薪酬变动的，但是在客观上也会对旅游企业的薪酬水平产生影响。这些因素也应该引起旅游企业所有者和管理者的全面关注。

四、薪酬管理

薪酬管理是指企业分配给员工的直接和间接的货币激励以及非货币激励的过程。对于大多数人来说，工作是生活的核心活动。但是，无论工作对人们来讲有多么重要，一般情况下，人们总是会选择薪酬高的企业。

（一）薪酬管理的作用

1. 吸引人才

与企业招聘和选拔相配合，薪酬管理方案可以确保提供足够的直接与间接激励，在恰当的时候为恰当的职位吸引恰当的人才。

2. 保留优秀员工

在市场竞争十分激烈的今天，薪酬也是导致人才流失的重要原因，所以成功的薪酬制度（如效益工资，奖励制度等）可以吸引优秀的员工，降低员工的流失率。

3. 激励员工

所有的企业都在寻求高产出率并拥有高责任感和工作热情的员工。有效的薪酬管理可以通过提供一种利益分享（将薪酬与产出率和其他识别员工努力和贡献的主要绩效测量方法紧密联系）来形成这样的劳动力。科学合理的薪酬体系是使每个员工自觉地为实现企业目标而努力工作的有效激励手段。薪酬的高低决定了人们物质生活条件的好坏，同时薪酬的高低也可以代表一个人的社会地位的高低，是全面满足员工多种需要的经济基础。因此，正常合理的薪酬分配，有助于调动员工的积极性；反之，则势必影响员工积极性的发挥，薪酬的激励作用也将丧失。

4. 有助于实现人力资源管理目标

企业可能希望创造一种独特的激励方法和竞争的氛围，或者希望被认为是一个“优秀雇主”，从而可以吸引最好的应聘者。薪酬管理方案可以根据这些特殊的目标来制订，也可以根据快速增长、生存或者创新等组织目标来制订。

5. 有助于实现竞争优势

总体薪酬支出会成为一项重要的经营支出。由于旅游企业是劳动密集型企业，薪酬、福利和相关费用支出占整个经营支出的百分比可以从30%浮动到80%，旅游企业可能会基于绩效的战略制定一个幅度来控制这些开销，来提高企业在市场中的竞争优势。

例如，公司可能会决定将公司重新定位在一个劳动力价格较低的市场，或者开发出与公司业绩相联系的浮动（可变）工资计划。

（二）薪酬管理的原则

1. 公平性

薪酬系统要公平，这是最主要的原则。要使员工认识到人人平等，只要在相同岗位上做出相同的业绩，都将获得相同的薪酬。公平性原则包括两个方面的要求：其一是外部公平，即是指企业的薪酬水平与劳动力市场中的薪酬水平相当；其二是内部公平，即是指同一企业中每个人所得到的报酬与其他人所得到报酬相比，应该是公平合理的。

为了保证企业薪酬制度的公平性，企业的高层主管应注意以下几点。①企业的薪酬制度要有明确一致的指导原则，并有统一的、可以说明的规范。②薪酬制度要有民主性与透明性。当员工能够了解和监督薪酬政策与制度的制定和管理，并能对政策有一定的参与和发言权时，猜疑和误解便易于冰释，不平感也会显著降低。③企业主管要为员工创造机会均等、公平竞争的条件并引导员工把注意力从结果均等转到机会均等上来，如果机会不均等，单纯的收入与贡献比相等并不能代表公平。

2. 激励性

激励性是指在内部各类、各级职务的薪酬水准上，根据员工的实际贡献付薪，适当拉开差距，使不同业绩的员工在心理上察觉到这个差距，并产生激励作用，使业绩好的员工认为得到了鼓励，业绩差的员工认为值得去改进绩效，以获得更好的回报。

3. 竞争性

竞争性是指在社会上和人才市场中，企业的薪酬标准要有吸引力，才足以战胜竞争对手，招到企业所需的人才，同时也才能留住人才。确保企业薪酬水平略高于或等于类似行业、类似企业的薪酬水平。但注意相差不宜太大，因为如果企业薪酬水平太高，会提高企业的人力成本，太低则会使企业对人才失去吸引力。

4. 经济性

提高企业的薪酬水准，固然可以提高其竞争性与激励性，但同时不可避免地导致企业人力成本的上升。因此，薪酬水平的高低不能不受经济性的制约，即要考虑企业的实际的承受能力。

5. 合法性

企业的薪酬制度确立必须符合国家的有关政策法规，这是薪酬制定的基本原则。例如，国家规定的工资支付形式、福利制度、加班费、最低保障工资等规范，企业必须执行。

（三）旅游企业薪酬管理的主要内容

1. 工资总额的管理

工资总额管理不仅包括工资总额的计划与控制，还包括工资总额调整的计划与控制。工资总额是指企业在一定时期内支付给职工的劳动报酬总额。国家统计局对于工资总额的组成有明确的界定，确定工资总额的组成是：

工资总额 = 计时工资 + 计件工资 + 奖金 + 津贴和补贴
+ 加班加点工资 + 特殊情况下支付的工资

事实上，对于国家来说，工资总额的准确统计是国家从宏观上了解居民的收入，衡量职工的生活水平，计算离退休金、有关保险金和经济补偿金的重要依据；对于旅游企业来说，工资总额是人工成本的一部分，是企业掌握人工成本的主要信息来源，是企业进行人工成本控制的重要依据。由于工资总额的各项组成均与旅游企业经济效益等因素直接相关，工资总额的调整在所难免，因此，确定工资总额调整的幅度也是十分重要的。

旅游企业工资总额的管理方法，首先考虑确定合理的工资总额需要考虑的因素，如企业支付能力、员工的生活费用、市场薪酬水平以及员工现有薪酬状况等，然后计算合理的工资总额，可以采用工资总额与营业额的方法推算合理的工资总额，或采用盈亏平衡点力法推算合理的工资总额，还可以采用工资总额占附加值比例的方法来推算合理的工资总额。

2. 企业内部各类员工薪酬水平的管理

要明确界定各类员工的薪酬水平，以实现劳动力与企业之间公平的价值交换，这是旅游企业薪酬管理的重要内容。正确的做法是，哪类员工对企业的贡献大，他从薪酬中得到的回报就应当多，哪类员工对企业的贡献小，他从薪酬中得到的回报就应当少，以示公平。

3. 确定企业内部的薪酬制度

旅游企业薪酬制度管理包括工资结构管理，即确定不同员工的薪酬构成项目以及各薪酬项目所占的比例，还包括薪酬支付形式管理，即确定薪酬计算的基础，是按照劳动时间计算还是按照营业额（量）计算。

不同的薪酬制度有不同的适用对象和范围，有的简单，有的复杂，旅游企业要选择与其发展战略、实际情况相适应的薪酬制度。

4. 日常薪酬管理工作

旅游企业日常薪酬管理工作具体包括：开展薪酬调查，统计分析调查结果，制订薪酬计划，适时计算、统计员工的薪酬及薪酬调整。

（四）薪酬支付的原则

（1）及时性原则。月薪必须每月支付一次，并且时间要相对固定。如有特殊情况，必须事先向员工解释清楚。员工的薪酬不是企业的施舍，是企业对员工的负债。

（2）现金原则。即支付给员工的基础工资、奖励工资、附加工资，只能采用现金的形式发放，不能选用企业股金或者企业产品的形式。

（3）足额原则。承诺的薪资必须按时间约定足额支付，不得有任何截流。在现实中，有些企业只按一定比例发给员工薪资，剩一部分承诺在未来的某一天兑现，这是不合理的。

（4）约定原则。在企业管理中，对员工的某些不当行为进行惩戒性罚款是必不可少的，诸如旷工、迟到和缺勤要扣除一定数额的基础工资、奖励工资和附加工资。但这种扣除都必须事先有明确的约定，并让每个员工熟知这种事先的约定，不得有任何暗箱操作，或者事后任意追加。

（5）绩效挂钩原则。即社会保险和住房公积金等福利的享有，要求必须事先在支付比例、支付方式上做出规范约定，并与绩效考核挂钩，明确绩效考核得分与员工福利保险享有数量和享有比例。

五、旅游企业薪酬管理的基本程序

如前所述，企业的薪酬原则和策略、地区及行业的薪酬水平、企业的赢利能力等都将对薪酬制度的设计与管理产生重要的影响。因此，企业薪酬管理是依据一系列的科学化原则，按照一定的步骤，分成以下六个基本环节完成的，如图7-1所示。这六个环节环环相扣，每个环节都将对企业薪酬管理的结果产生直接的影响。

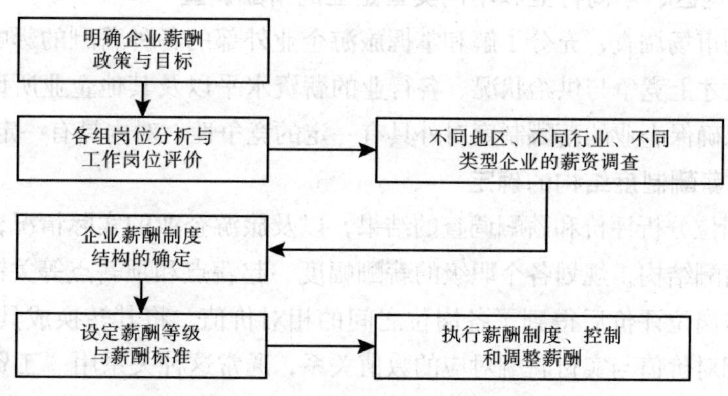

图 7-1 薪酬管理的基本程序

（一）明确企业薪酬政策及目标

对旅游企业的薪酬管理来说，首先要明确企业薪酬政策及目标，提出企业薪酬策略和薪资制度的基本原则，即应当明确企业是采用高薪资或低薪资政策，还是依照市场上人力资源的平均价位，将本企业员工的薪资控制在一般水平上。企业薪酬政策必须与企业的总体人力资源策略相匹配，保持一致性。

（二）工作岗位分析与评价

工作岗位分析与评价，是制定科学合理的薪酬制度的前提和依据。通过工作岗位分析与评价，能够明确岗位的工作性质、所承担责任的大小、劳动强度的轻重、工作环境的优劣以及劳动者所应具备的工作经验、专业技能、学识、身体条件等方面的具体要求。同时，根据工作岗位分析所采集的数据和资料，采用系统科学的方法，对企业内各个层次和职别的工作岗位的相对价值做出客观的评价，并依据岗位评价的结果，按照各个岗位价值的重要性由高至低进行排列，以此作为确定企业基本薪酬制度的依据。

工作岗位评价的目的在于明确每个岗位的相对价值。根据对岗位系统科学的评价，确定各岗位的薪酬等级。表 7-1 显示了某旅游企业工作岗位评价与员工薪酬水平的对比关系。

表 7-1　企业工作岗位评价与员工薪酬水平的对比

序　　号	序列等级	月基本工资(元)
1	A	5000
2	B	4500
3	C	3200
4	D	2950
5	E	2600
6	F	2250

（三）不同地区、不同行业和不同类型企业的薪酬调查

通过必要的市场调查，充分了解和掌握旅游企业外部的各种薪酬的影响因素，包括旅游劳动力市场人才上竞争与供给状况、各行业的薪资水平以及其他企业所设立的薪酬福利保险项目等，以确保企业的薪酬制度对外具有一定的竞争性，对内具有一定的公平性。

（四）企业薪酬制度结构的确定

根据工作岗位分析评价和薪酬调查的结果，以及旅游企业的实际情况，可以确定本企业各级员工的薪酬结构，规划各个职级的薪酬幅度、起薪点和顶薪点等关键性指标。也就是说，根据工作岗位评价后得到了各岗位之间的相对价值，将其转换成具体的薪酬数额，明确各岗位的相对价值与实付薪酬对应的数值关系，通常这种关系用“工资（薪酬）结构线”来表示。图 7-2 为某旅游企业的工资结构线。

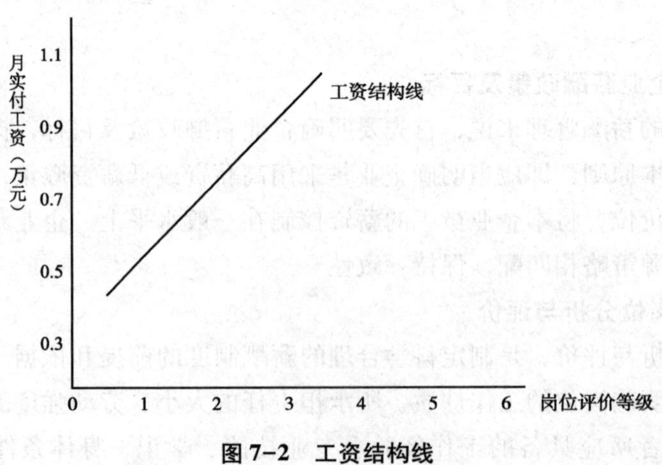

图 7-2　工资结构线

显然，工资结构线越陡，各等级之间薪酬差距越大，表示旅游企业对于贡献价值不同的岗位，采用的是拉大企业薪酬差距的薪酬策略。

（五）设定薪酬等级与薪酬标准

将众多类型的岗位工资归并组合成若干等级，形成一个薪酬等级系列。确定旅游企业内各岗位的具体薪酬范围。从图 7-3 可知，各薪酬等级的薪酬范围、变化幅度不一定相同，属于不同薪酬等级的岗位其实付薪酬可能相同，属于同一薪酬等级的岗位其实付薪酬可能不同。

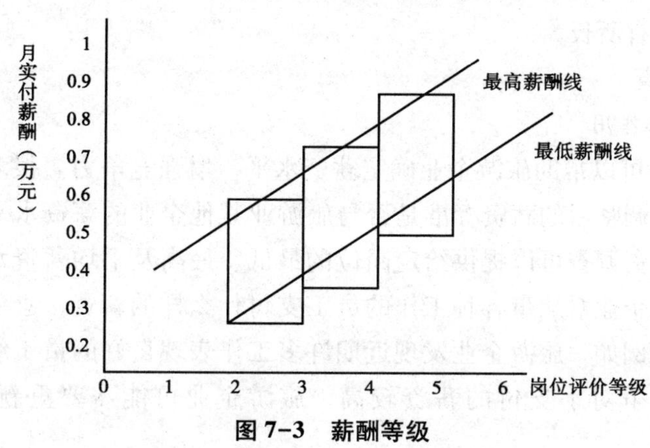

图 7-3　薪酬等级

第 2 节　工　资

一、确定工资标准的思路和程序

旅游企业要设计出合理科学的工资制度，一般要经历以下程序和步骤：

（一）职务级别评价

1. 职位分析

为了使工资薪酬达到公平性和科学性，旅游企业在确立工资水平时，要在企业内部进行职位工作评价，以实现劳酬相符，这是旅游企业薪酬管理的基础和出发点。要结合企业的经营目标，管理层要在业务分析和人员分析的基础上，明确部门职能和职位关系，人力资源部门和各部门主管要合作编写相应的职位说明书。这一步在职务分析中已经做过详细说明。

2. 职位评价

职位评价反映不同职务在企业中的相对价值和相对贡献，评价指标一般包括职务责任大小、复杂性及所需资格条件等，根据职务评价的最终点数，划分出几个区间，将同一区间的职务定为一个等级。职位评价（职位评定）重在解决薪酬的对内公平性问题，它有两个目的，一是比较企业内部各个职位的相对重要性，得出职位等级序列；二是为进行薪酬调查建立统一的职位评估标准，消除不同企业间由于职位职称不同，或即使职位名称相同但实际工作要求和工作内容不同所导致的职位难度差异，使不同职位之间具有可比性，为确保工资薪酬的公平性奠定基础。科学的职位评价体系是通过综合评价各方面的因素而得出工资级别的，并不是简单地与职务挂钩。比如，市场部经理并不一定比经理办公室主任的等级低。前者注重于旅游市场的开拓能力，后者注重于管理难度与综合能力，二者各有所长。

（二）薪资调查

1. *薪资调查的作用*

（1）薪资调查可以帮助旅游企业确定薪资水平，增强竞争力。很多旅游企业会定期调整员工的薪资，调整后的薪资标准是否与旅游业其他企业的薪资水平相同，便有赖于薪资水平调查。薪资调查可以提供给定岗位的最低、最高及平均薪资水平，使旅游企业能很好地了解其他企业对从事各种工作的员工支付什么样的薪资，避免旅游企业的薪资水平与外界脱节。例如，旅游企业发现近期许多工作表现良好的员工纷纷离职，从薪资调查的结果看，竞争对手支付的薪资较高，旅游企业可能需要重新确定这些职位的薪资。

（2）旅游企业可以利用薪资调查的结果检验工作分析的结果是否合理。例如，工作分析的结果是导游员与记账员两项工作的价值相同，但薪资调查的结果却显示，两者之间的薪资有较大差距，这时旅游企业就需要重新审核工作评价过程，检查这两项工作的评价是否准确，工作评价的结果与薪资调查的结果有时未必完全吻合。

2. *薪资调查的方式*

薪资调查与一般的调查研究大致相同，主要是利用问卷及访谈的形式收集有关资料。旅游企业可以自行进行调查，也可以委托其他机构进行调查，或者直接利用外部机构出版的调查报告。有些管理顾问公司会接受客户的委托，为客户做薪资调查，将调查结果编写成报告，卖给客户。某些政府机构、就业机构、商业机构和行业协会也会定期进行薪资调查并对外公布，这些机构出版的研究报告对旅游企业推测未来薪资趋势有一定参考价值。

旅游企业自行调查时有电话调查、访谈调查和问卷调查等多种方式可以选择。除少数情况外，电话调查不一定合适。由于薪资调查需要了解较多的详细资料，被访者需要翻查档案才能回答，不一定能在电话里马上答复。最好是采用问卷和访谈相结合的调查方式。首先寄给受访企业一封附有问卷的专函。信中解释调查的目的，感谢对方的合作，保证资料保密，并详细解释填写问卷时需要注意的事项，使对方清楚如何填写及回答问卷。收回问卷之前要保证受访企业有足够的时间填写问卷。仔细阅读过问卷之后再用电话联络，约时间与对方见面，请教一些不清楚或有疑问的地方。问卷内容的设计是薪资调查的关键，薪资调查收集的信息主要有最低及最高薪资、平均起薪点和平均薪资水平。此外也包括薪资形式、津贴选择、福利等方面的资料。

（三）确定工资标准

1. 确定旅游企业平均报酬水平

旅游企业在了解本地区劳动力市场以及旅游行业的报酬水平基础上，将其作为确定企业平均报酬水平的参考依据。旅游企业在确定员工薪金水平时，可以做出三个选择：超出竞争对手的水平；相当于竞争对手的水平；低于竞争对手的水平。

（1）超出竞争对手的水平。服务是旅游企业的重要产品，它十分重视和依赖员工的才能与热情。采取高于竞争对手的薪金水平的目的是增加吸引和保留优秀员工的能力，并希望通过这个途径，提高员工对薪金的满意度，发挥员工的积极性。旅游企业相信通过高于竞争对手的薪金，能够选择到优秀的员工，通过员工更有效率的工作，企业又能创造更多的价值。

（2）相当于竞争对手的水平。旅游企业采用相当于竞争对手水平的薪金来稳定称职的员工，避免与其他企业的正面竞争。主要通过多种优惠政策、福利及奖励吸引优秀员工。

（3）低于竞争对手的水平。旅游企业采用低于竞争对手水平的薪金，虽然降低了劳动力成本，但同时也降低了企业在劳动力市场的竞争能力。有的旅游企业凭借其他途径，如工作保障、升职机会、工作环境等因素抵消低薪金水平的不利影响，同时努力利用特色旅游产品、便利的地理位置与竞争对手竞争。

三个政策的选择都会影响到旅游企业的招工能力、保留员工能力、劳动力成本、员工对薪金的满意程度以及企业的旅游服务质量等。

2. 确定旅游企业内最低等级的工资标准

根据政府的有关规定，旅游企业的最低等级工资标准要不低于国家法定最低工资标准。同时还要考虑企业支付能力、人均生产率的增长情况和员工现有报酬水平等因素。

3. 确定各等级的工资标准

确定不同等级之间工资相差的幅度，即确定旅游企业内最高等级与最低等级的工资比例关系，以及其他各等级与最低等级的工资比例关系。前者反映了企业内员工报酬拉开差距的状况，差距太小会影响员工的积极性，差距太大可能会造成员工的不团结。后者则充分考虑不同岗位劳动强度、复杂程度、责任大小等方面的差别，以达到工资激励的目的。确定工资差距时，应注意以下两点：

（1）适当控制工资等级数目。工资等级的数目可根据惯例来定，但不可过少或过多。如果等级过少，员工难有晋升机会，会导致工资的激励效果减弱；反之，如果等级过多，又会增加复杂程度和管理费用。为了解决这一矛盾，往往采用扩展工资幅度和提高工资顶薪点的办法，设立更多的工资等级。不过，当员工经过若干年后达到了顶薪点时，因再次增薪无望、晋升机会渺茫，仍然会影响士气。

（2）两相邻职务的工资重叠部分不可太多。上下两个相邻职务之间的工资重叠部分太多，表明两个相邻职务的等级或岗等的职责重复、分工不清。同时，员工职务晋升时，往往只能按上一级职务的较高工资等级计算工资，否则就会造成“升职反而减薪”的问题。

二、工资的调整

旅游企业的工资制度在运行过程中，由于各种因素的变化，必须不断地加以调整，因为僵化不变的薪酬制度将会使其激励功能大大降低。对员工来说，薪酬制度失去了激励作用，将意味着企业的失败，所以随着环境条件的变化，工资调整就显得十分必要。常见的工资调整主要有以下几种类型：

1. 奖励性调整

奖励性调整是为了奖励员工做出的优良工作绩效，鼓励他们保持良好的工作业绩，再接再厉。这就是论功行赏，因此又称之为功劳性调整。当员工工作绩效突出、成绩卓越时，要对员工加以奖励，适当调高他们的薪酬水平，同时给予精神上的奖励。这样会极大地调动员工的积极性和工作热情。

2. 生活指数调整

这是为补偿员工因通货膨胀而导致的实际收入无形减少的损失，使生活水平不致降低，显示出对员工的关怀。但是采取这种调整方法要非常谨慎，生活指标调整常用的方式有两类：

（1）等比式调整。即所有员工都在原有薪酬基础上调高一定的百分比，这样，薪酬偏高的调升的绝对值幅度较大，似乎进一步扩大了级差，薪酬偏低的多数员工很容易有“又是当官的占了便宜的感觉”，从而产生“不公平”的怨言。但等比调整却保持了薪酬结构内在的相对级差，使代表旅游企业薪酬政策的特征线的斜率虽有变化，但却是按同一规律变化的。

（2）等额式调整。即全体员工不论原有薪酬的高低，一律给予等幅的调升，是按平均率运作的。这样做似乎一视同仁，无可厚非，但却引来级差比的缩小，致使特征线上每一点的斜率按不同规律变化，容易造成混乱，可能会动摇原薪酬结构设计的依据。

3. 效益调整

当旅游企业效益甚佳、赢利颇多时，对全体员工的薪酬进行普遍调高。调整方式可以是浮动的、非永久性的，当效益欠佳时，有可能调回原来的水平。但是，要注意这类调整应涉及全体员工。否则，将使员工感到不公平，他们会想：企业的经济效益好，还不是大家共同努力的结果，为什么偏偏给他们涨薪水？一旦员工有了这样的想法，将导致工作积极性的降低，自然会影响企业整体的工作效率。显然也违背了薪酬管理的最基本的原则。

4. 工龄调整

工龄的增加意味着工作经验的积累与丰富，代表着能力和绩效潜能的提高。从这一角度来说，工龄薪酬具有一定按绩效与贡献分配的性质。因此，现有的工龄调整应将工龄与绩效结果结合起来，作为提薪时考虑的依据。

旅游企业要根据企业内外环境的变化不断调整工资，使其发挥应有的作用，保证整个薪酬体系的顺利地、正常地运转。企业可以绘制各职务的“成熟曲线图”或“职业生涯发展曲线”，利用它来控制员工的薪酬调整。

三、工资制度

（一）绩效工资制

绩效工资制的特点是员工的薪酬主要根据其近期工作绩效来决定，员工的薪酬随工作绩效量的不同而变化，并不是处于同一职务（或岗位）或者技能等级的员工都能保证拿到相同数额的劳动薪酬。旅游企业的计件工资、销售提成工资、效益工资等的报酬结构都属于绩效工资制。

（二）岗位技能工资制

岗位技能工资制是近年来在我国企业中得到广泛使用，并取得良好效果的一种工资制度。它是以按劳分配为原则，以加强工资的宏观调控为前提，以工作技能、工作责任、工作强度和工作条件等基本工作要素评价为基础，以岗位和技能工资为主的企业基本工资制度。该项制度主要包括工作评价体系、工资单元的设置、岗位技能工资标准等内容。

1. 工作评价体系

岗位技能工资制通过工作评价体系对旅游企业各类岗位、职位的工作技能、工作责任、工作强度、工作条件等基本工作要素以及员工的工作实绩，进行科学、全面的测试和评定，以正确区分各类岗位、职位之间的工作差别，以此作为确定劳动报酬的依据。

（1）岗位评价的内容。①工作技能。包括：受教育（培训）程度；实践经验；实际工作能力。②工作责任。包括：产品（服务）的质量、数量、成本和消耗，以及设备、财产、安全卫生经营管理等方面的工作责任。③工作强度。包括：体力、脑力劳动的紧张程度；疲劳程度；劳动姿势；工时利用率。④工作条件。包括：岗位、职位、职务的危险程度；危害程度；自然地理和不同工作班次对劳动者生理、心理的损害程度。

（2）员工工作绩效评价的内容。包括：上岗、任职资格考试；技能水平考试；劳动实绩考核等。

2. 工资单元的设置

岗位技能工资单元属于基本工资制度，由技能工资和岗位（职务）工资单元构成。

（1）技能工资。技能工资主要与工作技能要素相对应，确定依据是岗位、职务对工作技能的要求和员工个人所具备的工作技能水平。技术工人、管理人员和专业技术人员的技能工资都可分为初、中、高三大工资类别，每类又可分为不同的档次和等级。

（2）岗位（职务）工资。岗位（职务）工资与工作责任、工作强度和工作条件三项要素相对应，它的确定是依据三项工作要素评价的总分数，划分为几类岗位工资标准，并设置相应档次，一般采取一岗多薪方式，视工作要素评分的不同，同一岗位的工资有所差别。

3. 岗位技能工资标准

确定岗位技能工资标准的主要工作包括以下三方面：

（1）制订企业基本工资的最低、最高工资标准需要综合考虑以下因素：①企业员工的现行工资水平，最低、最高工资的比例关系及近期预测变化趋势；②企业员工现行工资结构情况及调整趋势；③旅游业平均工资水平及当地居民日平均生活水平及近期预测；④政府关于企业经营者收入的规定及个人所得税的起征点等。

（2）根据行业区别，合理确定岗位工资、技能工资单元的比重。①从旅游企业经营的特点出发，技术要求高、以工作技能为主要因素的旅游企业，其技能工资的比重可以适当大一些；反之，工作强度大、工作条件差的旅游企业，其岗位工资的比重可以大一些。②从有利于发挥工资的激励作用出发，调动员工提高技术、业务水平的积极性和到技术要求高、责任重以及苦、脏、累、险岗位工作的积极性。

（3）合理确定旅游企业各类人员基本工资的区间及技能工资、岗位工资各档次的工资标准。

（三）结构工资制

结构工资制把员工的工资划分成若干组成部分，构成动态性的工资结构模式。用工资分解的方式，确定和发挥各部分工资各自不同的功能，克服原来工资制度将劳动者工作年限长短、技术水平高低、劳动态度优劣和贡献大小等因素混合在一起，用混合式方法确定工资等级而带来的某些弊病。由于结构工资制集等级工资制、岗位技能工资制、年功工资制的长处，摒弃其短处，因此，它具有较灵活的调节作用，有利于合理安排旅游业各种类型企业各类员工的工资关系，能调动员工的积极性，充分发挥工资的积极作用。它既适用于服务员、导游员，也适用于其他职员；既适用于专业化程度高、分工细的旅游酒店，也适用于服务技术要求高的旅行社。

结构式工资主要由基础工资、职务工资、工龄工资、效益工资、津贴等部分组成。基础工资是结构式工资中相对固定不变的那部分，它具有维持和保障企业员工基本生活的职能。职务工资是旅游企业根据工作分析中有关职务（或岗位）的要求而确定的工资，如总经理的职务工资是 4500 元，副总经理的职务工资是 3000 元，部门经理的职务工资是 2000 元等。工龄工资是按企业员工的工龄或工作年限而确定的工资。根据员工的生理规律，一般在 20~40 岁的员工工龄工资系数（影响工资等级的一个数量级）比 40~55 岁的员工工龄工资系数高，工龄工资也就高。效益工资又称奖励工资，有时以奖金形式表现，它以浮动形式根据企业的效益好坏和员工完成工作的产量基数而确定。

结构式工资模式操作简单，具有直观、简明的特点，适合中小型及人事管理简单的旅游公司、饭店等企业。

（四）等级工资制

等级工资制是基本工资制度的主要部分。等级工资制是根据劳动的复杂程度、繁重程度、精确程度和工作责任大小等因素划分等级，按等级规定工资标准支付劳动报酬的制度。在我国，等级工资制是用以调节各类劳动者工资关系的主要手段，其他工资制度多由它演绎发展而成。根据适用范围不同，等级工资制又分为技术等级工资制与岗位等级工资制等具体形式。

1. 技术等级工资制

技术等级工资制是一种主要根据技术复杂程度和劳动熟练程度划分等级，规定相应的工资标准，再根据员工所达到的技术水平来评定技术（工资）等级和标准工资的一种等级工资制。主要适用于劳动技术复杂程度和劳动熟练程度差别大的部门，或者分工较粗、工作对象不固定的地方，主要适用对象为旅游企业的服务人员。技术等级工资制由技术等级标准、工资标准和工资等级表三个部分组成：

（1）技术等级标准。它由应知、应会和工作实例三个部分组成：①应知，是指员工为完成某一技术等级的全部工作所必须具备的专业理论知识；②应会，是指员工完成某一技术等级工作应具备的实际操作能力和工作经验；③工作实例，是指根据应知、应会的要求，列出本工种某等级员工应该会做的典型工作项目。

（2）工资标准。工资标准又称工资率，是指单位工作时间（小时、日、月）规定的工资数额，它表示了某一工资等级的货币工资水平。确定工资标准的主要步骤如下：①合理确定最低等级工资标准；②根据最低等级工资标准以及选定的各等级的工资系数，来推算出其他各等级的工资标准；③分别确定各工种、岗位工资等级线，即各工种或岗位的工资起点等级和最高等级的界限。一般来说，技术复杂程度高、责任大和技术等级数目多的工种，等级起点高，等级线长；反之，则起点低，等级线短。

（3）工资等级表。工资等级表是规定工资等级数目以及各工资等级之间差别的一览表，它由工资等级数目、各等级之间的工资级差，以及各工种的工资等级线这三部分组成。工资等级表反映了旅游企业不同质量等级的劳动之间的工资标准的相互关系。

技术等级标准是技术等级工资制的基础，工资标准是对各技术等级所确定的劳动报酬标准，在此基础上形成工资等级表。

2. 岗位等级工资制

岗位等级工资制是按照各个不同的岗位和每一个岗位中不同等级而确定薪金标准的薪金制度。旅游企业确定岗位等级的指标至少包括所任岗位规模、职责范围、工作复杂程度、人力资源市场价格四方面的内容。岗位规模是指该岗位对企业影响程度，管理监督人数及下属劳动复杂程度；职责范围指完成工作独立性难度，沟通频率和方式；工作复杂程度指任职资格，解决问题难度，工作环境；人力资源市场价格要考虑旅游业人才流向和获取企业所需人才的难度。这四个因素能描述出各个岗位和岗位内部各个等级之间的劳动差别和工资差别。

旅游企业在岗位定级时，可由旅游企业的人力资源管理部门、业务部门经理、技术人员、基层员工组成专门班子，用点数分析法对整个企业的各个岗位统一测定岗位的点数，一经测定后的标准，基本保持相对稳定。以后任何一个人担任同一岗位工作都是适用的，而且岗位的点数也应相同。如果一个员工的岗位发生变动，其岗位的点数也要调整。图 7-4 以饭店为例说明薪金等级，该饭店共分为七级，除第七级外，一至六级分别与管理层的职位相对应。总经理为一级，副总经理、驻店经理、总工程师、总会计师为二级，A 级经理（工作量与责任较大、技术要求高的部门经理如餐饮部、客房部、前厅部、康乐部等）、工程师、大堂副理、总经理办公室主任为三级，以下依此类推。这一分级方式适合小型的饭店。

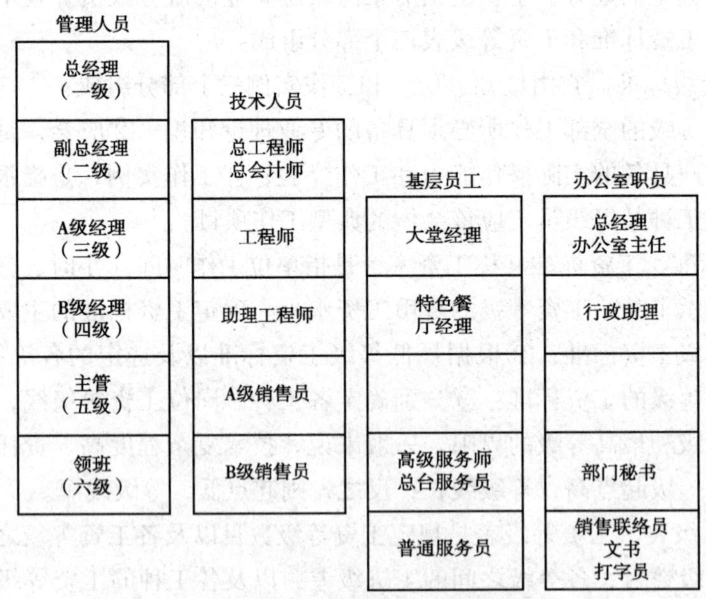

图 7-4 某饭店薪金等级

（五）保密工资制

保密工资制是一种灵活反映旅游企业经营状况和旅游劳动力市场供求状况并对员工的工资收入实行保密的一种工资制度。

1. 保密工资制的主要内容

（1）员工的工资额由旅游企业根据所从事工作的复杂熟练程度与员工当面协商确定，其工资额的高低取决于旅游业劳动力市场的供求状况和本企业经营状况。

（2）当某一岗位的人员紧缺或处于旅游业的旺季时，员工的工资额就上升，反之就下降。

（3）旅游企业对经营所需要的技术创新人才和高层次的管理人才愿意支付较高的报酬。如果企业不需要该等级的专业技术的员工，就可能降级使用或支付较低的报酬。如果员工对所得的工资不满，可以与旅游企业协商调整。如果双方都同意，可以履行新的工资额。

（4）旅游企业和员工都必须对工资收入严格保密，不得向他人泄露。

2. 保密工资制的利弊

保密工资制优点在于：①有利于员工之间不在工资上互相攀比，减少矛盾；②工资是由旅游企业与员工共同商定的，双方都可以接受，一般都比较满意，有利于调动职工的积极性；③工资水平随着旅游企业经营状况、旅游业的淡旺季情况、旅游劳动力市场供求状况而升降，保持旅游企业内部各类人员之间的合理比例关系；④有利于员工在最佳年龄期间取得最佳报酬。

保密工资制容易出现同工不同酬等缺点。在制度不健全和仲裁机构、监督机构不健全的情况下，容易使以权谋私者从中舞弊，产生亲者工资高、疏者工资低等不合理现象。

四、工资形式

工资形式是计量劳动和支付工资的方式，包括两方面的内容：一是通过某种预先确定的方法，对员工在劳动过程中所付出的劳动量进行计量；二是在此基础上，根据事先规定的工资标准来计算员工应得的劳动报酬，并实际进行支付。

工资形式与基本工资制度有着密切的联系。基本工资制度所要解决的，是区别员工在劳动过程中所付出的劳动的质的差别，反映员工在劳动过程中所具有的潜在能力或可能的劳动状况，并据此规定了相应的劳动报酬标准。但是，我们不仅要从潜在的劳动形态中观察不同人员的劳动差别，而且需要从流动的、凝结的和现实的劳动形态来考察不同劳动者的劳动差别，规定出各种具体的方法计量劳动量，确定相应劳动报酬并进行支付，这就形成了不同的工资形式。工资形式主要包括计时工资与计件工资两种基本形式以及浮动工资这种新形式。

（一）计时工资

计时工资是按照员工的技术、业务等级水平，或是员工所在岗位、职务的劳动等级预先规定相应的工资标准，按照员工的实际有效工作时间计付工资的形式。它是旅游企业最基本的工资形式。

1. 计时工资的构成

计时工资由以下三个要素构成：

（1）计量劳动与支付报酬的时间单位。这里指的是员工所付出的实际有效劳动时间以及相应劳动报酬的计时标准。这种时间单位可以是小时、日，也可以是月和年，在我国，旅游企业通常的计时单位是日和月。

（2）计量劳动量与相应报酬量的技术标准。计时工资主要考虑的是劳动的复杂程度、负责程度和繁重程度。因此，在计量劳动量时，需要依据各种技术标准（主要是技术等级标准、岗位等级标准、职务等级标准以及各种工作岗位上的劳动强度标准），经过对各种不同劳动的评价和换算，确定各等级工作相应的报酬量。在通常情况下，是将上述各种技术标准统一体现在员工本人技术业务工资标准或本人所在的岗位、职务的工资标准上，然后与时间单位合称为“单位时间的工资标准”。

（3）员工所付出的实际有效劳动时间。计时工资下的工资收入数量，是由包含一定劳动成果（数量与质量）的有效劳动时间长短决定的。实际有效劳动时间越长，则计时工资收入越高。

2. 计时工资的具体形式

根据计时工资对劳动报酬计算的时间单位不同，可以有这样几种计算形式：

（1）小时工资制，即按员工的实际有效工作小时数和小时工资标准计算的计时工资。

（2）日工资制，即根据员工实际有效劳动的日数和日工资标准计算的计时工资。

（3）月工资制，即根据员工的月工资标准并以日历月为时间单位计算的计时工资，在此形式下，员工在一个日历月内如正常工作，则可以按月工资标准支付工资。

（4）年薪制，即对旅游企业中受聘担任经理的经营者和管理者实行的一种特定形式的计时工资。一般以一个生产经营周期（多为一年）为单位确定经营者和管理者的基本报酬，并视其经营成果确定其效益报酬。这种计时工资制形式是市场经济条件下旅游企业经营者工资支付的主要形式。

3. 计时工资的优点

（1）计时工资的多少主要取决于员工本人技术业务水准或本人所在岗位（职务）相应的工资标准，而不直接取决于工作物或劳动对象的技术、业务水准。在相同的技术、业务级别（岗位、职务等级）和工资标准下，员工的计时工资收入就取决于个人实际有效劳动时间的长短。因此，计时工资对提高出勤率有显著作用。

（2）计时工资强调员工本人技术业务水准的高低，因此有利于鼓励员工努力学习科技文化和旅游业务知识，不断提高自己的技术业务水平和劳动熟练程度，提高劳动工作质量。

（3）内容和形式简便明确，便于计算和管理。

（4）计时工资的工资收入水平取决于既定的工资标准，有较大的稳定性，因此对员工收入、生活水平有较大的保障性。

4. 计时工资适用范围

从计时工资的具体形式和特点可见，出于采用了等级工资标准和实际有效劳动时间作为计量劳动报酬的主要依据，凡是可以为员工本人或所在工种、职务、岗位以及工作物规定等级并制订相应工资标准的劳动，都可以采用计时工资形式。计时工资形式特别适用于下列范围：

（1）机械化、自动化水平较高，技术性强，操作复杂，产品需要经过多道工序、多道操作才能完成，不宜单独计算个人的劳动成果的工种，如酒店的厨师。

（2）主要为生产第一线服务或从事辅助工作，其劳动量不便用产品产量准确计量的工作和服务人员，如酒店的餐饮服务人员。

（3）旅游企业的行政管理人员。

（二）计件工资

计件工资是按照员工生产的合格产品的数量或完成的工作量，根据旅游企业内部确定的计件工资单价，计算并支付劳动报酬的一种工资形式。它是由计时工资派生出来的一种被广为采用的重要工资形式。

1. 计件工资制的组成

计件工资制由工作等级、劳动定额和计件单价三个要素所组成。三者之间有互相联系、互相制约的关系。

（1）工作等级。它是根据某项工作的技术复杂程度及劳动繁重程度划分的等级。

（2）劳动定额。劳动定额规定了单位工作时间内完成合格产品或提供服务的数量，它是合理组织劳动和计算单位产品（服务）工资的依据之一，是实行计件工资的关键。劳动定额的水平应该先进合理。如果水平落后，则达不到预期的经济效益；如果水平过高，则会挫伤员工的积极性。

（3）计件单价。计件单价是完成某种产品或提供某项服务的单位数量的工资支付标准。在正常情况下，计件单价是根据与工作等级相应的等级工资标准和劳动定额计算出来的。所以计件单价是否合理，主要取决于工作等级和劳动定额确定得是否正确。

2. 计件工资的具体形式

（1）全额无限计件工资。即对员工的计件超额工资不作任何限制的一种计件工资形式。员工的工资数额完全取决于他所完成的合格产品的数量或提供服务的数量，不论完成或超额完成定额多少，都按同一计件单价计算工资，不受限制。

(2) 超额无限计件工资。员工完成定额内的旅游产品（或服务）量，按本人的等级工资标准和完成的比例计发工资；其超额部分按规定的计件单位发给超额工资，没有限制。

(3) 超额有限计件工资。有限计件工资的具体方式，主要有三种：①对员工个人的计件超额工资规定最高限额，如不得超过本人标准工资的一定百分比或不得超过一定的绝对额；②采用计件单价累退的办法，超额幅度越大，超额部分的计价单价越低；③计件单价浮动，即计件单价随超额总产量的多少而浮动。

实行这种计件工资形式，可以使工资增长速度低于工作量增长速度，使单位工作量直接人工成本随产量的增长而降低，保证旅游企业经济效益的不断提高，但这种方法在一定程度上会影响员工积极性的充分发挥。

(4) 质量分等计件工资。按员工完成旅游产品或服务的质量等级，分别规定不同的计件单价以计算或支付报酬。实行这种形式，有利于促使员工提高产品或服务质量，降低旅游产品废、次品率和提高旅游服务质量。

(5) 累进计件工资。对员工所提供的合格旅游产品，在产量定额内的部分，按正常的计件单价计发工资；超过定额的部分则按递增的计件单价计发工资。这种计件工资对员工的激励作用较大，但容易造成工资基金增加过多。一般只在旅游旺季时，某些旅游产品急需增加供给时，才适宜在关键岗位采用这种形式。

(6) 间接计件工资。工作性质不适宜实行直接计件工资的辅助员工，按其服务的对象实际完成的旅游产品数量间接按计件单位支付工资。这种形式有利于促使辅助员工更好地配合直接生产员工进行生产。

(7) 集体计件工资。以一个集体（部门、班组）为计件单位，先根据集体共同完成的合格旅游产品量支付集体的计件工资总额，然后在集体内部按每个员工贡献大小进行分配。因某些旅游产品生产经营的特点，不能由个人单独操作来完成，不能制订个人劳动定额和计算个人工作量的情况下，较多采用这种形式。

3. 计件工资的特点

(1) 计件工资的显著特点是将劳动报酬与劳动成果直接、紧密地联系在一起，能够准确地反映出员工实际付出的劳动量，使不同员工之间以及同一员工在不同时间上的劳动差别在劳动报酬上得到合理反映。因此，它能更好地体现按劳动分配的原则。

(2) 计件工资的实行，有助于促进旅游企业经营管理水平的提高。因为计件工资在实行过程中要求旅游企业在旅游产品（服务）的质量、劳动定额、物资供应、各种统计资料、各部门分工协作以及新产品（服务）的开发等方面有配套的、健全的管理体制。这种要求必将促进整个企业的经营管理水平不断提高。

(3) 计件工资的计算与分配事先都有详细的、明确的规定，在旅游企业内部工资分配上有很高的透明度，使得员工对自己所付出的劳动和能够获得的劳动报酬心中有数，因此具有很强的物质激励作用。

(4) 计件工资收入直接取决于员工在单位时间内生产合格旅游产品数量的多少，因此可以刺激员工从物质利益上关心自己的劳动成果，努力学习科学文化，关注旅游业的发展动向，不断提高业务水平与劳动熟练程度，提高工时利用率，加强劳动纪律，这有利于提高旅游企业员工素质和劳动生产率。

计件工资制也存在着一系列的心理学问题。员工的潜能常常不能彻底发挥，主要是因为员工的心理因素限制了输出。许多员工之间的团体已经形成了工作常规，这一常规通常会成为输出的障碍。如果某些员工的工作量超过了这一常规，就会因受到团体压力而减少输出。抵抗计件工资制的动机有五种：①计件论酬，工作标准有被提高的可能。若工作量太高，虽然员工短期内收入较多，但旅游企业有可能提高工作定额，一旦工作定额被提高了，员工则必须付出更多的劳动才能得到与从前相等的工资。②人们常假定，若能力高者产出大、收入高，则大多数能力差者都会失业，因而限制输出量，这样可以保障团体中效率较低者的工作。③如果大家都争着赚钱，团体中的社会结构就会被扰乱，竞争将导致彼此间的不信任及个人孤立，因此只好限制输出量。④员工有一种控制个性行为、摆脱被管理者操纵的意识。⑤员工为长久的利益，会尽力压低工作标准。因此，使用计件工资制要考虑周全，否则会导致员工对薪金不满，降低工作质量，与管理层发生争执。

4. 计件工资的适用条件

(1) 旅游产品（服务）数量能够单独和准确统计以及计量，并能正确反映员工的劳动量的岗位。从这一原则出发，计件工资制适用于旅行社的导游员和酒店的营销人员；

(2) 旅游产品（服务）质量有明确的质量标准，可以及时地、准确地得到检验的旅游企业或岗位；

(3) 旅游产品（服务）的数量和质量主要取决于员工的劳动能力和主观努力程度的旅游企业或岗位；

(4) 具有先进合理的劳动定额和比较健全的原始记录统计制度，并有严格的计量标准的旅游企业或岗位；

(5) 市场潜力较大，旅游企业又有较大供应能力的。如一些新开发的旅游景区。

上述这些条件不是孤立的，而是互相结合的，只有基本上具备这些条件才可实行计件工资。

（三）浮动工资

浮动工资把劳动者的劳动报酬与最终劳动成果直接结合起来。在这一形式下，员工工资随旅游企业经济效益的好坏，以及本人实际提供劳动的数量和质量变化而上下浮动。

1. 实行浮动工资的条件

（1）员工的劳动报酬应是浮动的，而不是固定不变的；

（2）员工劳动报酬的浮动方向和幅度取决于员工本人所提供的劳动的数量和质量的变化；

（3）员工劳动报酬的浮动方向和幅度取决于旅游企业的经济效益。

2. 浮动工资的作用

（1）在一定程度上克服了工资分配中的平均主义现象。实行浮动工资，突破了传统体制下完全按资格和等级进行工资分配的桎梏，改变了“干与不干一个样”的状况，以工资为杠杆，鼓励员工努力提高生产效率，从而促进企业生产经营的发展。

（2）有利于促进旅游企业管理水平的提高。实行浮动工资，需要建立一整套规章制度和考核办法，建立健全各项合理的规章制度，从而提高了企业的管理水平。

（3）有利于提高员工队伍的素质。实行浮动工资，促使员工更加努力提高自己的技术业务水平，更加关心集体的整体经济效益，关心企业，从而有助于提高员工队伍的素质。

（4）有利于兼顾国家、企业和员工三者之间的分配关系。实行浮动工资，把员工的劳动报酬与企业的经济效益和个人的劳动贡献紧密联系起来，有利于合理安排三者之间的关系。

3. 浮动工资的具体形式

（1）工资额浮动。它是指将员工的基本工资的一部分或全部，再加上奖金和部分津贴，同企业经济效益好坏以及员工的劳动成果状况上下浮动，员工工资中的非工资性津贴部分保持不变。这种方法具体又有两种形式：①全额浮动。即把员工的全部标准工资和部分工资性津贴汇集在一起，随企业经营情况以及员工个人的劳动成果状况上下浮动。②部分浮动，又叫半浮动。即把员工标准工资的一部分同奖金汇集起来，根据企业的经营状况以及员工个人的劳动成果状况上下浮动。采用这种方法时，可以按同一百分比，从每个员工标准工资中提出一部分，加上奖金一起浮动，即按相对额浮动；也可以从每个员工的标准工资中提取相同的绝对额，加上奖金进行浮动，即按绝对额浮动；还可以对不同等级的员工，提取不同比例的标准工资，与奖金一起浮动。

（2）工资标准浮动。它是旅游企业根据国家规定的工资标准，在国家允许的弹性幅度内，自行规定各个级别的浮动上限和下限，并使员工工资标准根据企业的经济效益和工资的支付能力在此限度内浮动。这种浮动的工资标准只限本企业内部使用，员工一旦调离原单位，则根据其档案工资的标准领取工资。

（3）工资等级浮动。又称为浮动升级，即将员工的工资等级从固定不变改为随着企业经济效益以及员工本人表现上下浮动。采用这种办法，员工工资在一定程度上得到定期的提高。但浮动升级也仅在本企业内部有效。

第3节 奖金与津贴

一、奖金

奖金是企业对员工提供的超出正常努力的劳动或劳务所支付的奖励性薪酬。奖金是企业报酬系统的重要组成部分。在企业中，奖金表现为企业对员工圆满完成工作任务的一种额外奖励，是企业对员工工作的一种肯定。

奖金的本质是调整员工个人与企业目标之间的差异，通过物质手段使个人目标趋于企业目标。一般地，员工个人目标同企业目标总是有所差异的。员工个人所追求的是高报酬、高福利、好的工作环境、闲暇、学习机会以及个人发展的机会；而企业则更看重于自身的长期赢利能力与竞争地位，因而高生产率、低成本、满足顾客需要等成为主要目标。作为一种手段，奖金能将个人目标同企业目标联系起来，使个人在追求奖金的过程中，能有较好的绩效表现，这就同企业目标趋于一致了。因而奖金计划的设计，应对员工的行为产生一定的约束和引导，并带来企业需要的结果，同时，也能满足员工个人的要求。

（一）奖金的主要特点

1. 针对性

奖金具有很强的针对性，它既可以鼓励某方面的工作，也可抑制某方面的工作，能有效地调节劳动协作过程和重点保证某项工作。

2. 灵活性

奖金既可以根据生产、工作的需要决定不同的奖励指标及其组合形式，又可以依照单位的劳动分工特点和实现的经济效益的大小，灵活地决定奖金标准、奖励范围和奖励周期等。

3. 差别性

奖金分配具有明显的差别性。与工资收入相比，在公正的奖金制度下所形成的超额劳动收入，出于企业或单位之间的经济效益、工作效率和劳动者个人劳动行为上的差异，其差距更为明显，特别是在同职务、同等级员工之间，其劳动差别更是可以通过奖金分配形式充分体现出来。

4. 激励性

奖金具有很强的激励作用。它既是物质鼓励，又是一种精神鼓励。作为物质鼓励，它可以使努力劳动、技术业务水平不断提高的员工及时获得超过他人的工资收入，激励本人和他人更加努力工作；作为精神鼓励，奖金的获得，证明劳动者对社会做出了贡献，社会对他们的劳动给予了高度肯定和评价，有利于树立劳动光荣的新风尚，也有利于鞭策后进，带动整个员工队伍的进步。

5. 及时性

奖金可以及时地弥补计时、计件工资的不足。不论经常性奖金或一次性奖金，其考核时间较短，条件明确具体，员工一旦创造有效劳动，可以及时得到超出一般工资水平的报酬，从而更加迅速地将劳动成果和报酬紧密联系起来，对生产（工作）起到更大的促进作用。

（二）奖励制度设立的原则

对旅游企业而言，奖金制度的设计要结合本企业的目标与策略，并遵循公平、竞争、激励、经济、合法的原则，此外还要注意以下几点：

1. 体现人力资源政策

当企业采用吸引策略时，奖励制度应注重竞争性，吸引优秀人才加盟，如果企业人才观是培养发掘本企业的优秀人才，采用的是“投资策略”，则奖励设置就应多样，不但注重奖励优秀者，更应该鼓励进步者。

2. 反映企业目标

企业发展有长期目标和短期目标，例如有的旅行社长期目标是成为世界一流旅行社，那么培养和鼓励开拓性的人才是其奖励政策的重要方面；有的饭店近期要参加一个烹饪比赛，希望借此机会出现一些创新，于是设立创新奖。总之，旅游企业宜向员工明确组织希望，并将企业目标与奖励制度结合起来以引导员工的行为。

3. 突出重点

奖励项目不宜过多，项目过多不但使企业的目标不明确、不利于执行，而且万一出现财务危机，也容易失信于员工。

4. 明确奖励对象

努力工作的员工，不见得是有成效的员工，对工作能力强、贡献大、绩效卓著员工的破格提升和奖励能激励其他员工努力工作。

5. 及时奖励

及时奖励是指在员工做出工作成绩后及时加以肯定或给予奖励，这样不仅能够发挥奖励的功效，而且还增强了员工对奖励的重视。逾期或迟来的奖励，不仅会失去奖励的意义，甚至会使员工感到多此一举或对奖励产生漠视心理。

（三）旅游企业奖金的常见种类

1. 佣金

佣金是指由于员工完成某项任务而获得的一定比例的提成。从严格意义上讲，佣金并不是奖金，但和奖金有相似之处。因此，可以作为奖金的一种特殊类型。佣金用得较多的岗位是旅游企业的营销人员。根据营销员在一定时间内的销量提取一定比例的金额给营销员作为奖励。在制订佣金时要注意以下事项：

（1）比例要适当。比例太低，员工没有积极性，比例太高，企业会承受不起这个负担。

（2）不要轻易改变比例。在决定比例时要很慎重，要做调查研究，除非有重大原因，否则不要改变佣金比例，切忌看到员工佣金拿得多就想把比例降下来。

（3）兑付要及时。可以每个月结一次账，也可以规定完成任务后一两周内兑付，延迟兑付不利于调动员工积极性。

2. 超时奖

超时奖是指由于员工工作时间超过法定时间，旅游企业为了鼓励员工这种行为而支付的奖金。在节假日加班的加班费属于超时奖的一种，一般以固定工资为主要收入的一线员工有超时奖，如旅游旺季时宾馆的服务员。以计时工资或计件工资为主要收入的员工以及管理人员往往都没有超时奖。在制订超时奖时要注意以下事项：

（1）尽量鼓励员工在规定时间内完成任务。

（2）明确规定何时算超时，何时不算超时。

（3）明确规定哪一类岗位有超时奖，哪一类岗位没有超时奖。

（4）允许在某一段时间内，由于特殊的任务而支付超时奖。如果员工劳动一直超时，应考虑增加员工。

3. 绩效奖

绩效奖是指由于员工达到或超过某一绩效，旅游企业为了激励员工这种行为而支付的奖金。在制订绩效奖时要注意以下事项：

（1）绩效标准要明确、合理。

（2）达到某一绩效标准后的奖金要一致，即任何人达到这一绩效标准后均应该获得相同的奖金。

（3）以递增方法设立奖金，鼓励员工不断提高绩效。例如：完成绩效的 120%，绩效奖金为多余部分（即 20%）的 1%，完成绩效 150%，绩效奖金为多余部分（即 50%）的 2%。

4. 职务奖

职务奖又称职务工资，是指员工担任了某一特定职务后，由于该职务的特殊性，旅游企业支付的奖金。职务奖往往支付给管理人员，由于担任了较高管理职务，工作责任更重了，而且往往没有佣金和超时奖，因此，为了鼓励适当的人选担任重要职务而支付必要的奖金。在制订职务奖时要注意以下事项：

（1）奖金金额要适当，既要鼓励人们担任该职务，又要防止与他人的收入距离太大。

（2）具体规定什么职务有职务奖，什么职务没有职务奖。

(3) 一旦确定后，只要这个职务有职务奖的，不管是谁担任这个职务都应该获得相应的职务奖。

5. 建议奖

建议奖是指由于员工提了建议，旅游企业为了鼓励员工多提建议而支付的奖金。在制订建议奖时要注意以下事项：

(1) 只要是出于达成旅游企业目标的动机，均应该获奖。

(2) 奖金的金额应该较低，而获奖的面要较宽。

(3) 如果建议重复，原则上只奖第一个提此建议者。

(4) 如果建议被采纳，除了建议奖之外，还可以给予其他奖金。

6. 特殊贡献奖

特殊贡献奖是指由于员工为旅游企业做出了特殊贡献，企业为了鼓励员工这种行为而支付的奖金。特殊贡献奖的奖金金额一般较高。特殊贡献有许多种，例如：提了一项合理化建议，一下子为旅游企业节省了大量经营成本；由于提供了某一活动策划方案，或某一销售渠道，为企业吸引了许多游客；等等。在制订特殊贡献奖时要注意以下事项：

(1) 制订标准时要有可操作性，即可以测量的内容。例如：增加利润多少？增加销量多少？降低成本多少？挽回损失多少？

(2) 为企业增加的效益要明显。

(3) 要明确规定只有在他人或在平时无法完成的情况下，而该员工却完成时才能获奖。

(4) 受奖人数较少，金额较大。

(5) 受奖时要大力宣传，使受奖人和其他人均受到鼓励。

7. 节约奖

节约奖又称降低成本奖，是指由于员工降低了成本，旅游企业为了鼓励员工这种行为而支付的奖金。一般以第一线的操作员工为奖励的主要对象。如果降低成本的金额很大，可以获特殊贡献奖；如果降低成本的金额较小，可以获节约奖。在制订节约奖时要注意以下事项：

(1) 要奖励真节约，而非假节约，两者的区别在于是否保证质量，即在保证旅游产品（服务）质量的前提下的节约是真节约，反之则是假节约。假节约不但无奖，反而要受罚。

(2) 明确规定指标来确定是否降低了成本。

(3) 降低的成本可以通过累计而获奖。例如：每个月降低成本 200 元，一年降低成本 2400 元。企业规定降低成本 2000 元以上可以获节约奖 20%，该员工可获奖 480 元。

8. 超利润奖

超利润奖是指员工全面超额完成利润指标后，旅游企业给有关员工的奖金，有时又称为红利。在制订超利润奖时要注意以下事项：

（1）只奖励对超额完成利润指标有关的人员。

（2）根据每个员工对超额完成利润指标的贡献大小发放奖金，切忌平均主义。

（3）明确规定超出部分的多少百分比作为奖金，一旦决定后，不要轻易改变，否则易挫伤员工的积极性。

9. 红股

红股是指股份制旅游企业为刺激员工长期有效地为企业工作，允许让员工持有本公司股票而获得相应的利润。红股有以下一些主要类型：

（1）入股，即员工以技术或管理岗位的相应技能入股，员工不直接投入资产；

（2）优先股，即员工以优惠价购入本企业股票，在一般情况下可以优先获得红利；

（3）长期股，即员工分得或购买股票后，在近期内不能享受红利，要在若干年之后（一般是 5~10 年）才能享受红利或出卖股权的股票。

二、津贴

津贴是对基本工资的一种补充。它主要是对在特殊劳动条件下工作的员工所付出的额外劳动消耗和生活费用以及对身体健康的损害，给予的物质补偿。

（一）津贴的主要特点

1. 环境性

津贴分配的唯一依据是劳动所处的环境和条件的优劣，而与员工劳动的技术业务水平及劳动成果没有直接的对应关系。它的主要功能是保证员工身体健康和调节各类劳动由劳动条件所决定的劳动报酬差别。

2. 补充性

津贴不与技术业务水平及成果直接联系，就决定了它是一种补充性的工资分配形式。因为，劳动报酬量主要取决于劳动的复杂、精确、负责程度和经济效益大小，这些是由基本工资和奖金完成计算与支付的，津贴是对特殊劳动条件下的劳动付酬，故应是补充性的分配形式。

3. 针对性

津贴具有很强的针对性。所有津贴项目都是根据某些特定条件，为实现某些特定目标而制定的。它的支付完全以制度所规定的严格的资格条件为限，其条件、范围、对象和标准十分明确、具体，并不具有工资和奖金那种综合考核的特点。当条件消失时，津贴即终止。

4. 均等性

津贴具有相对均等分配的特点。由于不与劳动贡献直接相关，所以处于同一劳动条件下的员工，即使工种、岗位不同，津贴标准也大体一致。

（二）旅游企业津贴的种类

根据不同的实施目的，津贴可以分为四类：

1. 地域性津贴

地域性津贴是指由于员工在艰苦的自然地理环境中花费了更多的生活费用而得到的补偿，比如林区津贴、艰苦生活津贴、高寒地区津贴等。

2. 生活性津贴

生活性津贴是指为了保障员工的实际生活水平而给予的补偿，主要是生活消费品价格补贴。如由于物价上涨而发放的肉食补贴、副食补贴等。

3. 劳动性津贴

劳动性津贴是指从事特殊性工作而得到的补偿。如酒店夜班工作的夜班津贴、高温环境工作的高温津贴等。

4. 保健性津贴

为了保障员工身体健康，给予从事有毒有害作业员工的津贴。

（三）津贴支付形式

津贴的具体支付形式有货币和实物两种。属于岗位、职务和生活费补贴性质的津贴多以货币支付；属于保障员工身体健康性质的津贴，有些是以实物的形式支付的。

（四）津贴管理应注意的问题

（1）津贴在直接报酬总量中的比重不可过高，应在基本工资和奖金的份额之下，而且项目不可过多，平均水平亦不可过高。

（2）特别应注意出现津贴项目泛滥，或同样劳动条件下津贴补偿不同的现象。

（3）定期核查津贴资格、标准的变化情况，严格执行津贴的享受条件，不能任意扩大。当失去条件时，必须停止支付津贴。

第 4 节　管理层的薪酬设计

管理层是旅游企业的中坚力量，是企业目标达成的主要推动者，因此，对管理层的激励具有重要的意义，而针对管理层的薪酬设计是实现这一目标的重要手段之一。下面介绍针对旅游企业管理层的两种重要薪酬设计形式，年薪制和股票期权制。

一、年薪制

年薪制是在市场经济中，顺应分配制度的变革而产生的。在国外，企业经历了业主制、合伙制和公司制 3 种形式。随着公司规模的不断扩大，所有权和控制权逐渐分离，在社会上形成了一支强大的经理人队伍，企业的控制权逐渐被经理人控制。为了把经理人的利益与企业所有者的利益联系起来，使经理人的目标与所有者的目标一致，形成对经理人的有效激励和约束，产生了年薪制。因此，年薪制的主要对象是企业的经营管理人员。年薪制出现在中国国有企业是在 1992 年，当时上海市轻工局在上海英雄金笔厂等 3 家企业试行年薪制，经营者年薪幅度为 1 万~2 万元。在我国推行年薪制不仅仅是分配机制的改革，也是责任机制的改革。实行年薪制能更加有效地激励管理层，也能通过较长时间周期获得对经营业绩客观公正的评价。

（一）年薪制的含义

所谓年薪制，是以一个企业生产经营周期（一般为一年）为单位，确定经营管理者的基本报酬，同时根据经营成果再确定其风险收入的薪酬制度。它同月薪制、日薪制和小时薪酬制相对应。经营管理者年薪由基本年薪和风险年薪两部分组成。基本年薪是用于经营管理者作为劳动者的正常生活方面，主要根据企业生产经营规模，并考虑本地情况和本企业职工平均收入水平来确定；风险收入是根据本企业完成的经济效果情况、生产经营责任轻重、风险程度大小等因素确定。年薪制是一种高风险的薪酬制度，依靠的是约束和激励相互制衡的机制；年薪制将企业经营管理者的业绩与其薪酬直接联系起来。

（二）年薪制的模式

每个企业由于所处发展阶段、所处行业等情况不同，企业高管年薪模式也不尽相同。根据我国具体国情和企业人力资源管理实践，目前主要有 4 种年薪模式。

1. 类公务员模式

这种模式的薪酬结构一般由基本薪酬、津贴、养老金计划组成。报酬的数量多少取决于所任职企业的性质、规模、盈利水平以及高管的行政级别，一般基本薪酬水准为员工平均工资的 2~4 倍，正常退休后的养老金水平可以达到平均养老金水平的 4 倍以上。此种报酬方案的主要激励性来源于职位晋升机会、较高的社会地位和稳定且体面的生活保障。而且，企业高管退休后，预期得到较高的养老金起到了约束其短期行为的作用。该模式多适用于大型国有企业，尤其是国有大型集团公司、控股公司。

2. 一揽子模式

该模式的特点是报酬结构单一且相对固定，报酬数量与年度经营目标直接挂钩，实现经营目标后可获得约定好的年薪数额，其数额一般相对较高、吸引力大。该模式的考核指标明确、具体，如利润率、资产保值率、上缴利税额和营收水平等指向性明显。因而，此种报酬方案正面激励、引导力度较大，具有一揽子招标承包式的激励作用，但容易导致短期行为，其激励作用的有效性很大程度上取决于考核指标的科学选取、适当准确。该模式大多适用于面临亟待解决经营问题、迫切需要扭转局面的企业。

3. 非持股多元化模式

这种模式的报酬结构由基本薪酬、津贴、风险性收入（奖金和效益收入）、养老金计划组成。其中的基本薪酬取决于企业的经营难度和责任大小，一般基本薪酬的水平为普通员工平均工资的2~4倍，确定风险收入时，要考虑净资产增长率、利润增长率、销售收入增长率、利税增长率及职工工资增长率指标。风险收入根据企业经营业绩来确定，通常不设封顶。这种报酬方案由于不存在风险收入封顶的限制，在考核指标选取科学、适当准确的前提下，多元结构的薪酬方案更具有激励导向，但方案缺乏对高管长期行为的持续激励，有可能制约企业的长期可持续健康发展。这种模式较适合那些追求效益最大化的非股份制企业。

4. 持股多元化模式

报酬结构除了基本薪酬、津贴和养老金计划之外，还包含股权、股票期权等形式的风险收入。风险收入无法以员工平均工资为参照，但企业资产市场价值的快速升值，无形之中会使高管得到巨额财富。从理论和实践上说，这是一种有效的报酬激励方案，多种形式的、具有不同的激励约束作用的报酬有机组合，可以更好地保证高管行为的规范化、长期化，但该方案操作较为复杂，对企业所具备的实施条件要求相对苛刻。这种模式一般适合股份制企业，尤其是上市公司。

（三）年薪制薪酬方案的设计要点

管理层的薪酬设计方案旨在建立健全有效的激励与约束机制，提高资产运营效益，促进企业可持续健康发展，实现资产的保值与增值。由于适用对象包括公司董事长、总经理等中高层经营管理人员，其年薪制薪酬方案的设计需要遵循三大原则：一是高管责任与贡献相一致原则；二是利益共享与风险共担原则；三是收入水平与同行业总体薪酬水平、企业承受力相适应原则。

1. 年薪制薪酬构成

年薪制薪酬一般由基本薪酬、绩效薪酬、激励薪酬及职务福利四部分构成。绩效薪酬是在每年完成下达的年度利润计划后所获得的收入，通常在年度考核后遵照完成情况，按档次核算薪酬数额。激励薪酬是经营管理人员超额完成年度利润计划后所获得的奖励薪酬。激励薪酬以分段累进方式计算，如超额完成5%以上，奖励超额利润的1%；超额完成5%~10%，奖励超额利润的1.5%；超额完成11%~15%，奖励超额利润的2%；超额完成15%以上，由董事会决定给予特别奖励（见表7-2）。

表7-2　A公司总经理年薪构成

薪酬项目	基本定义	所占年薪比例	支付方式
基本薪酬	根据工作评价的结果得出，反映总经理岗位的相对价值。一般包括：基本生活费、通信费、餐费补助、岗位工资、岗位津贴等。	35%	按月以现金形式支付
绩效薪酬	在年薪制中，业绩工资的形式主要是奖金，发放标准由绩效考核的结果决定。	25%	年度以现金形式支付

续表

薪酬项目	基本定义	所占年薪比例	支付方式
长期激励	主要指股票及股票期权激励计划，也包括一些长期性福利激励。	35%	通常以股票期权的形式支付
福利与津贴	既包括一般员工所享受的待遇，如医疗保险、带薪休假等，还包括企业为高层管理人员提供的特殊福利。	5%	如补充人寿保险、配备用车等
调整薪酬	调整薪酬是基于总经理绩效考核中可能出现的差错而相应进行的调节部分。	可能出现	按月以现金形式支付

2. 基本薪酬水平的确定

年薪制薪酬结构确定以后，随之需要制定的是各薪酬项目的数额。基本薪酬水平的确定需要综合考虑以下五方面的因素。

（1）企业规模。企业规模大小是由企业资产所决定的，而企业资产规模的大小也决定了企业经营管理人员责任的轻重。一个总资产只有 1000 万元的企业总经理与一个总资产 30 亿元的企业总经理所承担的责任是不可同日而语的，因此，其薪酬水平的高低也会不同。

（2）企业经营业绩。主要来自于企业上一年度财务状况、市场占有率、总体薪酬水平等。

（3）工作能力及业绩。工作能力及经营业绩是体现经营管理人员自身价值的最主要方式，也是决定高层管理人员薪酬水平的主要因素之一。

（4）人才市场相似人员的薪酬状况。这主要考虑人员的稀缺性、相似人员市场薪酬水平等因素。

（5）企业在同行业中的竞争地位与发展阶段。

3. 需要注意的问题

如何既能发挥薪酬的激励效果，又能得到管理者的接受认可，是在薪酬设计时必须思考的问题。结合大多数企业成功的管理实践，旅游企业在设计薪酬时需要考虑以下几个方面：

（1）提高薪酬透明度，建立规范的薪酬约束机制。完整、明确和如实的公开信息披露，有利于确保对管理者薪酬实现最有效的激励和约束。只有不断提升管理者薪酬信息的透明度，才能将企业置于投资者、利益相关者的监督之下，以更好地约束管理者的行为。

（2）采用多维度绩效考核指标，防范管理者道德风险。实践中，将管理者薪酬激励与经营业绩挂钩以后，在财务方面可能会出现弄虚作假的问题，一些企业管理者会通过修改会计报表达到谋取高额报酬的目的。因此，制定一个科学、客观、公正的多维绩效考核指标，将有效激励管理者与企业总体目标行为相一致，促使管理者薪酬必须与企业业绩相联系，并随着企业业绩上升、下滑而波动。绩效考核指标的设计应反映股东回报情况、企业价值保值增值等综合性指标，还应包括部分长期指标，如企业盈利能力、市场占有率、后备人才成长等成长性指标和反映企业综合实力的指标等。

（3）积极发挥薪酬委员会的作用，推动管理者薪酬灵活适恰。高度重视薪酬委员会的作用，赋予其独立地位和拥有制定、监督薪酬的权力。薪酬委员会应由身份独立的董事参与，独立董事除从企业获得规定的薪酬外，应与企业没有其他利益关联，以确保能够独立于企业做出客观、公正、合规的研判和建议。薪酬委员会要专职于管理者薪酬的薪酬事务，如股权激励、管理人员的聘用与留任等。企业的人力资源管理部门或其他业务部门可针对管理者薪酬提出建议和意见，但最终的权力由薪酬委员会来行使。

二、股票期权制

自从迪士尼公司和华纳公司最早引入股票期权制度激励公司经理人员以来，股票期权制度获得了迅速的发展。公司给予经理人员高额的基本工资和优惠的年度奖金往往会引起公众的注意和职员的反感，股票期权制度的优点是在保持对经理人激励的同时，将其财富隐含在长期收入中。股票期权就是让企业经营者拥有一定的剩余索取权并承担相应的风险。

（一）股票期权的含义

股票期权是指企业向主要经营者提供的一种在一定期限内按照某一既定价格购买的一定数量本公司股份的权利，是由企业的所有者向经营者提供激励的一种报酬制度。简单地说，就是让管理者持有股票或股票期权，使之成为公司股东，将管理者的个人利益与公司利益联系在一起，以激发管理者通过提升公司长期价值来增加自己的财富，是一种管理者长期激励方式。

股票期权制度是现代企业制度中用于激励经营者行为长期化的常见手段之一。经公司股东大会同意，将预留或库存在公司中的已发行未公开上市的普通股股票（有些公司采取市场回购的方式买进公司股票）的认股权，授予公司高级管理人员、科技骨干或有重大贡献的普通员工，借以最大限度地调动他们的生产经营积极性和创新精神的一种激励制度。股票期权制规定，上述人员可以在规定的时期，按预先确定的价格购买本企业股票。上述人员购买股票时的购买价格与实施购买时股票的市价之间的差距，形成购买者即期权所有者的期权收入，实际上，期权收入也就是认股权的价值。

（二）旅游企业管理层股权激励的类型

只有股份制的旅游企业才可以采取管理层股权激励。许多国有旅行社进行了股份制改造的积极探索，如 1994 年上海国旅通过股份制改造 B 股上市，1997 年青旅组建青旅控股并上市，1998 年“广之旅”转为股份制公司等。据《中国旅游集团发展报告 2014》

显示，目前我国旅游类上市公司已达 111 家，分别在中国内地沪深股市、中国香港和美国纳斯达克上市。股权激励主要有股票购买、股票奖励、后配股、虚拟股票、业绩单位等类型。每种类型的股权激励方式又可划分为若干种股权激励方式。

1. 股票购买

股票购买是指由股份制企业根据一定的条件为管理者提供各种优惠贷款，由管理者用于购买一定数量的公司股票，从而使公司利益与管理者利益紧密地联系在一起，促进管理者搞好公司的生产经营。股票购买又可分为几种情况，分别是：固定成本、固定付款标准型，固定成本、变动付款标准型，变动成本、固定付款标准型，变动成本、变动付款标准型。

2. 股票奖励

与股票购买方式不同，股票奖励方式不要求管理者支付股票款项，由公司将股票无偿奖励给管理者。按照股票的发生时间可以将股票具体划分为两种：一是初期奖励股票，是指在合约初期奖励给管理者一定数量的公司股票，期末按预定公司业绩标准，管理者不归还或部分归还或全部归还股票，但不论是否归还股票，管理者都享有期内股利；二是业绩股票，实际是指期末奖励股票，即在合约规定的期限结束时，若管理者业绩达到合约规定的标准，管理者将获得一定数量的股票奖励，业绩越好，奖励的股票越多。

3. 后配股

后配股是指以后按规定条件可转为普通股的一种特殊股票。在转为普通股之前，后配股也享有股利，但仅为普通股股利的一半。后配股激励方式是指在期初，管理者一次性按很优惠的价格购买一定数量的公司后配股。在期末，如果完成了预定业绩目标，后配股按 1∶1 的比例转为普通股；如果没有完成预定业绩目标，后配股将失去价值而使管理者遭受损失。

4. 虚拟股票

虚拟股票是指管理者在名义上享有股票，而实际上仅享有其相当于持有这些股票的一些收益。具体可分为三类：一是股利收入型虚拟股票，相当于有些地方所称的干股，即公司期初在名义上授予管理者一定数量的股票；二是溢价收入型虚拟股票，即公司在期初名义上授予一定数量的公司股票，价值按期初市场公平价计算，期末时若股票价值高于期初价值，则管理者享有这部分股票的期末与期初价值的差额，否则管理者将一无所有；三是市场价值型虚拟股票，即公司在期初名义上授予管理者一定数量的公司股票，期末则按这部分股票的市场价值奖励给管理者现金。

5. 业绩单位

业绩单位激励方式有如下特点：公司期初奖励给管理者一定数量的名义股票，但那不同于虚拟股票，管理者并不享有股利或溢价收入。管理者在期末实际得到的奖励是，如果期末业绩达到规定标准，将获得按期末每股收益和期初市盈率倍数计算所得的现金奖励；若期末业绩未达到规定标准，将按规定视业绩完成情况按比例扣减现金奖励额直至为零。此种奖励方式消除了人为操纵股价而对管理者这部分收益的影响。

（三）股权中的制度约束设计

实施股权期有长有短，一般是 4~10 年。有效期越长，旅游企业经营者获利可能越大。因此，公司董事会一般会对股票期权附加许多限制条件，这些限制条件主要有：

1. 行权期限约束或等待期约束

公司董事会在有效期内另外规定一个等待期，一般 3 个月以上至 3 年左右，股票期权收益人不能行使股票权利。显然，附加等待期意味着实际有效期缩短了。

2. 行权阶段约束

公司董事会一般将有效期划分为若干阶段，规定必须分期行权。然而，实际制度中的做法是：一般规定在期权授予后 1 年内（等待期）企业经营者不能行使期权，第 2~4 年可以部分行权，第 5~10 年可以平均地行权。如果企业经营者主动离开公司，则丧失剩余的期权。

3. 股票期权数量约束

确定给予股票期权数量时，一要考虑期权在公司总股本中的比例，中型公司股票期权数量一般不超过股票总数的 1%；二要考虑全部股票期权在不同层次管理人员之间的分配。

4.“无功受禄”问题与股票期权转让约束

“无功受禄”问题出现的原因是股票价格的上涨不一定来自企业经营者的努力。为避免激励失效，公司不允许企业经营者出售公司给予他们的股票期权。同时，规定购买公司股票后，必须将其中一部分保留一定的时期，即“保留率”和“保留期”约束。

第 5 节　社会保险和福利

社会保险实际上是强制性福利，也称公共福利，它是根据法律要求，所有在中国境内的企业必须向雇员提供的福利。除社会保险外，许多有偿假期也属于强制性福利。旅游企业给员工提供的个人福利则属于自愿性福利范畴，完全由企业自行决定。与雇员的直接报酬不同的是，福利一般不需纳税。由于这一原因，相对于等量的现金支付，福利在某种意义上来说，对雇员具有更大的价值。

一、社会保险

社会保险是指国家通过立法强制建立社会保险基金，对建立劳动关系的劳动者在丧失劳动能力或失业时给予必要的物质帮助的制度。2011 年 7 月开始实施的《中华人民共和国社会保险法》规定，国家建立基本养老保险、基本医疗保险、工伤保险、失业保险、生育保险等社会保险制度，保障公民在年老、疾病、工伤、失业、生育等情况下依法从国家和社会获得物质帮助的权利。

(一) 养老保险

养老保险（或养老保险制度）是国家和社会根据一定的法律和法规，为解决劳动者在达到国家规定的解除劳动义务的劳动年龄界限，或因年老丧失劳动能力退出劳动岗位后的基本生活而建立的一种社会保险制度。养老保险是世界各国较普遍实行的一种社会保障制度。一般具有以下几个特点：由国家立法强制实行。企业单位和个人都必须参加，符合养老条件的人，可向社会保险部门领取养老金；养老保险费的来源，一般由国家、单位和个人三方或单位和个人双方共同负担，并实现广泛的社会互济；养老保险具有社会性，影响很大，享受人多且时间较长，费用支出庞大。我国的养老保险由三个部分（或层次）组成：第一部分是基本养老保险；第二部分是企业补充养老保险；第三部分是个人储蓄性养老保险。

1. 基本养老保险

基本养老保险是按国家统一政策规定强制实施的，为保障广大退休人员基本生活需要的一种养老保险制度。它居于多层次的养老保险体系中的第一层次。我国《社会保险法》规定：职工应当参加基本养老保险，由用人单位和职工共同缴纳基本养老保险费。我国的基本养老保险制度采取的是社会统筹与个人账户相结合的方式，基本养老保险基金由用人单位和个人缴费以及政府补贴等组成，即由国家、单位和个人共同负担。国家建立基本养老金正常调整机制，根据职工平均工资增长、物价上涨情况，适时提高基本养老保险待遇水平。

参加基本养老保险的个人，达到法定退休年龄时累计缴费满 15 年的（累计缴费不足 15 年的，可以缴费至满 15 年），按月领取基本养老金。基本养老金根据个人累计缴费年限、缴费工资、当地职工平均工资、个人账户金额、城镇人口平均预期寿命等因素确定。

2. 企业补充养老保险

企业补充养老保险，也称企业年金，是指由企业根据自身经济实力，在国家规定的实施政策和实施条件下为本企业职工所建立的一种辅助性的养老保险。它居于多层次的养老保险体系中的第二层次，由国家宏观指导、企业内部决策执行。企业补充养老保险作为一种与企业挂钩的退休保障制度，可以最大程度上保障参加者在退休后维持原有的生活水平。职工在工作阶段将企业缴费和自己的一部分收入存入企业养老保险账户里，通过相关机构投资运营获得收益，退休时再把钱从账户中取出。在投资工具上具有更大的灵活性，可以最大幅度地调动社会资本，并实现资本配置的最优化。

中国目前的企业补充养老保险有以下共同特点：①实行完全积累，为每个参加企业年金的职工建立个人账户，该账户下设企业缴费子账户和个人缴费子账户，分别记录企业缴费分配给个人部分及投资收益，以及本人缴费及其投资收益；②一般情况下，企业年金由企业和职工个人共同缴纳，企业缴费每年不超过本企业职工工资总额的8%，企业和职工个人缴费合计不超过本企业职工工资总额的12%；③个人缴付年金可在个人所得税前扣除，企业依法缴纳年金暂不征收个人所得税，可在企业所得税前限额扣除；④企业年金基金财产限于境内投资，投资范围包括银行存款、国债、中央银行票据、货币市场基金、股票基金等，以及商业银行理财产品、信托产品、股指期货等。

3. 员工个人储蓄性养老保险

个人储蓄性养老保险是我国多层次养老保险体系的一个组成部分，是由职工自愿参加、自愿选择经办机构的一种补充保险形式。由社会保险机构经办的职工个人储蓄性养老保险，由社会保险主管部门制定具体办法，职工个人根据自己的工资收入情况，按规定缴纳个人储蓄性养老保险费，记入当地社会保险机构在有关银行开设的养老保险个人账户，并应按不低于或高于同期城乡居民储蓄存款利率计息，以提倡和鼓励职工个人参加储蓄性养老保险，所得利息计入个人账户，本息一并归职工个人所有。职工达到法定退休年龄经批准退休后，凭个人账户将储蓄性养老保险金一次总付或分次支付给本人。职工跨地区流动，个人账户的储蓄性养老保险金应随之转移。职工未到退休年龄而死亡，记入个人账户的储蓄性养老保险金应由其指定人或法定继承人继承。

（二）医疗保险

医疗保险是当人们生病或受到伤害后，由国家或社会给予的一种物质帮助，即提供医疗服务或经济补偿的一种社会保障制度。医疗保险制度通常由国家立法强制实施，建立基金制度，费用由用人单位和个人共同缴纳，医疗保险费由医疗保险机构支付，以解决劳动者因患病或受伤害带来的医疗风险。

我国的社会医疗保险由基本医疗保险和大额医疗救助、企业补充医疗保险和个人补充医疗保险三个层次构成。

基本医疗保险费由用人单位和职工个人账户构成。职工基本医疗保险费由用人单位和职工共同缴纳，企业医疗保险缴费率比例为在职职工工资总额的6%，职工缴费比例为本人工资收入的2%+3元。随着经济发展，用人企业医疗保险缴费率比例可作相应调整。用人单位所缴纳的医疗保险费一部分用于建立基本医疗保险社会统筹基金，这部分基金主要用于支付参保职工住院和特殊慢性病门诊及抢救、急救。发生的基本医疗保险起付标准以上、最高支付限额以下符合规定的医疗费，其中个人也要按规定负担一定比例的费用。个人账户资金主要用于支付参保人员在定点医疗机构和定点零售药店就医购药符合规定的费用，个人账户资金用完或不足部分，由参保人员个人用现金支付，个人账户可以结转使用和依法继承。参保职工因病住院先自付住院起付额，再进入统筹基金和职工个人共付段。

（三）失业保险

失业保险是指国家通过立法强制实行的。由社会集中建立基金，对因失业而暂时中断生活来源的劳动者提供物质帮助的制度。它是社会保障体系的重要组成部分，是社会保险的主要项目之一。各类企业及其职工、事业单位及其职工、社会团体及其职工、民办非企业单位及其职工，国家机关与之建立劳动合同关系的职工都应办理失业保险并按规定缴纳失业保险费。从个人来讲，上述单位的职工也要按规定缴纳失业保险费，失业后符合条件的可以享受失业保险待遇。

失业保险所需资金来源于四个部分：失业保险费，包括单位缴纳和个人缴纳两部分，这是基金的主要来源；财政补贴，这是政府负担的一部分；基本金利息，这是基金存入银行和购买国债的收益部分；其他资金，主要是指对不按期缴纳失业保险费的单位征收的滞纳金等。失业保险费由城镇企业事业单位按照本单位工资总额的 2%（各地的缴费标准会有一定的差别）缴纳，城镇企业事业单位职工按照本人工资的 1%（各地的缴费标准会有一定的差别）缴纳失业保险费。2015 年 2 月 25 日，国务院总理李克强主持召开国务院常务会议，确定将失业保险费率由现行条例规定的 3%统一降至 2%。从 2016 年 5 月 1 日起，失业保险总费率在该基础上可以阶段性降至 1%～1. 5%，其中个人费率不超过 0. 5%。

失业人员可享受的失业保险待遇包括按月领取的失业保险金，领取失业保险金期间的医疗补助金；领取失业保险金期间死亡的失业人员的丧葬补助金及其供养的配偶、直系亲属的抚恤金。需要注意的是，这里的失业人员只限定为在法定年龄内有劳动能力的就业转失业的人员。失业保险金的标准，由省、自治区、直辖市人民政府确定，不得低于城市居民最低生活保障标准。失业保险金的领取时间是由失业人员失业前所在单位和本人按照规定累计缴费时间决定的，满 1 年不足 5 年的，最长不超过 12 个月；满 5 年不足 10 年的，最长不超过 18 个月；10 年以上的，最长不超过 24 个月。重新就业后，再次失业的，缴费时间重新计算，领取失业保险金的期限与前次失业应当领取而尚未领取的失业保险金的期限合并计算，最长不超过 24 个月。

（四）工伤保险

工伤保险是指劳动者在工作中或在规定的特殊情况下，遭受意外伤害或患职业病导致暂时或永久丧失劳动能力以及死亡时，劳动者或其遗属从国家和社会获得物质帮助的一种社会保险制度。工伤保险要与事故预防、职业病防治相结合。工伤保险实行社会统筹，设立工伤保险基金，对工伤职工提供经济补偿和实行社会化管理服务。工伤保险费由企业按照职工工资总额的一定比例缴纳，职工个人不缴纳工伤保险费。国家根据不同行业的工伤风险程度确定行业的差别费率，并根据使用工伤保险基金、工伤发生率等情况在每个行业内确定费率档次。

与享受养老、医疗、失业等保险待遇要求劳动者具备一定的就业、缴费年限的条件不同，职工因工作原因受到事故伤害或者患职业病，且经工伤认定的，享受工伤保险待遇；其中，经劳动能力鉴定丧失劳动能力的，享受伤残待遇。

（五）生育保险

生育保险是国家通过立法，在怀孕和分娩的妇女劳动者暂时中断劳动时，由国家和社会对生育的职工给予必要的经济补偿和医疗保健的社会保险制度。我国生育保险待遇主要包括：生育津贴、生育医疗待遇、计划生育手术费用、国家和本市规定的其他费用。其宗旨在于通过向职业妇女提供生育津贴、医疗服务和产假，帮助她们恢复劳动能力，重返工作岗位。

凡是与用人单位建立了劳动关系的职工，包括男职工，都应当参加生育保险。生育保险费的缴费比例由当地人民政府根据计划内生育女职工的生育津贴、生育医疗费支出情况等确定，最高不得超过工资总额的0. 5%，职工个人不缴费。职工享受生育保险待遇应当同时具备下列条件：用人单位为职工累计缴费满 1 年以上，并且继续为其缴费；符合国家和省、自治区、直辖市人口与计划生育规定。

二、福利制度

（一）福利的含义

福利，是指企业为了保留和激励员工，采用的非现金形式的报酬。福利只是一种补充性报酬，它往往不以货币形式直接支付给员工（津贴是以现金形式固定发放的），而是以服务或实物的形式支付给员工，例如企业年金、实物、股票期权、培训、带薪休假，等等。

福利作为一种具有长远回报效益的投资，对于提高员工工作积极性，增强员工荣誉感，提高工作效率起着十分重要的作用，员工福利管理作为一项有效的管理在旅游企业管理中占有越来越突出的位置。

福利支付以劳动为基础，但并不与个人劳动量直接相关。其一为实物支付，包括各种免费或折价的工作餐、折价或优惠的商品和服务；其二为延期支付，包括各类保险支付，如退休金、失业保险等。

（二）员工福利的作用

对于旅游企业来说，福利虽说没有工资、奖金那样具有明显而直接的激励力，但它的积极作用是间接而隐约、巨大而深远的。

1. 吸引和留住人才

人们在觅职时，越来越把优厚福利作为重要的选择标准。许多福利制度都设计得和工龄有关，如长期服务资金资格的有无、退休金的多少、带薪休假的长短等就取决于年资的深浅，这些福利实际上就成为员工的一种长期投资，如果离开本企业，这些福利便将化为乌有。良好的福利会使许多可能流动的员工打消流动的念头。

2. 提高企业的经营效率

良好的福利使员工生活得到照顾，使他们减少了对家庭的后顾之忧，可以专心致志于工作；员工因福利而增加的满意感，改善了士气与气氛，减少了缺勤率；因为福利制度是管理者宣布和实施的，只要设置适当，处理公平，员工会对企业管理层产生好感，从而改善了干群关系，加强了合作精神。但最重要的是，全面而完善的福利制度使员工因受到周到的体贴和照顾而体会到企业这个大家庭的温暖，产生出一种大家庭的成员感和归属感，增强了忠诚感、责任心与义务感。

3. 降低运营成本

有效的福利制度，可以降低员工离职率，就节约了新员工招聘、选拔、委派及岗前培训等费用。

（三）旅游企业员工福利的形式和内容

1. 经济性福利

经济性福利是指以金钱或实物为形式的员工福利。下面我们对一些常用的经济性福利项目作简要介绍。

（1）住房性福利。免费单身宿舍、夜班宿舍，以成本价向员工出售住房，提供购房低息或无息贷款，发放购房补贴，房租补贴等。

（2）交通性福利。旅游企业接送员工上下班的免费班车服务，市内公共交通费补贴或报销，个人交通工具（如汽车）购买低息、贷款或津贴，保养费或燃料费补助等。铁路、航空等都有对本部门员工提供折价的车票、机票或其他本部门产品服务的福利政策。

（3）饮食性福利。免费或低价工作餐，工间免费饮料，公关应酬饮食报销，食品免费发放、集体折扣代购等。

（4）教育培训性福利。旅游企业内在职或短期脱产培训，旅游企业外公费进修（业余、部分脱产或脱产）、报刊订阅补贴、专业书刊购买补贴、为本企业员工向大学捐助专用奖学金、免费提供计算机或其他学习设施服务等。

（5）医疗保健福利。免费定期体检及防疫注射、药费或滋补营养品报销或补贴、职业病免费防护、免费或优惠疗养等。

（6）意外补偿金。意外工伤补偿费、伤残生活补助、死亡抚恤金等。

（7）离退休福利。包括退休金、公积金（按月抽取员工基薪一定比例，企业同时提供一定补贴，积累至退休时一次发还；若提前离职，企业发还其已供款额，还可能按规定对不同服务年限发给不同企业外贴额）及长期服务奖金（工龄达规定年限时发给）等。

（8）有薪节假。除每周末及法定假日和病假、产假外，每月及每年有若干带薪事假或休假日，其长短通常按工龄的不同而做区别性规定。

（9）文体旅游性福利。有组织的集体文体活动（晚会、舞会，郊游、野餐，体育竞赛等），为员工过生日而举办的活动，企业自建文体设施（运动场，游泳池，健身房，阅览室，书法、棋、牌、台球等活动室），免费或折扣价电影、戏曲、表演、球赛票券，旅游津贴，优惠车、船、机票，免费订票服务等。

（10）金融性福利。信用储金、存款户头特惠利率、为员工购买住房提供的低息贷款、预支薪金、额外困难补助金等。

（11）其他生活性福利。洗澡、理发津贴，降温、取暖津贴，优惠价提供本企业旅游产品或服务等。

这些福利项目不仅给予员工本人，还可全部或部分提供给员工的直系家属。由于每个员工各有不同需要与爱好，福利若不能投其所好，效果就会降低，激励力就会削弱。为提高福利项目的有效性，有不少旅游企业开始采用“自助餐式发放方式”将等值福利项目按不同方式搭配，让员工各取所需，效果更好。

2. 非经济性福利

这是广义的福利，目的却与经济性福利一样，为了全面改善员工的“工作生活质量”。这类福利多取服务或环境改善形式，不涉及金钱与实物，故称非金钱性的。

（1）咨询性服务。如员工个人发展设计的免费咨询服务（给予分析、指导和建议，提供参考资料与情况等），员工心理健康咨询（过分的工作负荷与压力导致的高度焦虑或精神崩溃等心理症状的诊治）及免费或优惠价的法律咨询等。

（2）保护性服务。包括平等就业权利（反种族、性别、年龄等歧视）、投诉检举的反报复保护、性骚扰保护、隐私保护等都属新的关注焦点。

（3）工作环境保护。如人机工程原理用于工作环境设计，工作扩大化，工作丰富化，弹性工作时间，缩短工作时间，扩大工作反馈渠道等工作再设计项目，企业内部提升政策（即有高层职位出现空缺时，只从内部已有员工中选拔替补，不到外界去寻觅的规定），员工参与的民主化管理等。

（四）影响旅游企业福利的因素

1. 企业竞争策略

旅游企业竞争策略与福利制度的设计有密切的关系。例如，当企业由于处于竞争的劣势，资金不足，需要大量资金开发新产品时，多会取消或暂缓一些福利项目。如取消员工福利中的度假旅游、员工专车等，但可以增加奖励项目激励员工。相反，当一个旅游企业有相当的实力而且在不断成长时，为了保持其在劳动力市场的竞争力，企业就会设置一些有吸引力的福利项目。

2. 企业文化

员工福利反映了旅游企业文化，如我国很多旅游酒店、旅行社，倡导家的文化，强调对员工的关怀与照顾，尽量为员工提供优厚的生活福利。有些国有的旅行社、饭店至今还保留着幼儿园，一方面照顾青年员工的需要，另一方面使老职工得以安置。但以市场式文化为特征的外资企业，多强调业务经营，不希望过多的福利设施占用企业资金和精力，其福利多采用向社会缴纳费用，采用福利社会化的方式。

3. 员工的需要

员工对福利一般持积极的态度，但是对福利的表现形式，却有不同的看法。比如：有的员工生活负担较重，希望收入多些（实质是希望高薪金、低福利），如果企业将奖励旅游、代金券、实物换成现金，也许会更受欢迎；相反，有些高收入的员工则希望有带薪休假形式的福利，这样可以缓解工作的压力，增加与家人团聚的机会；年纪大的员工多希望有足够的保险金，增加职业安全感，减少自己失业、就医的担心；有些员工未婚，负担少，但由于竞争的压力，他们可能更希望有灵活的工作时间，那么企业可能不必投入一分钱，只要工作时间灵活就能使这些员工满意。因此，福利制度的设计上应考虑员工的需要，使员工得到更大的满足。

4. 国家法规与政策

许多国家和地区的政府都明文规定，企业员工应该享受哪些福利（如职工保险、法定休假日、有薪假期等）。旅游企业在制订福利计划时，必须遵守国家法律法规和企业所在地政府规定，如劳动法、劳动保险条例等，以免触犯法律，引起法律诉讼。

5. 工会

现代企业中，工会的存在为保护广大劳动者的合法权益起到了重要作用，旅游企业在制订福利计划时，有必要和工会进行协商，以确定福利计划的范围和内容。

（五）福利管理的主要内容

旅游企业提供的福利反映了企业的目标、战略和文化，因此，福利的有效管理对企业的发展至关重要。福利管理主要包括以下几个方面内容。

1. 明确实施福利的目标

每个旅游企业的福利目标各不相同，但是有些内容是相似的。主要包括：

（1）必须符合企业长远目标。

（2）满足员工的需求。

（3）符合企业的薪酬政策。

（4）要考虑到员工眼前需要和长远需要。

（5）能激励大部分员工。

（6）企业能担负得起。

（7）符合当地政府法规政策。

2. 管理福利基金

员工福利基金的提取、保管和使用是福利管理的一项重要内容。福利基金使用得当可以为企业带来更多的收益，使用不当不仅会造成钱财的浪费，还会引起员工之间、员工与企业之间的矛盾，给企业福利工作的开展带来很大的阻碍。

（1）员工福利基金的提取。员工福利基金的来源有三种：一是按照国家规定提取；二是企业自筹；三是向员工个人征收。

①按国家规定提取福利基金。企业福利基金是企业根据国家规定，按照工资总额的一定比例或核定的利润留成比例提取用于职工福利的一项专用基金。职工福利基金的来源有两方面渠道：一是按企业全部职工工资总额的11%计入营运成本，然后从实现的营运收入中提取；二是按照国家或企业主管部门核定的比例从企业税后留利中提取。

②企业自筹福利基金。旅游企业可以从纳税后余下的利润中提取一定比例的福利基金。旅游企业在赢利情况下向国家缴纳规定的税金后，可以根据具体情况自筹福利基金，主要用于解决一些重要的较大的福利设施的资金问题，也可以用于企业福利项目的日常开支。

③向员工个人征收。这不是福利基金的主要来源，而是用于某些一次性或临时性的项目，并且主要直接服务于员工本人或家属，例如员工互助基金，一些分期付款购买项目先交纳的定金等。

（2）员工福利基金的保管与使用。在员工福利基金保管与使用过程中应该注意：

①福利基金的保管与使用由依法组建的企业员工福利委员会负责。

②福利基金提取后应该立即送交企业员工福利委员会保管，不得挪为他用。但是对全国性或省、市地区性工会举办的福利项目，经向主管部门备案，可以提取一定限额的福利基金进行赞助。

③现金应存放在银行，小额急需现款可以暂时存放在企业财务部门，任何部门不得没收企业福利基金。

④福利基金主要用于企业福利计划项目，原则上对无计划、无预算的项目不予以支付。计划外项目须经企业福利委员会审批后才可使用福利基金。

⑤福利基金的每项支出金额的大小必须通过福利委员会决定。

⑥企业主管部门或企业委托财务部门每年年终对福利基金收支情况进行汇总后报上级主管部门审核备案。

3. 评价福利措施的实施效果

目前，许多人希望企业最大限度地提供与员工需求相匹配的福利。由于大部分福利与员工业绩无关，因而，有相当一部分旅游企业减少了对人人有份的福利的支付。但是这样做的弊端是，使一些员工失去对企业的向心力，而且某些员工会产生对企业远景的质疑。在学术界和企业界一直都存在高福利低工资好还是低福利高工资好的争议。事实上，确实有许多高福利没有起到应有的改善企业形象、提高企业凝聚力、融洽人际关系的作用。因此，评价福利措施的效果就显得很重要。

（六）福利管理原则

旅游企业向员工提供的各种福利，意味着企业增加投入，因此，必须充分考虑企业的支付能力和薪酬政策。

（1）合理性原则。所有的福利都意味着旅游企业的投入或支出，因此，福利设施和服务项目应在规定的范围内，力求以最小费用达到最大效果。对于效果不明显的福利应当予以撤销。

（2）必要性原则。国家和地方规定的福利条例，旅游企业必须坚决严格执行。此外，企业提供福利应当最大限度地与员工要求保持一致。

（3）计划性原则。凡事要计划先行，福利制度的实施应当建立在福利计划的基础上。例如，福利总额的预算报告。

（4）协调性原则。旅游企业在推行福利制度时，必须考虑到与社会保险、社会救济、社会优抚的匹配和协调。已经得到满意的福利要求没有必要再次提供，确保资金用在刀刃上。

（5）动态调整原则。福利不是一成不变的，员工的需求在不同时期往往有着显著的差异，必须及时根据新的情况做出相应的调整，维持短、中、长期结合的福利体系的平衡，保持一定的弹性和自由度，建立动态纠偏制度，以适应员工需求。

案例分析

GZL 旅游公司的工资体系

GZL 旅游公司作为一家有着多年经营经验的公司，总部位于中国香港，并在北京、佛山、深圳、郑州等地设立了分公司。公司以旅游为主业，同时还包括实业投资、房地产、物流服务等。旗下拥有一批具有良好声誉，在业界影响深远的优秀企业。近年来国内的旅游市场增长势头较快，但与国内旅游市场的竞争也在不断地加剧，使得业内企业不得不加快其业务扩张速度，不断推陈出新其销售及运营模式。GZL 旅游公司本着“求稳、降本、创新、增效”的指导思想积极抓好旅游服务产品的创新与升级，公司还开创性地将金融业务服务模式引入传统旅游行业领域，致力于为万亿级市场规模中的广大旅游企业和旅游消费者提供“安全、便捷、放心”的旅游业务方案和服务。

公司工资结构包括两部分：一部分是基本工资，另一部分是绩效工资。基本工资是每个月固定发放给员工，以保证员工生活基本开支的保障性工资，与公司经营情况不挂钩。基本工资由两部分构成：岗位工资和学历工资。岗位工资是依据员工工作岗位价值和该岗位所需要的知识与技能而设定的，主要由岗位性质、工作内容和员工经验所决定。公司每年年底会随着外部环境及经济形势的变化以及本年度对个人业绩的考核与评审进行一次薪酬调整。调整后的固定岗位工资从下一年度生效。学历工资是以员工所获得的最终学历为依据来设定的。基本工资的计算公式为：基本工资=岗位工资标准×工资结构系数+学历工资。

岗位职系等级划分如表 1 所示。

表 1　岗位职系等级划分

<table>
<tr><th rowspan="2">等级</th><th colspan="4">岗位类型</th><th rowspan="2">工资标准（元/月）</th></tr>
<tr><th>高层管理系列</th><th>中层管理系列</th><th>基层管理系列</th><th>专业技术系列</th></tr>
<tr><td>12</td><td rowspan="4">董事会成员</td><td rowspan="4"></td><td rowspan="9"></td><td rowspan="4"></td><td>10000</td></tr>
<tr><td>11</td><td>8000</td></tr>
<tr><td>10</td><td>6500</td></tr>
<tr><td>9</td><td>5300</td></tr>
<tr><td>8</td><td rowspan="8"></td><td rowspan="3">部门经理</td><td rowspan="2">高级专业技术人员</td><td>4225</td></tr>
<tr><td>7</td><td>3675</td></tr>
<tr><td>6</td><td rowspan="2">中级专业技术人员</td><td>3125</td></tr>
<tr><td>5</td><td rowspan="5"></td><td>2750</td></tr>
<tr><td>4</td><td rowspan="2">初级专业技术人员</td><td>2375</td></tr>
<tr><td>3</td><td rowspan="3">各项目组组长
副组长</td><td>2000</td></tr>
<tr><td>2</td><td rowspan="2"></td><td>1625</td></tr>
<tr><td>1</td><td>1250</td></tr>
</table>

GZL 旅游公司学历工资如表 2 所示。

表 2　GZL 旅游公司学历工资

最高学历	中专及以下	大专	本科	硕士及以上
学历工资（元/月）	100	200	300	500

绩效工资是浮动的，依据公司每月的经营情况发生变化。绩效工资是对员工目标完成情况的一种考核手段，同时也能反映出员工的自身价值与其在公司中的技术水平。绩效工资由员工当月的绩效考核结果决定，按季度发放。公司依据岗位性质将职位分为管理职系与专业、技术职系。两个职系之间的考核办法有所区别。管理职系分为三个层级，分别为高层、中层和基层。管理职系高层按 6：4 的比例分配基本工资与绩效工资，管理职系中层按 7：3 的比例分配基本工资与绩效工资，管理职系基层按 8：2 的比例分配基本工资与绩效工资。而专业、技术职系分为两个层级进行考核，分别为高级专业及技术岗位和中、初级专业及技术岗位。高级专业、技术岗位按 7：3 的比例分配基本工资与绩效工资，初级与中级专业技术岗位分配基本工资与绩效工资的比例为 8：2。

GZL 旅游公司工资结构分配如表 3 所示。

表 3　GZL 旅游公司工资结构分配

职系类别	管理职系			专业、技术职系	
职层类别	高层管理	中层管理	基层管理	商级专业、技术	中初级专业、技术
基本工资比例	60%	70%	80%	70%	80%
绩效工资比例	40%	30%	20%	30%	20%

依据规定，如果员工当月完成不足公司规定的 70%的绩效目标，则没有绩效工资，员工只有完成公司规定当月绩效目标的 70%以上（含 70%）任务量时才可以拿到绩效工资。当员工完成公司规定当月绩效目标的 70%~80%（不含 80%）时可以获得 50%的绩效工资，员工完成公司规定当月绩效目标的 80%~90%（不含 90%）时可以拿到 65%的绩效工资，员工完成公司规定当月绩效目标的 90%~100%（不含 100%）时可以拿到 80%的绩效工资，员工 100%完成公司规定的当月绩效目标时，才能拿到全额的绩效工资。绩效工资计算公式为：月度应发绩效工资=既定的绩效工资额度×相应的计发比例。

GZL 旅游公司绩效工资核算方法如表 4 所示。

表 4　GZL 旅游公司绩效工资核算方法

当月绩效目标完成率	绩效工资计发比例	绩效工资应发放数额
100%	100%	绩效工资×100%
90%（含）~100%	80%	绩效工资×80%
80%（含）~90%	65%	绩效工资×65%
70%（含）~80%	50%	绩效工资×50%
不足 70%	0	0

公司每月 10 日会按照员工上月实际出勤天数来支付员工上一自然月的基本工资。如果付薪日期遇到节假日或休息日，则在最近的工作日支付。公司会在每月付薪日将薪酬转入员工储蓄卡内。

但调查显示，行业存在特殊性，致使考核标准设定过高，员工淡旺季的薪酬收入差别很大，员工对薪酬的满意度普遍不高，员工的流失率较高。

——摘自卞静宜. GZL 旅游公司薪酬体系优化设计［D］. 郑州大学，2015.

案例讨论题

1. 你认为 GZL 旅游公司的工资制度哪些方面令员工不满意？

2. 你能根据旅游公司的特点给 GZL 旅游公司制订一个工资优化方案吗？

案例

导游小费你会给吗？

近两年，旅游行业竞争越发激烈，导游面临待遇不稳定、保障差等问题，特别是一些旅行社推出“零负团费”行程使问题雪上加霜。“低价团也需要成本，团费中优惠的部分不少以降低收入的方式转嫁到了导游身上。一些导游为了增加收入，不得不依靠购物提成，有些演变成强制购物。”深圳一家旅游公司专线主管冯伟说。

2015 年 7 月 30 日，国家旅游局联手人力资源和社会保障部、中华全国总工会发布《关于进一步加强导游劳动权益保障的指导意见》（以下简称《意见》）提出，要“探索建立基于游客自愿支付的对导游优质服务的奖励机制”。但 2013 年颁布实施的我国第一部《旅游法》规定，导游不得向游客索取小费。“《旅游法》规定导游不得向游客索取小费，但没有禁止游客自愿支付小费。”中国旅游研究院院长戴斌说，《意见》中的这种“奖励”，是游客自愿向导游支付的，严格意义上说是对优质服务的一种赞赏和肯定。戴斌认为，《意见》让导游的薪资构成增加了一种可能性，既体现了有关部门对导游待遇问题的重视，对解决目前国内旅游市场的诸多乱象也能起到正面推动作用。

游客自愿支付小费合法化得到导游的认可。在云南一家知名旅行社从事导游工作的潘莉莉说，很多导游没有基本工资和“五险一金”，收入主要靠导游服务费和一些购物点的提成，如果能有游客主动给小费，会觉得工作得到了认可，也能提高收入。

不过，不少消费者并不希望在国内实行小费制度，主要原因是担心自己被迫为这一制度“埋单”。广州某高校老师陈晨是一位旅游爱好者，每年寒暑假都会出去旅游。“我从来没给过导游小费，因为我认为，报团的时候交了团费，导游履行合同提供服务是应该的。”陈晨担心，将来游客自愿支付小费合法化了，如果同一个旅行团中有人给了小费，有人没给，导游对待游客的态度就会有差别。届时为了享受同等质量的服务，所谓的“自愿”支付小费可能就会变成“强制”了。

（资料来源：探索建立游客自愿支付奖励机制。导游小费你会给吗？[N]. 人民日报，2015-9-7.）

案例讨论题

你对出游中给导游小费怎么看？如何避免小费带来的负面问题？

思考与练习

1. 薪酬包括哪些具体的内容？影响一个企业薪酬水平的因素有哪些？
2. 你认为旅游企业的经理、专业人员和普通员工的工资、奖金制度上应有何差别，试以旅行社或旅游饭店为例来说明。
3. 你认为中小旅游企业如何为员工提供有竞争力的福利？

第 8 章 旅游企业劳动关系管理

【学习目标】

通过本章的学习，正确理解旅游企业的劳动关系，掌握劳动合同内容和管理知识；了解劳动争议的类型、原因和处理方法；明晰旅游企业员工权益内容及维权活动。

【内容结构】

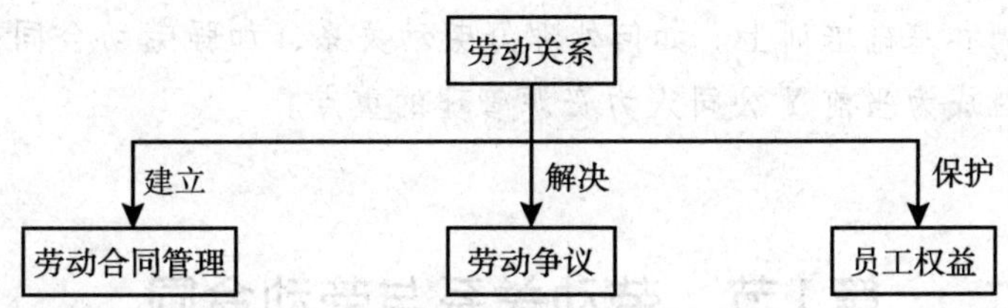

【重要概念】

劳动关系　劳动合同　劳动争议　员工权益

案例

Y公司的困境

Y公司负责福建省福州市一个旅游区的运营，该旅游区是国家重点风景名胜区。距福州仅90公里，占地36平方公里，总投资额10亿元，致力于打造一个集高山观光、休闲、度假于一体，景观丰富、特色内容多、观赏形式多样、休闲项目多样、可玩空间大、参与性强、休闲度假品位高的综合性旅游景区，目前该旅游区一期已开发了天池草场、冰川大峡谷、云中悬空栈道等多个旅游景点。Y公司于2010年9月试营业以来，该旅游区成为福州市的主要旅游接待目的地：2011年累计接待游客5.4万人次，旅游总收入约1100万元；2012年累计接待游客16.5万人次，旅游总收入达2400万元；2013年累计接待游客达26.73万人次，前三季度旅游总收入达3900万元。

由于公司地处偏僻山区，故大部分员工来源于所在县城城关及公司周边乡镇，很多员工之前是在乡务农人员，年龄普遍偏大。此外，Y公司中大部分基层主管人员的学历也不高，他们大都因为进入企业年限较长而且勤劳肯干而被提拔至基层管理岗位，在其自身的综合素质、管理意识和管理能力上也有很大提升空间。自成立以来，Y公司一线部门的员工离职率每年在60%~80%之间，两年以上年资的一线员工已是凤毛麟角。而由于人员流动大，引起的劳动争议和纠纷也很大，故大量人力物力都投入在处理劳动争议、基层员工招聘和基础培训上。如何处理好劳动关系，加强劳动合同管理，维护企业与员工的合法权益成为当前Y公司人力资源管理的重点。

第1节　劳动关系与劳动合同

一、劳动关系

（一）劳动关系的概念

劳动关系又被称为劳资关系、雇佣关系。《中华人民共和国劳动法》对劳动关系做了明确的界定，即：劳动关系为劳动者与用人单位（包括各类企业、个体工商户、事业单位等）在实现劳动过程中建立的社会经济关系。《劳动法》从法律的角度确立和规范了企业中的劳动关系，它是调整劳动关系以及与劳动关系有密切联系的其他关系的法律规范。

具体来说，企业劳动关系包括以下内容：

（1）劳动关系是在企业生产经营过程中所发生的用人单位与劳动者之间的关系。劳动关系要涉及与用人单位劳动直接相联系的劳动关系的运作、劳动立法、劳动合同、集体谈判、企业集体合同、劳动争议和工会等诸多方面的内容。

(2) 劳动关系的一方主体——劳动者，只有同劳动关系的另一方主体——用人单位签订劳动合同，并保证合同的履行，劳动关系的运作才算开始。实践中有的单位没有签合同，而劳动合同法明确规定，只要存在实际用工，就认定劳动关系存在。

（二）劳动关系的基本要素

1. 就业主体——劳动者群体

劳动者群体是劳动关系系统的第一要素，它在劳动关系系统中居于主体地位。旅游企业的劳动者主要指在旅游企业中以工资收入为主要生活来源的旅游企业员工。

在现代各种社会组织中，工会是由劳动者组成的特殊的社会组织。工会的存在，也是以劳动者的代表身份，就劳动关系中的矛盾和劳动问题与雇主一方进行交涉，诸如劳动工资、劳动工时、劳动待遇等方面维护劳动者的权益而进行活动的。作为劳动者群体的代表，工会成为市场经济中劳动关系的重要组成部分，成为劳动力所有者的代表。

2. 用工主体——经营者群体

经营者群体是劳动关系系统中与劳动者群体相对应的基本要素，它在劳动关系系统中处于主导地位。旅游企业经营者是指在旅游企业中行使经营管理权的企业领导者。经营者是企业的法人代表，对企业的生产指挥和经营管理工作进行统一领导和全面负责。经营者作为一个特殊的社会群体，为了维护自身利益，扩大社会影响，特别是为了协调劳动关系，在其内部往往形成非正式的或正式的组织，从而增加这个群体的组织力量。这些组织一般是以群众团体面目出现的协会，如亚太旅游协会、中国饭店与餐馆协会、中国旅行社协会以及个体劳动者协会等。

3. 政府及劳动部门

成熟的市场经济下的劳动关系的主体只有两方，即企业管理者群体和劳动者群体。然而，不可否认的是，政府及劳动部门在劳动关系中也起到了依法管理和外部调节的作用，尤其在中国市场经济发展尚未成熟阶段。从工业化开始以来，政府在劳动市场上的经济作用，从保护雇主的经济利益开始，最后达到对于劳动关系中整个公共经济权益的保护。因此，市场经济条件下政府介入劳动市场，参与劳动关系是一个不可回避的问题。作用表现在：对劳动市场上工会组织和集体交涉制度的保护和鼓励；通过法律、行政、经济等强制性手段以及调解手段，在劳动市场力量的纠纷中行使仲裁者和调解人的职责。

4. 工会与职工代表大会

工会作为代表劳动者权益的主要组织，成为维护《劳动法》和其他社会主义法律法规的一支主要力量。依据《工会法》的规定，工会的主要任务是：代表和组织职工参与国家社会事务管理和参加企事业单位的民主管理；维护职工的合法权益；代表和组织职工实施民主监督；协助政府开展工作，巩固人民民主专政的政权与支持企业行政的经营管理；动员和组织职工参加经济建设；教育职工不断提高思想政治觉悟和文化技术素质。

工会的职权包括：通过职工大会、职工代表大会等形式参与民主管理或与用人单位平等协调；代表职工与企业谈判和签订集体合同；对劳动合同的签订和履行进行监督；参与劳动争议的调解和仲裁；对用人单位遵守劳动纪律、法规的情况进行监督。

在我国，职工代表大会是企业实行民主管理的基本形式，也是职工行使民主管理权利的机构。《企业法》规定，企业职工代表大会的工作机构是企业工会委员会，它具体负责职工代表大会的日常工作。依据《劳动法》《企业法》《职工代表大会条例》等规定，职工代表大会的基本任务主要是：贯彻执行党和国家的方针政策，正确处理国家、企业和职工三者间的关系，促进劳动关系的协调发展；积极贯彻实施《劳动法》及有关法律、法规，加强基层的民主和法制建设。职工代表大会主要行使下列职权：①对企业的经营方针、长远规划、年度计划、基本建设方案、重大技术改造方案、职工培训计划、留用资金分配和使用方案、承包和租赁经营责任制方案等重大生产经营决策，有权听取报告并提出意见和建议；②审查同意或否决企业的工资调整方案、奖金分配方案、劳动保护措施、奖惩办法以及其他重要的规章制度；③审议决定职工福利基金使用方案、职工住宅分配方案和其他有关职工生活福利的重大事项；④有权对企业各级领导依法进行评议监督，根据法定的评议监督事项的内容，提出奖惩和任免的建议；⑤有权根据行政主管部门的决定选举厂长经理，报政府主管部门批准。政府主管部门委任或招聘的厂长经理，由政府主管部门免职或解聘必须征求职工代表大会的意见。职工代表大会选举的厂长经理，由职工代表大会罢免并报政府主管部门批准。

（三）劳动关系的本质

1. 劳动关系的基本属性：社会经济关系

劳动关系作为企业重要的社会经济关系，从本质上来说是一种经济利益关系或财产关系，这是劳动关系的基本性质。在劳动关系中，劳动者向管理者或雇主付出自己的劳动，管理者或雇主向劳动者或员工支付劳动报酬和其他福利。这其中，工资和有关福利是联结劳动者与管理者的最基本因素或基本纽带。显然，劳动关系首先反映的是管理者与劳动者之间的经济利益关系或财产关系，甚至是一种纯粹的经济利益关系或财产关系。

2. 劳动关系的重要特征：社会契约关系

市场经济是一种法制经济，表现出法律成为规范和调整经济生活的常规手段。在劳动力资源的配置过程中，为了保证劳动力市场的有序进行，保障劳动关系主体双方的自主与平等，劳动关系主体的行为由相应的法律和依法签订的劳动合同来规范，劳动关系表现为契约性。即由劳动者与用人单位签订劳动合同，或由劳动者的组织——工会与用人单位签订集体合同，明确劳动过程中各方的权利和义务。

二、劳动合同

（一）劳动合同的含义及法律特征

1. 劳动合同的概念

劳动合同又称劳动契约或劳动协议，是劳动者与用人单位确立劳动关系，明确双方权利和义务的协议。建立劳动关系要签订劳动合同，这不仅是《劳动法》所规定的，也是劳动关系稳定存续、用人单位强化劳动管理、处理双方争议必需的重要依据。旅游企业管理者或员工往往会通过劳动合同的签订、履行、终止以及变更、解除，调节劳动力的供求关系，既能使劳动者有一定的择业和流动自由，又能制约劳动者在合同期履行劳动义务和完成应尽职责，从而使劳动力有相对的稳定性和合理的流动性。

2. 劳动合同的法律特征

劳动合同是发生在劳动者与用人单位之间的一种法律事实或法律文件，是确立具体劳动关系的法律凭证和法律形式。劳动合同具有以下法律特征：

（1）劳动合同的当事人，一方是劳动者，另一方是用人单位。劳动过程是人的因素（劳动力）和物的因素（生产资料）结合作用的过程。合同当事人一方是劳动者即具有劳动能力的公民，另一方是劳动力使用者，即拥有生产资料经营管理权限的用人单位，也就是企业事业单位及个体经营者。

（2）劳动者与招工单位签订劳动合同后，双方形成管理关系。劳动者一方必须加入到用人单位一方中去，成为该单位的一名员工。从劳动者方面看，则依据劳动纪律、法规和劳动合同，对内享受和承担本单位员工的权利和义务，对外依法以本单位的名义从事经营活动；从用人单位方面看，有权利也有义务组织和管理本单位的员工，把他们的个人劳动组织到集体劳动中去。

（3）劳动合同的当事人法律地位平等，即劳动合同是双方当事人之间平等自愿、协商一致达成的协议，是双方意愿一致的产物。也就是说，劳动合同的订立可以充分体现企业用工权、劳动者择业权的自主性。

（4）劳动合同的目的在于劳动过程的完成，即价值和使用价值的创造过程，而不是劳动成果的实现，即价值的实现。无论劳动成果如何，劳动者一方只要按照规定的时间、规定的要求，完成用人单位交给他的属于一定工种、一定专长或一定职务的工作量，用人单位就应按照合同支付劳动报酬。

（5）劳动合同在一定条件下，往往涉及第三人的物质利益。劳动力本身也需要再生产，它决定了劳动合同的内容不限于当事人权利义务的规定，有时还要涉及劳动者的直系亲属在一定条件下享有的物质帮助权。各国在确定最低工资时，一般均考虑劳动者赡养人口的生活费用，我国也不例外。劳动合同所确定的工资必须高于法定最低工资，已经包含了这一因素。若员工因生育、年老、患病、工伤、死亡等原因，部分或全部、暂时或永久地丧失劳动力的时候，不仅对员工本人要给予一定的物质帮助，有时也要对劳动者所供养的直系亲属给予一定的物质帮助。

（二）劳动合同的分类

按照不同的角度和标准可以将劳动合同分成若干种类。综观世界各国的实际情况，主要有以下几种划分：

1. 按劳动合同期限分类

以劳动合同的期限为标准，可将劳动合同划分为三种：固定期限的劳动合同、无固定期限的劳动合同和以完成一定的工作为期限的劳动合同。

（1）固定期限的劳动合同，亦称有一定期限的劳动合同，是指劳动者与用人单位在订立劳动合同时规定了一定的期限。期限届满，劳动法律关系即行终止。如果双方协商同意，还可以续延期限。这种合同使用范围广，应变能力强，可以根据生产需要和工作岗位的不同要求来确定合同期限，有利于合理使用人才，也有利于促进职工合理流动。

（2）无固定期限的劳动合同，亦称没有一定期限或不定期的劳动合同，是指劳动者与用人单位订立的没有期限规定的劳动合同。这种合同一般适用于从事技术性较强、需要持续进行工作的岗位，订立这种合同的职工可以长期在一个单位或部门从事生产（工作），职工无正当理由不得申请辞职，用人单位也不得随意辞退职工，对用人单位保持相对稳定的职工队伍有积极的作用。根据《劳动法》第20条第2款的规定："劳动者在同一用人单位连续工作满10年以上，当事人双方同意延续劳动合同的，如果劳动者提出订立无固定期限的劳动合同，应当订立无固定期限的劳动合同。"但无固定期限的劳动合同不等于一成不变，只要符合法律、法规或者双方约定的条件，任何一方均可提出终止劳动合同关系。

（3）以完成一定的工作为期限的劳动合同，是指劳动合同当事人双方把完成某项工作的时间规定为合同终止条件而达成的协议。如以完成某项工程建设的时间为合同期限。实际上它也是一种定期的劳动合同。订立劳动合同，有利于生产单位根据需要安排劳动力，避免"只进不出"的弊端，为不断发挥劳动者的专长和志趣，提供了方便。

2. 按劳动合同主体分类

从合同主体的角度，可对劳动合同作这样两种划分：从劳动者角度来划分和从用人单位角度来划分。

（1）从劳动者角度来划分。主要是按照劳动者在劳动分工结构中的位置或所属用工性质来划分劳动合同的种类。如比利时将劳动合同主要划分为企业工人雇用合同、企业职员雇用合同、商业企业推销员雇用合同、家庭佣人雇用合同和企业学生雇用合同等。按照我国的实际情况，可以将劳动合同划分为工人劳动合同、管理人员（主要指基层管理人员）劳动合同、工程技术人员劳动合同以及学徒工劳动合同等几种。

（2）从用人单位角度来划分。主要是根据用人单位性质来划分劳动合同的种类。世界各国一般通行的划分包括：工业企业劳动合同、商业企业劳动合同、农业企业劳动合同、矿业企业劳动合同、海事企业劳动合同和家事劳动合同等。根据我国目前的实际情况，一般按照企业所有制的性质来划分劳动合同的种类，主要包括公有制企业劳动合同、混合所有制企业劳动合同和私有制企业劳动合同三类。

3. 按劳动合同产生方式分类

从劳动合同产生方式的角度，可以将劳动合同分为录用合同、聘用合同和借调合同等。

（1）录用合同，是指用人单位以招收、录用劳动者为目的而与劳动者依法签订的劳动合同。录用合同是劳动合同的基本形式，普遍适用于正式工和临时工的招收和录用。

（2）聘用合同，又称聘任合同，一般是指用人单位以招聘或聘用有技术专长或特殊能力的技术人员或管理人员为目的而与被聘用者签订的劳动合同。用人单位通过聘用合同招聘的劳动者可以是不在职的，也可以是在职的；可以是专职的，也可以是兼职的。

（3）借调合同，也称借用合同，是指用人单位以借用劳动者为目的而与劳动者和被借用人单位签订的三方劳动合同。这种合同适用于用人单位急需的管理人才和技术工人等的借调。用人单位借调的劳动者一般只是从事临时性或短期性的工作，待合同到期后，劳动者还得回原单位工作。

从劳动合同产生方式的角度来划分劳动合同，除上述三种主要类型外，还包括岗位合同、停薪留职合同、学徒培训合同等。

（三）劳动合同的形式与内容

1. 劳动合同的形式

劳动合同的形式，是劳动合同内容赖以确定和存在的方式，即劳动合同当事人双方意思表示一致的外部表现。劳动合同形式有口头形式和书面形式之分。我国《劳动法》第 19 条规定：“劳动合同应当以书面形式订立”，这就明确了劳动合同要采用书面形式订立，而不允许以口头形式订立。这样规定主要是由于书面形式能够明确记载当事人各项劳动权利和义务，有利于当事人切实履行劳动合同，便于管理机关进行监督检查，督促当事人认真履行劳动合同规定的劳动义务。发生劳动争议时，能有据可查，有利于分清责任，及时解决。

2. 劳动合同的内容

劳动合同的内容，即劳动合同条款，它作为劳动者与用人单位合议的对象和结果，将劳动关系当事人双方的权利和义务具体化。劳动合同的内容主要包括三个方面：一是劳动关系主体，即订立劳动合同的双方当事人的情况。二是劳动合同客体，指劳动合同的标的（所谓“标的”，是指订立劳动合同双方当事人的权利义务指向的对象，它是当事人订立劳动合同的直接体现，也是产生当事人权利义务的直接依据）。劳动合同的标的带有综合性，它既是当事人在实现劳动过程中的劳动行为，又体现为公物或成果。三是劳动合同的权利义务，指劳动合同当事人享有的劳动权利和承担的劳动义务。

劳动合同内容由法定必备条款和约定必备条款所构成。一般包括以下条款：①劳动合同期限；②工作内容；③劳动保护和劳动条件；④劳动报酬；⑤劳动纪律；⑥劳动合同终止的条件；⑦违反劳动合同的责任；⑧劳动争议解决途径；等等。劳动合同除上述的必备条款外，当事人可以协商约定保守商业秘密等其他内容。

（四）劳动合同的法律效力

劳动合同是调整具体劳动关系的法律手段，一经依法订立即具有法律约束力，当事人必须履行劳动合同所规定的义务。劳动合同所具有的法律约束力主要表现在以下几个方面：

（1）劳动合同一经依法订立，用人单位与劳动者之间的劳动关系就得以确立，即当事人之间产生了法律意义上的劳动权利和义务关系。一方当事人不履行劳动合同，就要承担法律责任，其中主要是赔偿对方经济损失的责任，必要时还要承担法律规定的其他责任。

（2）当事人必须严格履行劳动合同所规定的义务，一方当事人也有权要求对方当事人全面履行劳动合同所确定的义务，一方违反合同，不履行义务，对方有权要求赔偿由此而造成的经济损失；必要时，可以请求调解、仲裁或诉诸人民法院保护自己的合法权益。

（3）未经协商，当事人不得任意变更、增减合同内容或终止合同，否则视为违反劳动合同而承担法律责任。

（4）用人单位法人代表的更换，不影响劳动合同的法律约束力，后任法人代表必须履行原订劳动合同所确定的义务。

（5）任何单位和个人均不得非法干预当事人履行劳动合同所确定的义务。由于第三人的非法干预造成一方违约而使另一方遭受经济损失的，应由违约一方先承担违约赔偿责任，然后由违约方向第三方追偿。

（6）双方当事人因劳动合同的订立、履行、变更、解除和终止发生争议，经协商不能解决的，均可向当地劳动争议仲裁机构申请仲裁，对仲裁裁决不服的，还可以在规定的期限内向人民法院提起诉讼。

第2节　劳动合同管理

一、劳动合同的订立

（一）劳动合同订立的原则

1. 合法原则

无论合同的当事人、内容和形式，还是制订合同的程序，都必须符合有关劳动法规和劳动政策的要求。做到主体合法、内容合法、形式合法、程序合法。尤其应当强调的是，凡属与劳动合同有关的强制性法律规范和强制性劳动标准，都必须严格遵守。因而，在制订合同过程中只能有限制地体现契约自由的精神。

2. 平等自愿原则

所谓平等，是指制订合同时，双方当事人的法律地位平等，都有权选择对方并就合同内容表达具有同等效力的意志。所谓自愿，是指合同的制订，应完全出于双方当事人的意愿，任何一方都不得强迫对方接受其意志，除合同管理机关依法监督外，任何第三者都不得干涉合同制订。对于双方当事人来说，平等是自愿的前提，自愿是平等的体现，因而二者都不可分割。

3. 协商一致原则

在制订合同过程中，合同制订与否以及合同内容如何，都只能在双方当事人以协商方式达成一致意见的基础上确定。协商一致，表明劳动合同的全部内容都符合当事人的意愿，能为双方当事人所接受。协商一致原则是维护双方当事人合法权益的基本要求。

4. 等价有偿原则

劳动合同是一种双方有偿合同，劳动者承担和完成用人单位分配的劳动任务，用人单位付给劳动者一定的报酬，并负责劳动者的保险金额。

（二）劳动合同订立的程序

劳动合同的订立程序，是指劳动合同在订立过程中必须履行的手续和必须遵循的步骤。根据合同的一般原理，劳动合同的订立程序分为“要约”和“承诺”两个阶段。提议订立劳动合同的一方为“要约方”，相对一方为“被要约方”，双方协商后，被要约方完全接受要约方的要约（提议）即为承诺，承诺一旦做出，双方之间的劳动合同即告成立。因此，劳动合同的订立程序主要可以概括为两个阶段九个步骤：

1. 用人单位提出要约，并寻找和确定被要约方

（1）公布招工或招聘的简章。用人单位一旦获准或决定招工或招聘后，就要以特定的方式，如通过报纸、电视等，向社会劳动者公布企业的招工或招聘简章，说明招工或招聘的数量、条件、待遇以及报名办法和考核方式等事项，让社会劳动者充分了解用人单位招工或招聘的准确信息，使劳动者在参与招工或招聘前做到心中有数，准备有序，有备而来。

（2）自愿报名。劳动者在充分了解用人单位招工或招聘信息的基础上，本着自愿的原则，向用人单位报名，参与竞争。劳动者在报名时，要同时提交表明本人身份、职业技能、受聘历史等基本情况的有关证明文件，供用人单位在全面考核时参考；用人单位在劳动者报名时也有权要求劳动者提交单位需要了解的有关情况的文字资料或证明材料，以便于履行招工或招聘手续。

（3）全面考核。用人单位在接受劳动者的报名后，就要组织有关人员对参与竞争的劳动者进行健康状况、文化程度、基本技能、受雇历史等情况的全面考核。在考核上，

还要特别注意劳动者作为主体资格的法律确认。对于在法律上不具备主体资格条件的劳动者，用人单位应不予考虑。用人单位在对劳动者的全面考核结束后，一般要公布考核结果。

（4）择优录用。用人单位在对劳动者进行考核后，择优确定被录用人员，并向本人发出书面通知，为便于社会监督，增强招工或招聘工作的透明度，用人单位还有义务公布被录用或聘用人员的名单。

2. 签订劳动合同，完成要约与承诺的全过程。

（1）用人单位提出劳动合同草案。用人单位在决定录用或聘用有关劳动者后，要拟订并向劳动者提交劳动合同草案。所谓草案，是由用人单位单方面提出的、供用人单位和劳动者协商使用的合同文书草本。用人单位对提出的草案，有义务向劳动者说明各条款的具体内容和法律依据；劳动者有权对自己不清楚的条款要求用人单位做出解释。

（2）向劳动者介绍企业内部劳动规章制度。由于劳动者和用人单位之间的劳动合同一旦签订，彼此间的劳动关系一旦确立，劳动者对用人单位内部的规章制度就要完全遵守和执行，因此，用人单位内部规章制度也可以看作是劳动合同的附件内容，用人单位在提交劳动合同草案时，还有义务向劳动者详细介绍单位内部的劳动规章制度。这基本上应与提出劳动合同草案同时进行，因此这两个阶段也可以看作一个阶段。

（3）双方协商劳动合同内容。在用人单位提供劳动合同草案和向劳动者介绍内部劳动规章制度的基础上，劳动者和用人单位主要就合同草案的条款逐一进行磋商，并就需要补充的条款进行认真协商和研究，一般来说，需要补充的条款主要由劳动者一方提出。

（4）双方签约。双方当事人在签字之前，还要认真审阅合同文书的内容是否真实，是否全部是经过双方协商一致的结果。在确认无误的基础上，双方当事人通过一定仪式签字、盖章。如果合同不需要鉴证，双方当事人签字、盖章后，合同的订立阶段即告结束，所签合同即具法律效力。

（5）合同鉴证。合同鉴证是指按照国家规定或当事人的要求，用人单位将合同文本送交合同签订地或履行地的合同鉴证机构或劳动行政主管部门，合同鉴证机构或劳动行政主管部门依法核查、鉴定合同的合法性，并提交有关签证证明。需要签证的合同，一般要在合同签订后规定的时间内到有关部门办理鉴证手续。凡需鉴证的合同，必须在鉴证后才会生效。

此外，在建立劳动力市场过程中，订立劳动合同一方面要遵循国家法规规定的程序，另一方面要符合市场运行的规律。具体表现为用人单位和劳动者既要有充分的自主权，又要在合法的基础上完成要约和承诺的全过程。

二、劳动合同的履行

劳动合同的履行，是指合同当事人双方履行劳动合同所规定义务的法律行为，亦即劳动者和用人单位按照劳动合同的要求，共同实现劳动过程和各自合法权益。劳动合同依法制订就必须履行，这既是劳动法赋予合同当事人双方的义务，也是劳动合同对合同当事人双方具有法律约束力的主要表现。

（一）劳动合同履行的原则

1. 实际履行的原则

所谓实际履行的原则，就是指合同双方当事人要按照合同规定的标的履行自己的义务和实现自己的权利，不得以其他标的或方式来代替。这主要表现在两方面：一是一方当事人即使违约，也不能以罚金或赔偿损失来代替合同标的履行，除非违约方对合同标的履行对另一方当事人已无实际意义；二是一方当事人不履行合同时，另一方当事人有权请求法院或仲裁机构强制或敦促其履行。实际履行的原则要求，劳动者一方要给企业提供一定数量和质量的劳动，以保证企业生产经营活动的正常开展；企业一方要为劳动者支付必要的劳动报酬和提供必要的劳动条件等，以保障劳动者正常的生活和工作需要。

2. 亲自履行的原则

就是指双方当事人要以自己的行为履行合同规定的义务和实现合同规定的权利，不得由他人代为履行。要求合同双方当事人要以自己实际行为去完成合同规定的任务，实现合同约定的目标，当事人要将合同规定的内容融入自己的日常活动中去。

3. 正确履行的原则

是指当事人要按照合同既定的内容，原原本本地全面履行，不得打折扣，不得改变合同的任何内容和条款。合同正确履行的原则实际上包括三方面的内容：一是实际履行；二是亲自履行；三是全面履行。

4. 协作履行的原则

是指双方当事人在合同的履行过程中要发扬协作精神，要互相帮助，共同履行合同规定的义务，共同实现合同规定的权利。协作履行的原则大体上包括以下几方面的内容。①任何一方都要保证自己能够实际、亲自、全面和正确地履行合同的内容和条款。任何一方完成自己的任务，就为合同的履行打下了良好的基础，也是协作的前提之所在。②在合同的履行过程中，双方当事人要相互关心，并进行必要的相互检查和监督；遇到问题，双方都要寻找解决问题的办法，提出合理化建议。③合同没有得到正确的履行或发生不适当履行时，任何一方违约，另一方都要帮助纠正。若劳动者违约，管理者要立足于说服教育，帮助其纠正；若管理者违约，劳动者也要及时反映问题，并协助其纠正。

（二）劳动合同履行的法律保障

劳动合同的履行依程度不同，可以分为完全履行、不完全履行或完全不履行三种情形，它们又导致不同的法律后果。双方完全履行劳动合同的，导致劳动关系圆满实现，正常终结；劳动合同的不完全履行或完全不履行都属于违反劳动合同的行为，将根据情节轻重和造成的危害后果，追究违约责任。

三、劳动合同的变更

劳动合同的变更，是指合同当事人双方或单方依法修改或补充劳动合同内容的法律行为。它发生于劳动合同生效后尚未履行或尚未完全履行期间，是对劳动合同所约定的权利和义务的完善和发展，是确保劳动合同全面履行和劳动过程顺利实现的重要手段。

（一）劳动合同变更类型

劳动合同变更一般包括两种类型：法定变更和协议变更。法定变更，是指在法律规定的原因出现时，经过当事人一方提出，可以变更劳动合同。协议变更，是指双方当事人协商一致，达成协议，对劳动合同进行变更；同时，这种变更也必须符合法律的规定。劳动合同变更的对象，只限于劳动合同中的部分条款。

（二）劳动合同变更原则

劳动合同的变更，涉及当事人双方的利益。因而与合同的订立一样，确定了与劳动合同制订完全一致的原则，即“遵循合法、平等自愿、协商一致的原则”。劳动合同变更时，当事人双方应再签订一份变更协议书，在变更协议书未签订之前，原合同条款继续有效。在变更协议书中，应指明对哪一份合同，哪些条款变更，并应注明生效日期。

（三）劳动合同变更的程序和法律后果

劳动合同变更的程序，一般要经过提议、协商、签订三个阶段，即先由要求变更劳动合同的一方向对方提出变更建议，说明变更劳动合同的理由及修改内容；对方收到变更协议以后，双方进入协商阶段，如果一方同意接受另一方提出的变更建议，双方就可以签订新的协议；如果变更建议不能或不能全部被对方接受，双方须继续协商，直到意见一致，或维持或变更原劳动合同的相应条款；如协商过程中发生争执，任何一方都可向当地劳动争议仲裁机构申请仲裁。变更后的劳动合同根据规定送劳动行政机关办理鉴证手续。

变更后的劳动合同，对双方当事人均具有法律约束力。变更劳动合同后，若因变更行为给一方带来经济损失的，一般由要求变更劳动合同的一方或导致对方遭受经济损失的一方承担经济赔偿责任，但不承担违反劳动合同的责任。由于变更劳动合同的原因比较复杂，而当根据具体情况正确确定赔偿责任的一方，如因非法或单方面变更劳动合同而致另一方受到经济损失的，就要承担违反劳动合同的责任。

四、劳动合同的解除

劳动合同解除是指劳动合同生效以后，尚未全部履行以前，当事人一方或双方依法提前解除劳动关系的法律行为。

（一）解除劳动合同的条件

1. 用人单位合法立即辞退员工、解除合同的情形

（1）劳动合同期满或者当事人约定的劳动合同终止条件出现的。

（2）经劳动合同当事人协商一致的。

（3）试用期内被证明不符合录用条件的。

（4）严重违反劳动纪律或者企业规章制度的。

（5）严重失职，营私舞弊，给企业利益造成重大损害的。

（6）依法被追究刑事责任的。

2. 提前 30 日书面通知后可辞退员工的情形

（1）患病或者非因工负伤，医疗期满后，不能从事原工作也不能从事由企业另行安排的工作的。

（2）不能胜任工作，经过培训或者调整工作岗位仍不能胜任工作的。

（3）劳动合同订立时所依据的客观情况发生重大变化，致使劳动合同无法履行，经当事人协商不能就变更劳动合同达成协议的。

（4）企业濒临破产进行法定整顿期间或者生产经营状况发生严重困难，确需裁员的，但企业应提前 30 日向工会或全体员工说明情况，听取其意见并向劳动部门报告。

3. 员工可自行辞职的情形

（1）合同期满或约定的合同终止条件出现的。

（2）经企业同意的。

（3）在试用期间的。

（4）企业以暴力、威胁或者非法限制人身自由的手段强迫劳动的。

（5）企业未按照劳动合同约定支付劳动报酬或者提供劳动条件的。

（6）提前 30 日书面通知企业解除劳动合同的。

（二）不得解除劳动合同的条件

（1）从事接触职业病危害工作的劳动者未进行离岗前职业健康检查，或者疑似职业病病人在诊断或者医学观察期的。

（2）患职业病或因工负伤并被确认丧失或部分丧失劳动能力的人。

（3）患病或者负伤，在规定的医疗期间内的。

（4）女员工在孕期、产期、哺乳期内的。

（5）在本单位连续工作满十五年，且距法定退休年龄不足五年的。

（6）法律、行政法规规定的其他情形。

需要指出的是，“不得解除合同”的条款对用人单位因劳动者主观原因而解除劳动合同是没有约束力的。劳动合同的解除不是剥夺劳动者的劳动权利，劳动者仍然可以和社会上的任何一个单位重新建立劳动关系，国家和社会也有责任创造条件帮助劳动者再次实现其劳动权利。为了使劳动者在暂时中断劳动过程的一定时间内能够维持生活，《劳动法》第 28 条规定：“用人单位依据本法第 24 条、第 26 条、第 27 条的规定解除劳动合同的，应当依照国家有关规定给予经济补偿。”国家现行规定是用人单位在解除劳动合同时，按照劳动者在本单位的工作年限，每满一年发给相当于本人 1 个月标准工资的生活补助费，但最多不超过 12 个月的本人标准工资；对患病或非因公负伤的劳动者，用人单位还应当发给相当于本人 3 个月到 6 个月标准工资的医疗补助费；有些劳动者在解除劳动合同后，需返回原录用地点或原居住地的，用人单位应支付路费。

五、劳动合同的终止

劳动合同的终止，是指劳动合同的法律效力依法被消灭，亦即劳动合同所确立的劳动关系由于一定法律事实的出现而终结，劳动者与用人单位之间原有的权利和义务不复存在。引起劳动合同终止的事由，主要有下述几种：

（1）合同期限届满。定期劳动合同在其有效期限届满时，除依法续订合同和其他依法可延期的情况外，即行终止。

（2）约定终止条件成立。劳动合同或集体合同约定的合同终止条件实际成立，劳动合同即行终止。

（3）合同目的实现。以完成一定工作（工程）为期的劳动合同在其约定工作（工程）完成之时，其他劳动合同在其约定的条款全面履行完毕之时，因合同目的已实现而当然终止。

（4）当事人死亡。劳动者死亡，其劳动合同即终止。作为用人主体的业主死亡，劳动合同可以终止；如死者的继承人依法继续从事死者生前的营业，劳动合同一般可继续存在。

（5）劳动者退休。劳动者因达到退休年龄或完全丧失劳动能力而办理退休手续，其劳动合同即告终止。

（6）用人单位消灭。用人单位依法被宣告破产、解散、关闭或撤销，其劳动合同随之终止。

（7）合同解除。劳动合同因依法解除而终止。

六、劳动合同的鉴证

劳动合同鉴证，是劳动行政部门对用人单位与劳动者之间订立的劳动合同，就其合法性、真实性、可行性进行审查和鉴定，并给予证明的一种法律服务手段。实践证明，在劳动关系当事人的劳动合同意识淡薄的情况下，劳动行政部门运用鉴证的法律服务手段，在发现和制止无效劳动合同，提高履约率，减少和避免劳动争议的发生，促进劳动合同的管理以及劳动合同制度的推行方面，发挥了积极作用。

（一）劳动合同鉴证的范围

劳动合同鉴证的范围主要包括各类企业、事业、国家机关和社会团体等用人单位与招用的职工、临时工、季节工、农民轮换工之间签订的劳动合同，个体工商户经营者与其帮工、学徒之间签订的劳动合同，以及明确劳动关系状况的协议（如停薪留职协议、借用劳动合同等）。

（二）劳动合同鉴证的内容

对劳动合同进行鉴证，主要审查如下几项内容：

（1）审查订立劳动合同的主体资格，即签订劳动合同的当事人双方是否具有劳动权利能力和劳动行为能力。劳动者的劳动权利能力和劳动行为能力是指凡年满 16 周岁的公民，能以自己的行为来行使自己的劳动权利和承担劳动义务，其劳动权利和劳动行为是统一的，只能由劳动者本人依法行使；用人单位的劳动权利能力和劳动行为能力是指用人单位必须依法成立，有必要的资产和经费，有自己的名称、组织机构和场所，而且能够独立承担民事责任，依法招收工人或者进行其他民事活动。

（2）审查劳动关系的真实性，即劳动合同当事人的意思表示是否真实，是否本着平等自愿的原则，经过协商达成一致意见，一方强迫另一方签订不公平的条款是无效的，鉴证部门有权要求当事人重新修订。

（3）审查劳动合同形式、内容的合法性，即劳动合同的表示方式和合同条款的内容是否符合国家劳动法律、法规和劳动政策。

（4）审查劳动合同文字的准确性。劳动合同的文字表述应避免使用含糊不清、模棱两可或不明确、不具体的词语。中外文劳动合同文本应当一致。

（三）劳动合同鉴证的程序

劳动合同鉴证程序，是指鉴证部门对劳动合同进行审查的次序和方法。按照规定，鉴证劳动合同一般有鉴证申请受理、审查证明、登记归档、收取费用等程序。

在申请受理程序中，当事人应当提交签订的劳动合同文本、劳动者身份证明、用人单位的营业执照和招工登记表以及鉴证部门认为需要的其他材料。经审查合格，鉴证部门应当签署意见，对劳动合同的真实性、合法性和可行性予以证明。对于违反有关法律、法规的劳动合同，应督促当事人予以纠正。鉴证完毕，鉴证部门还应按规定收取一定的费用。

（四）劳动合同鉴证的效力

（1）具有证明的效力。一是证明双方当事人之间的劳动关系是合法的、真实的；二是在劳动争议处理活动中，可以作为一种特定的书证，一般不需要再对劳动合同进行法律上的审查，即可作为处理劳动争议的依据。

（2）赋予法律保护的效力。劳动合同经鉴证后，其真实性和合法性取得了法律效力的确认，必然会增强劳动合同的严肃性和权威性，增强当事人双方履行劳动合同的责任感。劳动合同鉴证，还对预防和减少劳动争议，促进劳动关系良好运行，保障双方当事人的合法权益具有一定的效力和作用。

七、无效劳动合同

《劳动法》第18条规定，下列劳动合同无效：

（一）违反法律、法规的劳动合同

（1）合同主体不合法，例如签订合同一方为未满16周岁的未成年人。

（2）合同内容不合法，如有要求员工交纳保证金、风险金、抵押金的条款，或要求员工每周工作6天，每天工作10小时或要求员工从事国家不允许的活动。

（二）采取欺诈、威胁等手段订立的劳动合同

（1）合同当事人一方故意捏造、歪曲或隐瞒事实，使对方在误解或没有完全了解事实的情况下违背自己的真实意志而签订的劳动合同，如应聘人员出示伪造的学历证书，或用工单位将私营企业的性质说成是全民所有制企业等。

（2）合同当事人一方以给对方造成人身伤害或财产损失进行逼迫，致使对方屈服其压力，签订违背自己真实意志的合同，如不续签合同就不归还保证金或要求赔偿损失等。

无效合同从订立时起，就没有法律效力。但是，《劳动法》同时规定，如果合同属于部分条款无效，那么其余部分仍然有效。另外，劳动合同的无效，应由劳动争议仲裁委员会或者人民法院确认。

八、集体谈判与集体合同

（一）集体谈判

1. 集体谈判的含义

对于集体谈判，国内外有许多不同的表述，目前还没有形成一个普遍认同的看法。根据国外市场经济国家的普遍做法及1998年国际劳工组织颁发的《关于促进集体谈判的公约》（第154号）来看，集体谈判是指劳资双方举行的有关劳动条件及其他有关劳动问题的谈判过程或方式。谈判的劳方代表多为工会或工人代表，而资方代表可能是单个雇主或雇主组织。谈判的结果是签订集体合同或集体协议。

集体谈判是一种较为缓和、非直接对抗型的方式，能够有效地缓解劳资之间的矛盾，减少劳动争议，在一定程度上能有效地维护社会和经济秩序的稳定。因此，政府也从最初对集体谈判乃至集体协议采取不承认态度，转变为以立法形式给予确认，并给予保护。集体谈判是市场经济国家广泛采用的一种由劳资双方协商确定和自行调整劳资关系的主要手段，也是劳资关系调整机制的基础环节。

2. 集体谈判的形式

从进行集体谈判的层次和级别来看，集体谈判有三种形式：企业级集体谈判、行业或产业级集体谈判、国家级集体谈判。其中前两种实行最普遍。

（1）企业级集体谈判限于个别企业内部，就企业中的有关问题进行谈判，谈判的成果即集体合同适用于企业内的工会会员和一般员工，这是最基层的集体谈判。

（2）行业或产业级集体谈判是在若干个行业内进行，这些行业或产业工会与雇主组织每年定期进行一次集体谈判，其谈判成果适用于本行业或产业工会会员。

（3）在国家这个级别上，仅由劳资双方进行的谈判比较少，对劳资关系方面的许多问题政府一般都要介入。国家级集体谈判以劳工、雇主、政府三方协商的形式解决有关问题，这种协商的成果往往会形成有关法律、法规，它适用于国内所有企业和所有劳工。

3. 集体谈判的内容

集体谈判的内容相当广泛，几乎涉及了劳动关系领域的所有重大问题。但总的来说，我们可以将集体谈判的内容分为三个方面：实质性条款、程序性条款和工作安排条款。

（1）实质性条款。实质性条款包括如工资、工时、休假等各种就业条款，这些条款可转化为货币条款，当然在这些条款中也可能包括工作安排条款。在实质性条款中，最重要的是工资支付水平，包括加班工资水平、最低收入水平、停工期间的工资保障、特殊条件下的工资水平等。另外，缩短工作时间、提高员工福利等问题也是集体谈判的焦点。实质性条款有时是在企业或行业这一级别上通过劳资双方的谈判达成的，而有时则有政府介入，通过颁布法律对这些条款规定最低限度。

（2）程序性条款。如果说实质性条款涉及的是经济问题，那么，程序性条款涉及的则是管理权力和决策权力等问题。员工通过这类条款可参与争议处理、员工处分、裁员、工作评价等工作，其分享到的是管理者或雇主的权力。因而，在集体谈判中，这类条款比实质性条款更重要。目前，在劳资双方建立的各种程序性条款中，最为重要的是“维持现状”条款。这种条款要求管理者或雇主对工作岗位的安排、就业条件等不作任何变动，除非经过工会的同意或经过了争议的处理程序。虽然这种条款限制了管理者随机应变的自由，对他们来说是一种威胁，但却保护了员工的利益。

（3）工作安排条款。工作安排条款是随着企业级的集体谈判而发展起来的。在谈判中，一旦确定了未来的工资和生产效益增长目标之后，双方要确定由此而造成的员工工作变化。在很多集体协议中，普遍存在着内部工作灵活制、工作时间灵活制、使用合同工制等条款，这些条款使企业用工更为灵活。但是，也有不少专家认为，这些工作安排条款本身就妨碍了企业根据实际需要灵活使用劳动力。例如，这类条款规定了员工的工作范围，员工可以依据这类条款来拒绝管理者为其安排非本职工作之外的工作。

（二）集体合同

1. 企业集体合同的含义

集体合同，又称团体协议、集体协议等，它是工会（或职工代表）代表全体职工与企业、雇主和雇主组织之间就劳动报酬、工作条件等问题，经协商谈判订立的书面协议。我国集体协商签订集体合同始于20世纪80年代。利用集体合同来确定劳动关系首先在非国有企业进行，特别是外商投资企业。

企业集体合同和集体谈判是同一事件的两个阶段，没有集体合同的签订，企业集体谈判就是不成功的。要正确理解企业集体合同的含义，需要明确其与劳动合同的区别，这些区别主要表现在：

（1）签订合同的当事人不同。企业劳动合同签订的当事人是劳动者本人和企业管理者或雇主，而企业集体合同签订的当事人是劳动者集体（一般是工会）和企业管理者或雇主（个人或团体）。

（2）合同的具体内容有差别。企业劳动合同一般要把劳动者个人与管理者或雇主之间劳动关系的各个方面都包括进来，集体合同的具体内容则涉及劳动者集体劳动关系中的共同权利和义务，可以将劳动关系中的各方面内容都包括进来，也可以只包括其中某一方面的内容。

（3）签订合同的目的不同。签订企业劳动合同的目的只是在于确立劳动者与管理者或雇主之间的劳动关系，而企业集体合同则是要通过对劳动关系的具体内容设置标准来规范企业劳动关系。

（4）合同的法律效力不同。企业劳动合同只对劳动者个人和企业管理者或雇主具有法律效力，而集体合同对工会所代表的劳动者集体和企业管理者或雇主团体及其所管理或拥有的企业都具有法律效力。

2. 集体合同的特征

集体合同作为一种合同形式，具有一般合同的共同特征：当事人订立集体合同的地位是平等的；集体合同双方当事人各自享有协议规定的权利，履行协议规定的义务；集体合同依法订立、变更、终止等。此外作为一种特定的契约形式，集体合同还具有自己的一些特征：

（1）集体合同的当事人是特定的。当事人一方必须是企业工会组织或职工推举的代表，除此以外的单个劳动者或其他劳动组织均不能成为集体合同的当事人；另一方是与该工会组织有密切联系的用人单位，可以是企业、雇主或雇主组织等劳动力使用方，既可以是企业法人，也可以是他们的团体。这一特征是我国《劳动法》调整集体合同区别于民法、经济法调整民事合同、经济合同和个人劳动合同的重要特点之一，也把工会组织与其他社会组织之间、工会组织内部之间所订立的其他合同关系区别开来。

（2）集体合同是一种集体性质的劳动协议。从本质上讲，集体合同仍是一种劳动关系，所反映的是以劳动条件为主要内容的劳动关系，是规定劳动关系当事人整体性权利和义务的一种协议。

（3）集体合同双方当事人的义务具有不对等性。这是由订立集体合同的目的和当事人双方的性质决定的。对企业来说，集体合同规定的义务都具有法律性质，不履行或不完全履行义务，当事人要承担法律责任。而对工会来说，集体合同规定的义务不具有法律的性质，属于道义和社会性质，履行义务的保证是职工的觉悟和舆论力量，不履行义务或不完全履行义务，当事人不承担法律责任，只承担道义责任。这是集体合同与民事契约、经济契约、劳动合同所不同的一个重要特征。

（4）集体合同的内容受国家宏观调控计划的制约。对于其他契约关系来说，只受国家法律、法规和政策的约束，而集体合同还要受国家宏观调控计划的制约。这是因为我国社会主义市场经济是国家宏观调控下的市场经济，劳动关系的许多内容要在国家宏观调控下，按照市场机制运行，这决定了集体合同的内容不仅不能同国家劳动法律、法规相违背，而且必须和国家对劳动工作的宏观调控计划相吻合，受国家宏观调控职能的干预。

3. 集体合同的内容

集体合同的内容，是指在集体合同中需要明确规定的双方当事人的权利、义务条款及必须明确的其他问题。集体合同的内容是集体合同的实质，也是集体合同成立和发生法律效力的核心问题。集体合同的内容一般包括三部分：

（1）劳动关系标准条件规范部分。这是集体合同的核心内容，它制约着个人劳动合同。按照《劳动法》的规定主要包括以下几个方面：①劳动报酬，包括工资水平、工资分配方式和支付办法等；②工作时间和休息休假，包括每天工作时数和每周工作天数，年休假及其他休息休假等；③劳动安全卫生，包括劳动条件、安全设施、防护用品、职工健康检查等；④保险和福利，包括养老、工伤、医疗、死亡等待遇，以及职工住房、生活供应、保健和文化体育设施等；⑤职业培训，包括安全知识培训、岗位业务培训等。

（2）过渡性规定。主要包括因集体合同履行发生纠纷的解决措施，优先雇用被解雇职工等。

（3）集体合同本身的一般性规定。包括集体合同的有效期限、变更、解除的条件等。

4. 集体合同的订立、履行、变更和终止

（1）集体合同的签订。我国《劳动法》第 33 条规定：“集体合同草案应当提交职工代表大会或全体职工讨论通过。集体合同由工会代表职工与企业签订；没有建立工会的企业，由职工推举的代表与企业签订。”第34条规定：“集体合同签订后应当报送劳动行政部门；劳动行政部门自收到集体合同的文本之日起15日内未提出异议的，集体合同即行生效。”

（2）企业集体合同的履行。企业集体合同的履行既包括劳动者和工会组织对集体合同的履行，又包括管理者或雇主对集体合同的履行，对这一问题，各国法律中一般都有明确的规定，而且尤其强调管理者或雇主对合同的履行问题。

集体合同的履行可分为按份履行和连带履行。按份履行是指合同当事人和关系人只履行按份由自己承担的义务，而不履行合同规定的全部义务；连带履行则是指合同一方当事人和关系人履行本方承担的合同义务的全部。在实践中，连带履行必须以法律规定为依据，否则只能按份履行；在同一方当事人和关系人中，连带履行者有权向未履行者要求按份给予补偿。

（3）企业集体合同的变更。一般来说，合同当事人和关系人只能按照合同的规定全面履行合同的内容和条款，不得提出变更合同的要求，除非原订立合同所依据的主观和客观条件发生了变化。这些变化主要包括：

①企业破产、停产或转产，导致企业集体合同无法履行；

②国家的有关政策法规发生变化，使得合同原规定的有关标准低于现行法规的要求；

③由于不可抗力如水灾、火灾、地震等，致使集体合同的部分或全部条款无法履行；

④合同当事人和关系人的某些主观条件发生变化，致使集体合同的部分或全部条款无法履行。

企业集体合同的变更一般要按照法定程序进行。首先，一方当事人就变更合同向另一方提出请求，另一方应给予答复，并在规定的期限内由双方进行协商；其次，经双方协商一致后，对合同有关条款和内容进行修改和补充；最后，合同变更后，在规定的时间内上报主管部门审查。

（4）企业集体合同的终止。企业集体合同的终止主要有以下几种情况：

①因期满而终止。一般来说，企业集体合同在期满后即自行终止，也可依法延期。

②因合同目的的实现而终止。双方当事人在完全履行合同规定的内容和条款后，合同目的已经实现，这时，合同也应当终止。

③因合同依法解除而终止。这里的依法解除主要包括协商解除、有条件或无条件单方解除和裁决或判决解除。

需要指出的是，无论上述哪种情况的集体合同的终止，一般都要在规定的时间内，到法定登记机关办理登记手续，以加强对企业集体合同解除的监督和管理，防止不法行为的出现。

5. 集体劳动合同的效力

集体合同的效力是指集体合同发生作用的范围，包括对人的效力、时间效力和对劳动合同的效力。

（1）集体合同对人的效力。集体合同签订后，对签字双方及所代表的人员都有约束力。除协议中另行规定外，集体合同的全部内容适用于企业全部职工。在一个企业内部，只要工会与企业签订了集体合同，工会就代表了全体职工，而不只代表工会会员，这就是说，集体合同的效力对于工会会员、非工会会员都适用。集体合同生效以后，被企业录用的职工，也要受集体合同的约束。对企业来说，也不因企业法人代表的变动而影响集体合同的效力。

（2）集体合同的时间效力。集体合同的时间效力由双方当事人协商确定，集体合同的期限都是固定的，可以是一年，也可以稍长一点。集体合同期限届满后，一般都可以续订。

（3）集体合同对劳动合同的效力。对于签订集体合同的企业来说，集体合同对本企业全部劳动合同都具有约束力。集体合同的内容劳动合同未涉及的，对劳动者和企业都适用，都应按照集体合同的规定执行，劳动合同内容的标准不能低于集体合同规定的标准，否则，应确认为无效。集体合同规定的标准依法变更后，劳动合同的标准也应随之变更。

第 3 节　旅游企业劳动争议

一、劳动争议

（一）劳动争议的含义

劳动争议，又称劳动纠纷，或称劳资争议和劳资纠纷，是指劳动关系双方主体及其代表之间在实现劳动权利和履行劳动义务等方面产生的争议或纠纷。劳动争议就其本质上来说主要是双方主体围绕经济利益产生的权利和义务上的矛盾和争议。

（二）劳动争议的特点

劳动争议是发生在单位内部的劳动者和管理者之间的利益矛盾、利益争端或纠纷。具有以下几方面的特点：

1. 有特定的争议当事人

争议的当事人只能是劳动关系双方主体，即一方是单位管理者及其代表，另一方是单位劳动者及其代表。即只有劳动者及其代表与单位管理者及其代表之间通过集体合同或劳动合同建立了劳动关系，他们才可能成为劳动争议的双方当事人。只有发生在劳动关系双方主体之间的争议，才是企业劳动争议。若争议不是发生在劳动关系双方主体之间，即使争议是围绕单位劳动问题展开的，也不属于劳动争议。

2. 有特定的争议内容

劳动争议的内容是劳动关系双方当事人围绕经济利益而发生的劳动权利和劳动义务的矛盾和争议。显然，只有围绕经济利益而发生的劳动权利和劳动义务的争议，才是劳动争议。

3. 有特定的争议手段

争议手段是双方当事人坚持自己主张和要求的外在表达方式。劳动争议往往采取怠工、罢工、示威或集体上访等表现形式，涉及面广，社会影响大。

二、劳动争议产生的原因

1. 劳动契约方面

从本质上来说，劳动争议是用人单位同劳动者之间不同的利益矛盾所产生的。经营者为了获得利润最大化，主观上是希望降低一切成本，包括员工的工资待遇以及对劳动安全、劳动保护的投资，而经济利益是劳动者所必须争取的。两者的矛盾冲突是必然存在的。旅游企业中的劳动关系一般是以契约的形式订立的，因而旅游企业中的许多劳动争议问题都起源于对劳动合同相关问题的争议。

劳动关系双方没有订立契约合同，遇到问题时各自从自己的利益出发，引起纠纷；有的虽有合同，但合同订立得过于笼统，不能具体界定双方的责、权、利；有的则是契约、法规不合理或已不适应新形势，使一方甚至双方不能接受；还有的是对契约的理解有差异，引起争执。

2. 企业制度方面

主要表现为员工对企业制度运行产生不满，如劳动者对工作条件、对工作待遇相互比较产生的不公平感等而引发的争议。劳动争议也同企业的组织文化密切相关，如果企业文化中注重的是一些局部利益、短期利益，强调个人甚于团体，可以预见，这样的企业中，劳资之间将充满不信任感，猜疑的空气弥漫于整个组织，在这种情况下，更容易产生一些利益要求的矛盾。

3. 管理人员方面

主要体现在管理人员素质差，工作方法简单粗暴，缺乏法律意识，官僚主义、以权谋私的色彩浓厚。同上级个人之间关系的不和谐等都会引起劳动争议。

4. 员工方面

主要是员工不了解、不理解、不承认劳动法规和劳动契约，从而引起争议。

5. 政府管理部门方面

主要体现在制定的相关法规相互矛盾，多头管理带来的不同部门的权限矛盾，以及有关部门执行政策有偏差。

三、旅游企业常见的劳动争议

1. 录用争议

这类争议数量大，但内容单一。多数就业者认为旅游企业的行政管理人员在招工中营私舞弊，使自己受到不公正待遇，招收了一些不符合条件的人，这些人大多认为自己符合条件而未被录用。在市场经济条件下，用人单位和劳动者有了互择权，那些工作条件好、报酬水平高的旅游企业单位招工时竞争激烈，容易发生这些争执。

2. 劳动合同争议

这类争议数量有增加的趋势，在已有争议中，又以解除劳动合同的争议占较大比重。按照《劳动法》规定，劳动合同一方当事人解除劳动合同必须符合法定条件并且事先通知对方。解除劳动合同争议的内容主要是涉及解除劳动合同的条件是否合法且是否提前通知的问题。争议的当事人往往认为对方解除合同不符合法定条件或未能提前通知对方而提出上诉、要求赔偿所造成的损失。

3. 调离争议

这是发生在劳动者调离工作单位时的争议。争议主要有三种类别：

（1）招聘条件不兑现争议。在旅游企业急需有关方面人才时，有的企业许诺各种优惠条件，如果条件不兑现，则容易引发因招聘条件不落实而引起的争议。

（2）强留人员争议。多发生在旅游企业与技术骨干之间，企业因其是业务骨干，掌握着企业经营中的一些关键技术或经营秘密，他们的调离对旅游企业是一种损失，因而不准许其调离，并提出退房、赔偿培训费等要求，或扣压档案等办法“强留”。一方要求调走，一方强留不放，当然会引发争议。

（3）不辞而别引起的争议。有的员工或在本单位工作不顺心，或因找到更好的工作后而不辞而别，甚至带走了商业机密，也会引起争议。

4. 劳动报酬争议

劳动报酬主要有工资、奖金、津贴三种形式，其中以工资所占比重最大，因而相对其他两种形式，工资争议的数量也较多，工资争议有工资偏低争议、工资升级争议、工资拖欠争议等三种情况。

5. 劳动保护争议

该类劳动争议近年数量逐渐增加，主要内容包括：

（1）工作条例的争议，多发生在生产条件差的岗位，员工往往在改善工作条件、发放劳保用品及有害作业津贴等方面与管理人员有不同意见。这类争议常附带有改善生产条件的建议并常导致怠工。

（2）女工保护争议。如要求在月经期间、怀孕期、生育期、哺乳期、更年期获得特殊照顾，提供必要的卫生设备等。

（3）职业病认定争议。表现在员工将自己所患疾病与职业病联系起来，要求企业按法律规定给予照顾，而旅游企业认为不符合有关规定而引起争议。劳动保护争议因涉及一部分劳动者的共同利益，所以极易以集体劳动争议的形式出现。由于旅游企业的经营特性，这方面的争议还不多见。

6. 劳动保险争议

劳动保险争议在我国劳动争议中占最大的比重，具有数量多、内容复杂的特点。旅游企业劳动保险争议主要内容有：

（1）工龄争议。工龄不但是许多旅游企业员工工资升级、享受休假等待遇的评定依据，而且也是员工享受何种劳动保险待遇的依据。工龄争议主要集中在不同企业之间的工龄如何连续计算上。

（2）退休、离休争议。多发生于年老体弱的员工与国有旅游企业之间，内容多为退职要求改办退休离休，提高退休离休待遇等。

（3）因工与非因工认定争议。多发生于患病、负伤、致残的员工和死亡者家属与旅游企业之间。根据国家有关规定，在因工和非因工患病、负伤、致残、死亡之间的待遇上存在较大的差别。由于存在这些待遇上的差别，员工与其家属在病、伤、残、死时总是希望能够按因工认定处理。但因工认定常会使旅游企业负担过重或导致其他问题，企业有时拒绝劳动者或其家属的要求，以致造成争议。这种争议矛盾激烈，持续时间长，处理难度大。

7. 处罚争议

处罚争议常发生在旅游企业采用惩罚手段整顿劳动纪律的时候。近年来这类争议数量有增无减。其内容包括：

（1）处罚过重争议。劳动者认为自己所受处罚过重，要求减轻。

（2）不应处罚争议。劳动者根本不承认自己犯有错误，认为给予的处罚没有道理，应该马上撤销。

（3）处理不公争议。多发生在数名员工与同一错误事实有关，但受到不同处理时。

（4）打击报复争议。劳动者认为企业对自己的处罚是出于某些领导人的打击报复的目的，要求撤销处罚，恢复名誉。

8. 绩效考核争议

员工认为考核的方法、程序不当，认为对自己的绩效评估结果不公平，而引起争议。

9. 辞退争议

该类争议发生在旅游企业辞退员工之时，劳动者认为自己没有过错以致遭到企业辞退引起争议，或劳动者认为企业辞退自己是违反了劳动法规而引起争议等。这类争议近年在小型旅游企业中增加较快。

四、劳动争议的解决

（一）减少劳动争议的措施

1. 劳动关系的法制化

劳动关系的法制化，也就是劳动关系的准则及其运行以法制为基础，劳动关系当事人的责、权、利受到法律的保障和约束。劳动争议的产生，一个很重要的原因是企业各方面往往过于强调自身利益而相互对立。如果通过立法，在调查研究的基础上界定各方的利益，就能避免许多完全凭单方面意志而引起的矛盾。出现劳动争议时，也应在法律的基础上进行调整。

2. 实现劳动关系的契约化

劳动关系实质上是一种契约关系，但这种观念长期被人们所忽视，使劳动关系演变成为一种僵死的行政关系。完善劳动关系的契约化重点是在个人劳动合同的基础上，提倡和推广集体协议制度。

3. 发挥工会和企业党组织的作用

有的旅游企业不欢迎工会，认为工会只能给企业添麻烦、增负担，他们只看到工会对管理人员制约的一面，没有看到工会对管理工作支持的一面。美国学者苏勒认为“成立工会对雇主、员工都很重要。对雇主来说，工会对雇主管理人力资源的能力有很大影响；对员工来说，工会能帮助他们从雇主那里获得必要的东西”。工会组织可以代表员工与旅游企业协调劳动关系，兼顾员工与企业的利益，避免矛盾激化。

4. 培训主管人员

劳动关系紧张或劳动争议，多是由于不合理的报酬、不正当的处罚和解职、侵犯隐私或自尊、不公正的评价和提升、不安全的工作环境等造成的。旅游企业应加强对管理人员的培训，使其掌握处理劳动争议的技巧，加强其处理劳动争议的能力。

5. 提高员工工作及生活质量

提高员工工作及生活质量，是从根本上改善劳动关系的途径。提高工作及生活质量的主要内容归纳为：吸收员工参与管理；搞好职务设计，使员工从事更有意义的工作；安排员工周期性的培训—工作—休息；帮助员工满足个人的一些特殊要求等。

6. 鼓励员工参与民主管理

员工参与民主管理可以使员工参与旅游企业的重大决策，尤其是涉及广大员工切身利益的决定，这样可以更好地使旅游企业经营管理者在做出重大决策时充分考虑员工的利益。

（二）劳动争议处理的原则

我国《劳动法》规定，解决劳动争议应贯彻合法、公正、及时处理的原则。

1. 合法原则

就是在处理劳动争议过程中，处理机构必须坚持以事实为依据、以法律为准绳，在查清事实、明辨是非的基础上，依据劳动法律、法规和政策做出处理。处理的结果不得违反国家现行法律、法规和政策规定，不得损害国家利益、社会公共利益或他人的合法权益。

2. 公正原则

是指劳动争议处理机构在处理劳动争议时，要秉公执法，不能偏袒任何一方，要依据客观实际和相关的法律、法规做出判断和裁决。劳动争议双方当事人的法律地位是平等的，平等地享有权利和履行义务。任何一方都不能把自己的意志强加于另一方。

3. 及时处理原则

处理劳动争议还应遵循及时处理原则，不能久拖不决。劳动争议发生后，往往直接影响一方当事人的合法权益，如不及时迅速地予以处理，将会影响职工的生活，影响生产劳动的正常进行，甚至影响社会安定。因此，一旦发生劳动争议，当事人应及时进行协商，协商不成的应及时向劳动争议处理机构申请处理。劳动争议处理机构也应抓紧审查和做出处理决定，保证按时结案，另外还应及时落实处理结果。

（三）劳动争议的处理途径

在我国，劳动争议的解决方式有三种：调解、仲裁、诉讼。劳动争议发生后，当事人可以向本单位劳动争议调解委员会申请调解。调解不成，当事人一方要求仲裁的，可以向劳动争议仲裁委员会申请仲裁，也可以直接向劳动争议仲裁委员会申请仲裁。对仲裁裁决不服的，可以向人民法院提起诉讼。

1. 劳动争议的调解

调解是指在查明事实、分清是非、明确责任的基础上，依照国家劳动法的规定以及劳动合同约定的权利和义务，推动用人单位和劳动者之间相互谅解，解决争议的方式。企业调解委员会是解决劳动争议的第一道防线。

劳动争议调解委员会可以设在用人单位内部，也可以由各地方的工会负责组织；劳动争议调解委员会应当由职工代表、用人单位代表和工会代表组成。劳动争议调解委员会主任由工会代表担任。

劳动争议的调解应当遵循当事人双方自愿的原则。需注意的是，调解委员会只能起调解作用，它本身并无决定权，不能强迫双方接受自己的意见，也无权做出对双方具有法律约束力的文件。但是如果双方经调解达成了调解协议的，调解委员会应当制作调解协议书，对于协议书，双方当事人应当自觉履行。

2. 劳动争议的仲裁

仲裁是根据法律规定或者当事人之间的协议，由一定的机构以第三者身份，对双方发生的争议在事实上做出判断，在权利义务上做出裁决。我国劳动争议的仲裁是指劳动争议仲裁委员以第三者身份为解决劳动争议而做出裁决的劳动执法活动，因此兼有行政和司法的双重性质。劳动争议仲裁委员会不会主动介入劳动争议，发生劳动争议的主体可以向其提出仲裁申请，仲裁委员会在受理案件后，经过开庭审理，在确定事实后，应先进行调解，如调解不成或双方不愿进行调解，可以做出仲裁裁决，该裁决具有强制性。如当事人双方未在法定期限内向法院起诉，则裁决生效，当事人必须履行，如一方不履行仲裁裁决，另一方可以请求强制执行。

3. *劳动争议司法*

虽然仲裁委员会可以对劳动争议做出有法律效力的裁决，但是依照我国的法律，只有法院才享有对劳动争议的最后决定权。仲裁委员会依法裁决后，如果当事人一方或双方不服，在法定期限内有权向法院起诉。当事人起诉后，原裁决即无约束力，人民法院有权对该劳动争议独立审判，并做出判决。在诉讼阶段，如当事人不服一审法院的判决，还可以提出上诉，由二审法院做出最终裁决。

第 4 节　旅游企业员工的权益

一、旅游企业员工权益的内容

《中华人民共和国劳动法》规定了劳动者在劳动关系中的各项权利，主要有以下几个方面：

（一）平等就业权利

平等就业权利是指具有劳动能力的公民有获得职业的权利。劳动是人们生活的第一个基本条件，是创造物质财富和精神财富的源泉。劳动就业权是有劳动能力的公民获得参加社会劳动和切实保证按劳取酬的权利。公民的劳动就业权是公民享有其他各项权利的基础。如果公民的劳动就业权不能实现，其他一切权利也就失去了基础。

（二）选择职业权利

选择职业权利是指劳动者根据自己的意愿选择适合自己才能、爱好的职业。劳动者拥有自由选择职业的权利，有利于劳动者充分发挥自己的特长，促进社会生产力的发展。劳动者在劳动力市场上作为就业的主体，具有支配自身劳动力的权利，可根据自身的素质、能力、志趣和爱好以及市场信息，选择用人单位和工作岗位。选择职业的权利是劳动者劳动权利的体现，是社会进步的一个标志。

（三）取得劳动报酬权利

随着劳动制度的改革，劳动报酬成为劳动者与用人单位所签订的劳动合同的必备条款。劳动者付出劳动，依照合同及国家有关法律取得报酬，是劳动者的权利。而及时定额地向劳动者支付工资，则是用人单位的义务。获取劳动报酬是劳动者持续地行使劳动权不可少的物质保证。旅游企业如无法履行应尽的义务，员工有权依法要求有关部门追究其责任。

（四）获得劳动安全卫生权利

保证劳动者在劳动中的生命安全和身体健康，是对享受劳动权利的主体切身利益最直接的保护。这里面包括防止工伤事故和职业病。我国《劳动法》规定，用人单位必须建立健全劳动安全卫生制度，严格执行国家安全卫生规程和标准，为劳动者提供符合国家规定的劳动安全卫生条件和必要的劳动防护用品，对从事特种作业的人员要进行专门培训，防止劳动过程中的事故，尽量减少职业病危害。如果旅游企业劳动保护工作欠缺，其后果不仅使某些权益丧失，而且使员工健康和生命直接受到伤害。

（五）休息权利

我国宪法规定，劳动者有休息的权利，国家建立劳动者休息和休养的设施，规定职工的工作时间和休假制度。我国《劳动法》规定的休息时间包括工作间歇、两个工作日之间的休息时间、公休日、法定节假日以及年休假、探亲假、婚丧假、生育假、病假、事假等。休息休假的法律规定既是实现劳动者休息权的重要保障，也是对劳动者进行劳动保护的一个方面。用人单位必须切实保证劳动者的休息权，不得任意延长劳动时间。

根据中华人民共和国国务院令第 514 号《职工带薪年休假条例》，机关、团体、企业、事业单位、民办非企业单位、有雇工的个体工商户等单位的职工连续工作 1 年以上的，享受带薪年休假，职工在年休假期间享受与正常工作期间相同的工资收入。职工累计工作已满 1 年不满 10 年的，年休假 5 天；已满 10 年不满 20 年的，年休假 10 天；已满 20 年的，年休假 15 天。

（六）享有社会保险和福利的权利

疾病和年老是每一个劳动者都不可避免的。社会保险是劳动力再生产的一种客观需要，对于促进经济发展，实现社会分配公平及维护社会安定有重要作用。我国《劳动法》规定：“国家发展社会保险事业，建立社会保险制度，设立社会保险基金，使劳动者在年老、患病、工伤、失业、生育等情况下获得帮助和补偿。”目前我国主要设立了五种社会保险，即养老保险、医疗保险、工伤保险、失业保险和生育保险。但目前我国的社会保险还存在一些问题，社会保险基金制度不健全，国家负担过重，社会保险的实施范围不广泛，发展不平衡，社会化程度低，影响劳动力合理流动。

（七）接受职业技能培训的权利

我国宪法规定，公民有受教育的权利和义务。所谓受教育既包括受普通教育，也包括受职业教育。公民要实现自己的劳动权，必须拥有一定的职业技能，而要获得这些职业技能，越来越依赖于专门的职业培训。从这个角度讲，劳动者的职业培训权利事实上是实现其劳动权的一个重要保证。实际上，随着科学技术的迅速发展和旅游劳动复杂化程度的日益提高，旅游企业加强对员工的职业培训不仅是员工权利的要求，而且也是旅游企业在竞争中生存、发展的需要。

（八）提请劳动仲裁的权利

劳动争议是指劳动关系当事人，因执行《劳动法》或履行集体合同和劳动合同的规定引起的争议。劳动关系当事人，作为劳动关系的主体，各自存在着不同的利益，双方不可避免地会产生分歧。旅游企业与员工发生劳动争议，员工可以依法申请调解、仲裁、提起诉讼。劳动争议调解委员会由用人单位、工会和职工代表组成。劳动仲裁委员会由劳动行政部门的代表、同级工会、用人单位代表组成。解决劳动争议应该贯彻合法、公正、及时处理的原则。

二、员工合法权益的维护

（一）利用法律维护员工合法权益

1. 签订劳动合同

劳动合同是解决劳资纠纷、保障劳动者合法权益的重要凭据。让旅游企业与员工签订集体合同是改善旅游业用工环境、提高旅游业对求职者吸引力的有力举措。

2. 加强对旅游企业的监管

对于尚未与员工签订劳动合同而又引发劳动争议的情况，有关部门处理时应本着存在着事实上的雇佣关系而视同已签合同一样处理，必要时要对未依法与员工签订合同的旅游企业给予一定的经济处罚，促使旅游企业积极主动地与员工签订劳动合同，更好地保障他们的合法权益。

（二）发挥工会的作用，维护员工的合法权益

工会在传统维权体系中是员工利益的维护者，它的职能非但不能削弱，反而要强化，使之承担起它的重要角色。

1. 工会的组织角色

作为分散个体的员工，若要在劳资博弈中摆脱弱势地位，与旅游企业平等对话，争得应有的权利，必须组织起来，以集体的力量参与博弈，改变工人参与博弈中“单指对拳头”的不对称关系，以维权为天职的工会是这一职责的天然承担者。工会不必像政府那样目标多元化，它在各方博弈中只以维护工人权益为最高目标。

2. 工会的谈判角色

在旅游企业社会责任落实中，必然产生成本增加的问题，企业往往不愿分担成本，作为职工利益代言人的工会，要代表职工通过集体谈判和集体合同，确定各方合理分担实施旅游企业社会责任和经营守则所产生的成本，而避免由员工一方单独承担这一成本，从而改善劳工权益。

3. 工会的监督角色

工会必须参与到内部和外部两种监督机制中来，旅游企业内部监督机制中有自己的人员，在社会中介等外部独立监督机制中有自己的合法席位。工会作为旅游社会责任和经营守则的监督者，必须对其内容有清楚的了解，出现违规情况敢于仗义执言、依法行事。

4. 工会的参与角色

在政府协调经济社会发展的宏观体系中，工会要起到谏言作用，敦促政府在实现经济目标时顾及劳工权益目标。特别是在某些地方政府或其个别官员出现单纯追求经济目标而漠视劳工权利的现象时，基层工会和地方工会要谏言献策，把工人利益依法摆到政府决策议程中去。

总之，在我国社会主义条件下，在旅游企业的劳动关系中，工会是从民主管理的角度保证员工权益得以实现的。

案例分析

今年23岁的小祁是一名导游。2003年，小祁被太原市一家私营性质的旅行社聘用。该旅行社虽然与她订立了劳动合同，但却在签订合同时，以方便管理或办理年审等理由扣压导游证。且在合同中约定，每月只发工资的90%，剩余的工资在合同期满时一并支付。

案例讨论题

你认为旅行社与小祁建立的劳动关系有何问题，小祁应该怎么办？

思考与练习

1. 现阶段旅游企业劳动关系有何特点？
2. 作为劳动者，签订劳动合同时应注意哪些问题？
3. 作为旅游企业的员工，你会如何保护自身的合法权益？
4. 旅游企业常见的劳动争议有哪些，你认为解决争议的最佳途径是什么？

第 9 章 员工职业发展管理

【学习目标】

通过本章的学习，理解员工职业计划和发展的含义，了解员工职业生涯发展的阶段；掌握旅游企业职业管理的制度；掌握人才个体资源和群体资源的开发管理原理。

【内容结构】

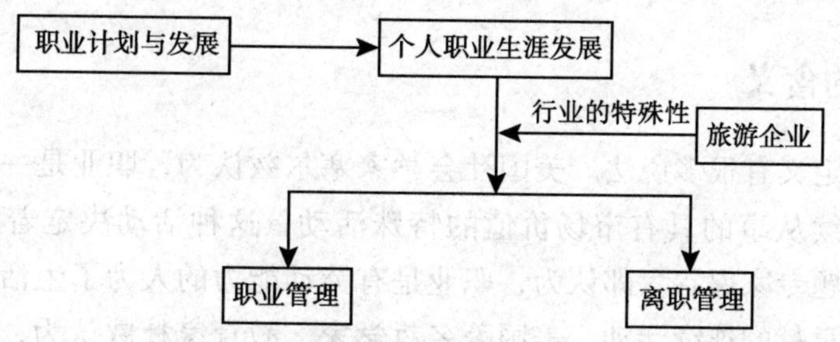

【重要概念】

职业　职业计划与发展　职业全局　职业管理　职业路径　离职

案例

如何设计A酒店的员工职业路径?

A温泉度假酒店位于北京南郊大兴，是一座以时尚、健康、休闲、高雅为理念的度假酒店。客房部的小张，在酒店开业之初入职，工作十余年，几年前才升为领班。作为一名领班，她组织能力很强，工作认真负责，与同事、上级相处融洽。员工对她的领导能力表示肯定，部门也有意向将其升为主管。随着近年来国家宏观经济形势的低迷，以及政府出台“八项规定、六项禁令”政策，酒店出租率持续走低，经营压力巨大。出于经济效益的考虑，酒店高层有意通过减少管理岗位人数和降低工资标准来削减成本。升职的机会没有了，消息一出，小张就辞职了。其他员工也感觉前途不明朗，离职愿望强烈。

在多数人看来，酒店就是吃青春饭的行业。在这样的社会观念下，酒店该如何进行职业生涯规划，创造职业发展空间，稳定员工队伍，避免优秀员工流失?

第1节　员工职业计划与发展

一、职业的含义

关于职业的定义有很多说法。美国社会学家塞尔兹认为，职业是一个人为了不断取得个人收入而连续从事的具有市场价值的特殊活动，这种活动决定着从业者的社会地位。日本劳动问题专家保谷六郎认为，职业是有劳动能力的人为了生活所得而发挥个人能力，向社会做贡献的连续活动。美国著名哲学家、教育家杜威认为，职业是人们从中可以得到利益的一种生产活动。

从语义学的角度看，“职”字包含的是职责、权力和工作的位置，“业”字包含的是事情、技术和工作本身。“职业”，则是指人们从事的相对稳定的、有收入的、专门类别的工作。职业是对人们的生活方式、经济状况、文化水平、行为模式、思想情操的综合性反映；也是一个人的权利、义务、权力、职责，从而是一个人社会地位的一般性表征。由此也可以说职业是人的社会角色的一个极为重要的方面。

二、职业的特点

（1）基础性。职业是个人、社会存在及发展的基础，因为职业给人们解决了生活的经济来源问题。人们为了生存，必须从事职业活动，人们的各种社会活动，也大多建立在职业的基础上。“衣食足而知荣辱”，有了职业生活，才有其他一切社会活动的基础。

（2）广泛性。职业涉及社会的大部分成员，也涉及政治、经济、心理、教育、技术、伦理等许多领域，因而具有广泛性。

（3）时代性。职业的时代性有两个含义：一是职业随着时代的变化而变化，一部分新职业产生，替代一些与社会不相适应的职业；二是每一个社会都有自己的“时尚”，它表现为该社会中人们所热衷的职业。

（4）同一性。某一类别的职业内部，劳动条件、工作对象、生产工具、操作内容、人际关系等都是相同或相近的。由于情境的同一，人们就会形成类似的行为模式，有共同语言，很容易达成认同。同事、同行，就是有一定类似之处的人群。

（5）差异性。不同的职业之间存在着巨大的差异，这些差异包括职业劳动的内容、职业的社会心理、从业者个人的行为模式等。

（6）层次性。众多的社会职业可以区分不同的层次。从社会需要来看，各种职业没有重要与否，也没有高低贵贱的等级性，但在现实社会中，人们对不同职业的评价的确存在着差别。这种职业评价的层次性根源在于不同职业的体力、脑力付出的不同和工作复杂程度不同，以及工作的轻松性、教育资格条件、在工作组织权利结构中的地位、工作的自主权、收入水平、社会声望等方面的差别。

三、员工职业计划与发展

（一）职业计划与发展含义

职业发展又称职业计划、职业生涯，职业生涯是指一个人一生的工作经历，特别是职业、职位的变迁及工作理想的实现过程。职业发展的研究始于20世纪60年代，90年代中从欧美传入中国，最早对职业生涯系统研究的是美国麻省理工学院施恩教授。职业发展是人力资源管理的一项活动，它与工作分析、人力资源计划、招聘与选拔、绩效评估、培训等有着密切联系。

职业发展有两方面的含义：一是对员工个人而言。每个人都有从工作中得到成长、发展和满意度的愿望和要求，为了实现这种愿望和要求，他们不断追求理想的职业，设计着自己的职业目标和职业计划；二是从企业组织角度来看，对员工制订的个人职业计划应重视和鼓励、并结合组织的需求和发展，给员工以多方面的咨询和指导，通过必要的培训、工作设计、晋升等手段，帮助员工实现个人职业目标。值得注意的是，个人的职业发展与他的人生历程的发展密不可分。人生发展研究是职业生涯研究的基础。

（二）职业计划的内容

职业计划的内容包括自我定位、目标设定、目标实现和回馈与修正四个方面：

1. 自我定位

自我定位是指客观、全面、深入地了解自己，察明自己为人处世所遵循信奉的价值观念，明确为人的基本原则和追求的价值目标。其次要熟悉自己掌握的技能，此外还应剖析、了解自己的优势和弱点。在这几个层次完成自我观察之后，对自己形成一个客观、全面的定位。

2. 目标设定

目标设定是基于正确的自我定位的基础上，设立更加具体明确的职业目标。举例来说，如："在40岁之前要成为某大型旅游集团财务部门主管"可以称是一个较为明确的目标设定。就整个个人职业生涯来说，目标设定可以是多层次、分阶段的。越来越多的人为了追求挑战，愿意在职业生涯中从事不止一个行业。当然，有时环境迫使我们放弃原有的职业。一个多层次的目标设定可以使我们更快地摆脱窘境，保持开放、灵活的心境。一个远大雄伟的目标很少能够一气呵成，必须分解成若干易于达到的阶段性目标。由于职业生涯跨越一个人的青年、中年和中老年，人在各时期的体能精力、技能经验、为人处世的特点有明显差别，所以针对性地制订阶段性目标将更为可行。

3. 目标实现

目标实现是通过各种积极的具体行动去争取目标达成。撰写求职简历、面试应聘、商议工资待遇、制订和完成工作目标、参加组织培训和发展计划，构建人际关系网、谋求晋升，参加业余时间的课程学习以及跳槽换工作，等等，都可以看成是目标实现的具体努力。目标实现的主要内容是个人在工作中的表现及业绩，同时仅有工作表现又是不完整的。目标实现还包括超出目前工作之外的一些前瞻性的准备，包括参加业余的付费进修班学习，掌握一些额外的技能或专业知识（如进修第二外语，攻读MBA学位等）。此外目标实现还包括为平衡职业目标和其他目标（如生活目标、家庭目标）而做出的种种努力。如果忽略了其他目标的努力，要想长期保持工作中出色的表现几乎是不可能的，职业目标的实现也会遇到许多牵扯精力的障碍。

4. 回馈与修正

回馈与修正是指在达成职业目标的过程中自觉地总结经验和教训，修正对自我的认知和最终的职业目标。自我认知想一下子达到客观、清晰、全面是很困难的。就算有较透彻的自我认知和定位，大多数人也不能一下子就看清自己喜爱并适合从事什么职业。因此，对于职业目标的描述界定，在刚开始时大多数是模糊、抽象的，有的甚至是错误的。在一段时间的工作努力之后，有意识地回顾自身的言行得失，可以检查验证自我定位的结论是否贴切，更可以证明自己对职业目标的设想方向对不对，是太高还是太低。

调查表明，不少人是在一段时间的尝试和寻找之后，才了解自己到底适合于哪个领域哪个方面的工作，这段时间在缺乏反馈和修正的情况下可能长达十几年。在自我定位和目标设定正确时，反馈和修正同样可以纠正分阶段目标中出现的偏差，同时极大地增强实现目标的信心。

（三）职业生涯发展的路径

职业生涯路径是指一系列的工作职位，它包括员工在企业内晋升所需从事的相似工作和拥有的相关技能。在传统的职业生涯路径中，技术性职业生涯路径发展机会相当有限，与管理性职业生涯路径相比，技术性职业生涯的报酬、发展机会、地位均要低一些。然而，一个很优秀的科研人员一旦成为管理者，又很可能荒废他的业务技能。如果他缺乏领导才能，更可能导致组织绩效的整体下降，这是非常可悲的事。

因此，许多公司在开发多重或双重职业生涯路径系统，来为科研人员和其他技术人员提供更多的职业发展机会。制订职业生涯路径时，要对以下几个方向进行分析：工作和信息流、工作任务的类型、工作环境的异同点、员工调任或调离某项职务的传统运动方式（如员工来自公司的哪个部门？调离某个职务后他们会接受什么样的新职位?），考虑员工调离某个职务后他们会接受什么样的新职位。

双重职业生涯路径体系可以让员工自行决定其职业发展方向，他们可以继续沿着技术职业生涯路径发展，或转而进入管理职业生涯路径。在这种体系中，不同发展路径的员工薪资水平相近，发展机会也较为相似。因此，他们会选择一种最符合自己的兴趣和技能的发展道路。

四、员工职业生涯分期

（一）职业生涯六时期

1. 职业准备期

职业准备期是一个人就业前从事专业、职业技能学习的时期。这是人生生涯的起点，也是素质形成的主要时期。但是，对于这个生涯起点，许多人是盲目的，甚至是由他人代替（主要是父母）而走过的。

2. 职业选择期

在这一时期，人要根据社会需要和个人的素质与意愿，做出职业选择，走上工作岗位。这是职业生涯的关键步骤，也是个人的职业素质与社会“见面”、碰撞和获得承认的时期。如果这时的选择行为失误，会带来生涯的不顺利和前途的不光明，抑或以后浪费光阴的再次选择，还可能因丢掉其他好机会而后悔莫及。

3. 职业适应期

人们走上职业岗位从事劳动，是对人的素质的实际检验。在这一时期，基本具备工作岗位要求的人，能够顺利适应某一职业；素质较差者、素质特点与职业要求相异者，可能需要通过教育、培训来达到职业适应；自身的职业能力、人格特点与工作岗位的要求差距较大者，难以完成职业适应，可能重新进行其他类别职业的选择；个人素质超过岗位要求很多者，则可能重新进行高层次职业的选择。

4. 职业稳定期

这一时期是人的职业生涯的主体，从时间上看也占据职业生涯期的绝大部分，一般是在人的成年、壮年时期。该时期不仅是人们劳动效果最好的时期，也是人们养儿育女、担负繁重家庭责任的时期，因此，成年人在该时期往往稳定在某种职业甚至某一特定岗位上。在职业稳定时期，如果从业者的素质能够得到发挥和提高，潜力得以体现，稳扎稳打，就可能抓住机会，逐步取得成果，获得生涯的成功和成就。

在职业稳定期，经过长期的职业活动，还能够使自己的素质状况有较大的改善，成为在某一领域的行家里手、专家权威，得到晋升，获得巨大的成就，进而成为成功的强者。

5. 职业衰退期

这一时期是人进入老年的时期。由于人的生理条件的变化，职业能力发生了缓慢的、不可逆转的减退，因而心理上趋向于求稳妥。这一时期的生涯则一般是维持现状。一些老年人，智力并没有明显的减退，而知识、经验还有着越来越多的积累，有的学者称之为“晶态智力”。这种晶态智力的发挥，能够使他们的素质进一步提高，出现第二次创造高峰，再一次获得成功。这些人往往是职业、专业方面的行家里手和出色人才。

6. 职业退出期

即由于年老或其他原因，结束职业生活历程的短暂的过渡时期。

（二）工作阶段三时期

在人生漫长的职业生涯各个时期，又可以分为早期、中期、后期三个工作阶段期，它们基本与上面的“职业适应期、职业稳定期、职业衰退期”相同。在这三个时期，人们的职业生涯有着特定的任务，如表 9-1 所示。

表 9-1 职业生涯阶段

阶段	所关心的问题	应开发的工作
职业生涯早期	1. 第一位是要得到工作 2. 学会如何处理和调整日常工作中所遇到的各种麻烦 3. 要为成功地完成所分派的任务而承担责任 4. 根据初入职业后情况，做出改变职业和调换工作单位的决定	1. 了解和评价职业与工作单位的信息 2. 了解工作和职位的任务、职责 3. 了解如何与上级、同事和其他人搞好（工作方面的）关系 4. 开发某一方面或更多的专门知识

续表

阶 段	所关心的问题	应开发的工作
职业生涯中期	1. 根据一定的工作阅历考虑选择专业和决定承担义务的程度 2. 确定从事的专业，并落实到工作单位 3. 确定生涯发展的行程和目标等 4. 在几种可供选择的生涯方案中，做出选择（如从事技术工作还是管理职位）	1. 开辟更宽的职业出路 2. 了解如何自我评价的信息（如工作的成绩效果） 3. 了解如何正确解决工作、家庭和其他利益之间的矛盾
职业生涯后期	1. 取得更大的责任或缩减在某一方面所承担的责任 2. 培养关键性的下属和接班人 3. 退休	1. 扩大个人对工作的兴趣，扩大所掌握技术的广度 2. 了解工作和单位的其他综合性成果 3. 了解合理安排生活之道，避免完全被工作所控制

五、影响职业生涯的因素

人们的职业道路选择、职业发展和事业成功，受到个人、家庭和社会多方面的影响。总的来看，影响生涯成功的因素包括以下几个方面。

（一）教育背景

教育是赋予个人才能、塑造个人人格、促进个人发展的社会活动，它对人的生涯有着巨大的影响。教育对于人的生涯有巨大影响的原因，在于它奠定了一个人的基本素质。

首先，不同教育程度的人在个人职业选择与被选择时，具有不同的能量，这种能量关系着职业生涯的开端与适应期是否良好，还关系着以后在发展、晋升方面是否顺利。

其次，人们所接受教育的专业、职业种类，对于其生涯有着决定性的影响，往往成为其生涯的前半部分以至一生的职业类别。即使人们转换职业，也往往与所学的专业有一定联系；或者以所学的专业知识、技能为基础，流动到更高层次的职业岗位上。

此外，人们所接受的不同等级教育、所学的不同学科门类、所在的不同院校及其不同的教育思想，会带来受教育者的不同思维模式和意识形态，从而使人们以不同的态度对待自己、对待社会、对待职业的选择与个人生涯的发展。

（二）家庭影响

一个人的家庭也是造就人的素质和影响人的生涯的主要因素。人在幼年时期就开始受到家庭的深刻影响，长期潜移默化的结果会使人形成一定的价值观和行为模式；人还会受到家庭中父兄的教诲和各种影响，自觉不自觉地掌握一定的职业知识和技能。这种价值观、行为模式、职业知识和职业技能，必然从根本上影响一个人的职业理想与人生目标，影响着其职业选择的方向、选择中的冒险与妥协程度、对职业岗位的态度和工作中的行为等。

（三）个人需求与心理动机

人们在就业时，出于对不同职业的评价和价值取向，要从社会众多的职业中选择其一，就业后也要从个人发展机会中进一步做出生涯的调整。这种选择和调整是为了使自身获得尽量好的归宿，取得他人与社会的承认，取得自己的成功。为了达到自己的目标和取得成功，人们要付出各种努力，包括做出一定的牺牲。

就一般情况而言，人在年轻时意气风发，成功的目标和择业的标准会比较高。人到成年，特别是人过中年，就越来越现实。因为不论是一般的劳动者，还是事业上有成就的人，在有了相当多的职业实践和各种阅历以后，都更容易看到社会环境的约束，其成功的目标和择业、转职的标准就会很实际，从而适合社会与所在组织的情况。

（四）机会

机会是一种随机出现的、具有偶然性的事物。这种机会，既包括社会各种就业岗位对于个人而言的随机性岗位，也包括所在的组织给个人提供的培训机会、发展条件和向上流动的职业情境。

机会虽然是具有偶然性的事物，但由此就认为机会对于个人是“可遇而不可求”的，只能等待、只能“碰”，这种想法显然是过于消极和不正确的。素质与机会有着一定的联系。天地之间，人是主人，大千世界中机会是客观存在的，人能通过自己高素质和能动性的发挥，即通过“寻找”使自己得到新的、较好的发展机会。

（五）社会环境

社会环境通常是指社会的政治经济形势、涉及人们职业权利的管理体制、社会文化与习俗、职业的社会评价及时尚等大环境。这些环境因素决定着社会职业岗位的数量与结构，决定着其出现的随机性，从而决定了人们对不同职业的认定和步入职业生涯、调整职业生涯的决策。进而言之，社会环境决定了社会职业结构的变迁，从而也决定了人的生涯不可抗拒、不可逆转的变动规律。

除了上述宏观方面的内容外，社会环境还指个人所在的学校、工作单位、社区、家族关系、个人交际圈子等较小的环境。这些微观的社会环境因素形成人的社会网络，决定着一个人具体的社会活动范围、内容及其所受到的限制，从而也决定了个人生涯的具体际遇。

第2节　个人的职业生涯发展

一、进入职业的选择

人与职业是相互关联的一对范畴，个人进行职业选择的同时，也就是职业对于个人的选择。要较好地完成职业选择，要获得职业生涯的成功，必须做到人职两者的相互适应和相互匹配。

但是，在现实的职业选择中，尤其是在生涯发展初期的选择，个人往往存在不知道“如何进行职业选择”的问题，即职业选择的能力较差，因而盲目和被动地接受一个自己并不了解、并不认同的职业。这一问题在青年的心理断乳时期特别突出。随着人对社会了解的增加，特别是在进行了一定的职业活动后，人的职业阅历在增长，职业技能在提高，对社会职业信息的了解在积累，因而他们的职业选择能力也逐步提高。

二、职业适应

（一）完成职业岗位的适应

一个人走上工作岗位从事某一职业的劳动，需要经过一定的试用期，对自己所任职的岗位逐步熟悉，最后达到胜任的状态。

职业适应的内容，以所在工作岗位的职务说明书或者职业环境为依据，要达到职务说明书所规定的各项内容的要求，包括：本职业岗位的工作技能、本职业所需的业务知识、一定的专业背景知识和理论（个人已掌握的知识、理论，这时还需实践化，在缺乏的方面应给予有针对性的补充）、了解组织中各方面工作的联系、组织的各项管理制度诸多方面。职业适应最基本、最突出的体现是工作技能的熟练。

为了达到上述职业适应方面内容的要求，需要通过自身的学习、模仿和工作单位对于自己的入职教育、实习安排、工作实践、师傅指导、上岗培训、技能训练等途径。

（二）完成组织文化的适应

文化问题涉及经济社会发展道路与模式，是当代许多学科高度关注的重大研究领域。组织文化也已成为当代管理学高度重视的问题。

一个人走上一个职业岗位，就是加入一个组织，就要受到组织的约束和指挥，得到组织的引导和塑造。每一个组织都有自己的文化，这种文化的核心是组织的价值观。其表现是组织做事的理念、风格和模式，组织文化也大量表现在人与人的关系上。

人在一个组织中从业，必然要被组织社会化，即被该组织所认同和被该组织中的成员所认同。要想达到个人的行为、需求、个性心理特征与组织文化的适应，就要对自己的行为和思想进行一定的调整和改变，才能达到组织的要求和期望，使组织成员接纳自己。

（三）完成职业心理的转换

青年人第一次进入工作岗位，挣得工资，自食其力，真正成为在社会中生存的独立的人，这使得人彻底完成心理断乳的人生任务，也意味着人的社会心理的巨大转变，即使是有了一定的职业生涯履历的青年人和成年人，在转换工作、走上新岗位时，不论是转换职业种类、级别还是工作地区迁移，或是仅仅变动工作单位，都有面对新情境而进行心理转换和适应的问题。

三、职业的认定

（一）建立心理契约

所谓心理契约，是指员工个人与用人单位相互对双方权利与义务的一种心理上的认同和承诺。它具有书面契约的功能。作为组织员工的个人会认为，如果企业承诺将对自己的贡献给予某种形式的回报，那么只要自己为企业做出贡献，企业就有义务兑现自己的承诺；而企业认为，如果企业给予员工相应的报酬和发展机会，员工也就应该为企业做出贡献。这就是说，员工和企业双方在这个问题上达成了默契。虽然这种心理契约不是正式的、有形的，没有体现为文本，但它是比一般的工作合同更加重要的契约，因为这对双方来说都是自觉的。

在现代旅游企业，尤其是旅行社，员工大多数是人力资本含量较高的知识型员工，他们更加注重与企业的这种心理契约，一般都会遵守心理契约。但是，如果企业违背了双方的这种默契，导致心理契约被破坏，这些知识型员工的反应就会比较强烈，轻则降低工作积极性，重则愤而离职。很多旅游企业的员工流失率居高不下，就是因为这些企业没有意识到心理契约的重要性，因而也没有对员工采取负责任的做法，甚至不兑现已经承诺的事情。

（二）职业生涯的归宿

美国管理学家施恩的职业生涯系留点理论，是组织职业生涯理论中最重要的内容之一。该理论反映人们在有了相当丰富的工作阅历后，真正乐于从事某种职业，并把它作为自己终身职业归宿的思想原因。换言之，某种因素把人“系”在一种职业上。我国学者也把这一理论称为“职业锚”理论，亦即人因为某种原因选中了一种职业，就此“抛锚”、安身。

1. 自我观的内容

自我观主要包含三部分内容，共同组成“职业锚”：（1）自身的才干和能力——以多种作业环境中的实际成功为基础；（2）自身的动机和需要——以实际情境中的自我测试和自我诊断的机会，以及他人的反馈为基础；（3）自身的态度和价值观——以自我与定期组织和工作环境的准则及价值观之间的实际遭遇为基础。

2.“职业锚”的特点

要明确“职业锚”的概念，还要了解以下五个特点。

（1）“职业锚”定义比工作价值观、工作动机的概念更具体、更明确。“职业锚”产生于最初的工作价值观和工作动机之上，但又受到了实践工作经验和自我认识的具体强化。

（2）出于实践工作成果的偶然性，“职业锚”不可能凭各种测试来预测。“职业锚”

是个人同工作环境互动作用的产物，在学校中表现出的潜在才干和能力，在经过实际工作的多次确认和强化之前，并不能成为“职业锚”的一部分。个体的一系列职业选择的偶然性，体现出从不适应、无法满足需要的工作环境向更和谐环境移动的必然性。在实践中选择、认知和强化，这就是“锚”的比喻。

（3）“职业锚”强调能力、动机和价值观的互动作用。我们可能喜欢某类职业，不断提高能力，对此职业的擅长又使我们更喜欢它。或者我们可能先发现自己擅长于某职业，渐渐培养起兴趣和感情，后来就越发精通了。职业取向中单独的动机、能力、价值观概念是意义不大的，重要的是突出三者相互作用的整合。

（4）“职业锚”要在正式工作若干年后才可能被发现。换言之，“职业锚”的确定需要各种情境下实践工作的反复验证方可确认。职业取向的必然性需要一定时间内变化偶然性的累积方可突现。

（5）“职业锚”概念倾向于寻求个人稳定的成长区域，它并不意味着个人停止变化或成长。“职业锚”本身会发生变化。

3.“职业锚”的五种类型

斯隆管理学院的施恩教授总结出五种类型的“职业锚”。

（1）技术/职能能力型“职业锚”。这一类型的人在做出职业选择和决策时把主要精力放在自己正在干的实际技术内容或职业内容上。他们认为自己的职业成长只有在特定的技术或职能领域才意味着持续的进步。这些领域包括工程技术、财务分析、营销、系统分析等各种领域。比如说，一个技术/职能锚型的财务分析员希望成为公司的会计或审计员，最高理想是某公司的财务副总裁。他们只对同自己的区域有关的管理任务加以接受，对全面管理则抱有强烈的抵触。在传统的由职能型向全面管理型职业发展通道上，这一锚型的个体常经历严重的冲突。为了不损害职业，他们常无法拒绝一些全面管理工作，可是这使他们感到害怕或是心烦，无法胜任。

（2）管理能力型“职业锚”。这一类型的个体在职业实践中培养出，也相信自己具备胜任管理所必不可少的技能和价值观。他们根据需要在一个或多个职能区展现能力，但他们的最终目标是管理本身。他们具有三种能力的强强组合：分析能力——在信息不全或不确定情况下识别、分析和解决问题；人际能力——能影响、监督、领导和操纵组织各级人员更有效地完成组织目标；感情能力——能够为感情危机和人际危机所激励，而不是被打倒，能承担高水平的责任，而不是变得软弱无力，能使用权力而不感觉内疚或羞怯，其他类型的人可能拥有一两项更强的单项能力，但是管理锚型的人拥有最完善的三项能力的组合。

（3）安全/稳定型“职业锚”。安全锚型的人追求稳定安全的前途，比如工作的安全，体面的收入，有效的退休方案和津贴，等等。安全锚型的人仰赖组织或社区对他们能力和需要的识别与安排。为此他们会冒险，也愿意高度服从组织价值观和准则作为交换。安全锚型的人也可以区分为两种类型的取向。有些人的安全感和稳定感来自给定组织中稳定的成员资格；而另一些人的安全、稳定原则是以地区为基础，包括一种定居、使家庭稳定和使自己同化某一集团的感情。

（4）创造型“职业锚”。创造锚型的个体时时追求建立或创造完全属于自己的成就。他们要求有自主权、管理能力，能施展自己的特殊才华，但是创造是他们自我扩充的核心。他们对创建新的组织，团结最初的人员，为克服初创期难以应付的困难废寝忘食而又乐此不疲。而一旦建成，他们就会厌倦或不适应正规的工作而退出领导层，自愿或不自愿地让位于总经理。成功的企业家大多出自这种锚型，而他们大多无法成为出色的总经理。

（5）自主/独立型“职业锚”。自主锚型的个体追求的主要目标是随心所欲地制订自己的步调、时间表、生活方式和工作习惯，尽可能少地受组织的限制和制约。他们可能是自主性较强的教授、自由职业者或是小资产所有者、小型组织的成员。技术/职能锚型的个体也可以从事这些职业，但是他们很少为了自由的需要而放弃晋升的机会，为了更高的地位、收入，他们可以自由的个人生活方式做交换。创造锚型的个体同样会拥有很多自主权，但他们关心的不是自由本身，而是全力以赴地建立自主的职业目标。

“职业锚”的五种类型不一定能涵盖所有职业类型，在测试职业早期以外的人员中也没有显示出完全的可分性。在职业实践的客观因素之外，是否还有影响职业取向的其他重要因素呢？“职业锚”的理论距离成熟和完善还有一定差距，但它提供了一个独特的视角，在职业计划和职业管理实践方面提供了新的理论基础。

第3节　旅游企业的职业管理

一、职业管理

（一）职业管理的含义

一般地讲，企业组织为促进员工职业发展、提供各种人力资源产品（服务）的过程，即为职业管理。它主体上是组织方面的工作，具体而言，就是组织提供一个支持、推动员工个人努力发展自己的环境，帮助个人在社会大环境和人力资源市场中发展、管理自己的职业，把员工个人职业发展目标与企业发展目标统一起来，使员工不断获得、培养个人的核心能力且使员工个人人尽其才，最大限度地发挥工作积极性，并深切感到在该组织中大有可为、前程似锦，产生强烈的归属感、忠诚感、责任心。

其中，个人核心能力包括三方面。①行为性核心能力。指人们在一个工作角色或组织环境中使用的全部行为技能，如高度的学习能力、创新能力和坚持不懈的创造性实际行为能力。②管理性核心能力。指人们具有的有效管理的知识、技能与态度，如正确的世界观、价值观和领导学、管理学的理论、方法与艺术。③组织性核心能力。指与提高组织业绩相关的创建、开发组织资源的能力。如创造组织结构、制度、文化、体系、机制的能力。

个人核心能力的基本特征类似企业的核心能力，其基本特点是：具有这种能力的人才很少；这种能力很难学习和模仿；其他能力很难替代这种能力；具有高度的企业必需性或可雇用性。实际上，一个人的核心能力就是这个人才的战略资源。正因为这样，核心能力也就成为一个人的个人私有资本，会随着人才的流失而流失，所以，留住人才应是组织职业管理的核心。在管理过程中发现个人核心能力，往往是在分析其所做过的和正在做的工作的有效性基础之上；而一个人的核心能力也会逐步被他人所掌握。可见，我们应更关心人才未来可能拥有的核心能力，并有能力预测、识别人才的未来核心能力。不言而喻，从组织角度看，职业管理就是建立企业的人才库、知识库，以满足组织未来发展的需要。

（二）职业管理的内容

职业管理形式多样，涉及面广，凡是组织对员工职业活动的帮助，均可列入职业管理之中。其中既包括针对员工个人的，如各类培训、咨询、讲座以及为员工自发扩充技能、提高学历的学习给予便利等；同时也包括针对组织的诸多人事政策和措施，如规范职业评议制度，建立和执行有效的内部升迁制度等。职业管理的具体内容包括：职业路径，职业评议，员工培训和发展计划，知识技能更新方案，工作—家庭平衡，职业咨询，退休计划等。

1. 职业路径

职业路径是组织为内部员工设计的自我认知、成长和晋升的管理方案。职业路径在帮助员工了解自我的同时，使组织掌握员工职业需要，以便排除障碍，帮助员工满足需要。另外，职业路径通过帮助员工胜任工作，确立组织内晋升的不同条件和程序对员工职业发展施加影响，使员工的职业目标和计划有利于满足组织的需要。职业路径的主要内容有以下三个：

（1）职业梯。职业梯是决定组织内部人员晋升的不同条件、方式和程序的政策组合。职业梯可以显示出晋升机会的多少以及如何去争取，从而为那些渴望获得内部晋升的员工指明努力方向，提供平等竞争的机制。并非所有组织都有必要，或认为需要建立职业梯。在决定建立职业梯前，组织需要先考虑两个问题：组织是否需要有一个从内部提拔人才的长久机制？组织是否有必要建立一套培训发展方案，以便提供更多的后备人才以供提拔选用？当组织可以随时自由地从外部招聘到需要的各类人才，或者内部晋升只是偶然发生，或者内部晋升只是涉及极少数员工时，那大可不必建立复杂的职业梯。只有对上述两个问题的回答都是“是”时，才有必要构建职业梯。

（2）职业策划。职业策划是在员工进行个人评估和自我评估中给予他们有效的援助，帮助员工确认自身的能力、价值、目标和优劣势。职业策划同职业计划既有联系又有区别。职业计划中涉及的员工自我评估无须同特定组织相联系。另外，二者的形式和准确性也各有差异，时间上也很难趋于一致。职业策划由组织中有专业知识的人力资源部门提供正规的帮助服务，可以确保员工评估在形式、时间、内容范围上的一致性和一定的准确度。职业策划后，组织可以利用收集到的评估结果，因此，职业策划同时和组织的需要密切相关。

（3）工作进展辅助。工作进展辅助是组织为帮助员工胜任目前的工作，顺利完成各项工作任务而提供的各种辅助行为。工作进展辅助的方式灵活多样，视组织内工作性质、条件不同而不同。总体来说，工作进展辅助是以协助员工在工作中成功积累工作经验为目的的。工作进展辅助的主要途径有三个：①满足员工特定的价值或目标；②激发员工的某些能力和优势；③改善或弥补员工在职业策划中反映出来的弱点。

科学、清晰的职业路径可以满足高层次的、专业化的需要。组织的招聘政策可以借此吸引和留用更多高素质的人才，而且可以更好地得到法律的保护。

2. 工作—家庭平衡计划

（1）工作对家庭生活的影响。工作对家庭生活有以下几方面的影响：

①职业性质和家庭的相关性。有些职业，如种植、手工业等允许家庭同职业同步发展，而办公室管理工作等，家庭则参与很少，采矿、远洋作业等工作和家庭无法兼顾，家庭只能成为休养、恢复体力的场所。②一次工作占用的时间和时间如何分配，对夫妻何时相聚、如何参与孩子的抚养等具有明显影响。③工作地理位置和行程，或由此带来的迁居是工作—家庭紧张的第二个潜在源。④从事的职业、担任职务的职业声望、地位以及收入的数量和种类对家庭会形成直接的影响。⑤工作中的压力和满意程度以及工种的感情气氛会直接影响家庭生活。

（2）实施工作—家庭平衡计划。了解工作和家庭的相互作用，才可能制订出有效的工作—家庭平衡计划。工作—家庭平衡计划的主要措施包括：向员工提供家庭问题和压力排解的咨询服务，创造参观或联谊等机会促进家庭和工作的相互理解和认识，将部分福利扩展到员工家庭范围以分担员工的家庭压力，把家庭因素列入考虑晋升或工作转换的制约条件之中，以及设计适应家庭需要的弹性工作制以供选择等。

非全日制工作制是最易行、最普遍的措施。在西方国家，针对才能出众、又要承担养育子女任务的女性员工采用弹性工作制越来越流行。装备电脑、传真等现代化设备使家庭办公成为现实，不过更加常见的是半日工作制或是每周三日工作制。女性员工大多愿意以部分业绩和薪金为代价留出更多的时间给家庭和子女。非全职工作制使她们不必为此放弃工作的机会。

3. 职业咨询

职业咨询是指帮助被解职的员工找到合适的工作，或是重新选择职业，同时向他们提供一部分资助以帮助他们度过职业转换期。

职业咨询的工作常常被忽视，因为企业通常认为解除合同后员工就同企业没有关系了。事实上职业咨询工作是十分必要的。由于各种原因，企业内部裁员或员工解职的情况越来越普遍，解职在企业中已经不是一个偶然发生的情况了。因此，需要建立针对这种情况的人力资源管理政策。企业怎样实施职业咨询服务呢？职业咨询实施时要注意以下事项：

（1）职业咨询提供援助的多少通常同员工在企业中的级别相对应。对企业的贡献越大、级别越高的员工，能享受的帮助也越多。在迫不得已的情况下裁员时待遇又可能相反：级别低的员工因为工作经验少，再谋职业取向狭窄，可能得到更多的培训、咨询类服务。

（2）由于解职情况的出现相对于企业其他人力资源业务而言总是少数，所以为此安排专门人员随时服务既没必要也不合理。

职业咨询的服务通常由组织以外的职业中介机构提供，企业本身则提供联系的渠道和支付一定的费用。

4. 退休计划

退休计划是企业向职业晚期的员工提供的，帮助他们准备结束工作，适应退休生活的计划。退休是企业保持更新与活力的必然需要。良好的退休计划，可以使员工尽快顺利地适应退休生活，维持正常的退休秩序，最终达到稳定企业从业人员心理，保持企业员工年龄结构的正常新陈代谢，提供更多的工作和晋升机会的目的。

即将退休的员工会面临财务、住房、家庭等各方面的实际问题，同时又要应付结束工作开始休闲生活的角色转换和心理转换。研究显示，退休者同时面对社会和心理方面的调节。在此，我们列举出一些为某些企业采用的，在退休计划中协助解决退休人员情绪和发展方面问题的方法和措施：

（1）退休计划讨论会——向即将和已经退休的人提供财务、住房、搬迁、家庭和法律等各方面的咨询和帮助。

（2）余热团体——提供方便，将退休后仍有心有力的员工组织起来，通过团队内部的交流和鼓励他们为组织和社区服务来满足他们的特殊情感需要和社会需要。

（3）试退休——安排即将达到退休年龄的员工离开工作一段时间去体验退休的感受，然后决定是继续工作还是退休。

（4）递减工作量——对即将退休的员工，逐渐减少其工作量。例如逐渐减少其日工作时、周工作日或年工作周，使其逐渐适应没有工作的退休生活。

（5）退休培训——使即将退休的人员知道如何适应退休生活。

二、旅游企业职业管理的基本步骤

（一）制定企业职业发展规划

提供“职业生涯计划手册”，列示职业目标和发展图表（职业梯），即组织职业发展计划。具体内容包括：

1. 为员工提供职业发展信息

旅游企业为员工提供各种与职业发展有关的信息。如职业发展计划的目标、内容；各类职务的背景知识与指导性信息；获得知识技能的途径等。

2. 为员工提供职业生涯指导服务

旅游企业为员工提供职业生涯指导服务。包括：如何评级和计划自己的职业生涯；如何构建职业目标或发展蓝图；如何检测自己的成功；如何测试和评估自我工作风格与偏好；如何检测、划分价值观；如何评价职业选择；如何挖掘职业发展机会；如何评析自己的优势与弱点等。

3. 让员工明确发展的路径

旅游企业要使员工有清晰的职业发展路径。一是要使每个员工明确自己当前的工作（职务）和经过努力可以晋升到的各级职位系列；二是要使每个员工明确组织现有的和即将出现的职位空缺及其对任职者的要求和通过什么途径可以成为替补者。

4. 展示高层主管的接班人计划

旅游企业要展示高层主管的接班人计划。通过列示，使各级主管关注下属的职业发展需要和识别具有高潜力的员工；为发展员工个人潜能和促进人才资本转化为企业利润提出管理措施；使员工个人可以通过分析职业源，选择确定职业目标。

（二）评估员工素质与职业倾向

旅游企业要运用评价中心，评估员工素质。所谓“评价中心”是指一系列筛选、评价员工的工具和技术的集合，而非什么机构。评价中心是让员工参与各种模拟工作情境、角色扮演、案例分析等，解决列示的有关实际问题，来评价其行为表现和效果，预测其未来潜力，以发现、挑选可以进入或胜任某一职业岗位的合适人员。同时，评价中心及时把评估结果反馈给员工个人，以利个人利用这些信息结合自我认知的职业锚，正确地进行职业定位。

（三）确定个人的职业发展需要

通过上述两步，旅游企业进一步确认每个员工在本企业中的自我定位、职业预期、职业发展计划、职业目标和职业途径选择，即发现、辨识其职业锚，为员工个人职业发展计划提供帮助。

（四）帮助员工制订个人职业发展计划

根据企业总的发展计划，设计职业发展计划，帮助员工制订个人职业发展计划，包括提供咨询和个人职业发展计划供选择的方案等。

（五）为员工安排富有挑战性的工作

充分考虑每个员工的职业发展情况，为新进入企业的人才安排第一份富有挑战性的工作。据美国电报电话公司有关研究，凡是到公司第一年所承担的工作越富有挑战性的人员，其工作越有效率、越成功，即使五六年后依然如此；美国学者霍尔研究后也指出，提供富有挑战性的起步性工作是帮助新员工取得职业发展最有力而又并不复杂的途径之一。

（六）建立配套的职业管理制度

建立配套的职业管理制度，全面、全过程地为每个员工提供人才资源管理与开发的产品和服务。帮助新员工尽快地消除“现实震荡（冲击）”，做到员工进入企业，有“路标”，无“路障”；帮助每个员工获得职业发展的成功。

第4节　旅游企业员工离职管理

随着旅游市场的繁荣，国外旅游组织的进入，我国旅游人才的争夺也空前激烈，员工离职日益成为被普遍关注的社会现象。员工离职不仅是学术界应探讨和研究的理论问题，更是旅游组织应把握的现实问题。从社会角度考察，正常的员工流动，有利于人力资源在整个社会的合理配置。但是，员工作为一个新成员进入一个组织，总要经历适应、磨合的过程。因此，过频、过快的流动无疑是人力资源的浪费。因此，了解员工离开旅游组织的原因及离职过程，设法留住员工特别是组织的核心员工，有的放矢地实行人力资源管理，正确地做好离职的管理工作，对旅游组织的发展具有十分重要的意义。

一、员工离职的概念及类型

（一）员工离职的概念

旅游企业员工离职的概念可以从广义和狭义两个角度上来看。广义上的离职是指员工脱离岗位，不承担岗位职责的“非在职”的所有状态，这种非在职状态可以是永久性的，也可以是暂时性的，例如员工辞职、退休、解聘、休产假等。广义上的离职从离职原因上来看，可以分为自请辞职、职务调动离职、退休离职、解雇离职和其他原因离职。而狭义上的旅游企业员工离职专指员工脱离企业管辖范围的永久性离开，组织内部的调动、临时解雇和休假等不属于离职。本书提到的离职主要是指狭义上的辞职，即永久性离开。

（二）旅游企业员工离职的类型

根据职业生涯理论，员工离职与否，取决于员工的职业发展类型及企业能为成员提供的发展环境。所以，离职的类型可以归纳为：

1. 趋利型离职

这是目前旅游企业员工离职的最为普遍的一种类型，员工离职的驱动因素或者说离职的目的很简单，就是为了获取更多的经济利益。特别是在我国目前经济发展水平下，相当多的员工工作的主要目的还是提高收入水平，使自己过得更富裕，不少员工在有机会获取更高薪酬的情况下往往选择跳槽。加之旅游行业整体员工年龄偏年轻，职业意识尚未确立，又很少有家庭拖累，他们的离职中趋利性的成分自然偏高。

2. 成就型离职

拥有成就型离职趋向的员工往往有较强的职业意志，对自身的职业发展有明确的规划。当企业提供的发展机会与自身职业发展相匹配时，员工能较好地协调组织和自身的发展。但当企业的发展与自身的发展相冲突时，这类员工往往选择离开。如果从马斯洛的需求层次论来看，这类员工将自我实现、事业成功与发展看得比其他所得更重要。随着社会发展、人们生活水平的不断提高，成就型员工在旅游企业中所占比重将越来越高，尤其是学历层次较高、事业心较强的经营管理人才的加盟，他们大都是企业的优秀员工或核心员工，如何满足他们的职业发展需要将是人力资源管理部门不得不考虑的问题。

3. 现实性离职

现实性离职类型的员工离职动机是为了解决现实生活问题，如住房、子女教育、侍奉老人、夫妻两地分居等。目前，拥有这种离职倾向的员工还是占一定比重的。旅游企业应对这一群体给予充分重视，解决他们的现实生活问题，尽可能地留住员工，这对于增强企业的凝聚力，提高组织士气，进而增强企业竞争力具有十分重要的意义。

4. 调整型离职

这种类型员工离职动机可能有很多种，包括工作和竞争压力过大、厌倦目前的工作、人际关系处理不好等。工作和竞争压力过大一方面是在旅游企业运转中形成的，另一方面与员工自身的职业发展观有着密切的联系。当个人定的目标太高而无论如何努力也难以达到，但自己又察觉不到这一点时，员工就会产生跳槽、寻求其他发展道路的想法；工作内容的机械重复可能导致员工的厌倦情绪，人际关系处理不好，难以融入企业文化当中也可能使员工产生逃避情绪，产生离职念头。

以上是从员工离职的直接驱动因素角度对旅游企业员工离职类型进行的划分。根据员工离职的主动程度也可以将旅游企业员工离职的类型划分为自愿离职和非自愿离职。非自愿离职指的是由雇主决定中止雇佣关系，现实中这种离职方式较自愿离职要少，所以本书在下面重点介绍自愿离职。

二、旅游企业员工自愿离职

（一）员工自愿离职对旅游企业的影响

与非自愿离职相对应，员工自愿离职是由雇员决定中止雇佣关系。从经济学的角度看，决定员工自愿离职有两个主要因素：当前工作的吸引力与替代工作的可获得性。员工自愿离职会带给旅游企业很大影响。

在市场经济条件下，合理适度的员工流动是必然、必需的，它有助于通过市场调节，实现人力资源的合理配置，有利于不断开发引进新人才，使企业永远充满生机和活力，但是这个员工流动的比率要维持在一定的水平。一般认为，旅游企业的人员流动在 10%~15%都是可以授受的，但若超过 15%，则会给企业带来许多不利影响。

1. 员工离职会给旅游企业带来一定的成本损失

旅游企业从招聘、考核到培训上岗，培养一个优秀的员工是要付出一定成本的，尤其是饭店业，员工经过招聘、入职培训、岗前培训、日常培训（周培训、月培训等）等才能由生手变成一个熟手，这些人力资本开发的投入会随着员工的跳槽而注入其他企业中去。员工的离职使岗位出现空缺，为了填补这些空缺，使企业经营活动能顺利进行，旅游企业需要进行相应岗位员工招聘，由此带来一系列费用，包括人、财、物等各种费用，如外部招聘时的广告费用，内部招聘时的了解信息和发布信息所花费的精力和费用等。另外，招聘员工还涉及申请者背景调查、面试、人员测评、体检等环节，这要花费相当的时间。

无论是新招聘来的员工还是相关人事变动调配过来的员工，在完全接手岗位前都有一个适应期，要想达到与前期员工一样的熟练程度必须经过某种程度的培训。这些培训给旅游企业带来一定成本，如正式培训和在职培训费用，聘请培训人员的费用，收集各种培训资源和材料的费用，给新员工分配、解释工作任务所花精力时间等成本，评估工作结果所花费成本等。

2. 员工离职不利于保持服务质量的稳定

稳定可靠的服务质量需要一批稳定可靠的员工来保证，但是如果员工频繁更换，新老员工总会在个人素质、服务技能上有一定的差距，势必造成服务质量的不稳定。而且一般来说，员工在决定要离开而尚未离开企业的这段时间里，他们对待手里的工作不会像以往那样认真负责，有些员工甚至由于对企业的不满会做出一些报复破坏行为。此外，员工辞职之后新员工到位之前，由于人手不够，其他员工不得不帮忙完成辞职者的正常工作而被迫加班，由此导致员工身心的疲惫倦怠就又会影响到服务质量。

3. 员工离职可能使旅游企业业务受损

员工离职可能造成旅游企业某些业务的停滞，不可替代的岗位尤其如此。旅行社或饭店等企业的员工尤其是中高层管理人员跳槽到同行其他企业之后有可能带走企业的一部分核心客户，甚至是企业的商业机密，这将给企业带来更大的损失。

4. 员工离职会直接影响人心的稳定

自愿离职者的行为往往会给留下者带来一系列的心理影响，例如会对留下者的工作满意度、组织承诺等产生影响，尤其是当看到跳槽者得到了更好的岗位、薪资报酬时，在岗人员会人心浮动，工作积极性受到影响，减弱组织的向心力、凝聚力，动摇员工对企业发展的信心，从而影响他们的离职意向。处理不好，将会形成恶性循环，造成不可估量的损失。

5. 员工离职不利于企业文化建设和企业品牌的树立

企业的价值观、经营理念只有得到广大员工的普遍认可接受，才能提高员工的归属感和满意度，员工的频繁跳槽，反映了企业的管理存在着一定的问题，企业缺乏足够的向心力和凝聚力，员工只是把企业当作自己职业发展的一个跳板。这样不利于企业形成稳定有效的团队精神、企业文化，不利于企业的品牌建设，更谈不上企业持续长远的发展。

（二）旅游企业员工自愿离职的影响因素

1. 影响旅游企业员工离职的宏观因素

从宏观上讲，影响旅游企业员工离职的因素主要有五个：

（1）经济发展阶段。一般而言，经济越发展，员工离职和流动的频率就越高。例如在20世纪80年代我国旅游业尚处于起步阶段，旅游经济尚不发达，旅游人才市场尚未形成，行业竞争不激烈，员工对企业的忠诚度普遍较高，离职和流动频率低。

（2）产业结构的稳定性。一般来说，产业结构变化越快，员工离职和流动频率就越高。产业结构调整一般是朝优化的方向进行，旅游产业结构调整包括行业结构调整、产品结构调整等，这些变动必然伴随人才结构的变动，包括人才知识结构的变动和人才分布结构的变动等。例如国家对西部旅游业的重视给不少有志于西部旅游业发展的人才提供了向西部流动的契机。

（3）社会文化。社会文化对人员离职和流动持支持态度，人员流动频率就高。例如，美国是人员离职率和流动率很高的国家，旅游组织里除了董事长之外人员流动性都很高，员工打工意识强；而日本文化对人员流动持否定态度，他们采用终身雇用制来防止人员流动。

（4）社会保障程度。社会保障程度越高，人员离职和流动的频率越高。例如在一些社会保障体系完备的国家，员工在失业时期有失业保险，正常的生活有了保障，他们的工作可以按照自己的兴趣爱好来选择，稍有不顺便可以炒老板鱿鱼，另谋他职。

（5）立法的制约程度。立法对人员流动有限制，则人员流动频率就低。例如我国《旅行社经理资格认证管理规定》对旅行社经理任职资格有了明确的要求，这对于没有获得这种资格证书而想离职谋求这种职位的人员的流动形成一定程度的限制。

2. 影响旅游企业员工离职的微观因素

从微观上看，旅游企业员工离职的影响因素主要有：

（1）旅游企业所处的发展阶段。处在发展初期的旅游企业往往在人力资源管理方面缺乏一定的经验，员工福利待遇制度尚未完全形成，人员流失率较高；发展中期是旅游企业各方面都比较成熟的时期，人员薪酬、职业发展规划等都有成熟的制度可参照，员工稳定性相对较强；而到企业发展末期，由于企业整体发展受到限制，经济上可能处于入不敷出的境况，人员不得不另谋他路，员工离职和流动率大增。

（2）旅游企业的规模、地位和绩效。一般而言，旅游企业规模越大、在行业中所处的地位越高、绩效越好，给员工的安全感、自豪感就越强，个人发展机会也越多，员工以能够进入这样的企业而感到满足和自豪，一般不愿轻易离开企业。

（3）旅游企业的薪酬福利制度。在现阶段，较高的薪酬福利还是旅游企业员工追求最多的目标。调查结果显示，追求更高的个人收入水平，是旅游企业员工择业最原始的冲动。另外，旅游企业分配政策的公平、公正和合理程度，也会影响员工离职率。公平、公正和合理的分配制度可以提高员工的工作满意度，减少离职行为的发生。

（4）旅游企业的内部分工。不同的分工对应不同的素质和能力。一般而言，中高层管理人员和技术人员（白领阶层）的素质和能力要比基层员工高，他们对旅游企业的作用较大，影响面广，所以他们在离职上具有一定的主动权。例如在某一酒店做过一段时间领班的大学生（潜在能力高）在升职机会小的情况下选择跳槽的概率很高，以追求更好的发展机会；而一般服务人员由于能力有限，离职的唯一原因可能就是待遇高低问题，所以他们的离职倾向相对较小。

（5）来自旅游企业的约束力。旅游企业对员工离职具有较强约束力的最典型的约束形式就是合同约束。合同对员工的工作年限等进行规定，一般可以对员工的离职意愿起到压制作用。另外对旅游企业员工能起到约束作用的还包括工作约束（含工作内容、工作责任、工作条例、工作最低绩效等）、群体规范等，当员工违背这些约束时需要付出一定的代价。

随着现代社会的发展，一种新型的对应“以人为本”管理理念的员工约束形式出现了，那就是情感约束。情感约束从员工的角度出发，通过有效的组织政策和组织措施，诸如提供更好的工作条件、创造和谐的组织环境和工作环境、提供公平的具有激励作用的薪酬福利、提供更多的继续教育和培训机会、建立学习型组织、尊重员工的个性和特殊要求等措施，增强员工的工作满意感和对组织的忠诚度，从而使得员工在情感上对组织产生一种深深的依恋，自愿留在组织之中为组织服务。在当今知识经济条件下，这种基于“人本主义”的情感性约束比强制性约束更能有效地降低员工的离职率。

（6）旅游企业提供的个人发展机遇。现代社会人们对个人发展看得越来越重，特别是高学历高素质人才对企业能否提供发展空间看得比其他待遇更重要。一旦他们发现自己的发展意识没有得到企业重视，或者他们感觉企业不能提供理想的发展条件，他们就会在企业外积极寻找新的发展机会，寻找机会离职。这种离职倾向在现代旅游企业人员离职总数中所占比例越来越大，必须引起旅游企业的高度重视。解决的办法可以通过企业再造和工作再设计工程、变革组织结构、决策权下放、工作轮换、工作内容丰富化和扩大化、强调团队建设和工作自主、突出“一专多能”与目标管理等措施提供给员工更好更广阔的发展空间，将员工的离职率控制在一个企业可以接受的范围内。

（7）旅游企业内部的工作群体。这主要是指个人与群体之间的关系，当个体感觉在群体中有离群、紧张、压力大的感觉时，为了获取轻松感，他会选择离开群体，寻找和谐互助的群体关系。

（8）旅游企业的管理风格。旅游企业的管理风格主要体现在组织结构和管理者的管理风格上。合理的组织结构可以增强旅游企业信息的沟通，减少上下级和群体之间的冲突，增强上下级之间的共识，发挥员工积极性，减少离职行为的发生。现代旅游企业的组织结构正在由金字塔式向扁平化方向发展，这种组织构造提倡自我管理、小组建设，提倡团队工作精神，实行民主化管理、自主管理，充分体现个人在企业中的作用，淡化管理者的作用。这种组织结构是适应现代“人本主义”思想导向的，管理者的管理风格也从过去的任务导向转变为关注个体需要，注重激发员工的潜能，最大限度地调动员工的工作积极性，从情感上约束员工，减少员工的离职率。

三、旅游企业员工离职管理

（一）旅游企业员工离职管理的主要内容

1. 影响因素管理

影响因素管理即对影响旅游企业员工离职或离职意向的因素进行管理。这是旅游企业员工离职管理的最主要的方面，旅游企业只有事先对影响员工离职的因素进行有效分析，发现弊端并加以改善，才能从根本上预防和解决问题。影响旅游企业员工离职的主要因素包括宏观和微观两个方面。对于宏观因素，由于它是存在于企业外部的，不受组织控制，所以旅游企业对员工离职影响因素的管理主要是从内部微观因素入手，从了解员工个人意愿出发，结合企业需要，为员工创造良好的发展空间，以情留人。当企业意识到这些因素对导致员工产生离职意向的重要性，并对其中的一些弊端努力加以改善时，就能从根本上解决问题。

2. 对已产生离职意向的员工的管理

产生离职意向的员工并不一定会真正离开企业，例如因为对企业不满而产生离职冲动，但暂时又找不到合适单位的员工，为了稳妥起见，他们普遍选择把这种离职意向藏在心里，而不付诸行动。对这类员工，尤其是企业的骨干、优秀员工，虽然他们暂时不会离开企业，但他们会把对企业的不满情绪带到工作中来，反映到对顾客的服务态度中，从而直接影响顾客的满意度，影响企业的绩效。所以旅游企业应时刻抱有积极、诚恳、忠诚的心态与员工交流，通过双方的沟通和共同努力来解决问题。

3. 对员工离职后所产生的一些问题进行管理

当员工的离职已不可避免时，要尽量把他们的离职所带来的损失降到最低限度，如尽快找到合适的人选填补空缺等。旅游企业员工离职后产生的问题是很多的，带给企业的损失程度也是不同的。为了今后更好地管理类似的离职问题，旅游企业应该组织一次离职面谈，通过与离职员工的沟通交流，发现他们的真正意图，发现企业管理中存在的一些问题，以便在以后的工作中加以针对性改进。

（二）旅游企业员工离职管理的主要策略

1. 识别旅游企业的核心员工和骨干员工

必须强调的是，正常的员工离职对旅游企业来说是十分必要而且是有益的，因为它可以加快企业成员的新陈代谢，提高企业创新能力和工作效率。但是如果是企业核心和骨干员工的离职率很高，则往往意味着企业核心竞争能力的丧失。所以识别旅游企业的核心和骨干员工，采取应对性措施留住这部分员工，比起花力气留住普通员工意义要大得多。另外，由于企业资源的有限性，旅游企业不可能为挽留每一个员工做出巨大的努力，而应有重点地留住那些核心员工和骨干员工。因此，识别核心员工和骨干员工是保持企业经营稳定的前提。

2. 尽量了解并满足目标员工的职业预期

依照以上标准，旅游企业的核心和骨干员工都是学历水平较高、个人能力较强、有明确的个人发展目标的人。他们对企业的期望更多地体现在个人职业生涯的发展方面，通常都期望企业能为其提供良好的发展机遇。旅游企业要留住这部分员工，就要设法满足他们的这些需要。在具体做法上，旅游企业在岗位安排前要充分了解员工的职业特长和工作倾向，在此基础上，为其选择适合的工作岗位和工作内容，并不断加以指导和强化，以促其成长。另外，旅游企业还应为目标员工描绘工作和职业发展的前景，并创造环境，为其职业发展铺就通道。

3. 实行有条件的轮岗工作制度

轮岗工作制是企业允许优秀的员工在不同的部门轮换工作，以满足员工自我发展的需要。目前国内旅行社业很少采用这种制度，绝大多数饭店业不提供员工轮岗工作的机会，其主要原因是认为轮岗制的员工培训、管理成本太高。而实际上企业通过轮岗培训所付出的代价要远比由于员工流失致使企业经常招聘、培训新员工的代价低得多。在少数观念超前的饭店里，轮岗工作制度取得了相当满意的效果，这种方法既满足了员工不断学习、丰富和完善自我的个人发展需要，又造就了一批“全能型”员工，解决了企业在旅游旺季时的员工短缺问题。能够发现人才、挖掘人才，实现“人尽其用、各得其所”，同时又为管理者培养了大量的后备人才。

4. 以实际行动兑现企业对员工的承诺

员工的发展必须以外化的形式来体现才能使员工感到真实，比如技术职称的晋升、行政职务的升迁等。旅游企业应为各种类型的员工铺设晋升通道，并以福利的形式体现员工晋升的价值。旅行社、饭店等旅游企业适度提高员工的报酬，也是有效地抑制员工流失现象的主要手段。这里的福利，应以提高职业素养、改善工作条件为主，这样一方面满足了员工职业发展的需要，吸引外部优秀人才的加盟；另一方面随着员工职位提高和福利待遇的改善，也构筑了员工离职的壁垒。

5. 及时监测员工离职的原因及行为类型

离职原因总是随着环境的变化而变化。旅游企业人力资源管理部门应对每一位员工的离职进行认真分析，归纳离职的原因类型，才能有针对性地制订稳定员工队伍的具体措施。

案例分析

酒店员工流失问题调研案例

一、导言

员工流失现象已成为酒店行业的重大症状之一。员工的高流失率一直是困扰酒店管理者的难题。在其他行业正常的员工流失率应该在5%～10%左右，作为劳动密集型的旅游饭店员工的流失率也应该不超过20%。然而，国内的旅游饭店远远超过这个数目。根据内部人士透露，中调网现在调研的这个酒店员工流失率高达45%以上。作为旅游饭店这个特殊行业，员工的高流失率是十分危险和紧迫的，这会给旅游饭店带来较为严重的经济损失和信誉损失。中调网在文中结合自己在酒店长达七个月的调研生活，经过观察揣摩，同时基于理论上的思考，对W酒店员工流失从多个角度进行简要分析，并对防止员工流失提出了一些相应的对策。

二、W酒店的基本概况

1. W酒店的位置：酒店坐落于某市高速发展的商业区，是该市主要的国际酒店，距机场、火车站、汽车客运站仅几分钟的行程。四通八达的交通网络使宾客前往该市任何一个著名景区都很便利。

2. W酒店的设施：酒店的建筑别具一格，大堂中的棕榈湾酒廊雄伟气派；装修典雅的丝路咖啡厅和富苑中餐厅荟萃中外美食；197间客房舒适豪华；各种娱乐休闲设施一应俱全，应有尽有；多种规格的会议场所配备达到了国际标准、功能齐全的视听设备，环境舒适优雅。

3. W酒店的企业性质：为G酒店集团股份有限公司下属酒店（民营）。

三、W酒店员工流失的原因分析

酒店员工流失的原因众多，个体与个体跳槽的动机不一样，中调网在总结归纳的基础上，从以下几个方面对酒店员工流失的原因进行分析：

1. 酒店员工流失的主观原因分析

（1）员工自己觉得不适合本职工作。中调网了解到，从事酒店的人员并不是专业人员，在客房部，绝大部分员工不是客房专业出来的。究其原因为什么从事酒店工作，是因为学校安排来这里调研。工作一段时间后觉得自己根本不适合本职工作而选择跳槽。

（2）员工自身的疲惫程度。根据心理学家的调查显示，从业者长期从事某项工作，有80%以上的从事同一项工作的从业人员都有身心疲惫现象的产生。旅游饭店的从业人员尤为如此，中调网曾在和一位即将离开W酒店的员工交谈了解到他之所以离开的原因是因为身心过于疲惫。

（3）寻求更好的发展机会和更高的报酬。中调网了解到在这个旅游城市里，招聘人数最多的是业务员和旅游饭店行业。许多从外地来的员工选择进入酒店工作，也有很多原来已经在酒店里工作很长一段时间的服务员，一旦发现有利于自己空间的单位和薪水高的单位，他们就会选择跳槽。

（4）找到比此处更好的工作而选择跳槽。酒店的员工，尤其是处于第一线的服务人员（主管，领班，普通服务员），工作量大，工作辛苦，甚至还遭到客人的有意刁难和人格的侮辱，由于酒店的管理者处理方式不当，员工感觉没有得到应有的关怀和尊重，他们开始寻找更好的工作，一旦找到，他们就会跳槽。

（5）传统观念的影响。一些员工受到传统观念的影响，认为从事旅游饭店行业是低人一等的下贱行业，还有的认为酒店是青春行业等。在这些观念的影响下，跳槽是他们经常考虑的问题。

（6）其他方面的原因。一些员工出于工作之外的个人方面的原因，也可能做出跳槽的决定。有的女员工为了更好地照顾家庭，有的也会由于身体本身的原因而退出酒店行业。

2. W酒店员工流失的客观原因分析

酒店的员工有300多人，中调网之所以不是很肯定他们是为什么离开，就是因为酒店时时有员工离开，除了以上的主观原因，中调网还总结了他们离开的客观原因：

（1）W酒店没有给员工提供实质上的发展空间。作为酒店的员工，特别是刚刚从学校出来的新员工都希望自己有个自我发展和展示才能的空间。在刚刚开始来时对酒店并不了解，但是后来才知道，酒店的所有岗位已经定死，就是有个别的管理岗位空缺，都是靠裙带关系来填补，所以，由于没有关系却有能力而无法升上仅有的几个本科毕业生而跳槽。

（2）酒店对员工的管理体制过于严格。过于严格的管理体制，导致了办事效率的低下。程序过于复杂，阶梯式的审批制度，导致员工未能发挥才能而使员工跳槽。

（3）不尊重下属，抹杀他们的成绩，无视员工的重要作用，打消他们的工作激情。

在W酒店，管理者的综合素质普遍较低，中调网曾经听到这样一句出自于某管理者的话：某某员工做的工作就像没有做一样。这明显就是抹杀他们的成绩，也打消了他们的积极性，员工个人价值得不到肯定，长此以往无法忍受而辞职。

（4）没有建立合理的评估机制和选拔机制。酒店每年的优秀员工评审，必须有一年期限的员工资格才能参加竞选。由于酒店的员工流失率较高，工作到一年的员工少之又少，而且竞选的程序极为简单，规定哪天选，只有那天在岗的员工参加选举，其余的员工不在场，选举的场面极为混乱，小集体主义极为突出，真正的优秀员工没有选到，否定了他们的成绩，个人价值得不到体现而辞职。

（5）企业内部得不到有效的沟通。中调网曾经对5个部门的经理进行问候与非问候调查：分别向5个不同部门的经理问候，其中有三个部门的经理会向你点头致意，而两个部门的经理装着没有看见走过；中调网向5个经理不打招呼，结果显示：没有一个经理会向你主动打招呼（包括本部门经理）。员工有时候有问题向上级反映，又惧怕于经理的威严而得不到反映和解决。致使员工离职。

（6）工资收入、福利待遇一般等。工资待遇一般，虽然不是员工流失的重要因素，但有时候体现出员工的个人价值水平。如果工资一般，又没有一个好的关怀的工作环境，员工同样会辞职。

四、W酒店员工流失给酒店带来的影响

如果一个酒店，员工流失率过高，给酒店带来的影响是很大的，是不可忽视的损失问题。清楚地认识到员工流失给酒店带来的影响，是解决问题的关键，中调网经过仔细分析之后，得出员工流失给酒店带来的影响如下：

（1）员工的大量流失给酒店管理带来混乱。在W酒店，任何一个即将离开的员工在前一段时间都无心从事工作，这已经成为一种怪象，导致了任务不能按时完成，打破了日常计划，岗位不见其人的现象经常发生，给酒店的管理带来一定的混乱。

（2）酒店的员工流失给酒店带来一定的经济损失。每一个在酒店工作的员工，从招聘到培训所付出的资本都会随着员工的流动而流到员工所到的企业中。为了弥补员工流失的空缺，酒店又不得不花资金去找合适的人来顶替暂空的岗位，这样招聘新的员工既有招聘费用，又有培训费用。

（3）酒店的员工流失会影响其他员工的积极性。一部分员工流失对其他在岗员工的情绪及工作态度带来不利的影响。一部分员工的流失通常会带来更大范围内的员工流失，这都基于员工的情感因素的影响，因为员工长期工作在一起，就会形成一个小团体和深厚的友谊，即将流失的员工向其他在职员工提示还有其他的选择，特别是当看到从自己身边流失的员工得到了更好的发展或者得到更多的收益时，在职员工就会人心思动，工作积极性受到严重的影响。也许从未考虑换岗的员工也会准备开始寻找新的工作。

(4) 根据中调网调查，W酒店的固定客源和背景客源是酒店收入来源的重中之重，为了更好地服务好这两个大的经济客户，酒店安排了技术好、思维灵活的管家服务员来对此进行服务。在长期的工作中，他们充分地得到了客人的信任，如果这部分员工流失，新来的员工对这些常住房的情况不是很了解，一旦做错事情就会引起客人的投诉，致使酒店的业务受损。

(5) 酒店员工流失影响酒店的服务质量。一般来说，员工在离开酒店前的那段时间，对自己手中的工作不会像以前那样认真负责，甚至会出于对酒店的不满而故意将事情搞砸用来报复。此外，在酒店员工离去后，酒店要找新的替代者，在替代者到位之前，不得不忙碌辞去员工的工作而疲惫不堪。再者，流出的员工和流入的员工在服务水平和工作技能上有一定的差距，如果是流失优秀的员工其影响是长期的。

(6) 酒店的员工流失会使酒店的形象受损。任何一个在职和辞职的员工都是酒店的形象代言人，在参加朋友和其他的聚会时，工作往往是他们谈论的主要话题之一。在酒店遭遇到的事情往往会扩大化地发表出来，使其他想进入酒店的人听而止步，这样的事情还会蔓延，对酒店形象造成不利的影响。

当然，任何事情都具有两面性。从另一方面来说，酒店员工的流失也有积极的一面。首先，如果酒店流失的是低素质的员工，而能引入高素质的员工，这种流动会有利于酒店更好地发展。其次，新的替代者的介入能给酒店注入新的血液，带来新的意识，新的观念，新的工作方法和技能，从而改进和提高酒店的工作效率。

(资料来源：http://www.manguowang.com/JiuDian/html/HotelHR/20060622/37701.html)

案例讨论题

你认为W酒店该如何防止员工流失？

思考与练习

1. 职业的初期，你应该做些什么，才有利于自身的成长？
2. 影响职业生涯成功的因素有哪些，你是如何进行职业生涯计划的？
3. 你认为旅游企业有必要进行员工的职业管理吗，为什么？
4. 你认为旅游业离职率高的主要原因是什么？
5. 如果你是一家旅行社的人力资源部经理，面对业务部经理的离职申请，你应该做些什么？

主要参考文献

1. 魏卫，袁继荣．旅游人力资源开发与管理［M］．北京：高等教育出版社，2004.

2. 赵西萍．旅游企业人力资源管理［M］．天津：南开大学出版社，2001.

3. 李岫，田克勤．旅游企业人力资源管理［M］．北京：经济科学出版社，2004.

4. 廖钦．酒店人力资源管理实务［M］．广州：广东经济出版社，2006.

5. 郝书人，朱艳．旅游企业人力资源管理［M］．大连：东北财经大学出版社，2004.

6. 董福荣．旅游企业人力资源管理［M］．广州：华南理工大学出版社，2006.

7. 张德．人力资源开发与管理［M］．2 版．北京：清华大学出版社，2001.

8. 王先玉，王建业，邓少华．现代企业人力资源管理学［M］．北京：经济科学出版社，2003.

9. 姚裕群．人力资源开发与管理概论［M］．北京：高等教育出版社，2003.

10. 董克用，叶向峰．人力资源管理概论［M］．北京：中国人民大学出版社，2004.

11. 余昌国．旅游人力资源开发［M］．北京：中国旅游出版社，2003.

12. 薛群慧．酒店人力资源开发与管理［M］．昆明：云南大学出版社，2005.

13. 盖勇，孙平．人力资源战略与组织结构设计［M］．济南：山东人民出版社，2004.

14. 格里尔．战略人力资源管理［M］．2 版．孙非，等，译．北京：机械工业出版社，2004.

15. 赵曙明．人力资源战略与规划［M］．北京：中国人民大学出版社，2002.

16. 左祥琦．工资与福利［M］．北京：中国劳动社会保障出版社，2002.

17. 陈思明．现代薪酬学［M］．上海：立信会计出版社，2004.

18. 文跃然．薪酬管理原理［M］．上海：复旦大学出版社，2004.

19. 李严锋，麦凯．薪酬管理［M］．大连：东北财经大学出版社，2002.

20. 王学力．企业薪酬设计与管理［M］．广州：广东经济出版社，2001.

21. 张四成，王兰英．现代饭店人力资源管理［M］．广州：广东旅游出版社，2004.

22. 郑晓明．现代企业人力资源管理导论［M］．北京：机械工业出版社，2002.

23. 吴中祥，王春林，周彬．饭店人力资源管理［M］．上海：复旦大学出版社，2001.

24. 曾仕强．中国式管理［M］．北京：中国社会科学出版社，2006.

25. Robert H. Woods. 饭店业人力资源管理［M］．张凌云，等，译．北京：中国旅游出版社，2001.

26. 福兰克．酒店业人力资源管理［M］．孙红英，译．大连：大连理工大学出版社，2002.

27. 斯蒂芬·P. 罗宾斯．管理学［M］．北京：中国人民大学出版社，1999.

28. 贝尔特朗．人力资源规划：方法、经验与实践［M］．王晓辉，译．北京：人民教育出版社，2002.

29. 劳伦斯·彼得．金科玉律［M］．艾柯，译．北京：机械工业出版社，2004.

30. Kathleen M. Iverson. 饭店业人力资源管理［M］．北京：旅游教育出版社，2002.

31. 加里·德斯乐．人力资源管理［M］．北京：中国人民大学出版社，1999.

32. 约翰逊．旅游业人力资源管理［M］．朱虹，译．北京：电子工业出版社，2004.

33. 徐秋萍，肖慧琳．企业高管年薪制的模式选择与设计要点［J］．中国劳动，2014（4）：34-36.

第四版修订说明

《旅游企业人力资源管理》自 2007 年出版以来，先后于 2009 年、2016 年进行过两次大的修订。为及时反映旅游高等教育发展的新形势、新要求，在保持第三版总体结构不变、编写基本思路和理念不变的前提下进行了第四次修订。

本次修订补充了理论研究的新成果，更新了部分相关数据，根据国家政策法规的调整修改了薪酬、管理、劳动关系等部分内容，调整了部分章节的案例。

张满林

2019 年 6 月

项目统筹：段向民
责任编辑：张芸艳
责任印制：冯冬青
封面设计：旅教文化

图书在版编目（CIP）数据

旅游企业人力资源管理 / 张满林，周广鹏，赵恒德编著. -- 4 版. -- 北京：中国旅游出版社，2019.7（2022.6 重印）
（旅游管理专业新视野教材丛书）
ISBN 978-7-5032-6303-3

Ⅰ.①旅… Ⅱ.①张… ②周… ③赵… Ⅲ.①旅游企业—人力资源管理—高等学校—教材 Ⅳ.①F590.6

中国版本图书馆 CIP 数据核字（2019）第 152653 号

书　　名：旅游企业人力资源管理（第四版）

作　　者：张满林　周广鹏　赵恒德　编著
出版发行：中国旅游出版社
（北京静安东里 6 号　邮编：100028）
http://www.cttp.net.cn　E-mail：cttp@mct.gov.cn
营销中心电话：010-57377108，010-57377109
读者服务部电话：010-57377151
排　　版：北京旅教文化传播有限公司
经　　销：全国各地新华书店
印　　刷：三河市灵山芝兰印刷有限公司
版　　次：2019 年 7 月第 4 版　2022 年 6 月第 5 次印刷
开　　本：787 毫米×1092 毫米　1/16
印　　张：19.25
字　　数：391 千
定　　价：49.90 元
I S B N　978-7-5032-6303-3